革命文獻與民國時期文獻
保護計劃

成 果

民国时期

革命文献与民国时期文献保护计划成果

重庆电力股份有限公司

档案汇编

第 6 辑

重庆市档案馆 ◎ 编

唐润明 ◎ 主编

学苑出版社

# 目 录

## 三、职员名册

# 三、职员名册

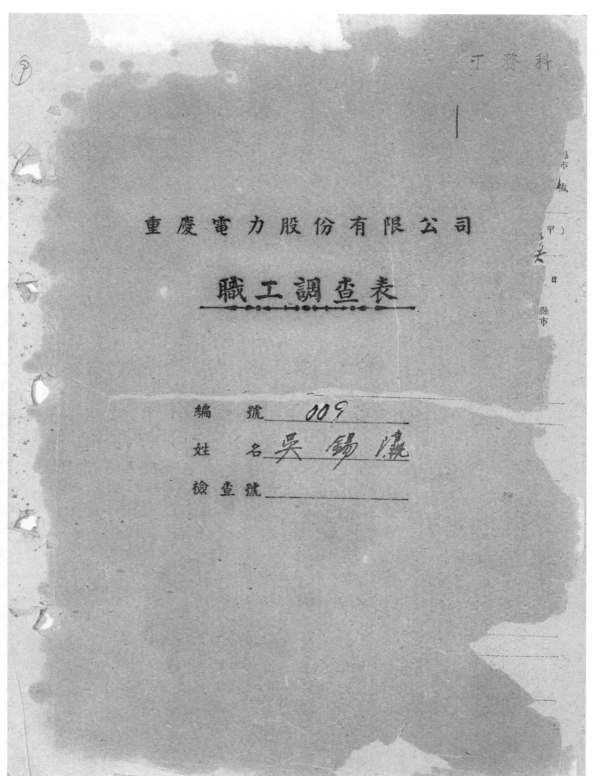

重庆电力股份有限公司一九三三年入职职工（一九四四年六月九日） 0219-1-29 0219-1-31

姓名 吳錫瀛 別號＿＿＿ 籍貫 四川 省 岳池 縣市

出生年月：民國（前）〇六 年 二 月 廿八 日現年 〇九歲

是否黨員＿＿ 黨證號數＿＿ 是否團員＿＿ 團證號數＿＿

現在住址＿＿＿＿（＿＿ 區＿＿ 鎮＿＿ 保 甲 ）

固定住址或通訊處 重慶南岸玄壇廟友于里崙溪

到職年月：民國 廿二 年 六 月＿＿日

介紹人姓名＿＿ 號＿＿ 現年＿＿ 歲籍貫＿＿ 省＿＿ 縣市

職業＿＿ 住址或通訊處＿＿＿ 與本人關係＿＿

保證人姓名＿＿ 號＿＿ 現年＿＿ 歲籍貫＿＿ 省＿＿ 縣市

職業＿＿ 現在住址＿＿

固定住址或通訊處＿＿＿＿＿ 與本人關係＿＿

（甲）家庭狀況：

（一）家長名＿＿ 號＿＿ 現年＿＿ 歲係本人之＿＿

職業＿＿ 住址＿＿ 每月收入＿＿

（二）父名 三林 號＿＿ 現年 七六 歲職業＿＿

住址 四川岳池顧卸鄉 每月收入＿＿

母姓名＿＿ 現年＿＿

（三）已否結婚＿＿ 配偶姓名 夏宏芬 現年 卅 歲籍貫 四川 省 巴 縣市

（四）子 一 人最長者現年 五 歲最幼者現年＿＿ 歲

現入學校者＿＿ 人學校名稱＿＿

現已服務者＿＿ 人處所名稱＿＿

女 一 人最長者現年 三 歲最幼者現年＿＿ 歲

現入學校者＿＿ 人學校名稱＿＿

現已出嫁者＿＿ 人

3

（五）兄弟姊妹：

| 名 | 號 | 本人之 | 年齡 | 婚嫁否 | 職 業 | 住 址 | 備 考 |
|---|---|---|---|---|---|---|---|
| | | | | | | | |
| | | | | | | | |
| | | | | | | | |
| | | | | | | | |

（六）除公司薪給外，本人尚有何種其他收入？

本人每月平均開支：

| 項 目 | 開 支 金 額 |
|---|---|
| | |
| | |
| | |
| | |
| | |
| 總 計 | 50,000 元 |

除去開支後能有積蓄否？

若干 _____

不敷開支時如何彌補？

_____

是否負債？ _____ 若干 _____

何處借來？ _____

歸還的方法？ _____

（乙）教育及經歷：

（一）曾受何等育教？

| 程 度 | 學校名稱 | 校 址 | 肄業期間<br>自年月至年月 | 所習科目 | 讀完幾年級 | 離校原因 |
|---|---|---|---|---|---|---|
| | 交通大學 | 上海 | 民國十年<br>至十八 | 機械 | | |
| | 威德兩 | 英國 | 廿○年<br>至 廿七年 | 電機 | | |

附註：請填所受最高級教育之名稱，或接近於所受之最高級教育者，例如高級職業學校
畢業者，可填讀高級職業學校，同時，並可填已受過教育之高級中學或初級中學
，不識字，粗識字或只識字，什未入過學校者，請填「不識字」「粗識字」或「識字」

（二）在校時最感興趣之科目 _____

（三）曾在何處服務：

| 機關名稱 | 地　　址 | 主管人姓名 | 月　薪 | 服　務　期　間<br>自　年　月　至　年　月 | 離職原因 |
|---|---|---|---|---|---|
|  |  |  |  |  |  |
|  |  |  |  |  |  |
|  |  |  |  |  |  |
|  |  |  |  |  |  |
|  |  |  |  |  |  |
|  |  |  |  |  |  |

（四）經歷中最感興趣之工作＿＿＿＿＿＿＿＿＿

（丙）業餘生活

（一）每日工作時間：忙時＿＿＿小時，平時＿＿＿小時
（二）本人最喜歡的娛樂＿＿＿＿＿＿
（三）公餘經常作何消遣＿＿＿＿＿＿
（四）曾參加甚麼業餘團體：

| 名　　稱 | 性　質 | 地　　址 | 主持人 | 何時加入 | 擔任何種職務 |
|---|---|---|---|---|---|
|  |  |  |  |  |  |
|  |  |  |  |  |  |
|  |  |  |  |  |  |

（丁）有何特殊狀況，特殊興趣或特殊技能，請列舉於下：

（戊）本人之簽字蓋章：簽字＿＿＿＿＿＿＿蓋章＿＿＿＿

　　填寫日期：民國＿＿＿年＿＿＿月＿＿＿日

　　　　填寫人＿＿＿＿＿＿＿代填寫人＿＿＿＿

重務科

## 重慶電力公司職工調查表　6

| 姓名 | 吳錫濂（燮） | 家　庭　狀　況 | | |
|---|---|---|---|---|
| 籍貫 | 四川岳池 | 父　名 | 止姒 | 職業 商 |
| 年齡 | 〇十〇 | 母　名 | 止姒 | 職業 // |
| 出生年月日民國前）年 月 日 | | 兄弟 名 兄名裕南 | | 職業 // |
| 已否結婚　于　女 1 人 人 | | 姊妹 名 弟名錫叚 | | 職業 // |

| 學歷 | 國立交通大學杭<br>械科畢業 | 資產家長通訊處 | 不動產 | |
|---|---|---|---|---|
| | | | 動產 | |
| 經歷 | 建設委員會威遠區<br>電廠工程師華西字習<br>工程師考國成偉版<br>工程師 | | 臨時 | |
| | | | 永久 | |

| | | 介　紹　人 | | |
|---|---|---|---|---|
| 擅長種技能何 | | 姓名 華西字習 | 別號 | |
| | | 籍貫 | 省 | 市（縣） |
| 平日生活情形 | | 年齡 | 歲 職業 | |
| | | 通訊處 牛角沱 | | |
| | | 與本人關係 | | |

| | | 保　證　人 | | |
|---|---|---|---|---|
| 家庭經濟是否需要本人負担 要 | | 姓名 | 別號 | |
| 每月負擔若干 | | 籍貫 | 省 | 縣（市） |
| 到職日期 23 年 6 月 日 | | 年齡 | 歲 | |
| 永久住址 岳池縣羅渡場文昌宮 | | 與本人關係 | | |
| 本人通訊處 臨時 三〇橋電力字別二等校 | | 職業及服務機關名稱 | | |
| 永久 | | 營業種類 | | |
| | | 開設地點 | | |
| | | 通訊處 臨時 | | |
| | | 永久 | | |

簽名蓋章　　　　年　月　日

9

# 重慶電力股份有限公司

## 職工調查表

編　號　271

姓　名　陳光武

檢查號

姓名 陳先武 別號 _____ 籍貫 四川 岳池 縣市

出生年月：民國(前) 元 年 十一 月 十一 日 現年 卅二 歲

是否黨員 _____ 黨證號數 _____ 是否團員 _____ 團證號數 _____

現在住址 _____ ( _____ 區 _____ 鎮 _____ 保 _____ 甲 )

固定住址或通訊處 _____

到職年月：民國 二十二 年 七 月 _____ 日

介紹人姓名 吳錫壽 現年 _____ 歲 籍貫 四川 省 岳池 縣市

職業 _____ 住址或通訊處 _____ 與本人關係 _____

保證人姓名 _____ 號 _____ 現年 _____ 歲 籍貫 _____ 省 _____ 縣市

職業 _____ 現在住址 _____

固定住址或通訊處 _____ 與本人關係 _____

（甲）家庭狀況：

(一)家長名 _____ 號 _____ 現年 _____ 歲係本人之 _____

職業 _____ 住址 _____ 每月收入 _____

(二)父名 _____ 號 _____ 現年 _____ 歲職業 _____

住址 _____ 每月收入 _____

母姓名 李氏 現年 五十五

(三)已否結婚 _____ 配偶姓名 李學清 現年 廿五 歲籍貫 四川 省 巴 縣市

(四)子 一 人最長者現年 三歲半 歲最幼者現年 _____ 歲

現入學校者 _____ 人學校名稱 _____

現已服務者 _____ 人處所名稱 _____

女 二 人最長者現年 十一 歲最幼者現年 一歲半 歲

現入學校者 一 人學校名稱 中正學校

現已出嫁者 _____ 人

（五）兄弟姊妹：

| 名 號 | 本人之 | 年齡 | 婚嫁否 | 職　業 | 住　　　址 | 備　考 |
|---|---|---|---|---|---|---|
| | | | | | | |
| | | | | | | |
| | | | | | | |
| | | | | | | |
| | | | | | | |

（六）除公司薪給外，本人尚有何種其他收入？

本人每月平均開支：

| 項　　　目 | 開　支　金　額 |
|---|---|
| | |
| | |
| | |
| | |
| | |
| 總　　　計 | |

除去開支後能有積蓄否？

　　若干

不敷開支時如何彌補？

是否負債？　　　　若干

　何處借來？

　歸還的方法？

（乙）教育及經歷：

（一）曾受何等育教？

| 程　度 | 學校名稱 | 校　　　址 | 肄業期間 自年月至年月 | 所習科目 | 讀完幾年級 | 離校原因 |
|---|---|---|---|---|---|---|
| 高級中學畢業 | 四川省立高工校 | 成都 | | 電氣工程 | | |
| | | | | | | |
| | | | | | | |

附註：請填所受最高級教育之名稱，或接近於所受之最高級教育者，例如高級職業學校
　　畢業者，可填誠高級職業學校，同時，並可填已受過教育之高級中學或初級中學
　　，不識字，粗識字或只識字，升未入選學校者，請填「不識字」「粗識字」或「識字」

（二）在校時最感興趣之科目

*12*

（三）曾在何處服務：

| 機關名稱 | 地　址 | 主管人姓名 | 月薪 | 服務期間 自　年　月　至　年　月 | 離職原因 |
|---|---|---|---|---|---|
| | | | | | |
| | | | | | |
| | | | | | |
| | | | | | |
| | | | | | |
| | | | | | |

（四）經歷中最感興趣之工作 _____

## （丙）業餘生活

（一）每日工作時間：忙時 _____ 小時，平時 _____ 小時

（二）本人最喜歡的娛樂 _____

（三）公餘經常作何消遣 _____

（四）曾參加甚麼業餘團體：

| 名　　稱 | 性質 | 地　址 | 主持人 | 何時加入 | 擔任何職務 |
|---|---|---|---|---|---|
| | | | | | |
| | | | | | |
| | | | | | |

（丁）有何特殊狀況，特殊興趣或特殊技能，請列舉於

（戊）本人之簽字蓋章：簽字　陸崇元　蓋章

填寫日期：民國三十三年　六　月　九　日

填寫人 _____　代填寫人 _____

# 重慶電力公司職工調查表 13

| 姓　名 | 陳春武 | 家　庭　狀　況 | | |
|---|---|---|---|---|
| 籍　貫 | 四川岳池 | 父　名 | | 職業 |
| 年　齡 | 四十 | 母　名 | | 職業 |
| 出生年月日民國（前）三年冬月十一日 | | 兄弟名 | | 職業 |
| 已未結婚 | 子　二　人 女　三　人 | 姊妹　號 | | 業 |

| 學歷 | 成都工科高級中學畢業 | 資產 | 不勤產 | 無 |
|---|---|---|---|---|
| 經歷 | | | 動　產 | 無 |
| | | 家通訊處長 | 臨　時 | |
| | | | 永　久 | |

| | | 介　　紹　　人 | | |
|---|---|---|---|---|
| 擅長種技何能 | | 姓　名 | 楊長驥 | 別號 |
| | | 籍　貫 | 四川省岳池市（縣） | |
| | | 年齡 | 四十二歲　職業 | 商 |
| | | 通訊處 | 本市重慶村24井 | |
| | | 與本人關係 | 友誼 | |

| 平日生活情形 | 簡單樸素 粗茶淡飯 | 保　　證　　人 | | |
|---|---|---|---|---|
| | | 姓　名 | 蔣林隱 | 別號 |
| | | 籍　貫 | 四川省岳池縣（市） | |
| | | 年齡 | 卅七歲 | |

| 家庭經濟是否需要本人負担 | 本人負担 | 與本人關係 | 友誼 | |
|---|---|---|---|---|
| 每月負擔若干 | 金圓貳佰元 | 職業及服務機關名稱 | 商 | |
| 到職日期 | 三二年 8月 15日 | 營業種類 | 土產 | |
| 永久住址 | 岳池糖房坊 | 開設地點 | 鄭崖玙39井 | |
| 本人通訊處 臨時 | 本市郵政局巷32井 | 通訊處 臨時 | | |
| 永久 | 岳池糖房坊 | 永久 | 岳池鄭政特支 | |

簽名蓋章　　37年10月15日

第一發電廠

L743

# 重慶電力股份有限公司

## 職工調查表

編　號　　113

姓　名　張竭瑞

檢查號　＿＿＿＿＿＿＿

姓名 張謁瑞 別號 儲才 籍貫 浙江 鄞縣 縣市

出生年月：民國（前）拾 年 弍 月 拾柒 日 現年 四十三 歲

是否黨員 是 黨證號數 特63318 是否團員 否 團證號數 ✗

現在住址 國府路104號 6 區 大興鎮 3 保 5 甲

固定住址或通訊處 本公司第一廠

到職工年月：民國 22 年 12 月 1 日

介紹人姓名 姚德康 號 現年 歲籍貫 省 縣市

職業 上海華通電業廠經理 住址或通訊處 與本人關係

保證人姓名 號 現年 歲籍貫 省 縣市

職業 現在住址

固定住址或通訊處 與本人關係

（甲）家庭狀況：

（一）家長名 故 號 現年 歲係本人之

　　　職業 住址 每月收入

（二）父名 號 現年 歲職業

　　　住址 每月收入

　　　母姓名 故 現年 歲

（三）已否結婚 已 配偶姓名 鮑翠菊 現年 36 歲籍貫 浙江省 鄞縣 縣市

（四）子 人最長者現年 歲最幼者現年 歲

　　　現入學校者 人學校名稱

　　　現已服務者 人處所名稱

　　　女 3 人最長者現年 9 歲最幼者現年 3、2 歲

　　　現入學校者 1 人學校名稱 本公司職工子弟學校

　　　現已出嫁者 人

(五)兄弟姊妹：

| 名 | 稱 | 本人之 | 年齡 | 婚嫁否 | 職　業 | 住　　　　　址 | 備　考 |
|---|---|---|---|---|---|---|---|
|  |  |  |  |  |  |  |  |
|  |  |  |  |  |  |  |  |
|  |  |  |  |  |  |  |  |
|  |  |  |  |  |  |  |  |

(六)除公司薪給外，本人尚有何種其他收入？

本人每月平均開支：

| 項　　目 | 開　支　金　額 |
|---|---|
|  |  |
|  |  |
|  |  |
|  |  |
|  |  |
| 總　　計 |  |

除去開支後能有積蓄否？

若干

不敷開支時如何彌補？

是否負債？　　　若干

何處借來？

歸還的方法？

（乙）教育及經歷：

(一)曾受何等教育？

| 程度 | 學校名稱 | 校　　　址 | 肆業期間自年月至年月 | 所習科目 | 讀完幾年級 | 離校原因 |
|---|---|---|---|---|---|---|
|  | 上海<br>同言學<br>校 | 上海<br>□北虹橋 | 豐裕<br>三年 | 國前二年起 |  | 畢業 |
|  | 大概<br>應上海電力公司 |  |  |  |  |  |

附註：請填所受最高級教育之名稱，或接近於所受之最高級教育者，例如高級職業學校
　　　畢業者，可填誠高級職業學校，同時，並可填已受過教育之高級中學或初級中學
　　　，不識字，粗識字或只識字，並未入過學校者，請填「不識字」「粗識字」或「識字」

(二)在校時最感興趣之科目

（三）曾在何處服務：　　　　　　　　　　　　　　　　　　　　　116

| 機關名稱 | 地　址 | 主管人姓名 | 月　薪 | 服　務　期　間自　年　月　至　年　月 | 離職原因 |
|---|---|---|---|---|---|
|  |  |  |  |  |  |
|  |  |  |  |  |  |
|  |  |  |  |  |  |
|  |  |  |  |  |  |
|  |  |  |  |  |  |

（四）經歷中最感興趣之工作

（丙）業餘生活

（一）每日工作時間：　忙時　　　　小時，平時　　　　小時

（二）本人最喜歡的娛樂

（三）公餘經常作何消遣

（四）曾參加甚麼業餘團體：

| 名　　稱 | 性　質 | 地　址 | 主持人 | 何時加入 | 擔任何種職務 |
|---|---|---|---|---|---|
|  |  |  |  |  |  |
|  |  |  |  |  |  |
|  |  |  |  |  |  |
|  |  |  |  |  |  |

（丁）有何特殊狀況、特殊興趣或特殊技能，請列舉於下：

（戊）本人之簽字蓋章：簽字　張瑞　蓋章

填寫日期：民國　33　年　6　月　10　日

填寫人　張瑞　　　代填寫人

# 重慶電力公司職工調查表

48

| 姓名 | 張靄瑞 |
|---|---|
| 籍貫 | 浙江鄞縣 |
| 年齡 | 四十七歲 |

| 出生年月日民國 前十年二月十日 |
|---|
| 已否結婚 | 于 一人 / 女 三人 |

| 學歷 | 上海澄衷學校肄業 |
|---|---|
| 經歷 | 上海協大機廠五年 / 上海電力公司十四年 |
| 擅長何種技能 | 機電工程 |
| 平日生活情形 | |

| 家庭經濟是否需要本人負擔 | |
|---|---|
| 每月負擔若干 | |
| 到贖日期 | 二十二年十二月一日 |
| 永久住址 | |
| 本人通訊處 | 臨時 | 國府路九十號 |
| | 永久 | 仝 上 |

## 家庭狀況

| 父 | 名 | 無 | 職業 | |
|---|---|---|---|---|
| 母 | 名 | 〃 | 職業 | |
| 兄弟姊妹 | 名 | 〃 | 職業 | |
| | 號 | 〃 | 業 | |

| 家資產 | 不動產 | 無 |
|---|---|---|
| | 動產 | 〃 |
| 家通訊長處 | 臨時 | 〃 |
| | 永久 | 〃 |

### 介紹人

| 姓名 | 華西公司 | 別號 | |
|---|---|---|---|
| 籍貫 | | 省 | 市(縣) |
| 年齡 | | 歲 | 職業 | |
| 通訊處 | | | |
| 與本人關係 | | | |

### 保證人

| 姓名 | 賴東杰 | 別號 | |
|---|---|---|---|
| 籍貫 | 四川 省 | 巴 | 縣(市) |
| 年齡 | 四十五歲 | | |
| 與本人關係 | 友誼 | | |
| 職業及服務機關名稱 | 商 | | |
| 營業種類 | 油腊 | | |
| 開設地點 | 國府路六十五號附一號 | | |
| 通訊處 | 臨時 | | |
| | 永久 | 國府路六十五號附一號 |

簽名蓋章　　　　年　月　日

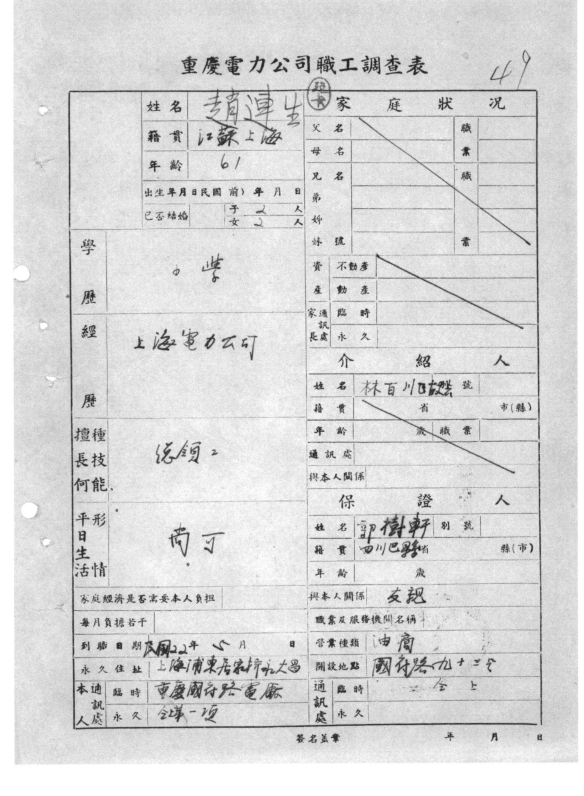

重慶電力公司職工調查表

49

| 姓名 | 趙連生 | 家 庭 狀 況 | | |
|---|---|---|---|---|
| 籍貫 | 江蘇上海 | 父 名 | | 職業 |
| 年齡 | 61 | 母 名 | | |
| 出生年月日民國前）年 月 日 | | 兄 名 | | 職 |
| 已否結婚 于 2 人 女 2 人 | | 弟 姊 妹 號 | | 業 |
| 學歷 | 中學 | 資産 不動産 | | |
| | | 動産 | | |
| 經歷 | 上海電力公司 | 家長通訊處 臨時 永久 | | |
| | | 介 紹 人 | | |
| | | 姓名 林百川印故然 號 | | |
| | | 籍貫 省 市（縣） | | |
| 擅長技能種何能 | 總領2 | 年齡 歲 職業 | | |
| | | 通訊處 | | |
| | | 與本人關係 | | |
| 平日生活情形 | 尚可 | 保 證 人 | | |
| | | 姓名 郭樹軒 別號 | | |
| | | 籍貫 四川巴縣省 縣（市） | | |
| | | 年齡 歲 | | |
| 家庭經濟是否需要本人負担 | | 與本人關係 友誼 | | |
| 每月負擔若干 | | 職業及服務機關名稱 | | |
| 到職日期 民國22年 5月 日 | | 營業種類 油商 | | |
| 永久住址 上海浦東居家拆永大昌 | | 開設地點 國府路九十三号 | | |
| 本人通訊處 臨時 重慶國府路電廠 | | 通訊處 臨時 全上 | | |
| 永久 仝諜一項 | | 永久 | | |

簽名蓋章　　　　年　月　日

# 重慶電力股份有限公司

## 職工調查表

編　　號　　118

姓　　名　　張継琴

檢查號

6乙

姓名 **张继琴** 别號 **张式荣** 籍貫 **四川** 省 **巴** 縣市

出生年月：民國（前） **三** 年 **五** 月 **十六** 日 現年 **三十** 歲

是否黨員 _____ 黨證號數 _____ 是否團員 **是** 團證號數 **渝補字237號**

現在住址 **國府路92號** （ **六** 區 **太慈廟** 鎮 **三** 保 **七** 甲）

固定住址或通訊處 **陶家鄉**

到職年月：民國 **二十二** 年 **十** 月 _____ 日

介紹人姓名 **陳文侯** 號 _____ 現年 _____ 歲 籍貫 **四川** 省 **巴** 縣市

職業 **久** 住址或通訊處 **自來水公司** 與本人關係 **師生**

保證人姓名 **張帝霖** 號 _____ 現年 _____ 歲 籍貫 **四川** 省 **銅梁** 縣市

職業 **商** 現在住址 **自來水公司**

固定住址或通訊處 _____ 與本人關係 **右鄰**

（甲）家庭狀況：

（一）家長名 _____ 號 _____ 現年 _____ 歲係本人之 _____

　　職業 _____ 住址 _____ 每月收入 _____

（二）父名 _____ 號 _____ 現年 _____ 歲職業 _____

　　住址 _____ 每月收入 _____

　　母姓名 _____ 現年 _____

（三）已否結婚 **已結婚** 配偶姓名 **鄒鳴維** 現年 **三十** 歲籍貫 **四川** 省 **巴** 縣市

（四）子 **二** 人最長者現年 **十** 歲最幼者現年 _____ 歲

　　現入學校者 **二** 人學校名稱 **私立立靜學校**

　　現已服務者 _____ 人處所名稱 _____

　　女 **二** 人最長者現年 **九** 歲最幼者現年 _____ 歲

　　現入學校者 **二** 人學校名稱 **私立立靜學校**

　　現已出嫁者 _____ 人

（五）兄弟姊妹：

| 名 | 號 | 本人之 | 年齡 | 婚嫁否 | 職　　業 | 住　　　　址 | 備　考 |
|---|---|---|---|---|---|---|---|
| | | | | | | | |
| | | | | | | | |
| | | | | | | | |
| | | | | | | | |

（六）除公司薪給外，本人尚有何種其他收入？ _____

　　本人每月平均開支：

| 項　　　　目 | 開　支　金　額 |
|---|---|
| | |
| | |
| | |
| | |
| 總　　計 | |

除去開支後能有積蓄否？ 有

　　若干 火锅 _____

不敷開支時如何彌補？ 以每月结存

孫輔不敷開支之用

是否負債？ 無　　若干 _____

何處借來？ _____

歸還的方法？ _____

（乙）教育及經歷：

（一）曾受何等教育？

| 程度 | 學校名稱 | 校　址 | 肄業期間 自年月至年月 | 所習科目 | 讀完幾年級 | 離校原因 |
|---|---|---|---|---|---|---|
| 中學 | 西里中學 | 巴縣龍隱鎮 | 十六年○月至十九年十 | 普通科 | | 畢業 |
| | | | | | | |
| | | | | | | |

附註：請填所受最高級教育之名稱，或接近於所受之最高級教育者，例如高級職業學校
　　　畢業者，可填該高級職業學校，同時，並可填已受過教育之高級中學或初級中學
　　　，不識字，粗識字或只識字，并未入過學校者，請填「不識字」「粗識字」或「讀字」
（二）在校時最感興趣之科目 中英文及電學

（三）曾在何處服務：

| 機關名稱 | 地　址 | 主管人姓名 | 月薪 | 服　務　期　間 自年　月至年　月 | 離職原因 |
|---|---|---|---|---|---|
|  |  |  |  |  |  |
|  |  |  |  |  |  |
|  |  |  |  |  |  |
|  |  |  |  |  |  |
|  |  |  |  |  |  |
|  |  |  |  |  |  |

（四）經歷中最感興趣之工作 ＿＿＿＿＿＿＿＿＿＿＿＿＿＿＿

（丙）業餘生活

（一）每日工作時間：忙時 初 小時，平時 捌 小時

（二）本人最喜歡的娛樂 ＿＿＿＿＿＿＿＿＿＿＿

（三）公餘經常作何消遣 ＿＿＿＿＿＿＿＿＿＿

（四）曾參加甚麼業餘團體：

| 名　　稱 | 性　質 | 地　　址 | 未持人 | 何時加入 | 擔任何種職務 |
|---|---|---|---|---|---|
|  |  |  |  |  |  |
|  |  |  |  |  |  |
|  |  |  |  |  |  |

（丁）有何特殊狀況，特殊興趣或特殊技能，請列舉於下：

（戊）本人之簽字蓋章：簽字 張俊吾 蓋章

填寫日期：民國 33 年 6 月 9 日

填寫人 張俊吾　　　代填寫人

## 重慶電力公司職工調查表

66

| 姓名 | 張繼琴 | | 家　庭　狀　況 | | |
|---|---|---|---|---|---|
| 籍貫 | 四川巴縣 | 父名 | 張戌之 | 職業 | |
| 年齡 | 廿四 | 母名 | | 職 | |
| 出生年月日民國前）年　月　日 | | 兄弟姊妹 | | | |
| 已否結婚 | 子　三　人<br>女　一　人 | 妹姪 | | 業 | |
| 學歷 | 西里中學畢業<br>巴縣電話專科學校畢業 | 資產 | 不動產 | 壹什畝 | |
| | | | 動產 | 无 | |
| | | 家長通訊處 | 臨時 | 建設路六号 | |
| 經歷 | | | 永久 | 巴縣陶家鄉 | |
| | | 介　紹　人 | | | |
| | | 姓名 | | 別號 | |
| | | 籍貫 | | 省　市（縣） | |
| 擅長種技何能 | | 年齡 | | 歲　職業 | |
| | | 通訊處 | | | |
| | | 與本人關係 | | | |
| 平日生活情形 | | 保　證　人 | | | |
| | | 姓名 | 王秉衡 | 別號 | |
| | | 籍貫 | 四川省　巴縣（市） | | |
| | | 年齡 | 42歲 | | |
| 家庭經濟是否需要本人負担 | 負担少許 | 與本人關係 | 友誼 | | |
| 每月負擔若干 | 十分之四 | 職業及服務機關名稱 | 紫東商店 | | |
| 到職日期 | 卅二年十月　日 | 營業種類 | 本酒荘 | | |
| 永久住址 | 巴縣陶家鄉 | 開設地點 | 團研路11-31 | | |
| 本人通訊處 | 臨時 | 仝上 | 通訊處 | 臨時 | 仝上 |
| | 永久 | 仝上 | | 永久 | 仝上 |

簽名蓋章　　37年10月7日

67

# 重慶電力股份有限公司

## 職工調查表

編　號＿＿＿＿＿＿＿＿＿

姓　名　張培華＿＿＿＿＿

檢查號＿＿＿＿＿＿＿＿＿

姓名 張明華　別號　　　籍貫 江蘇 省 上海 縣市

68

出生年月：民國（前）　七 年 十一 月 初一 日現年 四十 歲

是否黨員加入黨證號數 56318　是否團員 團證號數

現在住址 國府路132　（右 區 大垻溝 鎮 三 保　甲）

固定住址或通訊處 上海浦東陸行鎮在家輪永盛花行轉

到職年月：民國 卅二 年 五 月 廿一 日

介紹人姓名 鄧建生 號　　現年 五十七 歲籍貫 江蘇 省 上海 縣市

職業 履工 住址或通訊處 國府路132　與本人關係 朋友

保證人姓名 供記木廠號　　現年　歲籍貫　省　縣市

職業　　現在住址 紅巖明龍勝路21#

固定住址或通訊處　　與本人關係 朋友

（甲）家庭狀況：

（一）家長名 張鳴生 號　現年 六八 歲係本人之

　　職業 農 住址　　每月收入

（二）父名 張鳴生 號　現年 六八 歲職業 農

　　住址　　每月收入

　　母姓名 敏　現年 歿 歲

（三）已否結婚　配偶姓名 蔡長　現年 四十二歲籍貫 江蘇 省 上海 縣市

（四）子 三 人最長者現年 十八 歲最幼者現年 五 歲

　　現入學校者 張樹仁 人學校名稱 國立化工接

　　現已服務者　人處所名稱

　　女 一 人最長者現年　歲最幼者現年 十三 歲

　　現入學校者　人學校名稱

　　現已出嫁者　人

69

（五）兄弟姊妹：

| 名 | 號 | 本人之 | 年齡 | 婚嫁否 | 職 | 業 | 住 | 址 | 備 | 考 |
|---|---|---|---|---|---|---|---|---|---|---|
|  |  |  |  |  |  |  |  |  |  |  |
|  |  |  |  |  |  |  |  |  |  |  |
|  |  |  |  |  |  |  |  |  |  |  |
|  |  |  |  |  |  |  |  |  |  |  |

（六）除公司薪給外，本人尚有何種其他收入？＿＿＿＿＿＿＿＿＿＿＿

本人每月平均開支：

| 項　　　目 | 開　支　金　額 |
|---|---|
| 本人開費 | ￥6.000= |
| 家内 ″ | ￥11.000= |
|  |  |
|  |  |
| 總　　　計 | ￥17.000= |

除去開支後能有積蓄否？＿＿＿＿＿＿

若干＿＿＿＿＿＿＿＿＿＿＿

不敷開支時如何彌補？＿＿＿＿＿＿

是否員責？＿＿＿＿　若干＿＿＿＿

何處借來？＿＿＿＿＿＿＿＿＿＿＿

歸還的方法？＿＿＿＿＿＿＿＿＿＿

（乙）教育及經歷：

（一）曾受何等教育？

| 程　度 | 學校名稱 | 校　　　址 | 肄業期間 自年月至年月 | 所習科目 | 讀完幾年級 | 離校原因 |
|---|---|---|---|---|---|---|
|  |  |  |  |  |  |  |
|  |  |  |  |  |  |  |
|  |  |  |  |  |  |  |
|  |  |  |  |  |  |  |

附註：請填所受最高級教育之名稱，或接近於所受之最高級教育者，例如高級職業學校
　　畢業者，可填該高級職業學校，同時，並可填已受過教育之高級中學或初級中學
　　，不識字，粗識字或只識字，并未入過學校者，請填「不識字」「粗識字」或「識字」

（二）在校時最感興趣之科目＿＿＿＿＿＿＿＿＿＿＿＿＿＿＿＿＿

90

（三）曾在何處服務：

| 機關名稱 | 地址 | 主管人姓名 | 月薪 | 服務期間 自 年 月 至 年 月 | 離職原因 |
|---|---|---|---|---|---|
| 上海電力公司 | 楊州路 | | | | |
| | | | | | |
| | | | | | |
| | | | | | |
| | | | | | |

（四）經歷中最感興趣之工作＿＿＿＿＿＿

（丙）業餘生活

（一）每日工作時間：忙時＿＿＿小時，平時＿＿＿小時

（二）本人最喜歡的娛樂＿＿＿＿＿＿

（三）公餘經常作何消遣＿＿＿＿＿＿

（四）曾參加甚麼業餘團體：

| 名稱 | 性質 | 地址 | 主持人 | 何時加入 | 擔任何種職務 |
|---|---|---|---|---|---|
| | | | | | |
| | | | | | |
| | | | | | |
| | | | | | |

（丁）有何特殊狀況，特殊興趣或特殊技能，請列舉於下：

（戊）本人之簽字蓋章：簽字 張鳴鵠　　蓋章

填寫日期：民國卅一年 六 月 卅二 日

填寫人　　　　　　　代填寫人

# 重慶電力公司職工調查表

72

| 姓名 | 張塘華 | | 家　庭　狀　況 | | | |
|---|---|---|---|---|---|---|
| 籍貫 | 江蘇上海 | | 父 名 | 張錫卿 | 職業 | 務農 |
| 年齡 | 44 | | 母 名 | 故 | | |
| 出生年月日民國（前）年月日 | | | 兄 名 | 故 | 職 | |
| 已否結婚 | 子 4 人 女 人 | | 弟 姊 | 張振華 張振明 | | 報館 仝上 |
| | | | 妹 號 | 無 | 業 | |
| 學歷 | 高小 | | 資 不動產 | | | |
| | | | 產 動 產 | | | |
| 經歷 | 上海電力公司 | | 家 通訊處 臨 時 | | | |
| | | | 長 處 永 久 | 上海浦東金家橋永盛號 | | |
| 擅長何種技能 | 領 2 | | 介　紹　人 | | | |
| | | | 姓 名 | 趙重吉 | 別號 | |
| | | | 籍 貫 | 江蘇 省 上海 市（縣） | | |
| 平日生活情形 | 尚可 | | 年 齡 | 61 歲 職業 實業 | | |
| | | | 通訊處 | 上海浦東金家橋永大昌 | | |
| | | | 與本人關係 | 親戚 | | |
| 家庭經濟是否需要本人負擔 | | | 保　證　人 | | | |
| 每月負擔若干 | | | 姓 名 | 郭樹軒 | 別號 | |
| 到腻日期 民國二二年 八 月 日 | | | 籍 貫 | 四川 省 巴 縣（市） | | |
| 永久住址 上海浦東金家橋永盛號 | | | 年 齡 | 53 歲 | | |
| | | | 與本人關係 | 一友規 | | |
| | | | 職業及服務機關名稱 | | | |
| 本人通訊處 臨 時 重慶國府路電力廠 | | | 營業種類 | 油商 | | |
| | | | 開設地點 | 國府路九十三號 | | |
| 永 久 仝上第一項 | | | 通訊處 臨 時 | 仝上 | | |
| | | | 永 久 | | | |

簽名蓋章　　　　　年　月　日

用户股

*14*

# 重慶電力股份有限公司

## 職工調查表

編　號　　*218*

姓　名　*天鉊綸*

檢查號　＿＿＿＿＿＿＿

姓名 王光鍫 別號 紹綸 籍貫 四川 省 自貢 縣市

出生年月：民國(前) 17 年 3 月 20 日現年 50 歲

是否黨員___ 黨證號數___ ~~永不退黨~~ ~~團證號數~~

現在住址 郵政局巷32號（ 3 區 3 鎮 6 保 8 甲）

固定住址或通訊處 自流井五星處太和新___

到職年月：民國 廿三 年 十一 月___日
工

介紹人姓名 蔣伯莊 號___ 現年___ 歲籍貫___省___縣市

職業 政界 住址或通訊處 瀘縣上平遠路79 與本人關係 親戚

保證人姓名___號___現年___歲籍貫___省___縣市

職業___現在住址___

固定住址或通訊處___與本人關係___

（甲）家庭狀況：

　　（一）家長名___號___現年___歲係本人之___

　　　　職業___住址___每月收入___

　　（二）父名___號___現年___歲職業 去世

　　　　住址___每月收入___

　　　　母姓名 王林浣霞 現年 76 歲

　　（三）已否結婚___配偶姓名 李洪文 現年 49 歲籍貫 四川 省 ? 縣市

　　（四）子 二 人最長者現年 22 歲最幼者現年 20 歲

　　　　現入學校者 二 人學校名稱 四川造紙印刷職業學校、及復旦高十三年級

　　　　現已服務者___人處所名稱___

　　　　女___人最長者現年___歲最幼者現年___歲

　　　　現入學校者___人學校名稱___

　　　　現已出嫁者___人

（五）兄弟姊妹：

| 名 | 號 | 本人之 | 年齡 | 婚嫁 | 職 業 | 住 址 | 備 考 |
|---|---|---|---|---|---|---|---|
| 王大鑑 | 雅佛 | 弟 | 47 | | 教育 | 自來市五星春街 | |
| 王玉玖 | | 妹 | 42 | | 家庭 | 同街 | |
| | | | | | | | |
| | | | | | | | |
| | | | | | | | |

（六）除公司薪給外，本人尚有何種其他收入？＿＿＿＿

本人每月平均開支：

| 項 目 | 開 支 金 額 |
|---|---|
| | 除家繳及教育費外每月收入不敷由家供給約四千元之之譜 |
| | |
| | |
| | |
| 總 計 | |

除去開支後能有積蓄否？＿＿

　若干＿＿＿

不敷開支時如何彌補？＿＿

＿＿＿＿

是否負債？＿＿　若干？＿＿

　何處借來？＿＿

　歸還的方法＿＿

（乙）教育及經歷：

（ ）曾受何等育教？

| 程 度 | 學校名稱 | 校 址 | 肄業期間 自年月至年月 | 所習科目 | 讀完幾年級 | 離校原因 |
|---|---|---|---|---|---|---|
| | 天津高工 | 天津 | 民六年至民十年 | 機械科 | 畢業 | |
| | | | | | | |
| | | | | | | |

附註：請填所受最高級教育之名稱，或接近於所受之最高級教育者，例如高級職業學校畢業者，可填該高級職業學校，同時，並可填已受過教育之高級中學或初級中學，不識字，粗識字或只識字，并未入過學校者，請填「不識字」「粗識字」或「識字」

（二）在校時最感興趣之科目＿＿＿＿

（三）曾在何處服務：

| 機關名稱 | 地 址 | 主管人姓名 | 月薪 | 服務期間 自年月至年月 | 離職原因 |
|---|---|---|---|---|---|
| 瀘縣濟和義電廠 | 瀘縣 | 毀西怔 | 40元 | 民十一年至十三年 | 因事 |
| 第影計妣第四車 | 萬縣 | 王兆奎 | 50元 | 民十五至十六年 | 就國路局事 |
| 萬里馬站局 | 〃〃 | 楊裕昆 | 70元 | 民十六至十七年 | |
| 渝萬馬站台 | 〃〃 | 蕭德明 | 70元 | 民十七年至十八年 | |
| 〃〃〃〃 | 〃〃 | 王方舟 | 100元 | 民十八年至廿三年 | |
| 〃〃〃〃 | 〃〃 | 毛百年 | 100元 | 民廿三年至廿海 | 縮小範圍持〃 |

（四）經歷中最感興趣之工作 _____

（丙）業餘生活

（一）每日工作時間：忙時 _____ 小時，平時 3 小時

（二）本人最喜歡的娛樂 川劇

（三）公餘經常作何消遣 _____

（四）曾參加甚麼業餘團體：

| 名 稱 | 性 質 | 地 址 | 主持人 | 何時加入 | 担任何種職務 |
|---|---|---|---|---|---|
| | | | | | |
| | | | | | |
| | | | | | |
| | | | | | |

（丁）有何特殊狀況，特殊興趣或特殊技能，請列舉於下：

（戊）本人之簽字蓋章：簽字 王紅綸　　蓋章 ▢

填寫日期：民國 33 年 6 月 9 日

填寫人 _____　　代填寫人 _____

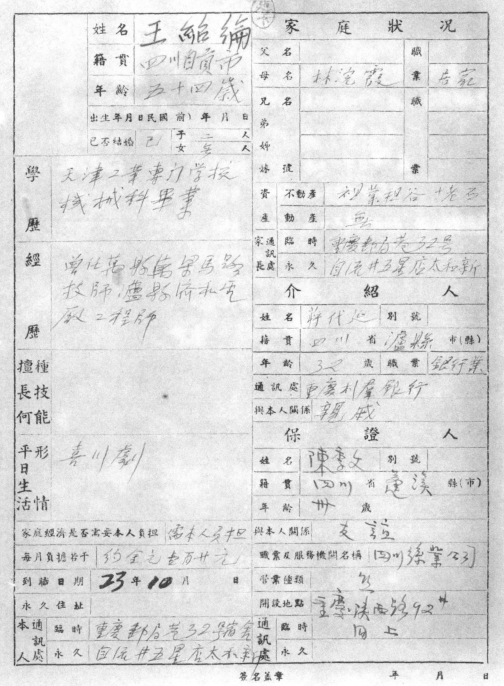

# 重慶電力公司職工調查表

18

| 姓名 | 王絀編 | 家　庭　狀　況 | | |
|---|---|---|---|---|
| 籍貫 | 四川自貢市 | 父 | 名 | 職業 |
| 年齡 | 五十四歲 | 母 | 名 林宛霞 | 職業 启家 |
| 出生年月日民國（前）年月日 | | 兄 | 名 | 職 |
| 已否結婚 巳 子二人 女壹人 | | 弟姊妹 | 號 | 業 |

| 學歷 | 天津工業專力學校械機科畢業 | 資產 | 不動產 | 祖業現谷拾石 |
|---|---|---|---|---|
| | | | 動產 | 無 |
| 經歷 | 曾任萬縣萬里馬路技師盧縣濟私電廠工程師 | 家長通訊處 | 臨時 | 重慶郵右巷32号 |
| | | | 永久 | 自流井五星店太和新 |

| | | 介　紹　人 | | |
|---|---|---|---|---|
| | | 姓名 | 蔣代处 | 別號 |
| | | 籍貫 | 四川 省 瀘縣 市（縣） |
| 擅長種技何能 | | 年齡 | 32 歲 職業 銀行業 |
| | | 通訊處 | 重慶村屋銀行 |
| | | 與本人關係 | 親戚 |

| 平日生活情形 | 喜川劇 | 保　證　人 | | |
|---|---|---|---|---|
| | | 姓名 | 陳敦文 | 別號 |
| | | 籍貫 | 四川 省 蓬溪 縣（市） |
| | | 年齡 | 卅 歲 |

| 家庭經濟是否需要本人負担 | 需本人負担 | 與本人關係 | 支誼 |
|---|---|---|---|
| 每月負擔若干 | 約金元壹万廿元 | 職業及服務機關名稱 | 四川絲業公司 |
| 到聘日期 | 33年10月　日 | 營業種類 | 絲 |
| 永久住址 | | 開設地點 | 重慶陝西街92# |
| 本人通訊處 臨時 | 重慶郵右巷32號街舍 | 通訊處 臨時 | 同上 |
| 永久 | 自流井五星店太和新 | 永久 | |

簽名蓋章　　　　年　月　日

工務科
19

# 重慶電力股份有限公司

## 職工調查表

編　號　　119

姓　名　魯淵湘

檢查號

20.

姓名 曾渊湘 别號 _____ 籍貫 四川 省 華陽 縣市

出生年月：民國（曆） 六 年 十 月 十八 日現年 二十八 歲

是否黨員 是 黨證號數 特79331 是否團員 是 團證號數 壽10689

現在住址 國府路 （ 區 大溪溝 鎮 三 保 _____ 甲）

固定住址或通訊處 四川華陽縣石板灘刺車號

到職年月：民國 二十三 年 十一 月 十二 日

介紹人姓名 謝用剛 號 _____ 現年 _____ 歲籍貫 四川 省 鑒山 縣市

職業 一廠主任 住址或通訊處 中四路手廠 與本人關係 友誼

保證人姓名 鍾炳如 號 _____ 現年 _____ 歲籍貫 四川 省 江北 縣市

職業 商 現在住址 江北正街合川通業號號

固定住址或通訊處 華陽縣石板灘 _____ 與本人關係 同鄉親戚

（甲）家庭狀況：

（一）家長名 曾傳喜 號 _____ 現年 六十五 歲係本人之 父親

職業 商 住址 華陽石板灘 每月收入 _____

（二）父名 曾傳喜 號 _____ 現年 六十五 歲職業 商

住址 同前 每月收入 _____

母姓名 曾李氏 現年 六十四 歲

（三）已否結婚 已結婚 配偶姓名 張國英 現年 二十二 歲籍貫 四川 省 巴 縣市

（四）子 _____ 人最長者現年 _____ 歲最幼者現年 _____ 歲

現入學校者 _____ 人學校名稱 _____

現已服務者 _____ 人處所名稱 _____

女 有 一 人最長者現年 約二 歲最幼者現年 _____ 歲

現入學校者 _____ 人學校名稱 _____

現已出嫁者 _____ 人

21

（五）兄弟姊妹：

| 名 | 號 | 本人之 | 年齡 | 婚嫁否 | 職　業 | 住　　址 | 備　考 |
|---|---|---|---|---|---|---|---|
| 曾炳鈞 | | 大哥 | | 已婚 | 商 | 華陽石板凼洼 | |
| 曾靜清 | | 大姐 | | 〃 | | 金堂简棚寺 | |
| 曾靜珊 | | 三姐 | | 〃 | | 華陽龍潭寺 | |
| 2 | | | | | | | |

（六）除公司薪給外，本人尚有何種其他收入？＿＿＿＿＿＿＿

本人每月平均開支：

| 項　　目 | 開支金額 |
|---|---|
| 伙食費每月平均 | 約7000元 |
| 由家搭搭菸茶油 | |
| 零星雜支 | |
| 家用及服裝被盖 | |
| 病痛醫藥費三人共約 | 5000元 |
| 總　　　計 | 12000元 |

除去開支後能有積蓄否？無

若干＿＿＿＿＿

不敷開支時如何彌補？經常如意
＿＿＿便習慣

是否員债？亦常見债

何處借來？＿＿＿＿＿

歸還的方法？＿＿＿＿＿

（乙）教育及經歷：

（一）曾受何等育教？

| 程　度 | 學校名稱 | 校　址 | 肄業期間 自何年月起 至何年月止 | 所習科目 | 讀完幾年級 | 離校原因 |
|---|---|---|---|---|---|---|
| 高中 | 不了得 | 成都 | 由何至今止 | 醫科 | 醫科二年級 | 服務社會 |

附註：請填所受最高級教育之名稱，或接近於所受之最高級教育者，例如高級職業學校
畢業者，可填該高級職業學校，同時，並可填已受過教育之高級中學或初級中學
，不識字，粗識字或只識字，幷未入過學校者，請填「不識字」「粗識字」或「識字」

（二）在校時最感興趣之科目＿＿＿＿＿＿＿

(三)曾在何處服務：离校後即入本公司服務迄今十年矣

| 機關名稱 | 地址 | 主管人姓名 | 月薪 | 服務期間 自年月至年月 | 離職原因 |
|---|---|---|---|---|---|
|  |  |  |  |  |  |
|  |  |  |  |  |  |
|  |  |  |  |  |  |
|  |  |  |  |  |  |

(四)經歷中最感興趣之工作：對於電氣工程及机械工程均感興趣

（丙）業餘生活

(一)每日工作時間：忙時 10 小時，平時 七八 小時 外勤
(二)本人最喜歡的娛樂：口琴，騎馬，爬山，踏脚踏車，寫毛筆
(三)公餘經常作何消遣：大多數餘時間消耗在給本公司服務顧方面唱歌
(四)曾參加甚麼業餘團體：無

| 名稱 | 性質 | 地址 | 主持人 | 何時加入 | 擔任何種職務 |
|---|---|---|---|---|---|
|  |  |  |  |  |  |
|  |  |  |  |  |  |
|  |  |  |  |  |  |

（丁）有何特殊狀況，特殊興趣或特殊技能，請列舉於下：

（戊）本人之簽字蓋章：簽字 曾渊湘  蓋章

填寫日期：民國 33 年 6 月 7 日

填寫人 曾渊湘   代填人

重慶電力股份有限公司

## 職工調查表

編　號　29

姓　名　朱效先

檢查號

姓名 朱詔先 别號 四一 籍貫 四川 省 闐中 縣市

出生年月：民國（前）光緖 18 年 9 月 6 日現年 52 歲

是否黨員 ＿＿ 黨證號數 ＿＿ 是否團員 ＿＿ 團證號數 ＿＿

現在住址 巴县 （ ＿ 區 瓦王庙 鎮 1 保 2 甲）

固定住址或通訊處 ＿＿＿＿＿

到職年月：民國 23 年 4 月 8 日

介紹人姓名 周之欽 號 兀 現年 ＿＿ 歲籍貫 ＿＿ 省 ＿＿ 縣市

職業 ＿＿ 住址或通訊處 ＿＿ 與本人關係 ＿＿

保證人姓名 张声风 號 岳 現年 40 歲籍貫 四川 省 泸縣 縣市

職業 職業 現在住址 去市 张家巷 28

固定住址或通訊處 泸县 東門正街 與本人關係 朋友

（甲）家庭狀況：

（一）家長名 ＿＿ 號 ＿＿ 現年 ＿＿ 歲係本人之 ＿＿

　　職業 ＿＿ 住址 ＿＿ 每月收入 ＿＿

（二）父名 華昭輝 號 無 現年 ＿＿ 歲職業 故

　　住址 ＿＿ 每月收入 故

　　母姓名 楊氏 俱年 ＿＿ 歲

（三）已否結婚 已 配偶姓名 王贯文 現年 40 歲籍貫 省 闐中 縣市

（四）子 二 人最長者現年 廿 歲最幼者現年 9 歲

　　現入學校者 已 人學校名稱 大溪初等子弟校

　　現已服務者 ＿＿ 人處所名稱 ＿＿

　　女 1 人最長者現年 16 歲最幼者現年 ＿＿ 歲

　　現入學校者 ＿＿ 人學校名稱 ＿＿

　　現已出嫁者 束 人

(五)兄弟姊妹：

| 名　號 | 本人之 | 年齡 | 婚嫁否 | 職　業 | 住　　址 | 備　考 |
|---|---|---|---|---|---|---|
| | | | | | | |
| | | | | | | |
| | | | | | | |
| | | | | | | |

(六)除公司薪給外，本人尚有何種其他收入？＿＿＿＿＿＿＿＿＿＿＿

　　　　本人每月平均開支：

| 項　　目 | 開支金額 |
|---|---|
| | |
| | |
| | |
| | |
| | |
| 總　　計 | |

除去開支後能有積蓄否？＿＿＿＿＿＿

　若干＿＿＿＿＿＿

不敷開支時如何彌補？＿＿＿＿＿＿

　＿＿＿＿＿＿＿＿＿＿

是否負債？＿＿＿＿　若干＿＿＿

　何處借來？＿＿＿＿＿＿＿＿

　歸還的方法？＿＿＿＿＿＿＿

(乙)教育及經歷：

　　(一)曾受何等育教？

| 程　度 | 學校名稱 | 校　址 | 肄業期間 自年月至年月 | 所習科目 | 讀完幾年級 | 離校原因 |
|---|---|---|---|---|---|---|
| 初中 | 華西初中學校 | 閬中 | | | | 入商業 |
| | | | | | | |
| | | | | | | |

附註：請填所受最高級教育之名稱，或接近於所受之最高級教育者，例如高級職業學校
畢業者，可填該高級職業學校，同時，並可填已受過教育之高級中學或初級中學
，不識字，粗識字或只識字，并未入過學校者，請填「不識字」「粗識字」或「識字」

　　(二)在校時最感興趣之科目＿＿＿＿＿＿＿

44

(三)曾在何處服務：

| 機關名稱 | 地 址 | 主管人姓名 | 月薪 | 服務期間 自年月至年月 | 離職原因 |
|---|---|---|---|---|---|
| 無 | | | | | |
| | | | | | |
| | | | | | |
| | | | | | |
| | | | | | |

(四)經歷中最感興趣之工作 _____

(丙)業餘生活

(一)每日工作時間：忙時 ____ 小時，平時 ____ 小時
(二)本人最喜歡的娛樂 川劇
(三)公餘經常作何消遣 咔劇
(四)曾參加甚麼業餘團體 國民黨以不氣

| 名 稱 | 性 質 | 地 址 | 主持人 | 何時加入 | 擔任何種職務 |
|---|---|---|---|---|---|
| | | | | | |
| | | | | | |
| | | | | | |
| | | | | | |

(丁)有何特殊狀況，特殊興趣或特殊技能，請列舉於下：

(戊)本人之簽字蓋章：簽字 _____ 蓋章 _____

填寫日期：民國 ____ 年 ____ 月 ____ 日
填寫人 _____ 代填寫人 _____

簿記股

45

# 重慶電力股份有限公司

## 職工調查表

編　號　093

姓　名　何篤暄

檢查號

姓名 何篤睦 別號 蒙 籍貫 四川 省 巴縣 縣市

出生年月：民國（前）前一 年 七 月 十二 日現年 卅三 歲

是否黨員 _____ 黨證號數 _____ 是否團員 _____ 團證號數 _____

現在住址 重慶回水開引洪（立 屆 全馬寺 鎮 四 保 九 甲）

固定住址或通訊處 巴縣 海江渡

到職年月：民國 23 年 10 月 20 日

介紹人姓名 _____ 號 _____ 現年 _____ 歲籍貫 _____ 省 _____ 縣市

職業 _____ 住址或通訊處 _____ 與本人關係 _____

保證人姓名 _____ 號 _____ 現年 _____ 歲籍貫 _____ 省 _____ 縣市

職業 _____ 現在住址 _____

固定住址或通訊處 _____ 與本人關係 _____

（甲）家庭狀況：

（一）家長名 何劉達森 號 _____ 現年 五十 歲係本人之 世

職業 _____ 住址 巴縣 海江渡 每月收入 _____

（二）父名 何嘉生 號 _____ 現年 己又 歲職業 _____

住址 _____ 每月收入 _____

母姓名 何劉達森 現年 五十 歲

（三）已否結婚 已 配偶姓名 權正愛 現年 廿五 歲籍貫 _____ 省 重慶 縣市

（四）子 七 人最長者現年 三 歲最幼者現年 三 歲

現入學校者 _____ 人學校名稱 _____

現已服務者 _____ 人處所名稱 _____

女 七 人最長者現年 一 歲最幼者現年 一 歲

現入學校者 _____ 人學校名稱 _____

現已出嫁者 _____ 人

民国时期重庆电力股份有限公司档案汇编

第 ⑥ 辑

(五)兄弟姊妹：

| 名 號 | 本人之 | 年齡 | 婚嫁否 | 職　業 | 住　　　址 | 備　　考 |
|---|---|---|---|---|---|---|
| 何慶禮 | 弟 | 17 | 未 | 求學 | 本溪回水街 | |
| 何黑霞 | 妹 | 12 | 〃 | 〃 | 巳斗溪12度 | |
| 何玉貴 | 〃 | 8 | 〃 | 〃 | 〃 | |

(六)除公司薪給外，本人尚有何種其他收入？＿＿＿無＿＿＿＿＿＿

本人每月平均開支：

| 項　　　目 | 開　支　金　額 |
|---|---|
| 家庭伙食費 | 12,000— |
| 弟妹學食費 | 5,000— |
| 衣服　費 | 4,000— |
| 其雜　費 | 3,000— |
| 總　　　計 | ￥24,000— |

除去開支後能有積蓄否？　無

若干＿＿＿＿＿＿＿＿＿

不敷開支時如何彌補？向友處

借挪＿＿＿＿＿＿＿＿

是否負責？　是　若干計3,200  欠人

何處借來？　向友處

歸還的方法？＿＿＿＿＿＿

(乙)教育及經歷：

　(一)曾受何等教育？

| 程度 | 學校名稱 | 校　址 | 肄業期間 自年月至年月 | 所習科目 | 讀完幾年級 | 離校原因 |
|---|---|---|---|---|---|---|
| 中學 | 巴樹中校 | 巴中西街 | 18年—21年 | 普通 | 三年 | 畢業 |
| 〃 | 靑年商校 | 合坡子 | 22年 | 商業 | 一年 | 〃 |

附註：請填所受最高級教育之名稱，或接近於所受之最高級教育者，例如高級職業學校
　　　畢業者，可填該高級職業學校，同時，並可填已受過教育之高級中學或初級中學
　　　，不識字，粗識字或只識字，升未入過學校者，請填「不識字」「粗識字」或「識字」
　(二)在校時最感興趣之科目　史地　數學　會計學＿＿＿＿＿＿＿

（三）曾在何處服務：

| 機關名稱 | 地　址 | 主管人姓名 | 月薪 | 服務期間自　年　月至　年　月 | 離職原因 |
|---|---|---|---|---|---|
| | | | | | |
| | | | | | |
| | | | | | |
| | | | | | |
| | | | | | |
| | | | | | |

（四）經歷中最感興趣之工作＿＿＿＿＿＿＿＿＿＿＿＿＿＿＿＿

**（丙）業餘生活**

（一）每日工作時間：忙時　八　小時，平時　六　小時
（二）本人最喜歡的娛樂　京劇、電影、音樂
（三）公餘經常作何消遣　練習京劇
（四）曾參加甚麼業餘團體：

| 名　稱 | 性質 | 地　址 | 主持人 | 何時加入 | 擔任何種職務 |
|---|---|---|---|---|---|
| 嚶鳴劇社 | 業餘 | 玩台街 | 錢老福 | 卅四年 | 社員 |
| | | | | | |
| | | | | | |
| | | | | | |

**（丁）**有何特殊狀況，特殊興趣或特殊技能，請列舉於下：

**（戊）**本人之簽字蓋章：簽字　　　　蓋章　[印章]

填寫日期：民國　35　年　6　月　19　日
填寫人　何篤暄　　　代填寫人

重 慶 電 力 股 份 有 限 公 司

職 工 調 查 表

編　號　　221

姓　名　馮光富

檢查號

姓名 冯之章 别號 _____ 籍貫 浙江 省 临吾 縣市

出生年月：民國（前） 8 年 十一 月 ____ 日現年 二六 歲

是否黨員 ____ 黨證號數 ____ 是否團員 ____ 團證號數 ____

現在住址 上華公司電機廠 區 ____ 鎮 ____ 保 （甲）

固定住址或通訊處 浙江绍兴斗门冯村

到職年月：民國 二三 年 十一 月 ____ 日

介紹人姓名 ____ 號 ____ 現年 ____ 歲籍貫 ____ 省 ____ 縣市

職業 ____ 住址或通訊處 ____ 與本人關係 ____

保證人姓名 李芝林 號 ____ 現年 四回 歲籍貫 浙江 省 杭州 縣市

職業 商 現在住址 道台乙（印林毎喬乙）

固定住址或通訊處 ____ 與本人關係 ____

（甲）家庭狀況：

（一）家長名 冯山鸾 號 ____ 現年 五十四 歲係本人之 叔訊

職業 商 住址 绍兴斗门冯村 每月收入 ____

（二）父名 冯如度 號 ____ 現年 五十 歲職業 商

住址 绍兴斗门冯村 每月收入 ____

母姓名 周氏 現年 四十 ____

（三）已否結婚 ____ 配偶姓名 ____ 現年 ____ 歲籍貫 ____ 省 ____ 縣市

（四）子 ____ 人最長者現年 ____ 歲最幼者現年 ____ 歲

現入學校者 ____ 人學校名稱 ____

現已服務者 ____ 人處所名稱 ____

女 ____ 人最長者現年 ____ 歲最幼者現年 ____ 歲

現入學校者 ____ 人學校名稱 ____

現已出嫁者 ____ 人

127

(五)兄弟姊妹：

128

| 名 號 | 本人之 | 年齡 | 婚嫁否 | 職 業 | 住 址 | 備 考 |
|---|---|---|---|---|---|---|
|  |  |  |  |  |  |  |
|  |  |  |  |  |  |  |
|  |  |  |  |  |  |  |
|  |  |  |  |  |  |  |
|  |  |  |  |  |  |  |

(六)除公司薪給外，本人尚有何種其他收入？　　無

　　本人每月平均開支：

| 項　　目 | 開　支　金　額 |
|---|---|
|  |  |
|  |  |
|  |  |
|  |  |
| 總　　計 |  |

除去開支後能有積蓄否？

　　若干

不敷開支時如何彌補？

是否負債？　　　若干？

　　何處借來？

　　歸還的方法

（乙）教育及經歷：

（ ）曾受何等學校？

| 程　度 | 學校名稱 | 校　址 | 畢業期間自年月至年月 | 所習科目 | 讀完幾年級 | 雜校原因 |
|---|---|---|---|---|---|---|
|  |  |  |  |  |  |  |
|  |  |  |  |  |  |  |

附註：請填所受最高級教育之名稱，或接近於所受之最高級教育者，例如高級職業學校
　　　畢業者，可項填高級職業學校，同時，並可填已受過教育之高級中學或初級中學
　　　，不識字，但識字或已識字，升未入過學校者，請填「不識字」「但識字」或「識字」

(二)在校時最感興趣之科目

129

（三）曾在何處服務：

| 機關名稱 | 地 址 | 主管人姓名 | 月薪 | 服 務 期 間 自 年 月 至 年 月 | 離職原因 |
|---|---|---|---|---|---|
|  |  |  |  |  |  |
|  |  |  |  |  |  |
|  |  |  |  |  |  |
|  |  |  |  |  |  |
|  |  |  |  |  |  |
|  |  |  |  |  |  |

（四）經歷中最感興趣之工作 _____

## （丙）業餘生活

（一）每日工作時間：忙時 _____ 小時，平時 _____ 小時

（二）本人最喜歡的娛樂 _____

（三）公餘經常作何消遣 _____

（四）曾參加甚麼業餘團體：

| 名 稱 | 性 質 | 地 址 | 主持人 | 何時加入 | 擔任何種職務 |
|---|---|---|---|---|---|
|  |  |  |  |  |  |
|  |  |  |  |  |  |
|  |  |  |  |  |  |
|  |  |  |  |  |  |

（丁）有何特殊狀況，特殊興趣或特殊技能，請列舉於下：

（戊）本人之簽字蓋章：簽字 馮如高 蓋章

填寫日期：民國 33 年 6 月 9 日

填寫人 _____ 代填寫人 _____

17

出 納 股

重 慶 電 力 股 份 有 限 公 司

職 工 調 查 表

編 號　091

姓 名　秦光璧

檢查號

姓名 秦光璧 别號 昌榮 籍貫 四川 省 江北 縣市

出生年月：民國（前） 一 年 十 月 卅 日 現年 卅三 歲

是否黨員 ＿＿＿ 黨證號數 ＿＿＿ 是否團員 ＿＿＿ 團證號數 ＿＿＿

現在住址 南岸玄壇廟正街廿八號 十一區 鎮 五 保 七 甲

固定住址或通訊處 南岸玄壇廟正街廿八號

到職年月：民國 ＿＿ 年 ＿＿ 月 ＿＿ 日

介紹人姓名 毛麟書 號 ＿＿＿ 現年 四十 歲 籍貫 四川 省 江北 縣市

職業 政 住址或通訊處 江北兩嘴沱 與本人關係 同鄉

保證人姓名 張海青 號 ＿＿＿ 現年 五二 歲 籍貫 四川 省 江北 縣市

職業 商 現在住址 南岸玄壇廟正街廿七號

固定住址或通訊處 南岸玄壇廟正街廿七號 與本人關係 親戚

（甲）家庭狀況：

（一）家長名 ＿＿＿ 號 ＿＿＿ 現年 ＿＿ 歲係本人之 ＿＿＿

職業 ＿＿＿ 住址 ＿＿＿ 每月收入 ＿＿＿

（二）父名 ＿＿＿ 號 ＿＿ 現年 ＿＿ 歲職業 ＿＿＿

住址 ＿＿＿ 每月收入 ＿＿＿

母姓名 ＿＿＿ 現年 ＿＿ 歲

（三）已否結婚 已結 配偶姓名 秦桂氏 現年 廿九 歲籍貫 四川 省 江北 縣市

（四）子 ＿＿ 人最長者現年 ＿＿ 歲最幼者現年 ＿＿ 歲

現入學校者 ＿＿ 人學校名稱 ＿＿＿

現已服務者 ＿＿ 人處所名稱 ＿＿＿

女 二 人最長者現年 四 歲最幼者現年 一 歲

現入學校者 ＿＿ 人學校名稱 ＿＿＿

現已出嫁者 ＿＿ 人

*19*

(五)兄弟姊妹：

| 名　　統 | 本人之 | 年齡 | 婚嫁否 | 職　　業 | 住　　址 | 備　　考 |
|---|---|---|---|---|---|---|
| 海清 | 哥 | 田二 | 婚 | 商 | 江北石船塲 |  |
| 趙秦氏 | 姉 | 三五 | 婚 | 商 | 南岸友餘里 |  |
|  |  |  |  |  |  |  |
|  |  |  |  |  |  |  |

(六)除公司薪給外，本人尚有何種其他收入？＿＿＿＿＿＿＿＿＿＿

本人每月平均開支：

| 項　　目 | 開支金額 |
|---|---|
|  |  |
|  |  |
|  |  |
|  |  |
|  |  |
| 總　　計 |  |

除去開支後能有積蓄否？＿＿＿＿

若干＿＿＿＿

不敷開支時如何彌補？＿＿＿＿

是否負債？＿＿＿＿若干＿＿＿＿

何處借來？＿＿＿＿

歸還的方法？＿＿＿＿

(乙)教育及經歷：

(一)曾受何等教育？

| 程　度 | 學校名稱 | 校　　址 | 肄業期間自年月至年月 | 所習科目 | 讀完幾年級 | 離校原因 |
|---|---|---|---|---|---|---|
|  |  |  |  |  |  |  |
|  |  |  |  |  |  |  |
|  |  |  |  |  |  |  |
|  |  |  |  |  |  |  |

附註：請填所受最高級教育之名稱，或接近於所受之最高級教育者，例如高級職業學校畢業者，可填該高級職業學校，同時，並可填已受過教育之高級中學或初級中學。不識字，粗識字或只識字，并未入過學校者，請填「不識字」「粗識字」或「識字」

(二)在校時最感興趣之科目＿＿＿＿＿＿＿＿

（三）曾在何處服務：

| 機關名稱 | 地　址 | 主管人姓名 | 月　薪 | 服務期間<br>自　年　月至　年　月 | 離職原因 |
|---|---|---|---|---|---|
|  |  |  |  |  |  |
|  |  |  |  |  |  |
|  |  |  |  |  |  |
|  |  |  |  |  |  |
|  |  |  |  |  |  |

（四）經歷中最感興趣之工作

## （丙）業餘生活

（一）每日工作時間：忙時＿＿＿＿小時，平時＿＿＿＿小時

（二）本人最喜歡的娛樂

（三）公餘經常作何消遣

（四）曾參加甚麼業餘團體：

| 名　稱 | 性　質 | 地　址 | 主持人 | 何時加入 | 擔任何種職務 |
|---|---|---|---|---|---|
|  |  |  |  |  |  |
|  |  |  |  |  |  |
|  |  |  |  |  |  |
|  |  |  |  |  |  |

（丁）有何特殊狀況，特殊興趣或特殊技能，請列舉於下：

（戊）本人之簽字蓋章：簽字　秦光壁　蓋章

填寫日期：民國＿＿＿年＿＿＿月＿＿＿日

填寫人＿＿＿＿＿　代填寫人＿＿＿＿＿

## 重慶電力公司職工調查表

| 姓名 | 秦光壁 | 家　庭　狀　況 | | |
|---|---|---|---|---|
| 籍貫 | 四川江北 | 父　名 | | 職業 | |
| 年齡 | 三十六 | 母　名 | | 職業 | |
| 出生年月日 民國 | 前二年八月廿四日 | 兄 弟 姉 妹 | 名 | 秦海清 | 職務 教 |
| 已否結婚 | 已婚 于 二人 女 六 人 | | 號 | | 業 |

| 學歷 | 小學 |
|---|---|
| 經歷 | |

| 資産 | 不動産 | |
|---|---|---|
| | 動産 | |
| 家長通訊處 | 臨時 | 江北縣石船場 |
| | 永久 | 仝上 |

| 介　　紹　　人 | | |
|---|---|---|
| 姓名 | 朱小佛 | 別號 |
| 籍貫 | 省 | 市（縣） |
| 年齡 | 歲 | 職業 |
| 通訊處 | | |
| 與本人關係 | | |

| 種技 擅 長 何 能 形 情 平 日 生 活 | |
|---|---|

| 保　　證　　人 | | |
|---|---|---|
| 姓名 | 張海清 | 別號 |
| 籍貫 | 四川 省 巴 縣（市） |
| 年齡 | 六十五 歲 |
| 與本人關係 | 友誼 |

| 家庭經濟是否需要本人負担 | 本人負担 | 職業及服務機關名稱 | 商 |
|---|---|---|---|
| 每月負擔若干 | 全部數津 | 營業種類 | 油篼 |
| 到聯日期 | 廿四年三月　日 | 開設地點 | 南岸玄壇廟正街二十八號 |
| 永久住址 | 江北石船場 | 通訊處 臨時 | 仝上 |
| 本人通訊處 臨時 | 筢集圈四十六號 | 永久 | |
| 永久 | 江北石船場 | | |

签名盖章　　　　　　　　年　　月　　日

55

# 重慶電力股份有限公司

## 職工調查表

編　　號　117

姓　　名　鄧德元

檢查號

民国时期重庆电力股份有限公司档案汇编

第⑥辑

56

姓名 鄧德元 別號＿＿＿ 籍貫 四川 省 璧山 縣市

出生年月：民國（前）二 年 四 月 二 日現年 三一 歲

是否黨員＿＿ 黨證號數＿＿ 是否團員＿＿ 團證號數＿＿

現在住址 大溪溝電力廠（ ＿＿ 區 ＿＿ 鎮 ＿＿ 保 ＿＿ 甲）

固定住址或通訊處 璧山縣丹鳳場

到職工年月：民國 二四 年 八 月 十六 日

介紹人姓名＿＿ 號＿＿ 現年＿＿ 歲籍貫＿＿ 省＿＿ 縣市

職業＿＿ 住址或通訊處＿＿ 與本人關係＿＿

保證人姓名＿＿ 號＿＿ 現年＿＿ 歲籍貫＿＿ 省＿＿ 縣市

職業＿＿ 現在住址＿＿

固定住址或通訊處＿＿ 與本人關係＿＿

（甲）家庭狀況：

（一）家長名 鄧鉑垣 號＿＿ 現年 五二 歲係本人之 父親

職業 經商 住址 璧山縣丹鳳場 每月收入 約萬元

（二）父名＿＿ 號＿＿ 現年＿＿ 歲職業＿＿

住址＿＿ 每月收入＿＿

母姓名 鄧張氏 現年 五三 歲

（三）已否結婚 已婚 配偶姓名 建玉芬 現年 二七 歲籍貫 四川 省 璧山 縣市

（四）子 二 人最長者現年 三 歲最幼者現年 二 歲

現入學校者＿＿ 人學校名稱＿＿

現已服務者＿＿ 人處所名稱＿＿

女＿＿ 人最長者現年＿＿ 歲最幼者現年＿＿ 歲

現入學校者＿＿ 人學校名稱＿＿

現已出嫁者＿＿ 人

(五)兄弟姊妹：

| 名 | 號 | 本人之 | 年齡 | 婚嫁否 | 職　業 | 住　　址 | 備　考 |
|---|---|---|---|---|---|---|---|
|  |  |  |  |  |  |  |  |
|  |  |  |  |  |  |  |  |
|  |  |  |  |  |  |  |  |
|  |  |  |  |  |  |  |  |
|  |  |  |  |  |  |  |  |

(六)除公司薪給外，本人尚有何種其他收入？　未有其他收入

本人每月平均開支：

| 項　目 | 開　支　金　額 |
|---|---|
| 伙　食 | ＄7000元 |
| 日用品 | ＄1000元 |
| 衣　物 | ＄2000元 |
| 其他應酬 | ＄2000元 |
| 家庭開支 | ＄7000元 |
| 總　計 | ＄11000元 |

除去開支後能有積蓄否？ 無積蓄

若干

不敷開支時如何彌補？

是否負債？　　　若干

何處借來？

歸還的方法？

(乙)教育及經歷：

(一)曾受何等教育？

| 程度 | 學校名稱 | 校址 | 肄業期間 自年月至年月 | 所習科目 | 讀完第年級 | 離校原因 |
|---|---|---|---|---|---|---|
| 工專校機械科 | 重慶工專校 | 重慶 | 自民21年至24年 | 機械 | 三年 | 畢業 |
|  |  |  |  |  |  |  |
|  |  |  |  |  |  |  |

附註：請填所受最高級教育之名稱，或接近於所受之最高級教育者，例如高級職業學校畢業者，可填該高級職業學校，同時，並可填已受過教育之高級中學或初級中學，不識字，粗識字或只識字，並未入過學校者，請填「不識字」「粗識字」或「識字」

(二)在校時最感興趣之科目

（三）曾在何處服務：

58

| 機關名稱 | 地　址 | 主管人姓名 | 月　薪 | 服　務　期　間 自　年　月　至　年　月 | 離職原因 |
|---|---|---|---|---|---|
|  |  |  |  |  |  |
|  |  |  |  |  |  |
|  |  |  |  |  |  |
|  |  |  |  |  |  |
|  |  |  |  |  |  |

（四）經歷中最感興趣之工作 _____

（丙）業餘生活

（一）每日工作時間：忙時 10 小時，平時 8 小時

（二）本人最喜歡的娛樂 電影，話劇，

（三）公餘經常作何消遣 看文藝小說

（四）曾參加甚麼業餘團體：

| 名　稱 | 性　質 | 地　址 | 本持人 | 何時加入 | 担任何種職務 |
|---|---|---|---|---|---|
|  |  |  |  |  |  |
|  |  |  |  |  |  |
|  |  |  |  |  |  |
|  |  |  |  |  |  |

（丁）有何特殊狀況、特殊興趣或特殊技能，請列舉於下：

（戊）本人之簽字蓋章：簽字　　　　　蓋章

填寫日期：民國 三二 年 六 月 九 日

填寫人　鄺德九　　代填寫人

## 重慶電力公司職工調查表

60

| 姓名 | 鄧德元 | | 家　庭　狀　況 | | | |
|---|---|---|---|---|---|---|
| 籍貫 | 四川璧山 | | 父 名 | 鄧伯垣 | 職業 | 商 |
| 年齡 | 三十六 | | 母 名 | 張氏 | | |
| 出生年月日民國（前）年 月 日 | | | 兄弟 名 | | 職 | |
| 已否結婚 | 巳婚 | 于 一 人<br>女 二 人 | 姊妹 號 | | 業 | |
| 學歷 | 四川省立重慶高工校機械科畢業 | | 資產 | 不動產 | 田地四十畝 | |
| | | | | 動產 | | |
| 經歷 | | | 家長通訊處 | 臨時 | | |
| | | | | 永久 | 璧山縣丹鳳場郵交 | |
| | | | 介　紹　人 | | | |
| | | | 姓 名 | | 別號 | |
| 擅長技能何種 | 電氣技修電表等工作 | | 籍 貫 | 省 | | 市（縣） |
| | | | 年 齡 | 歲 | 職業 | |
| | | | 通訊處 | 廿四年玖入公司服務沒 | | |
| 平日生活情形 | | | 與本人關係 | 有介紹人 | | |
| | | | 保　證　人 | | | |
| | | | 姓 名 | | 別號 | |
| | | | 籍 貫 | 省 | | 縣（市） |
| | | | 年 齡 | 歲 | | |
| 家庭經濟是否需要本人負擔 | 負担一部份 | | 與本人關係 | | | |
| 每月負擔若干 | 全部薪金 | | 職業及服務機關名柄 | | | |
| 到職日期 | 廿四年 八月 日 | | 營業種類 | | | |
| 永久住址 | 璧山丹鳳場 | | 開設地點 | | | |
| 本人通訊處 | 臨時 | 大溪溝建設路六号 | 通訊處 | 臨時 | | |
| | 永久 | 璧山丹鳳場郵交 | | 永久 | | |

簽名蓋章　　　　　　　　年　月　日

第三發電廠

73

重慶電力股份有限公司

職工調查表

編　號　258

姓　名　戴次群

檢查號

76

姓名 戴汝群 别号 _____ 籍贯 四川 省 内江 县市

出生年月：民国（前） 3 年 3 月 4 日现年 36 岁

是否党员 _____ 党证号数 _____ 是否团员 _____ 团证号数 _____

现在住址 鹅公岩特 1号 区 _____ 镇 _____ 保 _____ 甲

固定住址或通讯处 内江县郭家乡

到职工年月：民国 24 年 8 月 _____ 日

介绍人姓名 _____ 号 _____ 现年 _____ 岁籍贯 _____ 省 _____ 县市

职业 _____ 住址或通讯处 _____ 与本人关系 _____

保证人姓名 _____ 号 _____ 现年 _____ 岁籍贯 _____ 省 _____ 县市

职业 _____ 现在住址 _____

固定住址或通讯处 _____ 与本人关系 _____

（甲）家庭状况：

（一）家长名 戴文斋 号 _____ 现年 70 岁係本人之 父

职业 农 住址 内江郭家乡 每月收入 贰万余元

（二）父名 同上 号 _____ 现年 _____ 岁职业 _____

住址 _____ 每月收入 _____

母姓名 何 现年 70

（三）已否结婚 已结婚 配偶姓名 欧延春 现年 29 岁籍贯 四川省 资中 县市

（四）于 1 人最长者现年 4 岁最幼者现年 _____ 岁

现入学校者 _____ 人学校名称 _____

现已服务者 _____ 人处所名称 _____

女 1 人最长者现年 1 岁最幼者现年 _____ 岁

现入学校者 _____ 人学校名称 _____

现已出嫁者 _____ 人

（五）兄弟姊妹：

| 名號 | 本人之 | 年齡 | 婚嫁否 | 職業 | 住址 | 備考 |
|---|---|---|---|---|---|---|
| 戴倫九 | 兄 | 50 | 已婚 | 商業 | 內江郭家鄉 | |
| 戴祥九 | 〃 | 41 | 〃 | 〃 | 〃 | |
| 王大娃 | 姊 | 53 | 〃 | | 〃 | |
| 曾桂蘭 | 妹 | 30 | 〃 | | | |

（六）除公司薪給外，本人尚有何種其他收入？　無

本人每月平均開支：

| 項目 | 開支金額 |
|---|---|
| 伙食 | ￥5000元 |
| 衣履 | ￥1000元 |
| 雜用 | ￥3000元 |
| | |
| | |
| 總計 | 九千元 |

除去開支後能有積蓄否？　無
　若干

不敷開支時如何彌補？

是否負債？　無　　若干
何處借來？
歸還的方法？

（乙）教育及經歷：

（一）曾受何等育教？

| 程度學校名稱 | 狀址 | 畢業期間 自年月至年月 | 所習科目 | 讀完幾年級 | 離校原因 |
|---|---|---|---|---|---|
| 高等工業高工校 | 成都 | 19年至23年 | 機械 | | 畢業 |
| | | | | | |
| | | | | | |
| | | | | | |

附註：請填所受最高級教育之名稱，或接近於所受之最高級教育者，例如高級職業學校畢業者，可填該高級職業學校，同時，並可填已受過教育之高級中學或初級中學，不識字，粗識字或只識字，并未入過學校者，請填「不識字」「粗識字」或「識字」

（二）在校時最感興趣之科目　機械學

76

（三）曾在何處服務：

| 機關名稱 | 地　　址 | 主管人姓名 | 月薪 | 服務期間自　年　月至　年　月 | 離職原因 |
|---|---|---|---|---|---|
| | | | | | |
| | | | | | |
| | | | | | |
| | | | | | |
| | | | | | |

（四）經歷中最感興趣之工作 _____

（丙）業餘生活

（一）每日工作時間： 忙時 _____ 小時，平時 _____ 小時
（二）本人最喜歡的娛樂 _____
（三）公餘經常作何消遣 _____
（四）曾參加甚麼業餘團體：

| 名　　稱 | 性質 | 地　　址 | 主持人 | 何時加入 | 擔任何種職務 |
|---|---|---|---|---|---|
| | | | | | |
| | | | | | |
| | | | | | |

（丁）有何特殊狀況，特殊興趣或特殊技能，請列舉於下：

（戊）本人之簽字蓋章：簽字 戴次君 蓋章 _____
　　　填寫日期：民國 33 年 7 月 10 日
　　　填寫人 戴次君　　　代填寫人 由

# 重慶電力公司職工調查表

78

| 姓名 | 戴次群 | | 家 庭 狀 況 | | |
|---|---|---|---|---|---|
| 籍貫 | 貴州 | 父 名 | 戴 | 職業 | |
| 年齡 | 四十一歲 | 母 名 | 何 | 職業 | |
| 出生年月日民國 前 年 月 日 | | 兄 名 | 錫九 | 職 | |
| 已否結婚 子 人 女 人 | | 弟 婦 | | 土 業 | |
| | | 妹 | | 業 | |

| 學歷 | 成都昌明職機械科畢業 |
|---|---|
| 經歷 | 曾在成都昆明等公司工作一年 及本公司電務股務各方面一做十餘年 |
| 種技擅長能何 | |
| 平日生活情形 | 公餘之暇則愛讀 助友太官教小孩讀書 |

| 資產 | 不動產 | 每年一租谷五石 |
|---|---|---|
| | 動產 | |
| 家通訊長處 | 臨時 | 鵝公岩第三廠 |
| | 永久 | 內江縣郭家鄉 |

### 介 紹 人

| 姓名 | | 別號 | |
|---|---|---|---|
| 籍貫 | 省 | 市(縣) | |
| 年齡 | 歲 | 職業 | |
| 通訊處 | 因作初級人員無介紹人 | | |
| 與本人關係 | | | |

### 保 證 人

| 姓名 | 朱子昌 | 別號 | |
|---|---|---|---|
| 籍貫 | 巴縣 省 | 縣(市) | |
| 年齡 | 四十七 歲 | | |

| 家庭經濟是否需要本人負擔 | 要 | 與本人關係 | 友誼 |
|---|---|---|---|
| 每月負擔若干 | 每月之全部收入 | 職業及服務機關名稱 | 商 |
| 到職日期 | 三四年 8 月 日 | 營業種類 | 五金電料 米糧 |
| 永久住址 | 內江郭家鄉 | 開設地點 | 林森路#45 信又街#5 |
| 本人通訊處 臨時 | 鵝公岩第三廠 | 通訊處 臨時 | |
| 本人通訊處 永久 | 內江縣郭家鄉 | 通訊處 永久 | 陝西街火葬巷248号 |

簽名蓋章　　　　年　　月　　日

# 重慶電力股份有限公司

## 職工調查表

編　號　220

姓　名　曾澤民

檢查號

132

姓名 曾澤民 別號 ____ 籍貫 四川 省 礆山 縣市

出生年月：民國(前) 元 年 九 月 二四 日現年 三三 歲

是否黨員 是 黨證號數 ____ 是否團員 ____ 團證號數 ____

現在住址 人和鄉宿舍 ( ____ 區二 ____ 鎮 ____ 保 甲 )

固定住址或通訊處 礆山健龍鄉郵局

到職年月：民國 二四 年 八 月 ____ 日

介紹人姓名 ____ 號 ____ 現年 ____ 歲籍貫 ____ 省 ____ 縣市

職業 ____ 住址或通訊處 ____ 與本人關係 ____

保證人姓名 李玉堂 號 ____ 現年 三五 歲籍貫 四川 省 城都 縣市

職業 商 現在住址 民生路十二號

固定住址或通訊處 民生路十二號 與本人關係 朋友

（甲）家庭狀況：

(一)家長名 曾玉林 號 ____ 現年 五八 歲係本人之 父親

職業 農 住址 礆山健龍鄉 每月收入 無

(二)父名 曾玉林 號 ____ 現年 五八 歲職業 農

住址 礆山健龍鄉 每月收入 無

母姓名 廖氏 現年 五七

(三)已否結婚 已 配偶姓名 王朝清 現年 三四 歲籍貫 四川 省 丁家坳 縣市

(四)子 三 人最長者現年 十 歲最幼者現年 三 歲

現入學校者 二 人學校名稱 保國民學校

現已服務者 〇 人處所名稱 〇

女 〇 人最長者現年 〇 歲最幼者現年 〇 歲

現入學校者 〇 人學校名稱 〇

現已出嫁者 〇 人

133

（五）兄弟姊妹：

| 名 | 號 | 本人之 | 年齡 | 婚嫁否 | 職　業 | 住　址 | 備考 |
|---|---|---|---|---|---|---|---|
| 曾維祥 | | 姊 | 35 | 已嫁 | 理家 | 璧山来凤驛 | |
| 曾維嫦 | | 妹 | 27 | ″ | ″ | 璧山龍凤鄉 | |
| 曾維如 | | 妹 | 14 | 未 | 讀書 | 璧山健龍鄉 | |

（六）除公司薪給外，本人尚有何種其他收入？　　全無

本人每月平均開支：

| 項　目 | 開　支　金　額 |
|---|---|
| 本人伙食 | $2400.00 |
| 洗衣剪头、鞋、襪、衣 | $4000.00 |
| 零用 | $2000.00 |
| 送付家庭伙食予教費 | $6000.00 |
| 總　計 | $14400.00 |

除去開支後能有積蓄否？　無

若干

不敷開支時如何彌補？　借

是否負債？　是　若干？每月約三千元

何處借來？　朋友、親戚

歸還的方法　望年終公司分紅

（乙）教育及經歷：

（一）曾受何等育教？

| 程度 | 學校名稱 | 校址 | 肄業期間 自年月至年月 | 所習科目 | 讀完幾年級 | 離校原因 |
|---|---|---|---|---|---|---|
| 高等 | 省立閬苗職原在牛角沱 | | 自民卅七年至二十年 | 陶瓷科 | 三年畢業 | 畢業 |
| | | | | | | |
| | | | | | | |

附註：請填所受最高級教育之名稱，或接近於所受之最高級教育者，例如高級職業學校
　　畢業者，可填該高級職業學校，同時，並可填已受過教育之高級中學或初級中學
　　，不識字，粗識字或只識字，并未入過學校者，請填「不識字」「粗識字」或「識字」

（二）在校持或感興趣之科目　中、英、算

（三）曾在何處服務：

| 機關名稱 | 地　址 | 主管人姓名 | 月薪 | 服務期間<br>自年月至年月 | 離職原因 |
|---|---|---|---|---|---|
| 北碚澄江小學 | 澄江鎮 | 劉時明 | 80元 | 民二十一年1月至六月 | 換校長 |
| 璧山健龍校 | 璧山 | 曾餘升 | 25元 | 民二十一年七月至二四年八月 | 到重慶川東工作 |
|  |  |  |  |  |  |
|  |  |  |  |  |  |
|  |  |  |  |  |  |
|  |  |  |  |  |  |

（四）經歷中最感興趣之工作　在教學期間長體育

（丙）業餘生活

（一）每日工作時間：　忙時　　　　小時，平時　　　　小時
（二）本人最喜歡的娛樂　打球
（三）公餘經常作何消遣　吃茶
（四）曾參加甚麼業餘團體：　打川戲

| 名　　稱 | 性　質 | 地　址 | 主持人 | 何時加入 | 擔任何種職務 |
|---|---|---|---|---|---|
|  |  |  |  |  |  |
|  |  |  |  |  |  |
|  |  |  |  |  |  |
|  |  |  |  |  |  |

（丁）有何特殊狀況，特殊興趣或特殊技能，請列舉於下：
（戊）本人之簽字蓋章：　簽字　常屏民　蓋章

填寫日期：民國 33 年 6 月 9 日
填寫人　　　　　　　代填寫人

重庆电力股份有限公司一九三六年入职职工（一九四四年六月十日）　0219-1-29

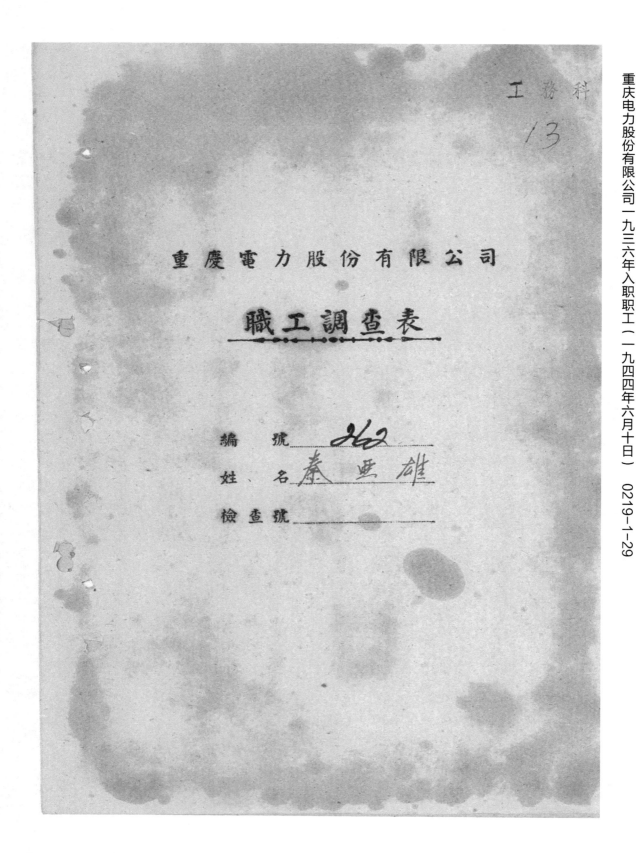

工務科

13

# 重慶電力股份有限公司

## 職工調查表

編　號　262

姓、名　秦亞雄

檢查號

姓名 秦亚雄　別號 _____　籍貫 河北 省 遵化 縣市

出生年月：民國（前）元 年 三 月 九 日現年 三十三 歲

是否黨員 否 黨證號數 _____　是否團員 _____ 團證號數 _____

現在住址 大渡口電力廠（ _____ 區 二 _____ 鎮 保 _____ 甲）

固定住址或通訊處 北平亜公府六號 _____

到職工年月：民國 二十五 年 三 月 一 日

介紹人姓名 吴克誠 號 _____ 現年 三十八 歲籍貫 安徽 省 _____ 縣市

職業 本間職員 住址或通訊處 中一准陸壓一弾 與本人關係 親戚

倜證人姓名 _____ 號 _____ 現年 _____ 歲籍貫 _____ 省 _____ 縣市

職業 _____ 現在住址 _____

固定住址或通訊處 _____ 與本人關係 _____

（甲）家庭狀況：

(一)家長名 秦燕伯 號 _____ 現年 七十三 歲係本人之 祖父

職業 無 住址 北平亜公府六號 每月收入 不詳

(二)父名 秦怡庭 號 _____ 現年 五十五 歲職業 無

住址 北平亜公府六號 每月收入 不詳

母姓名 温氏 現年 五十七 歲 住渝黄桷垣 執帝場 149号 縣市

(三)已否結婚 未 配偶姓名 _____ 現年 _____ 歲籍貫 _____ 省 縣市

(四)子 _____ 人最長者現年 _____ 歲最幼者現年 _____ 歲

現入學校者 _____ 入學校名稱 _____

現已服務者 _____ 入處所名稱 _____

女 _____ 人最長者現年 _____ 歲最幼者現年 _____ 歲

現入學校者 _____ 入學校名稱 _____

現已出嫁者 _____ 人

（五）兄弟姊妹：

| 名 號 | 本人之 | 年齡 | 婚嫁否 | 職 業 | 住 址 | 備 考 |
|---|---|---|---|---|---|---|
| 秦亞均 | 妹 | 29 | 未 | 渝立診所助產士 | 上清寺32号 | |
| 秦妮娜 | " 第 | 15 | 未 | 南山中学学生 | 黄桷埡教市场方坑九号 | |
| 秦亞東 | 第 | 13 | 未 | 南山小学学生 | 全 上 | |

（六）除公司薪給外，本人尚有何種其他收入？ _____

本人每月平均開支： 物價波動甚大名難估計下表所列係四五月所補定

| 項 目 | 開支金額 |
|---|---|
| 房 金 | 弐千元正 |
| 学 费 | 戌千元正 |
| 伙食费及報刊 | 戌萬伍仟元 |
| | |
| 總 計 | 壹萬捌仟元 |

除去開支後能有積蓄否？ 否定

若干 _____

不敷開支時如何彌補？ _____

是否負債？ _____ 若干 _____

何處借來？ _____

歸還的方法？ _____

（乙）教育及經歷：

（一）曾受何等育敎？

| 里 庭 | 學校名稱 | 校 址 | 肄業期間 自年月至年月 | 所習科目 | 讀完幾年級 | 離校原因 |
|---|---|---|---|---|---|---|
| 大学 | 中战工大 | 哈尔濱 | 自卅九月至卅四年月 | 電機 | 本科四年後 | 畢業 |

附註：請填所受最高級敎育之名稱，或接近於所受之最高級敎育者，例如高級職業學校
畢業者，可填讀高級職業學校，同時，並可填已受過敎育之高級中學或初級中學
，不識字，粗識字或只識字，并未入過學校者，諸填「不識字」「粗識字」或「識字」
（二）在校時最感興趣之科目

16.

(三)曾在何處服務：

| 機關名稱 | 地　址 | 主管人姓名 | 月薪 | 服務期間 自　年　月至　年　月 | 離職原因 |
|---|---|---|---|---|---|
| | | | | | |
| | | | | | |
| | | | | | |
| | | | | | |
| | | | | | |
| | | | | | |
| | | | | | |

(四)經歷中最感興趣之工作 _____

## （丙）業餘生活

(一)每日工作時間：忙時 8 小時，平時 4 小時

(二)本人最喜歡的娛樂 平劇

(三)公餘經常作何消遣 平劇

(四)曾參加甚麼業餘團體：

| 名　稱 | 性質 | 地　址 | 主持人 | 何時加入 | 擔任何種職務 |
|---|---|---|---|---|---|
| 中蘇文化協会 | 文化 | 中一路 | 孫科 | 卅九年 | 会員 |
| 儀敎學会 | 〃 | 民族路 | 邵力子 | 卅二年 | 理事兼幹事 |

（丁）有何特殊狀況，特殊興趣或特殊技能，請列舉於下：

（戊）本人之簽字蓋章：簽字 李玉雄 　　　蓋章

填寫日期：民國 33 年 6 月 10 日

填寫人 李玉雄 　　代填寫人

## 重慶電力公司職工調查表

18

| 姓名 | 秦亞雄 (印) | | 家 庭 狀 況 | | | |
|---|---|---|---|---|---|---|
| 籍貫 | 河北遵化 | | 父 名 | 秦顓廷 | 職業 | 天津中紡 133 |
| 年齡 | 卅七 | | 母 名 | 秦溫氏 | | |
| | | | 兄 弟 姊 妹 | 妹秦亞均 | 職業 | |

| 出生年月日民國 | 前元年三月九日 |
|---|---|
| 已否結婚 | 已 于二人 女二人 |

| 學歷 | 哈爾濱工業大學校電機科畢業 |
|---|---|
| 經歷 | 華西公司電政工程處工務員本公司工務員 到工程師 工程師股長及主事故讓 |

| | 家庭狀況 |
|---|---|
| 資產 | 不動產 |
| | 動產 |
| 家長通訊處 | 臨時 |
| | 永久 |

| 介 紹 人 | | |
|---|---|---|
| 姓名 | 華西公司 | 別號 |
| 籍貫 | | 省 市(縣) |
| 年齡 | | 歲 職業 |
| 通訊處 | 中國泥 | |
| 與本人關係 | | |

| 擅長種技何能 | |
|---|---|
| 平日生活情形 | |

| 保 證 人 | | |
|---|---|---|
| 姓名 | | 別號 |
| 籍貫 | | 省 縣(市) |
| 年齡 | | 歲 |
| 與本人關係 | |

| 家庭經濟是否需要本人負担 | 無 | 與本人關係 | |
|---|---|---|---|
| 每月負擔若干 | | 職業及服務機關名稱 | |
| 到職日期 | 25年3月1日 | 營業種類 | |
| 本人通訊處 | 永久住址 河北遵化西里子河村 臨時 團府街廿八號 永久 | 開設地點 通訊處 臨時 永久 | |

秦亞雄 簽名蓋章 (印)

37年9月30日

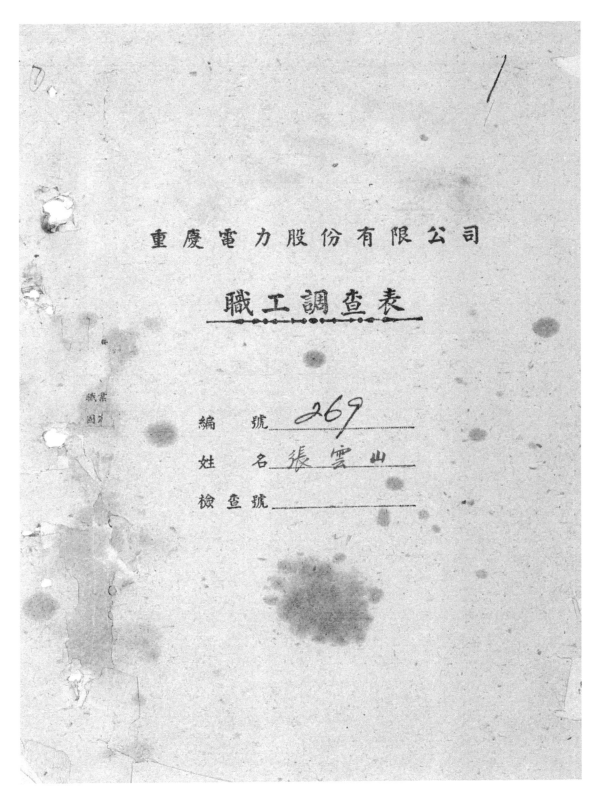

重慶電力股份有限公司

職工調查表

編　號　269

姓　名　張雲山

檢查號

姓名 張雲山 別號 一 籍貫 江蘇 省 上海 縣市

出生年月：民國（前） 元 年 五 月 三 日現年 三十三 歲

是否黨員 一 黨證號數 是否團員 團證號數 一

現在住址 沙坪壩九十一號 （十四 區 沙坪 鎮 三 保 六 甲）

固定住址或通訊處 上海新閘路德吉里17弄沈祥之轉

到職年月：民國 廿 年 二 月 15 日

介紹人姓名 程本珹 號 現年 歲籍貫 省 縣市

職業 住址或通訊處 與本人關係

保證人姓名 華義電業批發所 現年 歲籍貫 省 縣市

職業 電機 現在住址 小龍坎天星橋

固定住址或通訊處 與本人關係

（甲）家庭狀況：

　　（一）家長名 號 現年 歲係本人之

　　　　職業 住址 每月收入

　　（二）父名 張盧 號 現年 五十二 歲職業

　　　　住址 每月收入

　　　　母姓名 邢氏 現年 五十四

　　（三）已否結婚 已 配偶姓名 崔淑雲 現年 三十二 歲籍貫 江蘇 省 上海 縣市

　　（四）子 人最長者現年 歲最幼者現年 歲

　　　　現入學校者 人學校名稱

　　　　現已服務者 人處所名稱

　　　　女 人最長者現年 歲最幼者現年 歲

　　　　現入學校者 人學校名稱

　　　　現已出嫁者 人

(五)兄弟姊妹：

| 名 號 | 本人之 | 年齡 | 給嫁否 | 職 業 | 住 址 | 備 考 |
|---|---|---|---|---|---|---|
| | | | | | | |
| | | | | | | |
| | | | | | | |
| | | | | | | |
| | | | | | | |

(六)除公司薪給外，本人尚有何種其他收入？＿＿＿＿＿＿＿

本人每月平均開支：

| 項 目 | 開 支 金 額 |
|---|---|
| | |
| | |
| | |
| | |
| | |
| 總 計 | |

除去開支後能有積蓄否？＿＿＿＿＿＿

若干

不敷開支時如何彌補？＿＿＿＿＿＿

是否負債？＿＿＿＿ 若干＿＿＿＿

何處借來？＿＿＿＿＿＿＿

歸還的方法？＿＿＿＿＿＿＿

（乙）教育及經歷：

(一)曾受何等教育？

| 程 度 | 學校名稱 | 校 址 | 肄業期間 自年月至年月 | 所習科目 | 諗完諗年級 | 離校原因 |
|---|---|---|---|---|---|---|
| | 中華職業學校 | 上海陸家浜 | | 鐵工程 | 三年 | |
| | | | | | | |
| | | | | | | |
| | | | | | | |

附註：請填所受最高級教育之名稱，或接近於所受之最高級教育者，例如高級職業學校
畢業者，可填該高級職業學校，同時，並可填已受過教育之高級中學或初級中學
，不識字，粗識字或只識字，幷未入過學校者，請填「不識字」「粗識字」或「識字」

(二)在校時最感興趣之科目＿＿＿＿＿＿＿＿＿＿＿＿＿＿

(三)曾在何處服務：

| 機關名稱 | 地址 | 主管人姓名 | 月薪 | 服務期間自年月至年月 | 離職原因 |
|---|---|---|---|---|---|
|  |  |  |  |  |  |
|  |  |  |  |  |  |
|  |  |  |  |  |  |
|  |  |  |  |  |  |
|  |  |  |  |  |  |

(四)經歷中最感興趣之工作 ＿＿＿＿＿＿＿＿＿＿＿＿＿＿＿＿＿

## (丙) 業餘生活

(一)每日工作時間：忙時 ＿＿＿＿ 小時，平時 ＿＿＿＿ 小時

(二)本人最喜歡的娛樂 ＿＿＿＿＿＿＿＿＿＿＿＿

(三)公餘經常作何消遣 ＿＿＿＿＿＿＿＿＿＿＿

(四)曾參加甚麼業餘團體：

| 名稱 | 性質 | 地址 | 主持人 | 何時加入 | 担任何種職務 |
|---|---|---|---|---|---|
|  |  |  |  |  |  |
|  |  |  |  |  |  |
|  |  |  |  |  |  |

(丁)有何特殊狀況、特殊興趣或特殊技能，請列舉於下

(戊)本人之簽字蓋章：簽字 張雲山 蓋章

填寫日期：民國 三三 年 六 月 八 日

填寫人 張雲山 代填寫人

燃料股

重慶電力股份有限公司

## 職工調查表

編　號　275

姓　名　傅德新

檢查號

姓名 傅倬新 别號 ____ 籍貫 四川 省 巴縣 縣市

出生年月：民國（前）六 年 八 月 五 日 現年 廿七 歲

是否黨員 是 黨證號數 02971 是否團員 ____ 團證號數 ____

現在住址 花地園溪口（經資源公司煤鑛管理處煤勛 ____

固定住址或通訊處 南岸海棠溪三公里立石灘四九號

到職年月：民國 廿七 年 十 月 ____ 日

介紹人姓名 傅友園 號 ____ 現年 五十九 歲籍貫 四川 省 巴縣 縣市

職業 商 住址或通訊處 大什字華昌公司 與本人關係 祖父

保證人姓名 傅開平 號 ____ 現年 六十三 歲籍貫 四川 省 巴縣 縣市

職業 ____ 現在住址 南岸橫楠渡花墻院

固定住址或通訊處 南岸橫楠渡花墻院 與本人關係 祖父

（甲）家庭狀況：

（一）家長名 傅友園 號 ____ 現年 五十九 歲係本人之 祖父

職業 商 住址 南岸文峰塔阿彌生院子 每月收入 數仟元

（二）父名 傅作舟 號 ____ 現年 四十二 歲職業 南岸警察局

住址 南岸海棠溪三公里立石灘四十九號 每月收入 數仟元

母姓名 傅羅振華 現年 四十一 歲

（三）已否結婚 否 配偶姓名 ____ 現年 ____ 歲籍貫 ____ 省 ____ 縣市

（四）子 ____ 人最長者現年 ____ 歲最幼者現年 ____ 歲

現入學校者 ____ 人學校名稱 ____

現已服務者 ____ 人處所名稱 ____

女 ____ 人最長者現年 ____ 歲最幼者現年 ____ 歲

現入學校者 ____ 人學校名稱 ____

現已出嫁者 ____ 人

(五)兄弟姊妹：

| 名 號 | 本人之 | 年齡 | 婚嫁否 | 職 業 | 住 址 | 備 考 |
|---|---|---|---|---|---|---|
| 傅达祥 | 兄 | 卅四 | 已婚 | 義声公司學徒 | 与外为洋分公司 | |
| 李海沛 | 弟 | 廿六 | 未婚 | 流亡学生 | 成都新京 | |
| 傅立昌 | 〃 | 十四 | 〃〃 | 念書 | 重慶 | |

(六)除公司薪給外，本人尚有何種其他收入？ 除公司薪給外，尚无其他收入

本人每月平均開支：

| 項 目 | 開 支 金 額 |
|---|---|
| | |
| | |
| | |
| | |
| 總 計 | |

除去開支後能有積蓄否？ 收入与開
若干 支平均

不敷開支時如何彌補？＿＿＿＿

是否負債？＿＿＿＿ 若干＿＿＿＿

何處借來？＿＿＿＿

歸還的方法？＿＿＿＿

（乙）教育及經歷：

（一）曾受何等育教？

| 程度 | 學校名稱 | 校 址 | 肄業期間 自年月至年月 | 所習科目 | 讀完幾年級 | 離校原因 |
|---|---|---|---|---|---|---|
| 中學 | 沿平 | 前在江北 境岳水土地 | 民國廿四年上期 | 普通科 | 畢業 | |
| | | | | | | |
| | | | | | | |
| | | | | | | |

附註：請填所受最高級教育之名稱，或接近於所受之最高級教育者，例如高級職業學校
畢業者，可填該高級職業學校，同時，並可填已受過教育之高級中學或初級中學
，不識字，粗識字或只識字，并未入過學校者，請填「不識字」「粗識字」或「識字」

（二）在校時最感興趣之科目

（三）曾在何處服務：

| 機關名稱 | 地　址 | 主管人姓名 | 月　薪 | 服　務　期　間自年月至年月 | 離職原因 |
|---|---|---|---|---|---|
| 華西興業公司 | 道門口 | 胡仲實 | 廿元 | 自民廿五年至民廿廿七年 | 因辭去廠停辦 |
| | | | | | |
| | | | | | |
| | | | | | |
| | | | | | |

（四）經歷中最感興趣之工作　搪瓷裝成吹號，因他是柔慢的技術。

（丙）業餘生活

（一）每日工作時間：忙時　三　小時，平時　三　小時

（二）本人最喜歡的娛樂　收音機

（三）公餘經常作何消遣　看報游速泳看書等

（四）曾參加甚麼業餘團體：

| 名　　稱 | 性　質 | 地　址 | 主持人 | 何時加入 | 擔任何種職務 |
|---|---|---|---|---|---|
| 好風氣社 | 抗戰宣傳 | 重慶 | 朱文縝 | 民國廿九年 | 鄉村演劇隊演出 |
| | | | | | |
| | | | | | |
| | | | | | |

（丁）有何特殊狀況，特殊興趣或特殊技能，請列舉於下：

（戊）本人之簽字蓋章：簽字　傅德新　　蓋章

填寫日期：民國卅三年　六　月　十二　日

填寫人　傅德新　　代填寫人

9　出納股

重慶電力股份有限公司

# 職工調查表

編　號　*088*

姓　名　魯秉清

檢查號＿＿＿＿＿＿＿＿＿＿

10

姓名 鲁秉清 别號____ 籍貫 四川 省 閬中 縣市

出生年月：民國（前）六 年 五 月 廿四 日 現年 廿七 歲

是否黨員 已入 黨證號數 工字第 廿 是否團員____ 團證號數____

現在住址 人和場 街巷____ （第三 區 覃華 鎮六 保 八 甲）

固定住址或通訊處 閬中白果树街十六号

到職年月：民國 廿七 年 八 月 四 日

介紹人姓名 朱小佛 號 己政 現年____歲 籍貫____省____縣市

職業____ 住址或通訊處____ 與本人關係____

保證人姓名 楊子亭 號____ 現年 四十 歲 籍貫 四川 省 閬中 縣市

職業 商 現在住址 林森路和濟錢莊

固定住址或通訊處____ 與本人關係 同鄉

（甲）家庭狀況：

（一）家長名____ 號____ 現年____歲係本人之____

職業____ 住址____ 每月收入____

（二）父名 鲁玉如 號 維納 現年 六十八 歲職業 未作事

住址 閬中白果树街十六号 每月收入____

母姓名 鲁李氏 現年 五十

（三）已否結婚 未 配偶姓名____ 現年____歲籍貫____省____縣市

（四）子____人最長者現年____歲最幼者現年____歲

現入學校者____人學校名稱____

現已服務者____人處所名稱____

女____人最長者現年____歲最幼者現年____歲

現入學校者____人學校名稱____

現已出嫁者____人

11

（五）兄弟姊妹：

| 名 號 | 本人之 | 年齡 | 婚嫁否 | 職　業 | 住　址 | 備　考 |
|---|---|---|---|---|---|---|
| 曾幸堂 | 弟 | 廿一 | 未 | 學 | 华山武遇之學 | |
| 曾息瑞 | 妹 | 十九 | 〃 | 〃 | 閨中 | |
| 曾德真 | 妹 | 十七 | 〃 | 〃 | 〃 | |
| 曾華名 | 妹 | 十五 | 〃 | 〃 | | |
| 曾秀珍 | 妹 | 廿 | 出嫁 | | 成都 | |

（六）除公司薪給外，本人尚有何種其他收入？　　無

本人每月平均開支：

| 項　　目 | 開支金額 |
|---|---|
| 每月零家 | 6000.00 |
| 季季住學校宿田 | 2000.00 |
| 自田 | 4000.00 |
| 總　　計 | |

除去開支後能有積蓄否？　無

若干

不敷開支時如何彌補？　向　親友借貸

是否負債？　負債　若干 20000.00

何處借來？　親友

歸還的方法？　每月擠行得名20分把

（乙）教育及經歷：

（一）曾受何等育教？

| 程度 | 學校名稱 | 校　址 | 肄業期間自36年7月至37年6月 | 所習科目 | 讀完幾年級 | 離校原因 |
|---|---|---|---|---|---|---|
| 工學 | 華西協合 | 成都 | 〃 | 理化 | 一年 | 經濟困難 |
| | | | | | | |
| | | | | | | |
| | | | | | | |

附註：請填所受最高級教育之名稱，或搜班於所受之最高級教育者，例如高級職業學校
　　畢業者，可填讀高級職業學校，同時，並可填已受過教育之高級中學或初級中學
　　，不識字，粗識字式只識字，并未入過學校者，請填「不識字」「粗識字」或「識字」
（二）在校時最感興趣之科目　理化

（三）曾在何處服務：

| 機關名稱 | 地 址 | 主管人姓名 | 月薪 | 服務期間 自24年6月至24年8月 | 離職原因 |
|---|---|---|---|---|---|
| 青年會 | | | 50 | 兩月 | 自請去職 |
| | | | | | |
| | | | | | |
| | | | | | |
| | | | | | |

（四）經歷中最感興趣之工作＿＿＿教育

（丙）業餘生活

（一）每日工作時間：忙時＿＿＿＿小時，平時＿＿＿＿小時

（二）本人最喜歡的娛樂＿＿＿戲劇

（三）公餘經常作何消遣＿＿＿上公園看京戲或斗室喝茶等

（四）曾參加甚麼業餘團體：

| 名 稱 | 性 質 | 地 址 | 主持人 | 何時加入 | 擔任何種職務 |
|---|---|---|---|---|---|
| | | | | | |
| | | | | | |
| | | | | | |

（丁）有何特殊狀況，特殊興趣或特殊技能，請列舉於下

（戊）本人之簽字蓋章：簽字＿＿＿參＿＿＿蓋章

填寫日期：民國卅三年之參月九日

填寫人＿＿＿＿＿　　代填寫人＿＿＿＿＿

26

簿 記 股

# 重慶電力股份有限公司

## 職工調查表

編　　號 095

姓　　名 周光泳

檢查號 _____

27

姓名 周光荣 别號 _____ 籍貫 四川 省 達 縣市

出生年月：民國 ⑨ 年 三 月 六 日現年 26 歲

是否黨員 是 黨證號數 工字 3986 是否團員 _____ 團證號數 _____

現在住址 中四路 110 （ ___ 區 ___ 鎮 ___ 保 ___ 甲）

固定住址或通訊處 達聯市市街

到職年月：民國 21 年 10 月 ___ 日

介紹人姓名 李賢 號 _____ 現年 ___ 歲籍貫 ___ 省 ___ 縣市

職業 _____ 住址或通訊處 _____ 與本人關係 _____

保證人姓名 李賢妻 號 _____ 現年 ___ 歲籍貫 四川 省 達 縣市

職業 商 現在住址 復興巷一三号

固定住址或通訊處 達縣 與本人關係 鄉誼

（甲）家庭狀況：

（一）家長名 周劉瑜群 號 _____ 現年 五十 歲係本人之 母

職業 _____ 住址 _____ 每月收入 _____

（二）父名 _____ 號 _____ 現年 ___ 歲職業 _____

住址 _____ 每月收入 _____

母姓名 _____ 現年 _____

（三）已否結婚 未 配偶姓名 _____ 現年 ___ 歲籍貫 ___ 省 ___ 縣市

（四）子 ___ 人最長者現年 ___ 歲最幼者現年 ___ 歲

現入學校者 ___ 人學校名稱 _____

現已服務者 ___ 人處所名稱 _____

女 ___ 人最長者現年 ___ 歲最幼者現年 ___ 歲

現入學校者 ___ 人學校名稱 _____

現已出嫁者 ___ 人

(五)兄弟姊妹：

| 名 號 | 本人之 | 年齡 | 婚嫁否 | 職 業 | 住 址 | 備 考 |
|---|---|---|---|---|---|---|
| 光篆 | 妹 | 廿 | 未 | 讀書 | 達縣女師 | |
| 光雯 | 〃 | 十五 | 〃 | 〃 | 四川省立達縣女中 | |
| 光濱 | 弟 | 十八 | 〃 | 〃 | 達縣縣立第六小學 | |

(六)除公司薪給外，本人尚有何種其他收入？ 無

本人每月平均開支：

| 項 目 | 開 支 金 額 |
|---|---|
| 伙 食 | 3,600.00 |
| 雜 支 | 6,000.00 |
| 每月必需費用 | 3,000.00 |
| 特 別 開 支 | 2,000.00 |
| 其 他 | 3,600.00 |
| 總 計 | 16,000.00 |

除去開支後能有積蓄否？ 不能
　　若干 無
不敷開支時如何彌補？ 惜貸

是否員債？ 是的　若干 陸仟元(每月)
何處借來？ 向親友借貸
歸還的方法？ 目前是以甲欵然
後乙欵的以借欵還甲欵
以欵信用

(乙) 教育及經歷：

(一)曾受何等育教？

| 程 度 | 學校名稱 | 校 址 | 肄業期間自年月至年月 | 所習科目 | 讀定幾年級 | 離校原因 |
|---|---|---|---|---|---|---|
| | 成都華美女子初中 | 成都 | 民國廿六年至廿九年 | 統計 | 三年級 | 畢業 |
| (夜授) | 中國紡織染工業專科學校 | 重慶 | 民國卅九年 | | 一年 | 無畢業 |

附註：請填所受最高級教育之名稱，或接近於所受之最高級教育者，例如高級職業學校
　　畢業者，可填誠高級職業學校，同時，並可填已受過教育之高級中學或初級中學
　　，不識字，粗識字或只識字，升未入過學校者，請填「不識字」「粗識字」或「識字」

(二)在校時最感興趣之科目 數學

(三)曾在何處服務：

| 機關名稱 | 地　址 | 主管人姓名 | 月薪 | 服務期間　自年月至年月 | 離職原因 |
|---|---|---|---|---|---|
| 達縣鄉村師範 | 達縣 | 方克成 | 廿元 | 廿六年天廿七年 | 請假 |
|  |  |  |  |  |  |
|  |  |  |  |  |  |
|  |  |  |  |  |  |
|  |  |  |  |  |  |

(四)經歷中最感興趣之工作 ＿＿＿＿＿＿＿＿＿

(丙) 業餘生活

(一)每日工作時間：忙時 8 小時，平時 8 小時
(二)本人最喜歡的娛樂 戲劇
(三)公餘經常作何消遣 游泳溜冰
(四)曾参加甚麼業餘團體：

| 名　　稱 | 性質 | 地　址 | 主持人 | 何時加入 | 擔任何種職務 |
|---|---|---|---|---|---|
| 怒吼劇社 | 戲劇 | 人和場 | 余克援 | 廿七年 |  |
|  |  |  |  |  |  |
|  |  |  |  |  |  |

(丁) 有何特殊狀況，特殊興趣或特殊技能，請列舉於下：

(戊) 本人之簽字蓋章：簽字 周克邦 蓋章 周克邦

填寫日期：民國 卅三 年 6 月 12 日

填寫人 周克邦 　 代填寫人

第二發電廠

19

# 重慶電力股份有限公司

## 職工調查表

編　號　　225

姓　名　鄧民本

檢查號　＿＿＿＿＿＿

20

姓名 郭民雍　別號 君勖　籍貫 成都 省 成都 縣市

出生年月：民國（前） 五 年 十一 月 廿四 日現年 廿八 歲

是否黨員 黨證號數　　　是否團員 是 團證號數 69

現在住址 彈子石廠內（　　　區　　　鎮　　　保　　　甲）

固定住址或通訊處 成都西城角街二号

到職年月：民國 廿八 年 九 月 十九 日

介紹人姓名 潘文華 號 仲三 現年　　歲籍貫 四川 省 仁壽 縣市

職業 軍　住址或通訊處 成都永興巷二十 與本人關係 世谊

保證人姓名 虞奕 號 伯康 現年　　歲籍貫 四川 省 成都 縣市

職業 政　　現在住址 上清寺強劼院

固定住址或通訊處 成都童夏街廿半 與本人關係 世谊

（甲）家庭狀況：

（一）家長名 郭彦謨 號 仲梳 現年 六十一 歲係本人之 父

職業 政　住址 成都　　每月收入

（二）父名 同上 號 同上 現年　　歲職業

住址　　　　　　　　　每月收入 幣 10,000

母姓名 嘞氏　　現年 六十

（三）已否結婚 否　配偶姓名　　現年　　歲籍貫　　省　　縣市

（四）子　　人最長者現年　　歲最幼者現年　　歲

現入學校者　　人學校名稱

現已服務者　　人處所名稱

女　　人最長者現年　　歲最幼者現年　　歲

現入學校者　　人學校名稱

現已出嫁者　　人

21

（五）兄弟姊妹：

| 名 | 號 | 本人之 | 年齡 | 婚嫁否 | 職　　業 | 住　　　址 | 備　考 |
|---|---|---|---|---|---|---|---|
| 郭誠邦 | 晁娘 | 兄 | 卅一 | 已婚 | 政 | 成都 | |
| 郭治邦 | 晁祥 | 兄 | 廿九 | 已婚 | 政 | 成都 | |
| 郭鉾邦 | 晁通 | 弟 | 廿五 | 已婚 | 本公司 | 重慶 | |

（六）除公司薪給外，本人尚有何種其他收入？　無

本人每月平均開支：

| 項　目 | 開支金額 |
|---|---|
| 伙食 | $3500 |
| 零用 | $3000 |
| 交際 | $5000 |
| 房租用 | $5000 |
| 總　計 | $16500 |

除去開支後能有積蓄否？　無
　若干
不敷開支時如何彌補？　東挪西扯
是否負債？　未　　若干
　何處借來？
　歸還的方法？

（乙）教育及經歷：

（一）曾受何等育教？

| 程度 | 學校名稱 | 校址 | 肄業期間 自年月至年月 | 所習科目 | 讀完幾年級 | 離校原因 |
|---|---|---|---|---|---|---|
| 小學 | 建本 | 成都 | 14—18 | | | |
| 中學 | 成都聯 | 〃 | 18—24 | | | 畢業 |
| 高中 | 〃 | 〃 | 24—24 | | | |
| 大學 | 重慶大學 | 重慶 | 24年—28 | 電機工程 | | |

附註：請填所受最高級教育之名稱，或後近於所受之最高級教育者，例如高級職業學校
　　畢業者，可填該高級職業學校，同時，並可填已受過教育之高級中學或初級中學
　　，不識字，粗識字或只識字，并未入過學校者，請填「不識字」「粗識字」或「識字」

（二）在校時最感興趣之科目

（三）曾在何處服務：

| 機關名稱 | 地址 | 主管人姓名 | 月薪 | 服務期間 自　年　月至　年　月 | | 離職原因 |
|---|---|---|---|---|---|---|
| 大學畢業以後入本公司工作。 | | | | | | |
| | | | | | | |
| | | | | | | |
| | | | | | | |
| | | | | | | |

（四）經歷中最感興趣之工作

（丙）業餘生活

（一）每日工作時間：忙時 14 小時，平時 8 小時
（二）本人最喜歡的娛樂 讀書，新戲
（三）公餘經常作何消遣
（四）曾參加甚麼業餘團體：

| 名稱 | 性質 | 地址 | 主持人 | 何時加入 | 擔任何種職務 |
|---|---|---|---|---|---|
| | | | | | |
| | | | | | |
| | | | | | |

（丁）有何特殊狀況，特殊興趣或特殊技能，請列舉於下：

（戊）本人之簽字蓋章．簽字 郭民熙 蓋章

填寫日期：民國三十三年 月 日
填寫人 郭民熙 　代填寫人

# 重慶電力公司職工調查表

24

| 姓名 | 郭武文 | | 家　庭　狀　況 | | |
|---|---|---|---|---|---|
| 籍貫 | 四川華陽 | 父 | 名 | 郭仲權 | 職業 軍政 |
| 年齡 | 三十一 | 母 | 名 | 龐伯莊 | |
| 出生年月日 民國卅五年十一月廿九日 | | 兄 | 名 | 郭誠承 | 職業 學 |
| 已（未）結婚　子　　人　女　一　人 | | 弟姊妹 | 業 | | |
| | | 號 | | | |
| 學歷 | 成都成屬聯立中學高商中畢業　國立重慶大學電機工程系畢業 | 資產 | 不動產 | 房屋 | |
| | | | 動產 | | |
| 經歷 | | 家長通訊處 | 臨時 | | |
| | | | 永久 | 成都西城角街二号 | |
| 擅種長技何能 | | 介　　紹　　人 | | | |
| | | 姓名 | 潘文華 | 別號 仲三 | |
| | | 籍貫 | 四川 省 仁壽 市（縣） | | |
| 平日生活情形 | | 年齡 | 六十 歲 | 職業 軍 | |
| | | 通訊處 | 曾家岩 | | |
| | | 與本人關係 | 父誼 | | |
| | | 保　　證　　人 | | | |
| | | 姓名 | 李維華 | 別號 | |
| 家庭經濟是否需要本人負担 | | 籍貫 | 四川 省 自貢市 縣（市） | | |
| 每月負担若干 | | 年齡 | 三十三 歲 | | |
| 到職日期　二十八年九月一日 | | 與本人關係 | 友誼 | | |
| 永久住址　成都西城角街二号 | | 職業及服務機關名稱 | 重慶市下水道工程處科長 | | |
| 本人通訊處 | 臨時 曾家岩維安巳86号陳一 | 營業種類 | | | |
| | 永久 | 開設地點 | 上清寺 | | |
| | | 通訊處 | 臨時 | | |
| | | | 永久 | 國立重慶大學轉 | |

簽名盖章　郭電承卅七年十月七日

57

# 重慶電力股份有限公司

## 職工調查表

編　號　<u>101</u>

姓　名　廖氷嵒

檢查號　_____

姓名 廖冰荙 别號 心一 籍貫 四川 省 巴 縣市

出生年月：民國（前） 三 年 六 月 初一 日 現年 二一 歲

是否黨員 黨證號數 是否團員 團證號數

現在住址 鄲覽林舒信井17 區 鎮 保 甲）

固定住址或通訊處 巴縣百節鄉冷水井

到職工年月：民國 28 年 12 月 6 日

介紹人姓名 號 現年 歲籍貫 省 縣市

職業 住址或通訊處 與本人關係

保證人姓名 蕭仲寶 號 現年 36 歲籍貫 四川 省 閬中 縣市

職業 商 現在住址 民權路50號附7號

固定住址或通訊處 江北魚嘴鎮黃桷樹 與本人關係 舅甥

（甲）家庭狀況：

（一）家長名 王靜淵 號 現年 56 歲係本人之 母
職業 農 住址 巴縣百節鄉冷水井 每月收入

（二）父名 號 現年 歲職業

住址 每月收入

母姓名 王靜淵 現年 56 歲

（三）已否結婚 已婚 配偶姓名 劉輯 現年 25 歲籍貫 四川 省 閬中 縣市

（四）子 一 人最長者現年 六 歲最幼者現年 歲

現入學校者 人學校名稱

現已服務者 人處所名稱

女 人最長者現年 歲最幼者現年 歲

現入學校者 人學校名稱

現已出嫁者 人

（五）兄弟姊妹：

| 名 號 | 本人之 | 年齡 | 婚娶否 | 職 業 | 住 址 | 備 考 |
|---|---|---|---|---|---|---|
|  |  |  |  |  |  |  |
|  |  |  |  |  |  |  |
|  |  |  |  |  |  |  |
|  |  |  |  |  |  |  |

（六）除公司薪給外，本人尚有何種其他收入？

本人每月平均開支：

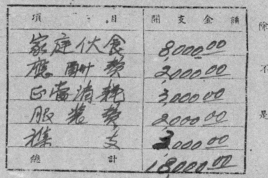

| 項　　目 | 開支金額 |
|---|---|
| 家庭伙食 | 8000.00 |
| 應酬費 | 2000.00 |
| 日常消耗 | 3000.00 |
| 服裝費 | 2000.00 |
| 雜支 | 3000.00 |
| 總　計 | 18000.00 |

除去開支後能有積蓄否？無積蓄

若干　一　

不敷開支時如何彌補？告貸

~~向親友借~~

是否負債 有負債若干 6000.00

何處借來？親友處

歸還的方法？逐月補還

（乙）教育及經歷：

（一）曾受何等育教？

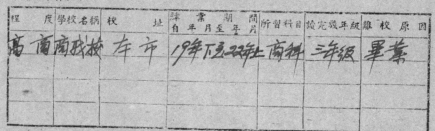

| 程　度 | 學校名稱 | 校　址 | 肄業期間 自年月至年月 | 所習科目 | 讀完幾年級 | 離校原因 |
|---|---|---|---|---|---|---|
| 高商 | 高商職校 | 本市 | 19年下至22年上 | 商科 | 三年級 | 畢業 |
|  |  |  |  |  |  |  |
|  |  |  |  |  |  |  |

附註：請填所受最高級教育之名稱，或接近於所受之最高級教育者，例如高級職業學校
　　　畢業者，可填該高級職業學校，同時，並可填已受過教育之高級中學或初級中學
　　　，不識字，粗識字或只識字，并未入過學校者，請填「不識字」「粗識字」或「識字」

（二）在校時最感興趣之科目 國文，英文，簿記，

（三）曾在何處服務：

| 機關名稱 | 地　址 | 主管人姓名 | 月薪 | 服務期間自年月至年月 | 離職原因 |
|---|---|---|---|---|---|
| 自來水公司 | 重慶潘昌街50 | | | 25年6月至28年12月 | 朱科長小僻調差有約 |
| | | | | | |
| | | | | | |
| | | | | | |
| | | | | | |

（四）經歷中最感興趣之工作　帳務及事務等

（丙）業餘生活

（一）每日工作時間：忙時　5　小時，平時　3　小時

（二）本人最喜歡的娛樂　電影，音樂，遊歷，讀書．

（三）公餘經常作何消遣　讀書報，看電影，訪友，遠足旅行

（四）曾參加甚麼業餘團體：

| 名　稱 | 性質 | 地　址 | 主持人 | 何時加入 | 擔任何種職務 |
|---|---|---|---|---|---|
| 聖經會義 | 求學 | 本市 | Lamb | 25年 | |
| | | | | | |
| | | | | | |
| | | | | | |

（丁）有何特殊狀況，特殊興趣或特殊技能，請列舉於下：

（戊）本人之簽字蓋章：簽字　武廖旭　蓋章

填寫日期：民國　33　年　6　月　日

填寫人　廖永岳　　代填寫人

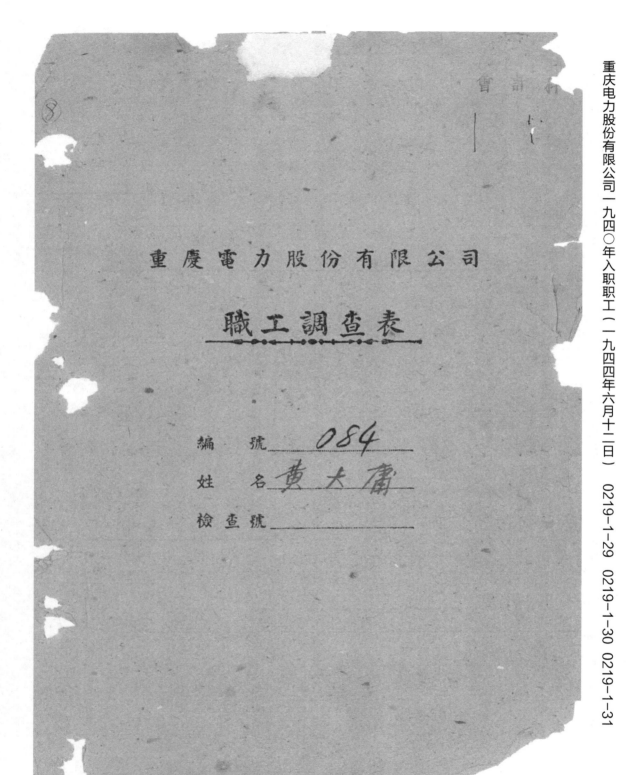

⑧

曾計部

# 重慶電力股份有限公司

## 職工調查表

編　號　084

姓　名　黄大庸

檢查號

重庆电力股份有限公司一九四〇年入职职工（一九四四年六月十二日）　0219-1-29　0219-1-30　0219-1-31

一一

姓名 黃大庸 別號 紹假 籍貫 四川 省 犍為 縣市

出生年月：民國（前） 七 年 六 月 廿 日 現年 四十 歲

是否黨員 是 黨證號數 工字405 是否團員 團證號數

現在住址 化龍橋化龍新邨63號 保 甲

固定住址或通訊處

到職年月：民國 廿九 年 十 月 日

介紹人姓名 宿芒卯 號 現年 五十 歲 籍貫 四川 省 犍為 縣市

職業 高 住址或通訊處 川康銀行 與本人關係 世誼

保證人姓名 號 現年 歲 籍貫 省 縣市

職業 現在住址

固定住址或通訊處 與本人關係

（甲）家庭狀況：

（一）家長名 號 現年 歲係本人之

職業 住址 每月收入

（二）父名 號 現年 歲職業

住址 每月收入

母姓名 現年 歲

（三）已否結婚 已婚 配偶姓名 宿昌欽 現年 卅六 歲 籍貫 四川 省 犍為 縣市

（四）子 二 人最長者現年 十六 歲最幼者現年 七 歲

現入學校者 一 人學校名稱 四川省立石室中學校

現已服務者 人處所名稱

女 二 人最長者現年 九 歲最幼者現年 七 歲

現入學校者 二 人學校名稱 本公司子弟學校

現已出嫁者 人

(五)兄弟姊妹：

| 名　　號 | 本人之 | 年齡 | 婚嫁否 | 職　　業 | 住　　　址 | 備　　考 |
|---|---|---|---|---|---|---|
| 黃紹峒 | 弟 | 十六 | | 高 | 健爲文林街 | |
| | | | | | | |
| | | | | | | |
| | | | | | | |

(六)除公司薪給外：本人尚有何種其他收入？　$10000元

本人每月平均開支：

| 項　　　　目 | 開支金額 |
|---|---|
| 家徵 | $20000元 |
| 教育費 | 10000元 |
| | |
| | |
| 總　　　計 | $30000元 |

除去開支後能有積蓄否？　無

若干 ＿＿＿＿＿

不敷開支時如何彌補？

地租收入 ＿＿＿＿＿

是否負責？ ＿＿＿＿　若干 ＿＿＿＿

何處借來？ ＿＿＿＿＿

歸還的方法？ ＿＿＿＿＿

(乙)教育及經歷：

(一)曾受何等教育？

| 程度 | 學校名稱 | 校　址 | 肄業期間 自年月至年月 | 所習科目 | 讀完幾年級 | 離校原因 |
|---|---|---|---|---|---|---|
| 大學 | 北京大學 | 北平 | | 經濟 | 四年 | 畢業 |
| | | | | | | |
| | | | | | | |

附註：請填所受最高級教育之名稱，或接近於所受之最高級教育者，例如高級職業學校
　　　畢業者，可填該高級職業學校，同時，並可填已受過教育之高級中學或初級中學
　　　，不識字，粗識字或只識字，并未入過學校者，請填「不識字」「粗識字」或「識字」
(二)在校時最感興趣之科目 ＿＿＿＿＿＿＿＿＿＿＿

民国时期重庆电力股份有限公司档案汇编

第⑥辑

(三)曾在何處服務：

| 機關名稱 | 地址 | 主管人姓名 | 月薪 | 服務期間 自年月至年月 | 離職原因 |
|---|---|---|---|---|---|
| 四川省政府 | 成都 | 劉用 | 300 | 卅8年 | 政變 |
|  |  |  |  |  |  |
|  |  |  |  |  |  |
|  |  |  |  |  |  |
|  |  |  |  |  |  |

(四)經歷中最感興趣之工作

(丙)業餘生活

(一)每日工作時間：忙時 八 小時，平時 六 小時
(二)本人最喜愛的娛樂 平劇
(三)公餘經常作何消遣
(四)曾參加甚麼業餘團體：

| 名稱 | 性質 | 地址 | 主持人 | 何時加入 | 擔任何種職務 |
|---|---|---|---|---|---|
|  |  |  |  |  |  |
|  |  |  |  |  |  |
|  |  |  |  |  |  |
|  |  |  |  |  |  |
|  |  |  |  |  |  |

(丁)有何特殊狀況，特殊興趣或特殊技能，請列舉於下：

(戊)本人之簽字蓋章：簽字 黄大廠 蓋章

填寫日期：民國 卅三 年 六 月 廿二 日

填寫人 黄大廠 代填寫人

## 重慶電力公司職工調查表

| 姓 名 | 黃大庸 | 家 庭 狀 況 | | |
|---|---|---|---|---|
| 籍 貫 | 四川犍為 | 父 名 | | 職 業 |
| 年 齡 | 四十四 | 母 名 | | |
| 出生年月日民國前 年 月 日 | | 兄弟姊妹 | 黃紹嚴 黃紹曾 | 職 業 政 教育 |
| 已否結婚 | 子三人 女三人 | | 琉 | 業 |
| 學歷 | 國立北京大學經濟系畢業 會計師 | 資產 | 不動產 住宅一院田地八十把 | |
| | | | 動產 | |
| 經歷 | 四川省政府研究員 朝陽學院求精商學系 講教授,會計師 西銀行經理稽核 | 家長通訊處 | 臨時 | |
| | | | 永久 | |
| | | 介 紹 人 | | |
| | | 姓名 | 甯志郎 | 別號 |
| | | 籍貫 | 四川 省 犍為 市(縣) |
| 擅長技能何能 | 會計 成本會計 | 年齡 | 三十 歲 | 職業 金融業 |
| | | 通訊處 | 和通銀行 | |
| | | 與本人關係 | 朋誼 | |
| | | 保 證 人 | | |
| 平日生活情形 | | 姓名 | | 別號 |
| | | 籍貫 | 省 縣(市) |
| | | 年齡 | 歲 | |
| 家庭經濟是否需要本人負擔 | 本人全部負擔 | 與本人關係 | | |
| 每月負擔若干 | | 職業及服務機關名稱 | | |
| 到職日期 | 29年10月 日 | 營業種類 | | |
| 永久住址 | | 開設地點 | | |
| 本人通訊處 | 臨時 春森路98號 永久 | 通訊處 | 臨時 | |
| | | | 永久 | |

簽名蓋章 黃大庸　　　年　月　日

沙坪填辦事處

重 慶 電 力 股 份 有 限 公 司

職 工 調 查 表

編　號　_263_

姓　名　_范 志 高_

檢 查 號　_____

姓名 姜志尊 別號 南薰 籍貫 四川 省 華陽 縣市

出生年月：民國（前） 元 年 11 月 10 日現年 39 歲

是否黨員 ＿＿ 黨證號數 ＿＿＿ 是否團員 ＿＿ 團證號數 ＿＿＿

現在住址 沙坪壩辦事處 區 ＿＿ 鎮 ＿＿ 保 （甲）

固定住址或通訊處 沙坪壩辦事處 或華陽河河鄉

到職工年月：民國 29 年 8 月 1 日

介紹人姓名 ＿＿＿ 號 ＿＿ 現年 ＿＿ 歲籍貫 ＿＿ 省 ＿＿ 縣市

職業 ＿＿＿ 住址或通訊處 ＿＿＿ 與本人關係 ＿＿＿

保證人姓名 ＿＿＿ 號 ＿＿ 現年 ＿＿ 歲籍貫 ＿＿ 省 ＿＿ 縣市

職業 ＿＿＿ 現在住址 ＿＿＿

固定住址或通訊處 ＿＿＿ 與本人關係 ＿＿＿

（甲）家庭狀況：

（一）家長名 姜祥占 號 ＿＿ 現年 45 歲係本人之 叔父

職業 教育 住址 華陽河河鄉 每月收入 共5,000.℃

（二）父名 已故 號 ＿＿ 現年 ＿＿ 歲職業 ＿＿

住址 ＿＿＿ 每月收入 ＿＿

母姓名 姜宋叔慎 現年 60 歲

（三）已否結婚 已結婚 配偶姓名 姜蓉強 現年 28 歲籍貫 四川 省 江津 縣市

（四）子 一 人最長者現年 八 歲最幼者現年 一 歲

現入學校者 一 人學校名稱 沙坪壩中心小學

現已服務者 ＿＿ 人處所名稱 ＿＿＿

女 一 人最長者現年 七 歲最幼者現年 ＿＿ 歲

現入學校者 一 人學校名稱 沙坪壩中心小學

現已出嫁者 ＿＿ 人

(五)兄弟姊妹：

| 名號 | 本人之 | 年齡 | 婚嫁否 | 職業 | 住址 | 備考 |
|------|--------|------|--------|------|------|------|
| 英文瀾 | 弟 | 24 | 已婚 | 郵 | 新鄉郵局 | |
| 英文闓 | 弟 | 14 | 未婚 | 在校讀書 | | |

(六)除公司薪給外，本人尚有何種其他收入？_____

　　　本人每月平均開支：

| 項　　目 | 開支金額 |
|----------|----------|
| | |
| | |
| | |
| | |
| | |
| 總　　計 | |

除去開支後能有積蓄否？_____

　　　若干_____

不敷開支時如何彌補？_____

是否負債？_____ 若干_____

何處借來？_____

歸還的方法？_____

(乙) 教育及經歷：

　(一)曾受何等教育？

| 程度 | 學校名稱 | 校址 | 肄業期間 自年月至年月 | 所習科目 | 讀完幾年級 | 離校原因 |
|------|----------|------|------------------------|----------|------------|----------|
| 學士 | 甕大學 | 沙坪壩 | | | | |

附註：請填所受最高級教育之名稱，或接近於所受之最高級教育者，例如高級職業學校
　　畢業者，可填該高級職業學校，同時，並可填已受過教育之高級中學或初級中學，
　　不識字，粗識字或只識字，并未入過學校者，請填「不識字」「粗識字」或「識字」
　(二)在校時最感興趣之科目_____

(三)曾在何處服務：

| 機關名稱 | 地　　址 | 主管人姓名 | 月薪 | 服　務　期　間 自　年　月　至　年　月 | 離職原因 |
|---|---|---|---|---|---|
| | | | | | |
| | | | | | |
| | | | | | |
| | | | | | |
| | | | | | |
| | | | | | |

(四)經歷中最感興趣之工作 _____

(丙)業餘生活

(一)每日工作時間：忙時 _____ 小時，平時 _____ 小時

(二)本人最喜歡的娛樂 _____

(三)公餘經常作何消遣 _____

(四)曾參加甚麼業餘團體：

| 名　　　　稱 | 性　質 | 地　　址 | 主持人 | 何時加入 | 擔任何種職務 |
|---|---|---|---|---|---|
| | | | | | |
| | | | | | |
| | | | | | |
| | | | | | |

(丁)有何特殊狀況，特殊興趣或特殊技能，請列舉於下：

(戊)本人之簽字蓋章：簽字 花志魯 蓋章

填寫日期：民國 33 年 6 月 9 日

填寫人 _____　代填寫人 _____

## 重慶電力公司職工調查表

12

| 姓名 | 范在高 | 家　庭　狀　況 | | |
|---|---|---|---|---|
| 籍貫 | 四川省華陽縣 | 父　名 | | 職業 |
| 年齡 | 三十九歲 | 母　名 | | 職業 |
| 出生年月日民國 前元年11月10日 | | 兄弟 姊妹 | 范文閣 范文闌 | 唸書 服務重慶 |
| 已✕結婚 已 子女 4 人 | | | | |

學歷

國立重慶大學電機工程學士

經歷

| | 資產 | 不動產 | | |
|---|---|---|---|---|
| | | 動產 | | |
| 擅長種技能何 | 機電工程及生產建設計劃 | 家通訊處長 | 臨時 | 本公司 |
| | | | 永久 | 四川華陽由河鄉 |

介　紹　人

| 姓　名 | | 別號 | |
|---|---|---|---|
| 籍貫 | | 省 | 市(縣) |
| 年齡 | | 歲 職業 | |
| 通訊處 | | | |
| 與本人關係 | | | |

平日生活情形

保　證　人

| 姓　名 | | 別號 | |
|---|---|---|---|
| 籍貫 | | 省 | 縣(市) |
| 年齡 | | 歲 | |
| 與本人關係 | | | |
| 職業及服務機關名稱 | | | |

| 家庭經濟是否需要本人負担 | 全部負担 | | | |
|---|---|---|---|---|
| 每月負擔若干 | | 營業種類 | | |
| 到聽日期 | 廿七年八月一日 | 開設地點 | | |
| 永久住址 | 沙坪壩辦事處內 | 通訊處 | 臨時 | |
| 本通訊人處 | 臨時 本公司 | | 永久 | |
| | 永久 沙坪壩辦事處 | | | |

簽名蓋章　　　　　　1950年1月18日

審核股

# 重慶電力股份有限公司

## 職工調查表

编　號　071

姓　名　吳德超

檢查號

23

姓名 吴法超 別號＿＿＿＿ 籍貫 廣西 省 平南 縣市

出生年月：民國(前)＿＿＿ 年＿＿＿月＿＿＿日現年＿＿＿歲

是否黨員＿＿ 黨證號數＿＿＿ 是否團員＿＿ 團證號數＿＿＿

現在住址 林森路□□號 區＿＿＿ 鎮＿＿＿ 保＿＿＿ 甲

固定住址或通訊處＿＿＿＿＿＿＿

到職年月：民國 廿九 年 十二 月＿＿＿日

介紹人姓名 黃大庸 號＿＿＿ 現年＿＿歲籍貫＿＿省＿＿縣市

職業＿＿＿ 住址或通訊處＿＿＿ 與本人關係＿＿＿

保證人姓名＿＿ 號＿＿ 現年＿＿歲籍貫＿＿省＿＿縣市

職業＿＿＿ 現在住址＿＿＿

固定住址或通訊處＿＿＿ 與本人關係＿＿＿

（甲）家庭狀況：

（一）家長名 吳秀林 號＿＿ 現年 八十二 歲係本人之 父

職業 農 住址 廣西平南 每月收入＿＿＿

（二）父名 吳秀林 號＿＿ 現年 八十二 歲職業＿＿

住址 廣西平南 每月收入＿＿＿

母姓名 寧芳 現年＿＿歲

（三）已否結婚 結 配偶姓名 張義妹 現年 卅二 歲籍貫 廣西 省 平南 縣市

（四）子 三 人最長者現年 十 歲最幼者現年 立 歲

現入學校者 二 人學校名稱 小學

現已服務者＿＿ 人處所名稱＿＿＿

女＿＿ 人最長者現年＿＿歲最幼者現年＿＿歲

現入學校者＿＿ 人學校名稱＿＿＿

現已出嫁者＿＿ 人

（五）兄弟姊妹：

| 名 | 號 | 本人之 | 年齡 | 婚嫁否 | 職　業 | 住　　　址 | 備　考 |
|---|---|---|---|---|---|---|---|
| 吳法禮 | 弟 | 兄 |  | 已 | 律業 | 廣西桂林縣居陵 |  |
| 吳法智 | 弟 | 兄 | 乙乙 | 律界 | 析廿古巷陵陵 |  |
| 吳法信 | 妹 | 姊 | 乙 | 律業 | 全上 |  |

（六）除公司薪給外，本人尚有何種其他收入？　無

本人每月平均開支：

| 項　　目 | 開支金額 |
|---|---|
|  |  |
|  |  |
|  |  |
|  |  |
| 總　　計 |  |

除去開支後能有積蓄否？　無
　　若干

不敷開支時如何彌補？

是否負債？　無　　若干

何處借來？

歸還的方法？

（乙）教育及經歷：

（一）曾受何等教育？

| 程　度 | 學校名稱 | 校　址 | 修業期間自年月至年月 | 所習科目 | 讀完幾年級 | 離校原因 |
|---|---|---|---|---|---|---|
| 大學 | 朝陽學院 | 北平 | 民廿四至廿八 | 往侑 | 畢業四 | 畢業 |
|  |  |  |  |  |  |  |
|  |  |  |  |  |  |  |

附註：請填所受最高級教育之名稱，或接近於所受之最高級教育者，例如高級職業學校
　　畢業者，可填該高級職業學校，同時，並可填已受過教育之高級中學或初級中學
　　，不識字，粗識字或只識字，並未入過學校者，請填「不識字」「粗識字」或「識字」

（二）在校時最感興趣之科目

（三）曾在何處服務：

| 機關名稱 | 地址 | 主管人姓名 | 月薪 | 服務期間 自年月至年月 | 離職原因 |
|---|---|---|---|---|---|
| 中學校 | 廣西靖西 | 王健 | 約135.00 | 比十九至廿二 | 另有新職 |
| 縣政府 | 廣西靖年 | 黃杉喬 | 約300.00 | 比廿二至廿四 | 升學 |
| 省政府 | 四川都成都祥機批徐 | | 約140.00 | 比廿八至廿九 | 家庭関係 |
| | | | | | |
| | | | | | |

（四）經歷中最感興趣之工作＿＿＿＿＿＿＿＿＿＿＿＿＿＿＿＿

（丙）業餘生活

（一）每日工作時間：忙時＿＿＿＿小時，平時＿＿＿＿小時

（二）本人最喜歡的娛樂＿＿＿＿＿＿＿＿＿＿

（三）公餘經常作何消遣＿＿＿＿＿＿＿＿＿＿

（四）曾參加甚麼業餘團體：

| 名　稱 | 性　質 | 地　址 | 本持人 | 何時加入 | 擔任何種職務 |
|---|---|---|---|---|---|
| | | | | | |
| | | | | | |
| | | | | | |
| | | | | | |

（丁）有何特殊狀況，特殊興趣或特殊技能，請列舉於下：

（戊）本人之簽字蓋章：簽字＿＿＿＿＿＿＿　蓋章＿＿＿＿＿＿＿

　　填寫日期：民國＿＿＿＿年＿＿＿＿月＿＿＿＿日

　　　　填寫人＿＿＿＿＿＿＿＿　代填寫人＿＿＿＿＿

人事股

32

# 重慶電力股份有限公司

## 職工調查表

編　　號　245

姓　　名　張白康

檢查號＿＿＿＿＿＿＿

33

姓名 張白帆 別號　　　籍貫 四川 省 成都 縣市

出生年月：民國（前）元 年 十二 月 二十一 日現年 卅二 歲

是否黨員　　　黨證號數　　　是否團員　　　團證號數

現在住址 中一路一四九　（　　區　　　鎮　　　保　　　甲）

固定住址或通訊處

到職年月：民國 卅九 年 十二 月 二 日

介紹人姓名 吳克越 號　　　現年 四十二 歲籍貫 安徽 省 嘉山 縣市

職業 牟々幻 住址或通訊處 中一鴻陰廬一平 與本人關係 朋友

保證人姓名 楊知向 號　　　現年 五十二 歲籍貫 四川 省 嘉山 縣市

職業 縮社會局第四科科長 現在住址 社局

固定住址或通訊處　　　與本人關係 朋友

（甲）家庭狀況：

（一）家長名 張凌修 號休卿 現年 四十三 歲係本人之 兄

職業 郵政 住址　　　每月收入 六九千元

（二）父名 已亡 號　　　現年　　　歲職業

住址　　　每月收入

母姓名 已亡　　　現年　　　歲

（三）已否結婚 已 配偶姓名 劉助瀾 現年 廿六 歲籍貫 四川 省 沪 縣市

（四）子 二 人最長者現年 三 歲最幼者現年 一 歲

現入學校者　　　人學校名稱

現已服務者　　　人處所名稱

女 二 人最長者現年 二 歲最幼者現年 二 歲

現入學校者　　　人學校名稱

現已出嫁者　　　人

## 34

（五）兄弟姊妹：

| 名 | 號 | 本人之 | 年齡 | 婚姻否 | 職　業 | 住　　址 | 備　考 |
|---|---|---|---|---|---|---|---|
| 潘德修 | | 住弟 | 卅二 | 已婚 | 郵政 | | 因匪叛亂動故住址专境 |
| | | | | | | | |
| | | | | | | | |
| | | | | | | | |

（六）除公司薪給外，本人尚有何種其他收入？無

本人每月平均開支：

| 項　目 | 開支金額 | |
|---|---|---|
| 伙食 | 500.00 | 除去開支後能有積蓄否？無 |
| 房租 | 250.00 | 若干 |
| 雜費開支 | 500.00 | 不敷開支時如何彌補？借女友等 |
| 家用 | 200.00 | 方希者以維持 |
| | | 是否負債？借有　若干 |
| 總　計 | 8,450.00 | 何處借來？ |
| | | 歸還的方法？ |

（乙）教育及經歷：

（一）曾受何等教育？

| 程度 | 學校名稱 | 校　址 | 肄業期間 自 年 月 至 年 月 | 所習科目 | 讀完幾年級 | 離校原因 |
|---|---|---|---|---|---|---|
| 中學 | 四川省立長壽中學 | 四川省長壽 | 自十九年至廿三年 | 普通 | | 畢業 |
| 專科 | 上海南洋電機工專校 | 上海 | 廿四年至廿三年 | 電報工程 | | 畢業 |
| | | | | | | |

附註：請填所受最高級教育之名稱，或接近於所受之最高級教育者，例如高級職業學校
　　　畢業者，可填該高級職業學校，同時，並可填已受過教育之高級中學或初級中學
　　　，不識字，粗識字或只識字，并未入過學校者，請填「不識字」「粗識字」或「識字」
（二）在校時最感興趣之科目 英文，化學，物理，歷史

35.

（三）曾在何處服務：

| 機關名稱 | 地址 | 主管人姓名 | 月薪 | 服務期間 自年月天年月 | 離職原因 |
|---|---|---|---|---|---|
| 四川美丰銀行 | 渝統引主台都以通聲北女 | 陳代以 | 二百元 | 自卅六年四月起卅七年八月 | 以病休假 |
| 重慶財政學院院 | 恩施華慶台 | 賀國光 | 六十元 | 自卅七年十月止卅九年二月 | 以母病侍疾 |
| 粮油委院 | 重慶 | 譯與 | 八十元 | 自卅八年四月起卅九年四月 | 以病辭職 |
|  |  |  |  |  |  |
|  |  |  |  |  |  |
|  |  |  |  |  |  |

（四）經歷中最感興趣之工作 數引工作以及前現職有服書的工作順心是 學習感之趣

（丙）業餘生活

（一）每日工作時間：忙時 又 小時 閒時 二 小時
（二）本人最喜歡的娛樂 音年劇 電影
（三）公餘經常作何消遣 與同志談心書著 閲讀有時代性及歷史料等為糟
（四）曾參加甚麼業餘團體：撰主中學同學會

| 名稱 | 性質 | 地址 | 主持人 | 何時加入 | 擔任何種職務 |
|---|---|---|---|---|---|
| 重慶高中同學會 | 聯誼 | 渝白渝 |  | 三十二年一月 | 會 |
|  |  |  |  |  |  |
|  |  |  |  |  |  |
|  |  |  |  |  |  |

（丁）有何特殊狀況，特殊興趣或特殊技能，請列舉於下：

（戊）本人之簽字蓋章：簽字 ＿＿＿ 蓋章

填寫日期：民國 卅九 年 六 月 八 日

填寫人 張白龍 代填寫人 ＿＿＿

36

## 重慶電力公司職工調查表

| 姓名 | 張白藩 | 家 庭 狀 況 | | | |
|---|---|---|---|---|---|
| 籍貫 | 河北順義 | 父名 | 亡 | 職業 | |
| 年齡 | 三十七歲 | 母名 | | | |
| 出生年月日 民國前九年三月廿日 | | 兄弟名 | 張達修 | 職業 | 郵政 |
| 已否結婚 | 子 二 人<br>女 一 人 | 姊妹名 | 無 | 業 | |
| 學歷 | 重慶川東聯立高中畢業<br>上海南洋無線電專科學校<br>工程科畢業 | 資產 | 不動產 | 無 | |
| | | | 動產 | 兩石毫無 | |
| | | 家長通訊處 | 臨時 | 擇街新邨114号 | |
| 經歷 | 重慶汽車司令部涪陵及思<br>施電台服務三年 | | 永久 | | |
| | | 介 紹 人 | | | |
| | | 姓名 | 吳克斌 | 別號 | |
| | | 籍貫 | 安徽 省 | | 市(縣) |
| 擅長何種技能 | | 年齡 | 四十三歲 | 職業 | |
| | | 通訊處 | | | |
| | | 與本人關係 | | | |
| 平日生活情形 | | 保 證 人 | | | |
| | | 姓名 | 宋志廉 | 別號 | |
| | | 籍貫 | 四川 省 成都 | | 縣(市) |
| | | 年齡 | 四十七歲 | | |
| 家庭經濟是否需要本人負擔 | 全係本人擔 | 與本人關係 | 親戚 | | |
| 每月負擔若干 | 物價波動無定額所限 | 職業及服務機關名稱 | 市立四小保校長 | | |
| 到職日期 | 29年12月01日 | 營業種類 | | | |
| 永久住址 | | 開設地點 | | | |
| 本人通訊處 臨時 | 擇街新邨114号 | 通訊處 臨時 | 擇街新邨114号 | | |
| 永久 | | 永久 | | | |

簽名蓋章 張白藩 33年 10月 14日

民国时期重庆电力股份有限公司档案汇编

第 ⑥ 辑

37 檔查股

# 重慶電力股份有限公司

## 職工調查表

編　號　083

姓　名　榮新民

檢查號

38

姓名 荣延茂 別號 聚恒 籍貫 江蘇 省 鎮江 縣市

出生年月：民國（前）12 年 2 月 22 日 現年 45 歲

是否黨員 是 黨證號數 62809 是否團員 團證號數

現在住址 江北觀音橋 區 鎮 保 甲

固定住址或通訊處 同現在住址

到職年月：民國 29 年 5 月 日

介紹人姓名 蔣光宗 號 現年 30 歲籍貫 湖北 省 縣市

職業 公職員 住址或通訊處 市區上清寺 與本人關係 友誼

保證人姓名 號 現年 歲籍貫 江蘇 省 縣市

職業 商 現在住址 市區中四路 與本人關係 友誼

固定住址或通訊處 同現在住址

（甲）家庭狀況：

(一)家長名 號 現年 歲係本人之

職業 住址 每月收入

(二)父名 號 現年 歲職業

住址 每月收入

母姓名 現年 歲

(三)已否結婚 已 配偶姓名 榮吳氏 現年 46 歲籍貫 江蘇 省鎮江 縣市

(四)子 1 人最長者現年 1 歲最幼者現年 歲

現入學校者 人學校名稱

現已服務者 人處所名稱

女 1 人最長者現年 22 歲最幼者現年 歲

現入學校者 人學校名稱

現已出嫁者 1 人

39

（五）兄弟姊妹：

| 名 | 號 | 本人之 | 年齡 | 婚嫁否 | 職 業 | 住 址 | 備 考 |
|---|---|---|---|---|---|---|---|
| 榮界荣<br>榮界昌 | 弟弟 | | 乙乙 | | 商、 | 汪祖順汪、 | |
| | | | | | | | |
| | | | | | | | |
| | | | | | | | |

（六）除公司薪給外，本人尚有何種其他收入？＿＿＿無＿＿＿

本人每月平均開支：

| 項 目 | 開 支 金 額 |
|---|---|
| 伙食雜支 | ＄12200.00 |
| | |
| | |
| | |
| 總 計 | ＄12200.00 |

除去開支後能有積蓄否？ 無

若干＿＿＿＿＿＿＿＿＿＿

不敷開支時如何彌補？＿＿＿＿＿＿

是否負債？ 無 若干＿＿＿＿

何處借來？＿＿＿＿＿＿＿＿

歸還的方法？＿＿＿＿＿＿

（乙）教育及經歷：

（一）曾受何等育故？

| 程 度 | 學校名稱 | 校 址 | 肄 業 期 間<br>自 年 月 至 年 月 | 所習科目 | 讀定幾年級 | 離校原因 |
|---|---|---|---|---|---|---|
| 高等 | 私塾 | 汪福順汪 | 12年 | | | |
| | | | | | | |
| | | | | | | |

附註：請填所受最高級教育之名稱，或接近於所受之最高級教育者，例如高級職業學校
畢業者，可填該高級職業學校，同時，並可填已受過教育之高級中學或初級中學
，不識字，粗識字或只識字，并未入過學校者，請填「不識字」「粗識字」或「識字」

（二）在校時最感興趣之科目＿＿＿＿＿＿＿＿＿＿＿＿＿＿＿＿＿＿＿＿＿＿

40

(三）曾在何處服務：

| 機關名稱 | 地址 | 主管人姓名 | 月薪 | 服務期間自年月至年月 | 離職原因 |
|---|---|---|---|---|---|
| 勞力須儲局 | 重慶市浦鳳鳴 | | 60.00 | 4年 | |
| 警察局 | 南京市 孫徹 | | 18.00 | 4年 | |
| | 上海市 | | 18.00 | 2年 | |
| | | | | | |
| | | | | | |
| | | | | | |

(四）經歷中最感興趣之工作＿＿＿＿＿

（丙）業餘生活

(一）每日工作時間：忙時 4 小時，平時 4 小時

(二）本人最喜歡的娛樂＿＿＿

(三）公餘經常作何消遣 尚若看書閱報

(四）曾參加甚麼業餘團體：

| 名稱 | 性質 | 地址 | 卡持人 | 何時加入 | 擔任何種職務 |
|---|---|---|---|---|---|
| | | | | | |
| | | | | | |
| | | | | | |
| | | | | | |
| | | | | | |

（丁）有何特殊狀況，特殊興趣或特殊技能，請列舉於下：

（戊）本人之簽字蓋章：簽字 榮祐民 蓋章

填寫日期：民國 33 年 6 月 10 日

填寫人 本人 代填寫人

# 重慶電力公司職工調查表

41

| 姓名 | 榮新民 | 家　庭　狀　況 | | |
|---|---|---|---|---|
| 籍貫 | 江蘇 | | | 職業 |
| 年齡 | 六十 | 父名 | 亡 | |
| 出生年月日民國前23年2月22日 | | 母名 | 亡 | |
| 已否結婚 巳 | 子 1 人 / 女 2 人 | 兄弟姊妹 | 榮聚萬 | 商 |

| 學歷 | | 資產 | 不動產 | 無 |
|---|---|---|---|---|
| | | | 動產 | |
| 經歷 | | 家庭通訊處 | 臨時 | 民生路民生邨16號 |
| | | | 永久 | 江蘇邵伯正街76號 |

| 介　紹　人 | | |
|---|---|---|
| 姓名 | 劉善文 | 別號 |
| 籍貫 | 四川省重慶 | 市（縣） |
| 年齡 | 五七歲 | 職業 商 |
| 通訊處 | 化龍橋 | |
| 與本人關係 | 友誼 | |

| 擅種長技何能 | | 平日生活情形 | |
|---|---|---|---|

| 保　證　人 | | |
|---|---|---|
| 姓名 | 王懷同 | 別號 |
| 籍貫 | 四川省 江蘇 | 縣（市） |
| 年齡 | 四十歲 | |
| 與本人關係 | 鄉親 | |
| 職業及服務機關名稱 | | |
| 營業種類 | 澡池 | 池春浴室 |
| 開設地點 | 臨江路 | |
| 通訊處 臨時 | 臨江路澡春池 | |
| 通訊處 永久 | | |

| 家庭經濟是否需要本人負担 | |
|---|---|
| 每月負擔若干 | |
| 到職日期 | 1940年5月　日 |
| 永久住址 | |
| 本人通訊處 臨時 | |
| 本人通訊處 永久 | |

榮新民 簽名蓋章　　37年10月4日

用戶股

141

重慶電力股份有限公司

職工調查表

編　號　226

姓　名　无日車

檢查號

姓名 毛日章 別號 祜廬 籍貫 浙江 省 奉化 縣市

出生年月：民國(前) 6 年 11 月 25 日現年 80 歲。

是否黨員 是 黨證號數 485 是否團員 團證號數

現在住址 郵政局芳名 區 二 鎮 保 甲

固定住址或通訊處 浙江奉化城內縣前街

到職年月：民國 21 年 12 月 16 日

介紹人姓名 林 號 現年 歲籍貫 省 縣市

職業 住址或通訊處 與本人關係

保證人姓名 顧家璨 號 現年 66 歲籍貫 浙江 省 奉化 縣市

職業 鎮海貪員會科貪局會計主住 住址 南紅市九塊塔 1 弄 2 與本人關係 親戚

固定住址或通訊處

(甲) 家庭狀況：

(一)家長名 號 現年 歲係本人之

職業 住址 每月收入

(二)父名 號 現年 歲職業

住址 每月收入

母姓名 林氏 現年 55

(三)已否結婚 二婚 配偶姓名 顧華 現年 36 歲籍貫浙江 省 奉化 縣市

(四)子 人最長者現年 歲最幼者現年 歲

現入等校者 人學校名稱

現已服務者 人處所名稱

女 1 人最長者現年 6 歲最幼者現年 歲

現入學校者 人學校名稱

現已出嫁者 人

143

(五)兄弟姊妹：

| 名 | 號 | 本人之 | 年齡 | 婚嫁否 | 職　業 | 住　　址 | 備　考 |
|---|---|---|---|---|---|---|---|
|  |  |  |  |  |  |  |  |
|  |  |  |  |  |  |  |  |
|  |  |  |  |  |  |  |  |
|  |  |  |  |  |  |  |  |

(六)除公司薪給外，本人尚有何種其他收入？

本人每月平均開支：

| 項　目 | 開　支　金　額 |
|---|---|
| 本人伙食 | 1,600.00 |
| 家庭同支 | 6,000.00 |
| 零 | 2,000.00 |
| 服裝 | 6,000.00 |
| 總　　計 | 共 15,600.00 |

除去開支後能有積蓄否？　無

若干

不敷開支時如何彌補？　借

是否員債？　無　若干？

何處借來？

歸還的方法

(乙)教育及經歷：

(　)曾受何等育教？

| 程　度 | 學校名稱 | 校　址 | 肆業期間 自 年 月 至 年 月 | 所習科目 | 讀完幾年級 | 離校原因 |
|---|---|---|---|---|---|---|
| 中學 | 上海聖芳濟南學 | 上海 | 民國十二年二月至十三年六月 | 英文 | 1st class | 畢業 |
|  |  |  |  |  |  |  |
|  |  |  |  |  |  |  |

附註：請填所受最高級教育之名稱，或接近於所受之最高級教育者，例如高級職業學校
畢業者，可填讀高級職業學校，同時，並可填已受過教育之高級中學或初級中學
，不識字，粗識字或只識字，升未入過學校者，請填「不識字」「粗識字」或「識字」

(二)在校時最感興趣之科目

（三）曾在何處服務：

| 機關名稱 | 地址 | 主管人姓名 | 月薪 | 服務期間 自年月至年月 | 離職原因 |
|---|---|---|---|---|---|
| 陝西禁煙稽查局 | 西安 | 張肇歆 | 60元 | 自26年1月至26年3月 | 他調 |
| 禁煙稽查所西安分所 | 西安 | 〃 | 80 | 自26年4月至26年12月 | 集金他調 |
| 禁煙督察老河口 | 湖北老河口 | 〃 | 100 | 自27年2月至28年8月 | 〃 |
| 緝私砂糖公司幹部 | 老河口 | 李崇紅 | 186 | 28年8月至29年6月 | 調因病遵方休養 |

（四）經歷中最感興趣之工作 _____

## （丙）業餘生活

（一）每日工作時間：忙時 _____ 小時，平時 _____ 小時

（二）本人最喜歡的娛樂 _____

（三）公餘經常作何消遣 _____

（四）曾參加甚麼業餘團體：

| 名稱 | 性質 | 地址 | 主持人 | 何時加入 | 擔任何種職務 |
|---|---|---|---|---|---|
|  |  |  |  |  |  |
|  |  |  |  |  |  |
|  |  |  |  |  |  |
|  |  |  |  |  |  |
|  |  |  |  |  |  |

（丁）有何特殊狀況，特殊興趣或特殊技能，請列舉於下：

（戊）本人之簽字蓋章：簽字 _____ 蓋章 _____

填寫日期：民國 38 年 6 月 1 日

填寫人 _____ 代填寫人 _____

用户股

146

# 重慶電力股份有限公司

## 職工調查表

編　號　　228

姓　名　楊世明

檢查號　_____

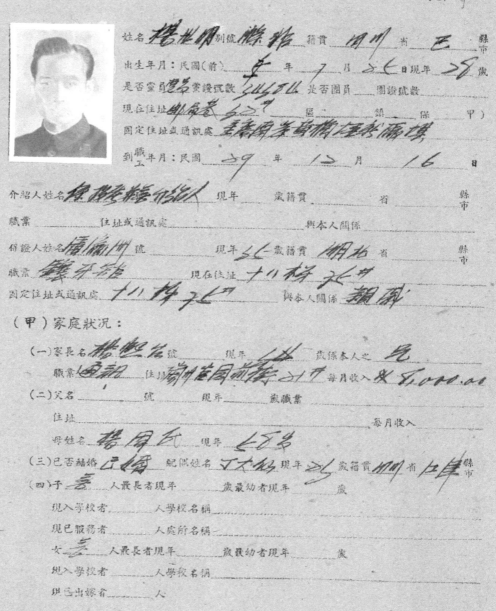

姓名 楊批明 別號 縣鎔 籍貫 四川 省 巴 縣市

出生年月：民國（前） 五 年 7 月 ㄥ七 日 現年 ㄥㄥ 歲

是否當員 業證號數 ㄥㄩㄌ0ㄩ 是否團員 團證號數

現在住址 鄔馬卷 ㄥ0號 區 鎮 保 甲）

固定住址或通訊處 查蔣周等碼橋注務偏楷

到職年月：民國 ㄥ9 年 12 月 16 日

介紹人姓名 緹攀鎔ㄜ鎔ㄑㄥ 現年 歲 籍貫 省 縣市

職業 住址或通訊處 與本人關係

保證人姓名 潘偏州 號 現年 ㄥㄥ 歲 籍貫 湖北 省 縣市

職業 鑼牙結 現在住址 十八柄 北廿

固定住址或通訊處 十八巷�7ㄥ 與本人關係 親戚

（甲）家庭狀況：

（一）家長名 楊㉘喈 號 現年 ㄥㄩ 歲係本人之 兄

職業 通訊 住址蜀州菅園前㧝 廿㕤 每月收入 ＄$1000.01

（二）父名 號 現年 歲 職業

住址 每月收入

母姓名 楊周氏 現年 ㄥ8號

（三）已否結婚 已婚 配偶姓名 丁大嫂 現年 ㄥㄩ 歲 籍貫 四川 省 江隼 縣市

（四）子 乄 人最長者現年 歲 最幼者現年 歲

現入學校者 人 學校名稱

現已服務者 人 處所名稱

女 乄 人最長者現年 歲 最幼者現年 歲

現入學校者 人 學校名稱

現已出嫁者 人

148

(五)兄弟姊妹：

| 名 | 號 | 本人之 | 年齡 | 婚嫁否 | 職　業 | 住　　址 | 備　考 |
|---|---|---|---|---|---|---|---|
| 楊賀台 | | 兄 | 41 | 已婚 | 面館 | 貴州省貴前縣城內 | |
| 楊世德 | | 弟 | 31 | 未婚 | 學 | 上海西瑞琦楊登公司 | |
| 楊世劉 | | 弟 | 16 | 〃〃 | 業 | 南京莪補堂夕沿源堂 | |
| 楊世芳 | | 妹 | 31 | 〃〃 | 在家 | 同上 | |

(六)除公司薪給外，本人尚有何種其他收入？　　無其他收入

本人每月平均開支：

| 項　目 | 開支金額 |
|---|---|
| 伙食 | ＄1,500.00 |
| 零用 | ＄4,000.00 |
| 衣料 | ＄3,000.00 |
| | |
| 總　　計 | ＄8,500.00 |

除去開支後能有積蓄否？

若干

不敷開支時如何彌補？

是否負債？　　　若干

何處借來？

歸還的方法？

（乙）教育及經歷：

　(一)曾受何等育教？

| 程度 | 學校名稱 | 校址 | 肄業期間 自年月至年月 | 所習科目 | 讀完第幾年級 | 離校原因 |
|---|---|---|---|---|---|---|
| 職業勞工補習學校 | 高小 | | | | | |
| | | | | | | |
| | | | | | | |
| | | | | | | |

附註：請填所受最高級教育之名稱，或最近於所受之最高級教育者，例如高級職業學校
　　畢業者，可填讀高級職業學校，同時，並可填已受過教育之高級中學或初級中學
　　，不識字，粗識字或只識字，并未入過學校者，請填「不識字」「粗識字」或「識字」
　(二)在校時最感興趣之科目　　數學，英文。

149

（三）曾在何處服務：

| 機關名稱 | 地　址 | 主管人姓名 | 月薪 | 服　務　期　間<br>自　年　月　至　年　月 | 離職原因 |
|---|---|---|---|---|---|
| | | | | | |
| | | | | | |
| | | | | | |
| | | | | | |
| | | | | | |

（四）經歷中最感興趣之工作 _____

（丙）業餘生活

（一）每日工作時間：作時 *8* 小時，平時 *6* 小時

（二）本人最喜歡的娛樂 _____

（三）公餘紅常作何消遣 _____

（四）曾參加甚麼業餘團體：

| 名　　稱 | 性　質 | 地　　址 | 主持人 | 何時加入 | 擔任何種職務 |
|---|---|---|---|---|---|
| | | | | | |
| | | | | | |
| | | | | | |
| | | | | | |

（丁）有何特殊狀況，特殊興趣或特殊技能，請列舉於下：

（戊）本人之簽字蓋章：簽字 _____ 蓋章 _____

填寫日期：民國 *55* 年 *6* 月 *9* 日

填寫人 楊桂明 代填寫人 _____

# 重慶電力公司職工調查表

151

| 姓名 | 楊世明 | 家 庭 狀 況 | | |
|---|---|---|---|---|
| 籍貫 | 四川省巴縣 | 父 名 | 亡故 | 職業 |
| 年齡 | 卅二歲 | 母 名 | 楊周氏 | 居家 |
| 出生年月日 民國前 年 月 日 | | 兄 名 | 楊熙臺 | 職業 大學 |
| 已否結婚 已婚 | 子 人 女 人 | 弟 姊 妹 號 | 楊世樞 楊世瑞 楊世祥 | 業 |
| 學歷 | 四川省立蓬溪縣師範學校畢業 中央陸軍軍官學校第十六期畢業步兵科畢業 | 資 產 | 不動產 | 無 |
| | | | 動 產 | |
| 經歷 | 曾任先生公司理貨課課員 中央陸軍第十八師排連長副官等職 | 家長通訊處 | 臨 時 | |
| | | | 永 久 | |
| 歷 | | 介 紹 人 | | |
| 擅長何種技能 | | 姓 名 | | 別號 |
| | | 籍 貫 | 省 | 市（縣） |
| 平日生活情形 | | 年 齡 歲 職業 | | |
| | | 通訊處 | | |
| | | 與本人關係 | | |
| | | 保 證 人 | | |
| | | 姓 名 | | 別號 |
| 家庭經濟是否需受本人負担 | 予人負担 | 籍 貫 | 四川省 蓬溪 縣（市） | |
| 每月負擔若干 | 揚柒元○○ | 年 齡 | 卅 歲 | |
| 到職日期 | 卅九年 1月 16日 | 與本人關係 | 友誼 | |
| | | 職業及服務機關名稱 | | |
| 本人通訊處 | 永久住址 | 營業種類 | 出 葯 | |
| | 臨 時 同上 | 開設地點 | | |
| | 永 久 同上 | 通訊處 | 臨 時 | |
| | | | 永 久 | |

簽名盖章　　　年 1月 7日

用户股

152

重慶電力股份有限公司

## 職工調查表

編　號　229

姓　名　陳尊雲

檢查號　＿＿＿＿＿

姓名 陳尊榮　別號　　　籍貫 四川 省 岳池 縣市　　　 153

出生年月：民國（舊）四 年 五 月 二 日現年 廿九 歲

是否黨員 是 黨證號數 425　是否團員　團證號數

現在住址 郵局壽3Z（三　區 來蘇觀 鎮　保　甲）

固定住址或通訊處 岳池縣政府肖艾菁轉岳池顧縣場

到職年月：民國 廿18 年　　月　　日

介紹人姓名　　　號　　現年　　歲籍貫　　省　　縣市

職業　　　住址或通訊處　　　與本人關係

保證人姓名 林健安 號　現年 廿八 歲籍貫 四川 省 岳池 縣市

職業 布商　現在住址 本市較場口土布市內

固定住址或通訊處 磁器街永華旅館 與本人關係 鄉誼

（甲）家庭狀況：

（一）家長名 陳再賡 號　現年 六十 歲係本人之 父

職業 農 住址 岳池顧縣場　每月收入

（二）父名 陳再賡 號　現年 六十 歲職業 農

住址　　　　　　　每月收入

母姓名 楊明坤 現年 六十 歲

（三）已否結婚 已 配偶姓名 楊耘鈞 現年 二十七 歲籍貫 四川 省 岳池 縣市

（四）子　人最長者現年　歲最幼者現年　歲

現入學校者　人學校名稱

現已服務者　人處所名稱

女 一 人最長者現年 六 歲最幼者現年　歲

現入學校者 一 人學校名稱 篤行小學

現已出嫁者

本人住郵局壽家眷任費指地飲歇場8 廿

154

（五）兄弟姊妹：

| 名 | 號 | 本人之 | 年齡 | 婚嫁否 | 職 | 業 | 住 | 址 | 備 | 考 |
|---|---|---|---|---|---|---|---|---|---|---|
| | | | | | | | | | | |
| | | | | | | | | | | |
| | | | | | | | | | | |
| | | | | | | | | | | |

（六）除公司薪給外，本人尚有何種其他收入？

本人每月平均開支：

| 項 | 目 | 開 支 金 額 |
|---|---|---|
| 食 （約） | | $ 5,000.00 |
| 衣 （約） | | $ 3,000.00 |
| 住 （約） | | $ 500.00 |
| 雜支 （約） | | $ 3,000.00 |
| 應酬 （約） | | $ 1,200.00 |
| 總 | 計 | $ 12,700.00 |

除去開支後能有積蓄否？

　若干

不敷開支時如何彌補？

是否負債？　　　若干

何處借來？

歸還的方法？

（乙）教育及經歷：

（一）曾受何等教育？

| 程　度 | 學校名稱 | 校　址 | 肄業期間 自22年7月至27年7月 | 所習科目 | 讀完幾年級 | 離校原因 |
|---|---|---|---|---|---|---|
| 高中 | 嘉陵 | 順慶 | | 普通 | 三年級 | 家境困難 |
| | | | | | | |
| | | | | | | |

附註：請填所受最高級教育之名稱，或接近於所受之最高級教育者，例如高級職業學校
　　畢業者，可填該高級職業學校，同時，並可填已受過教育之高級中學或初級中學
　　，不識字，粗識字或只識字，并未入過學校者，請填「不識字」「粗識字」或「識字」

（二）在校時最感興趣之科目

(三)曾在何處服務：

| 機關名稱 | 地　址 | 主管人姓名 | 月薪 | 服務期間 自年月至年月 | 離職原因 |
|---|---|---|---|---|---|
| 岳池廩顧縣場 | | 吳鴻勞 | 約1750.00 | | |
| 完全小學教 | | | | | |
| 員及秀吧縣 | | 琉萱 | | | |
| 政府科員 | | | 約30.00 | | |
| | | | | | |
| | | | | | |
| | | | | | |

(四)經歷中最感興趣之工作 ＿＿＿＿＿＿＿＿＿＿＿＿＿＿＿

（丙）業餘生活

(一)每日工作時間：忙時＿＿＿小時，平時＿＿＿小時

(二)本人最喜歡的娛樂　平劇

(三)公餘經常作何消遣　看書

(四)曾參加甚麼業餘團體：

| 名　稱 | 性　質 | 地　址 | 主持人 | 何時加入 | 擔任何種職務 |
|---|---|---|---|---|---|
| | | | | | |
| | | | | | |
| | | | | | |
| | | | | | |

（丁）有何特殊狀況，特殊興趣或特殊技能，請列舉於下：

（戊）本人之簽字蓋章：簽字＿＿＿＿＿＿＿＿蓋章＿＿＿＿＿＿

填寫日期：民國 33 年 6 月 8 日

填寫人　陶尊書　代填寫人

## 重慶電力公司職工調查表　15一

| 姓名 | 陳尊榮 | | 家　庭　狀　況 | | | |
|---|---|---|---|---|---|---|
| 籍貫 | 岳池 | | 父名 | 陳再廣 | 職業 | 農 |
| 年齡 | 三三歲 | | 母名 | 楊明烈 | 職 | |
| 出生年月日民國 | 前2年8月5日 | | 兄弟 | 陳直恒 | 業 | 農 |
| 已否結婚 | 巳 于2 女3 人 | | 姊妹 | 號 | 業 | |

| 學歷 | 岳池中學畢業 | | 資產 | 不動產 | 小康 |
|---|---|---|---|---|---|
| | | | | 動產 | |
| 經歷 | | | 家長通訊處 | 臨時 | |
| | | | | 永久 | 岳池縣顧縣壩 |

| | | 介　紹　人 | | |
|---|---|---|---|---|
| 擅長何種技能 | | 姓名 | | 別號 |
| | | 籍貫 | 省 | 市(縣) |
| | | 年齡 | 歲 | 職業 |
| 平日生活情形 | | 通訊處 | | |
| | | 與本人關係 | | |

| | | 保　證　人 | | |
|---|---|---|---|---|
| | | 姓名 | 彭崇山 | 別號 |
| | | 籍貫 | 四川 省 巴 | 縣(市) |
| | | 年齡 | 40 歲 | |

| 家庭經濟是否需要本人負擔 | 全部負担 | 與本人關係 | 友誼 |
|---|---|---|---|
| 每月負擔若干 | 公司茲淳待遇尚不足 | 職業及服務機關名稱 | 廣和糧食公司 |
| 到職日期 | 28年10月6日 | 營業種類 | 米糧 |
| 本人通訊處 永久住址 | 岳池顧縣壩 | 開設地點 | 吳師爺巷1# |
| 臨時 | 郵政局32# | 通訊處 臨時 | 同上 |
| 永久 | 岳池縣銀行 | 永久 | 同上 |

簽名蓋章　37年10月6日

重庆电力股份有限公司一九四一年入职职工（一九四四年六月八日） 0219-1-29 0219-1-30

簿 記 股

# 重慶電力股份有限公司

## 職工調查表

編　號　094

姓　名　龔　靜　澤

檢查號

姓名 杜群厚 别號 ____ 籍貫 四川 省 蓬 縣市

出生年月：民國（前）六 年 八 月 十五 日現年 廿八 歲

是否黨員 否 黨證號數 ____ 是否團員 否 團證號數 ____

現在住址 中四灰100號 （ 六 區 學才巷舖 保 甲 ）

固定住址或通訊處 蓬縣公園街壹怡書社

到職年月：民國 廿 年 二 月 八 日

介紹人姓名 葉大賓 號 ____ 現年 ____ 歲籍貫 四川 省 犍為 縣市

職業 ____ 住址或通訊處 本公司 與本人關係 師生

保證人姓名 ____ 號 ____ 現年 ____ 歲籍貫 ____ 省 ____ 縣市

職業 ____ 現在住址 ____

固定住址或通訊處 ____ 與本人關係 ____

**（甲）家庭狀況：**

（一）家長名 杜榮遠南 號 ____ 現年 五十 歲係本人之 母

職業 主家 住址 ____ 每月收入 ____

（二）父名 ____ 號 ____ 現年 ____ 歲職業 ____

住址 ____ 每月收入 ____

母姓名 ____ 現年 ____

（三）已否結婚 已 配偶姓名 花盛芳 現年 廿四 歲籍貫 四川 省 成都 縣市

（四）子 ____ 人最長者現年 ____ 歲最幼者現年 ____ 歲

現入學校者 ____ 入學校名稱 ____

現已服務者 ____ 入處所名稱 ____

女 ____ 人最長者現年 ____ 歲最幼者現年 ____ 歲

現入學校者 ____ 入學校名稱 ____

現已出嫁者 ____ 人

（五）兄弟姊妹：

| 名　號 | 本人之年齡 | 婚嫁否 | 職　業 | 住　　址 | 備　考 |
|---|---|---|---|---|---|
| 〔手写〕 | 卅一 | 已來 | 在家 | 〔手写〕 | |
| 〔手写〕 | 卅三 | 未 | 商 | 〔手写〕 | |
| | | | | | |
| | | | | | |

（六）除公司薪給外，本人尚有何種其他收入？　無

本人每月平均開支：

| 項　目 | 開支金額 |
|---|---|
| 〔手写〕 | ＄5,000.00 |
| 〔手写〕 | ＄3,000.00 |
| 〔手写〕 | ＄3,000.00 |
| 〔手写〕 | ＄2,000.00 |
| 總　　計 | ＄7,000.00 |

除去開支後能有積蓄否？　無

若干　_____

不敷開支時如何彌補？　〔手写〕

是否負債？　當然　若干　7,000.00

何處借來？　〔手写〕

歸還的方法？　〔手写〕

（乙）教育又經歷：

（一）曾受何等育教？

| 種　類 | 學校名稱 | 校　址 | 肄業期間 自年月至年月 | 所習科目 | 讀完幾年級 | 離校原因 |
|---|---|---|---|---|---|---|
| 〔手写〕 | 〔手写〕 | 成都 | 卅〇年八至卅二年七〔手写〕 | 會計 | 三年級 | 畢業 |

附註：請填所受最高級教育之名稱，或接近於所受之最高級教育者，例如高級職業學校
　　　畢業者，可填該高級職業學校，同時，並可填已受過教育之高級中學或初級中學
　　　，不識字，粗識字或只識字，并未入過學校者，請填「不識字」「粗識字」或「識字」

（二）在校時最感興趣之科目　〔手写〕

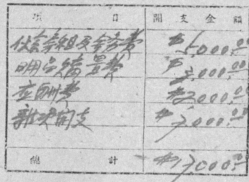

（三）曾在何處服務：

| 機關名稱 | 地址 | 主管人姓名 | 月薪 | 服務期間 自 年 月 至 年 月 | 離職原因 |
|---|---|---|---|---|---|
| 成都市政府 | 成都 | 楊錚 | 三十 | | 裁撤 |
| 成都警察局 | 〃 | 唐毅 | 一四〇 | | 〃 |
| 四川省財政廳 | 〃 | 嵇琦 | 一三〇 | | 〃 |
| | | | | | |
| | | | | | |
| | | | | | |

（四）經歷中最感興趣之工作＿＿＿＿＿＿＿＿＿＿＿＿＿＿

（丙）業餘生活

（一）每日工作時間：忙時九至十小時，平時 五 小時
（二）本人最喜歡的娛樂 運動和寫作
（三）公餘經常作何消遣 吃茶或遊街
（四）曾參加甚麼業餘團體：

| 名稱 | 性質 | 地址 | 主持人 | 何時加入 | 擔任何種職務 |
|---|---|---|---|---|---|
| | | | | | |
| | | | | | |
| | | | | | |

（丁）有何特殊狀況，特殊興趣或特殊技能，請列舉於下：

（戊）本人之簽字蓋章：簽字 　　　　　 蓋章

填寫日期：民國 三三 年 六 月 十 日

填寫人 　　　　　　　　 代填寫人

13 出

# 重慶電力股份有限公司

## 職工調查表

編　號　089

姓　名　顧景霖

檢查號

14

姓名 顧景森 別號 立劍 籍貫 湖北 省 宜昌 縣市

出生年月：民國（前） 拾 年 拾壹 月 拾 日 現年 23 歲

是否黨員 是 黨證號數 工字1820 是否團員 ___ 團證號數 ___

現在住址 本公司人和區宿舍 區 鎮 保 甲）

固定住址或通訊處 本公司人和區宿舍

到職工年月：民國 三十 年 三 月 日

介紹人姓名 ___ 號 ___ 現年 ___ 歲 籍貫 ___ 省 ___ 縣市

職業 ___ 住址或通訊處 ___ 與本人關係 ___

保證人姓名 王宗礼 號 賢卿 現年 廿七 歲 籍貫 湖北 省 宜昌 縣

職業 商 現在住址 多寶路四明大藥房

固定住址或通訊處 ___ 與本人關係 友誼

（甲）家庭狀況：

（一）家長名 顧慶楨 號 韓臣 現年 四九 歲 係本人之 父親

職業 商 住址 南坪沱東溪 每月收入 ___

（二）父名 顧慶楨 號 韓臣 現年 四九 歲 職業 商

住址 南坪沱東溪 每月收入 ___

母姓名 楊幕蔭 現年 四十四

（三）已否結婚 否 配偶姓名 ___ 現年 ___ 歲 籍貫 ___ 省 ___ 縣市

（四）子 ___ 人最長者現年 ___ 歲最幼者現年 ___ 歲

現入學校者 ___ 人學校名稱 ___

現已服務者 ___ 人處所名稱 ___

女 ___ 人最長者現年 ___ 歲最幼者現年 ___ 歲

現入學校者 ___ 人學校名稱 ___

現已出嫁者 ___ 人

15

（五）兄弟姊妹：

| 名 號 | 本人之 | 年齡 | 婚嫁否 | 職 業 | 住 址 | 備 考 |
|---|---|---|---|---|---|---|
| 徐京華 | 弟 | 廿一 | 否 | 肄業中學 |  |  |
| 京洪 | 妹 | 十九 | 否 | 肄業中學 |  |  |
| 京芬 | 弟 | 十二 | 否 | 肄業 | 中心小學 |  |
| 秋 | 妹 | 九 | 否 |  | 〃 |  |
| 珊珊 | 妹 | 六 | 未嫁 |  |  |  |

（六）除公司薪給外，本人尚有何種其他收入？　　尚其他收入

本人每月平均開支：

| 項 目 | 開 支 金 額 |
|---|---|
| 伙補家用 | 拾肆元 |
| 本人伙食 | 貳拾元 |
| 弟妹本學期雜費 | 叁拾元 |
| 雜用（衣衫等） | 叁拾元 |
| 他 計 |  |

除去開支後能有積蓄否？　臺無積蓄

若干

不敷開支時如何彌補？　向朋友

挪借

是否負債？　是　若干　叁拾元

何處借來？　朋友處

歸還的方法？

（乙）教育及經歷：

（一）曾受何等教育？

| 程度 學校名稱 | 校 址 | 肆業期間 自 年 月 至 年 月 | 所習科目 | 讀完幾年級 | 離校原因 |
|---|---|---|---|---|---|
| 高中師範學 | 南昌市某街 | 民国廿五年至廿九年 | 普通 | 叁年級 | 情形所迫 |

（二）在校時最感興趣之科目　　科學、國文

16

（三）曾在何處服務：

| 機關名稱 | 地址 | 主管人姓名 | 月薪 | 服務期間自　年　月至　年　月 | | 離職原因 |
|---|---|---|---|---|---|---|
|  |  |  |  |  |  |  |
|  |  |  |  |  |  |  |
|  |  |  |  |  |  |  |
|  |  |  |  |  |  |  |
|  |  |  |  |  |  |  |
|  |  |  |  |  |  |  |

（四）經歷中最感興趣之工作 _____

（丙）業餘生活

（一）每日工作時間： 忙時 捌 小時，平時 陸 小時

（二）本人最喜歡的娛樂 音樂、騎馬等術藝

（三）公餘經常作何消遣

（四）曾參加甚麼業餘團體：

| 名稱 | 性質 | 地址 | 主持人 | 何時加入 | 擔任何種職務 |
|---|---|---|---|---|---|
| 湖北同鄉會 |  | 重慶巷孔庚 | 廿九年 | 會員 |  |
|  |  |  |  |  |  |
|  |  |  |  |  |  |

（丁）有何特殊狀況，特殊興趣或特殊技能，請列舉於下：

（戊）本人之簽字蓋章： 簽字 _____ 蓋章

填寫日期：民國卅三年 六 月 八 日

填寫人 顧景森　代填寫人

重慶電力股份有限公司

職工調查表

編　號　115
姓　名　吳昌恕
檢查號

姓名 吳昌恕 別號＿＿ 籍貫 四川 省 壽神 縣市

出生年月：民國（前） 6 年 10 月 9 日現年 27 歲

是否黨員 否 黨證號數＿＿ 是否團員 否 團證號數＿＿

現在住址 國府路83號（ 6 區 大陽埧 鎮 3 保 1 甲）

固定住址或通訊處 四川 壽神壽縣

到職工年月：民國 30 年 9 月 5 日

介紹人姓名 冼新齋 號＿＿ 現年＿＿ 歲籍貫 四川 省 盧 縣市

職業 政 住址或通訊處 四川水尼分司 與本人關係 世交

保證人姓名 黃新良 號＿＿ 現年＿＿ 歲籍貫 四川 省 隆昌 縣市

職業 四川水尼分司總務科長 現在住址 四川水尼分司

固定住址或通訊處 四川水尼分司 與本人關係 世交

（甲）家庭狀況：

（一）家長名 吳永溥 號 吉仁 現年 68 歲係本人之 父親

職業 社教育 住址 四川壽神縣 每月收入＿＿

（二）父名 吳永溥 號 吉仁 現年 68 歲職業 教育

住址 四川壽神縣 每月收入＿＿

母姓名 曹瑜 現年 60

（三）已否結婚 未 配偶姓名＿＿ 現年＿＿ 歲籍貫＿＿ 省＿＿ 縣市

（四）子＿＿ 人最長者現年＿＿ 歲最幼者現年＿＿ 歲

現入學校者＿＿ 人學校名稱＿＿

現已服務者＿＿ 人處所名稱＿＿

女＿＿ 人最長者現年＿＿ 歲最幼者現年＿＿ 歲

現入學校者＿＿ 人學校者稱＿＿

現已出嫁者＿＿ 人

33

(五)兄弟姊妹：

| 名 | 號 | 本人之 | 年齡 | 已嫁否 | 職業 | 住址 | 備考 |
|---|---|---|---|---|---|---|---|
| 吳昌潤 | | 弟 | 19 | 未 | 學生 | | |
| 吳昌秀 | | 妹 | 16 | 未 | 學生 | | |
| | | | | | | | |
| | | | | | | | |
| | | | | | | | |

(六)除公司薪給外，本人尚有何種其他收入？ 毫無其他收入

本人每月平均開支：量收入多寡而開支，故無積蓄，亦不負債

| 項目 | 開支金額 |
|---|---|
| | |
| | |
| | |
| | |
| | |
| | |
| 總計 | |

除去開支後能有積蓄否？ 無

若干

不敷開支時如何彌補？

是否負債？ 若干

何處借來？

歸還的方法？

## (乙)教育及經歷：

(一)曾受何等教育？

| 程度 | 學校名稱 | 校址 | 肄業期間 自年月至年月 | 所習科目 | 讀完幾年級 | 離校原因 |
|---|---|---|---|---|---|---|
| 大學 | 重慶大學 | 重慶 | 30年7月畢業 | | | |
| | | | | | | |
| | | | | | | |
| | | | | | | |

附註：請填所受最高級教育之名稱，或接近於所受之最高級教育者，例如高級職業學校畢業者，可填該高級職業學校，同時，並可填已受過教育之高級中學或初級中學，不識字，粗識字或只識字，并未入過學校者，請填「不識字」「粗識字」或「識字」

(二)在校時最感興趣之科目 有關工程之科學皆感興趣

(三)曾在何處服務：

| 機關名稱 | 地址 | 主管人姓名 | 月薪 | 服務期間 自 年 月 至 年 月 | 離職原因 |
|---|---|---|---|---|---|
| | | | | | |
| | | | | | |
| | | | | | |
| | | | | | |
| | | | | | |

(四)經歷中最感興趣之工作 _____

(丙)業餘生活

(一)每日工作時間：忙時 *10* 小時，平時 *8* 小時

(二)本人最喜歡的娛樂 *正當娛樂之有益身心者皆喜歡*

(三)公餘經常作何消遣 *圖書類*

(四)曾參加甚麼業餘團體：

| 名稱 | 性質 | 地址 | 主持人 | 何時加入 | 擔任何種職務 |
|---|---|---|---|---|---|
| | | | | | |
| | | | | | |
| | | | | | |
| | | | | | |

(丁)有何特殊狀況，特殊興趣或特殊技能，請列舉於下：

(戊)本人之簽字蓋章：簽字 *吳昌然* 蓋章

填寫日期：民國 *33* 年 *6* 月 *9* 日

填寫人 _____ 代填寫人 _____

# 重慶電力公司職工調查表

36

| 姓名 | 吳昌姮 | 家　庭　狀　況 | | |
|---|---|---|---|---|
| 籍貫 | 四川青神 | 父名 | 吳吉仁 | 職業 理家 |
| 年齡 | 三十一岁 | 母名 | | |
| 出生年月日民國（前）6年10月9日 | | 兄弟名 | 吳昌潭 | 職業 教育 |
| 已否結婚 已婚 于女 二 人 | | 姊妹號 | | 業 |
| 學歷 | 重慶大學工學士 | 資產 | 不動產 | |
| | | | 動產 | |
| 經歷 | 重慶電力公司工程師 | 家長通訊處 | 臨時 | 四川青神縣 |
| | | | 永久 | |
| 擅長種技何能 | 煖氣工程 | 介　紹　人 | | |
| | | 姓名 | 席新喬 別號 | |
| | | 籍貫 | 四川 省 瀘 市（縣） | |
| | | 年齡 | 歲 職業 商 | |
| 形平日生活情 | | 通訊處 | 四川水泥廠 | |
| | | 與本人關係 | 世誼 | |
| 家庭經濟是否需要本人負擔 需要 | | 保　證　人 | | |
| 每月負擔若干 全部薪津 | | 姓名 | 陳居軾 別號 | |
| 到職日期 30年 9月 10日 | | 籍貫 | 四川 省 富順 縣（市） | |
| 永久住址 | | 年齡 | 31 歲 | |
| | | 與本人關係 | 同學 | |
| 本人通訊處 臨時 本公司大渡口青神縣 | | 職業及服務機關名稱 | 正中書局經理 | |
| 永久 四川青神縣 | | 營業種類 | | |
| | | 開設地點 | | |
| | | 通訊處 臨時 中一路正中書局 | | |
| | | 永久 | | |

簽名蓋章　吳昌姮 37年 10月 9 日

簿記股

49

# 重慶電力股份有限公司

## 職工調查表

編　號　096

姓　名　崔穗沫

檢查號

50

姓名 崔德沐　別號 ＿＿　籍貫 四川 省 成都 縣市

出生年月：民國（前）十一 年 正 月 廿三 日現年 廿三 歲

是否黨員 是 黨證號數 工字456 是否團員 ＿＿ 團證號數 ＿＿

現在住址 重慶 （六 區 曾家巖 鎮 三 保 ＿ 甲）

固定住址或通訊處 成都文殊街第五號

到職年月：民國 卅 年 九 月 ＿＿ 日

介紹人姓名 黃大鏞 號 韶侯 現年 ＿＿ 歲籍貫 四川 省 犍為 縣市

職業 鋼鐵機 住址或通訊處 總公司 與本人關係 師生

保證人姓名 ＿＿ 號 ＿＿ 現年 ＿＿ 歲籍貫 ＿＿ 省 ＿＿ 縣市

職業 ＿＿ 現在住址 ＿＿

固定住址或通訊處 ＿＿ 與本人關係 ＿＿

（甲）家庭狀況：

（一）家長名 崔幼明 號 ＿＿ 現年 廿八 歲係本人之 兄

　　　職業 教育 住址 成都文殊街第五號 每月收入 甚少

（二）父名 已故 號 ＿＿ 現年 ＿＿ 歲職業 ＿＿

　　　住址 ＿＿ 每月收入 ＿＿

　　　母姓名 劉逸仙 現年 五十 歲

（三）已否結婚 未婚 配偶姓名 ＿＿ 現年 ＿＿ 歲籍貫 ＿＿ 省 ＿＿ 縣市

（四）子 ＿＿ 人最長者現年 ＿＿ 歲最幼者現年 ＿＿ 歲

　　　現入學校者 ＿＿ 人學校名稱 ＿＿

　　　見已服務者 ＿＿ 人處所名稱 ＿＿

　　　女 ＿＿ 人最長者現年 ＿＿ 歲最幼者現年 ＿＿ 歲

　　　現入學校者 ＿＿ 人學校名稱 ＿＿

　　　現已出嫁者 ＿＿ 人

（五）兄弟姊妹：

| 名 | 號 | 本人之 | 年齡 | 婚嫁否 | 職　業 | 住　址 | 備　考 |
|---|---|---|---|---|---|---|---|
| 崔幼明 | | | 廿八 | 已婚 | 教 | 成都 | |
| 崔德輝 | | | 十二 | 未 | 讀書 | 仝上 | |
| | | | | | | | |
| | | | | | | | |

（六）除公司薪給外，本人尚有何種其他收入？每月生活必需　毫無意外收入

惟每月只有信局薪勞一項　月終開支尚有一支節省

本人每月平均開支：

| 項　　目 | 開支金額 |
|---|---|
| 伙　　食 | 3,500元 |
| 房租茶水 | 1,500元 |
| 必要開支 | 4,000元 |
| 其他開支 | 3,000元 |
| 理髮洗衣等 | 1,500元 |
| 總　計 | 13,500元 |

除去開支後能有積蓄否？　毫無積蓄

若干　00

不敷開支時如何彌補？　節省

是否負債？　稍負債　若干約6,000元

何處借來？　親戚朋友

歸還的方法？借乙還甲借丙還乙依次循環，以全信用。

（乙）教育及經歷：

（一）曾受何等教育？

| 程度 | 學校名稱 | 校　址 | 肄業期間　自年月至年月 | 所習科目 | 讀完幾年級 | 離校原因 |
|---|---|---|---|---|---|---|
| 高商 | 志城 | 成都 | 卅八年至卅年 | 會計 | 三 | |
| | | | | | | |
| | | | | | | |
| | | | | | | |

附註：請填所受最高級教育之名稱，或接近於所受之最高級教育者，例如高級職業學校
　　　畢業者，可填該高級職業學校，同時，並可填已受過教育之高級中學或初級中學
　　　，不識字，粗識字或只識字，并未入過學校者，請填「不識字」「粗識字」或「識字」
（二）在校時最感興趣之科目　計算盤

（三）曾在何處服務：

| 機關名稱 | 地址 | 主管人姓名 | 月薪 | 服務期間 自 年 月 至 年 月 | 離職原因 |
|---|---|---|---|---|---|
|  |  |  |  |  |  |
|  |  |  |  |  |  |
|  |  |  |  |  |  |
|  |  |  |  |  |  |
|  |  |  |  |  |  |
|  |  |  |  |  |  |

（四）經歷中最感興趣之工作＿＿＿＿＿＿＿＿＿＿＿＿＿

（丙）業餘生活

（一）每日工作時間：忙時 8 小時，平時 8 小時

（二）本人最喜歡的娛樂＿＿＿＿＿＿＿＿＿＿＿＿＿＿

（三）公餘經常作何消遣 壓馬路 喝洒茶 談天

（四）曾參加甚麼業餘團體：

| 名稱 | 性質 | 地址 | 主持人 | 何時加入 | 擔任何種職務 |
|---|---|---|---|---|---|
|  |  |  |  |  |  |
|  |  |  |  |  |  |
|  |  |  |  |  |  |
|  |  |  |  |  |  |

（丁）有何特殊狀況，特殊興趣或特殊技能，請列舉於下：

（戊）本人之簽字蓋章：簽字＿＿＿＿＿＿ 蓋章＿＿＿

填寫日期：民國 卅三 年 六 月 九 日

填寫人 詹德祿 代填寫人

第 ⑥ 辑

# 重慶電力股份有限公司

## 職工調查表

編　號　147

姓　名　馮體玟

檢查號　_____

姓名 冯绪坎 别號＿＿＿＿ 籍貫 四川 省 遂 縣黄

出生年月：民國(黄) 六 年 九 月 三十 日現年 二十七 歲

是否黨員 是 黨證號數 赤崇下 是否團員＿＿＿ 團證號數＿＿＿

現在住址 臨 子塔四八号 (＿＿ 區 ＿＿ 鎮 ＿＿ 保 ＿＿ 甲)

固定住址或通訊處 同之

到職年月：民國 三十 年 六 月 十九 日

介紹人姓名 黄大扁 號＿＿ 現年＿＿歲籍貫＿＿省＿＿縣市

職業＿＿＿＿ 住址或通訊處＿＿＿＿ 與本人關係 友誼

得證人姓名＿＿＿＿ 號＿＿ 現年＿＿歲籍貫＿＿省＿＿縣市

職業＿＿＿＿ 現在住址＿＿＿＿＿＿

固定住址或通訊處＿＿＿＿ 與本人關係＿＿＿＿

（甲）家庭狀況：

（一）家長名＿＿＿＿ 號＿＿ 現年＿＿歲係本人之＿＿

職業＿＿＿＿ 住址＿＿＿＿ 每月收入＿＿＿＿

（二）父名 冯野岸 號＿＿ 現年 五十一 歲職業 飛发

住址 萬縣＿＿＿＿ 每月收入 6.000-

母姓名 冯黃秀涵 現年 五十 歲

（三）已否結婚 已婚 配偶姓名 施泳庸 現年 廿五 歲籍貫 四川 省 郫 縣市

（四）子 二 人最長者現年 五 歲最幼者現年 三 歲

現入學校者＿＿＿ 人學校名稱＿＿＿＿

現已服務者＿＿＿ 人處所名稱＿＿＿＿

女＿＿＿ 人最長者現年＿＿ 歲最幼者現年＿＿ 歲

現入學校者＿＿＿ 人學校名稱＿＿＿＿

現已出嫁者＿＿＿ 人

（五）兄弟姊妹：

| 名 | 號 | 本人之 | 年齡 | 婚嫁否 | 職　業 | 住　　址 | 備　考 |
|---|---|---|---|---|---|---|---|
| 妹妹 | | 妹 | 二十四 | 已婚 | 學生 | | |
| 妹妹 | | 妹 | 二十 | 未婚 | | | |
| 妹妹 | | 妹 | 十一 | | | | |

（六）除公司薪給外，本人尚有何種其他收入？　　無

本人每月平均開支：

| 項　　目 | 開 支 金 額 |
|---|---|
| 伙食 | 1000.— |
| 茶水 | 1400.— |
| 其他 | 1000.— |
| 衣服 | 4000.— |
| 其他零用 | 7000.— |
| 總　　計 | |

除去開支後能有積蓄否？　　能剩六拾元可供零用

　　若干

不敷開支時如何彌補？

是否負債？　　　若干

何處借來？

歸還的方法？

（乙）教育及經歷：

（一）曾受何等育教？

| 程　度 | 學校名稱 | 校　址 | 肄業期間 自年月至年月 | 所習科目 | 讀完幾年級 | 離校原因 |
|---|---|---|---|---|---|---|
| 中學 | 廣東省立 廣州第一 中學 | 廣州市 | 一九四六年三月至四八年九月 | 高中 | 三年級 | 畢業 |
| | | | | | | |
| | | | | | | |

附註：請填所受最高級教育之名稱，或接近於所受之最高級教育者，例如高級職業學校
　　　畢業者，可填該高級職業學校，同時，並可填已受過教育之高級中學或初級中學
　　　不識字，粗識字或只識字，并未入過學校者，請填「不識字」「粗識字」或「識字」
（二）在校時最感興趣之科目　　社科文體育

（三）曾在何處服務：

| 機關名稱 | 地址 | 主管人姓名 | 月薪 | 服務期間 自年月至年月 | 離職原因 |
|---|---|---|---|---|---|
| 集義錢莊 | 高村駝鄉 | 李文蔚 | 廿五元 | 自卅九年至卅年來五月 | 因系統來 |
| 某某報 | 富的象街 | 應絡志 | 八百元 | 自卅年至卅年冬 | 入車詞船藝 |
| | | | | | |
| | | | | | |
| | | | | | |
| | | | | | |

（四）經歷中最感興趣之工作 會計

## （丙）業餘生活

（一）每日工作時間：忙時 七 小時，閑時 一 小時
（二）本人最喜歡的娛樂 電影及球賽
（三）公餘經常作何消遣 讀報
（四）曾參加甚麼業餘團體：

| 名稱 | 性質 | 地址 | 主持人 | 何時加入 | 擔任何種職務 |
|---|---|---|---|---|---|
| | | | | | |
| | | | | | |
| | | | | | |
| | | | | | |

（丁）有何特殊狀況，特殊興趣或特殊技能，請列舉於下：

（戊）本人之簽字蓋章：簽字 廷偉段    蓋章

填寫日期：民國 卅三 年 六 月 八 日
填寫人 莫偉珍    代填寫人

# 重慶電力公司職工調查表

| 姓　名 | 馮體政 | 家　庭　狀　況 | | |
|---|---|---|---|---|
| 籍　貫 | 瀘縣 | 父　名 | 馮野莊 | 職業　医 |
| 年　齡 | 卅二歲 | 母　名 | 曹淑芳 | 職　業 |
| 出生年月日民國 前□年九月廿□日 | | 兄弟姊妹 名 | 馮忠 | 職　書 |
| 已否結婚 □婚 子女 二 人 | | 　 號 | | 　 書 |
| 學歷 | 瀘縣之三中學高中部畢業 | 資產 不動產 | | |
| | | 　 動　產 | | |
| | | 家長 通訊處 臨時 | 瀘縣小市中堰街十二號 | |
| 經歷 | 曾任新疆報會計兩年 | 　 永　久 | | |
| | | 介　　紹　　人 | | |
| | | 姓　名 | 黄大庸 | 別　號 |
| | | 籍　貫 | 省 | 市（縣） |
| 擅長種技何能 | | 年　齡 | 歲 職業 | |
| | | 通訊處 | | |
| | | 與本人關係 | | |
| 平日生活情形 | | 保　　證　　人 | | |
| | | 姓　名 | 邱華 | 別　號 |
| | | 籍　貫 | 省 慶 縣（市） | |
| | | 年　齡 | 卅三 歲 | |
| 家庭經濟是否需要本人負担 | 毋負担 | 與本人關係 | 友 | |
| 每月負擔若干 | 全 | 職業及服務機關名稱 | 曾任軍法官 | |
| 到職日期 卅 年 六 月 日 | | 營業種類 | | |
| 永久住址 | 瀘縣小市中堰街十九號 | 開設地點 | | |
| 本人通訊處 臨時 | 十八梯山林別墅 | 通訊處 臨時 | | |
| 　 永　久 | | 　 永　久 | | |

簽名蓋章　　　卅七年十月十三日

# 重慶電力股份有限公司

## 職工調查表

編　號　040

姓　名　鄭忠棠

檢查號　＿＿＿＿＿＿＿

姓名 鄭忠榮 別號＿＿＿＿＿ 籍貫 四川 省 崇慶 縣市

出生年月：民國（歲）四 年 六 月 四 日現年 廿九 歲

是否黨員＿＿＿ 黨證號數 軍黨三七一 是否團員＿＿ 團證號數＿＿

現在住址 中四組 （＿＿區＿＿鎮＿＿保＿＿甲）

固定住址或通訊處 成都梨花街 五七號

到職年月：民國 三十 年 三 月 一 日

介紹人姓名 張儒修 號＿＿＿ 現年 卅八歲籍貫 四川 省 成都 縣市

職業 農業 住址或通訊處 李子壩 與本人關係 友誼

保證人姓名 李樹衢 號＿＿＿ 現年 卅五歲籍貫 四川 省 隆昌 縣市

職業 公務 現在住址 江北海方勤務部政治部

固定住址或通訊處 江北費家花園 與本人關係 親戚

（甲）家庭狀況：

（一）家長名 鄭嗣簧 號＿＿＿ 現年 卅四 歲係本人之 兄

　　　職業 公務 住址 成都梨花街 每月收入＿＿＿

（二）父名 鄭嗣春 號＿＿＿ 現年 七五 歲職業 商

　　　住址 成都梨花街 每月收入＿＿＿

　　　母姓名 李氏 現年 七三

（三）已否結婚 未 配偶姓名＿＿＿ 現年＿＿歲籍貫＿＿省＿＿縣市

（四）子＿＿＿人最長者現年＿＿歲最幼者現年＿＿歲

　　　現入學校者＿＿＿人學校名稱＿＿＿

　　　現已服務者＿＿＿人庭所名稱＿＿＿

　　　女＿＿＿人最長者現年＿＿歲最幼者現年＿＿歲

　　　現入學校者＿＿＿人學校名稱＿＿＿

　　　現已出嫁者＿＿＿人

（五）兄弟姊妹：

| 名 | 號 | 本人之 | 年齡 | 婚嫁否 | 職　業 | 住　　址 | 備　考 |
|---|---|---|---|---|---|---|---|
| 鄭瑞芝 | | 兄 | 卅五 | 已婚 | 政 | 四都 | |
| 鄭嗣燊 | | " | 卅四 | " | " | " | |
| 鄭睿重 | | 弟 | | 未婚 | 郵政 | 樂山 | |
| 鄭嶧榮 | | " | | | 本公司 | 重慶 | |

（六）除公司薪給外，本人尚有何種其他收入？　無

本人每月平均開支：

| 項　　目 | 開支金額 |
|---|---|
| | |
| | |
| | |
| | |
| 總　　計 | |

除去開支後能有積蓄否？　　　　　

　若干　　　　　　　　　　　　

不敷開支時如何彌補？　　　　　

是否負債？　　　　若干

何處借來？　　　　　　

歸還的方法？　　　　　

（乙）教育及經歷：

（一）曾受何等育教？

| 程度 | 學校名稱 | 校　址 | 肄業期間 自年月至年月 | 所習科目 | 讀完幾級年級 | 離校原因 |
|---|---|---|---|---|---|---|
| | 華陽完小 | 夢 | 十六年至十八年 | | | 畢業 |
| | 白都縣中 | " | 十九至廿一年 | | | " |
| | 建國高中 | " | 廿二至 | | | 肄業 |
| | 中央軍校 | 南京後遷西安 | 廿七至廿九年 | | | 畢業 |

附註：請填所受最高級教育之名稱，或接近於所受之最高級教育者，例如高級職業學校
　　畢業者，可填該高級職業學校，同時，並可填已受過教育之高級中學或初級中學
　　，不識字，粗識字或只識字，拼未入過學校者，請填「不識字」「粗識字」或「識字」

（二）在校時最感興趣之科目

88

(三)曾在何處服務：

| 機關名稱 | 地址 | 主管人姓名 | 月薪 | 服務期間 自年月至年月 | 離職原因 |
|---|---|---|---|---|---|
| 別動挺隊 | 重慶 | 康澤 | | 民廿六年至廿七年 | |
| 西安訓堂 | 西安 | 蔣經天 | | 廿八年至卅年三月 | |
| 第三預備師 | 寶鷄 | 周開鸞 | | 廿八年至廿九年五月 | |
| 第六補訓處 訓班 | 重慶 | 園後琴 | | 廿九年至卅年二月 | |
| 軍需校學員班 | 桂林 | 陳良 | | 卅年至卅一年一月 | |
| 軍委會政治部 | 重慶 | 張治中 | | 卅一年至卅年三月 | |

(四)經歷中最感興趣之工作＿＿＿＿＿＿＿＿＿＿＿＿＿＿＿＿＿

(丙)業餘生活

(一)每日工作時間：忙時＿＿＿＿小時，平時＿＿＿＿小時

(二)本人最喜歡的娛樂＿＿＿＿＿＿＿＿＿＿＿＿＿＿＿＿

(三)公餘叙常作何消遣＿＿＿＿＿＿＿＿＿＿＿＿＿＿＿＿

(四)曾參加甚麼業餘團體：

| 名稱 | 性質 | 地址 | 主持人 | 何時加入 | 擔任何種職務 |
|---|---|---|---|---|---|
| | | | | | |
| | | | | | |
| | | | | | |
| | | | | | |

(丁)有何特殊狀況，特殊興趣戓特殊技能，請列舉於下：

(戊)本人之簽字蓋章：簽字 鄭志榮 蓋章＿＿＿＿＿

填寫日期：民國 33 年 6 月 8 日

填寫人＿＿＿＿＿＿＿＿＿＿代填寫人＿＿＿＿＿＿＿＿

## 重慶電力公司職工調查表

90

| 姓名 | 鄭忠孝 | 家 庭 狀 況 | | |
|---|---|---|---|---|
| 籍貫 | 梁靈縣 | 父名 | 樹棠 | 職業 閑 |
| 年齡 | 卅五 | 母名 | 李氏 | |
| 出生年月日 民國前二年六月四日 | | 兄名 | 鄭瑞芝 | 職業 |
| 已否結婚 已 子女 人 人 | | 弟 | 澗茬 | 軍政 |
| | | 姊 | 寄重 | 郵政 |
| 學歷 | 建國高中及中央軍校軍業 四川大學肄業 | 妹 | 樂茉 | |
| | | 資產 | 不動產 壹萬之 | |
| | | | 動產 貳件之 | |
| 經歷 | 曾任隊長及軍事教官政 治指導長及科長等職 | 家長通訊處 | 臨時 成都南大街廿五號 | |
| | | | 永久 成都青羊宮沙壩鄭宅 | |
| 擅長技能何形 | | 介 紹 人 | | |
| | | 姓名 張嶋修 別號 | | |
| | | 籍貫 四川 省 成都 市(縣) | | |
| | | 年齡 四十 歲 職業 | | |
| | | 通訊處 成都石馬巷 | | |
| 平日生活情形 | | 與本人關係 查誼 | | |
| | | 保 證 人 | | |
| | | 姓名 李國棟 別號 | | |
| | | 籍貫 四川 省 成都 縣(市) | | |
| | | 年齡 卅二 歲 | | |
| 家庭經濟是否需要本人負担 | | 與本人關係 親戚 | | |
| 每月負擔若干 | | 職業及服務機關名稱 民生公司 | | |
| 到聽日期 參拾年 參月 日 | | 營業種類 航業 | | |
| 永久住址 成都青羊場沙壩 | | 開設地點 道門口 | | |
| 本人通訊處 | 臨時 本公司 | 通訊處 | 臨時 道門口民生公司編審課 |
| | 永久 成都青羊場沙壩鄭宅 | | 永久 南岸民生新村宿舍 |

簽名蓋章　　卅七 年 10 月 7 日

用戶股

115

重慶電力股份有限公司

職工調查表

編　號　_219_

姓　名　李培陽_

檢查號　_____

116

姓名 李培陽 別號_____ 籍貫 山西 省 陽高 縣

出生年月：民國(清) 三 年 十 月二十四日現年 三十一 歲

是否黨員___ 黨證號數_____ 是否團員___ 團證號數_____

現在住址 由□□與華世澤 區___ 鎮___ 保___ 甲

固定住址或通訊處_____

到職工年月：民國 三十 年 十 月_____ 日

介紹人姓名 金幼璞 號_____ 現年 三十二 歲籍貫 湖南 省_____ 縣市

職業_____ 住址或通訊處 郵政局信箱32 與本人關係 友

保證人姓名 新妹机 號_____ 現年___ 歲籍貫___ 省_____ 縣市

職業_____ 現在住址 乾陽老特三号

固定住址或通訊處_____ 與本人關係 友

（甲）家庭狀況：

（一）家長名 李蕙丞 號_____ 現年 五十四 歲係本人之 父

職業_____ 住址_____ 每月收入_____

（二）父名 李蕙丞 號_____ 現年 五十四 歲職業_____

住址_____ 每月收入_____

母姓名 趙氏(已故) 現年_____

（三）已否結婚_____ 配偶姓名_____ 現年___ 歲籍貫___ 省___ 縣市

（四）子___ 人最長者現年___ 歲最幼者現年___ 歲

現入學校者___ 人學校名稱_____

見已服務者___ 人處所名稱_____

女___ 人最長者現年___ 歲最幼者現年___ 歲

現入學校者___ 人學校名稱_____

現已出嫁者___ 人

（五）兄弟姊妹

| 名 | 號 | 本人之 | 年齡 | 婚嫁否 | 職　業 | 住　　址 | 備　考 |
|---|---|---|---|---|---|---|---|
| 無 | | | | | | | |
| | | | | | | | |
| | | | | | | | |
| | | | | | | | |
| | | | | | | | |

（六）除公司薪給外，本人尚有何種其他收入？　　無

本人每月平均開支：

| 項　　　目 | 開支金額 | |
|---|---|---|
| 伙食 | #4000 | 除去開支後能有積蓄否？　　無 |
| 縫製衣物 | 5000 | 若干 |
| 房子州費用 | 7,000 | 不敷開支時如何彌補？ |
| | | |
| | | 是否負債？　　　若干？ |
| | | 何處借來？ |
| 總　　　計 | #16,000 | 歸還的方法 |

（乙）教育及經歷：

（一）曾受何等言教？

| 程　度 | 學校名稱 | 校　址 | 肄業期間 自年月至年月 | 所習科目 | 讀完幾年級 | 離校原因 |
|---|---|---|---|---|---|---|
| 小學 | 陽高縣立小學 | 陽高 | | | | |
| 中學 | 北平市立一中 | 北平 | | | | |
| 大學 | 北平大學工學院 | 北平 | | | | |

附註：請填所受最高級教育之名稱，或接近於所受之最高級教育者，例如高級職業學校
　　畢業者，可填該高級職業學校，同時，並可填已受過教育之高級中學或初級中學
　　，不識字，粗識字或只識字，甚未入過學校者，請填「不識字」「粗識字」或「識字」
（二）在校時最感興趣之科目　　工程

(三)曾在何處服務：

118

| 機關名稱 | 地 址 | 主管人姓名 | 月 薪 | 服 務 期 間<br>自 年 月 至 年 月 | 離職原因 |
|---|---|---|---|---|---|
| 中國實業公司電政部電信處 | 重庆<br>〃〃 | | #150<br>#80 | | 請辭<br>〃〃 |
| | | | | | |
| | | | | | |
| | | | | | |
| | | | | | |

(四)經歷中最感興趣之工作 _____

(丙)業餘生活

(一)每日工作時間：忙時 _____ 小時，平時 _____ 小時
(二)本人最喜歡的娛樂 電影話劇爬山游泳
(三)公餘經常作何消遣 _____
(四)曾參加甚麼業餘團體：

| 名 稱 | 性 質 | 地 址 | 主持人 | 何時加入 | 擔任何種職務 |
|---|---|---|---|---|---|
| | | | | | |
| | | | | | |
| | | | | | |

(丁)有何特殊狀況，特殊興趣或特殊技能，請列舉於下：

(戊)本人之簽字蓋章：簽字 李境陽 蓋章

填寫日期：民國三十三 年 六 月 十 日

填寫人 _____ 代填寫人 _____

重庆电力股份有限公司一九四二年入职职工（一九四四年六月十日）　0219-1-29　0219-1-30　0219-1-31

簿記股

53

# 重慶電力股份有限公司

## 職工調查表

編　號　_098_

姓　名　徐自樺

檢查號　＿＿＿＿＿＿

54

姓名 徐自律 别號 ____ 籍貫 四川 省 璧山 縣市

出生年月：民國（前） 元 年 十 月 21 日 現年 36 歲

是否黨員 ____ 黨證號數 ____ 是否團員 ____ 團證號數 ____

現在住址 本公司 （____ 區 ____ 鎮 保 甲）

固定住址或通訊處 璧山東街27號

到職年月：民國 31 年 七 月 12 日

介紹人姓名 劉德惠 號 ____ 現年 27 歲 籍貫 四川 省 巴 縣市

職業 ____ 住址或通訊處 中四路一○○號 與本人關係 太

得證人姓名 ____ 號 ____ 現年 ____ 歲 籍貫 ____ 省 ____ 縣市

職業 ____ 現在住址 ____

固定住址或通訊處 ____ 與本人關係 ____

## （甲）家庭狀況：

（一）家長名 ____ 號 ____ 現年 ____ 歲係本人之 ____

職業 ____ 住址 ____ 每月收入 ____

（二）父名 ____ 號 ____ 現年 ____ 歲職業 ____

住址 ____ 每月收入 ____

母姓名 ____ 現年 ____ 歲

（三）已否結婚 已婚 配偶姓名 伍朝芳 現年 34 歲籍貫 四川 省 璧山 縣市

（四）子 ____ 人最長者現年 ____ 歲最幼者現年 ____ 歲

現入學校者 ____ 人學校名稱 ____

現已服務者 ____ 人處所名稱 ____

女 ____ 人最長者現年 ____ 歲最幼者現年 ____ 歲

現入學校者 ____ 人學校名稱 ____

現已出嫁者 ____ 人

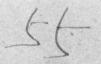

（五）兄弟姊妹：

| 名 | 號 | 本人之 | 年齡 | 婚嫁否 | 職 業 | 住 址 | 備 考 |
|---|---|---|---|---|---|---|---|
|  |  |  |  |  |  |  |  |
|  |  |  |  |  |  |  |  |
|  |  |  |  |  |  |  |  |
|  |  |  |  |  |  |  |  |
|  |  |  |  |  |  |  |  |

（六）除公司薪給外，本人尚有何種其他收入？＿＿＿＿＿＿＿＿＿＿＿

　　　本人每月平均開支：

| 項 目 | 開 支 金 額 |
|---|---|
| 食 費 | $7600.00 |
| 服 裝 費 | $2800.00 |
| 襪 費 | $3200.00 |
| 其 他 費 | $2500.00 |
| 總 計 | $18100.00 |

除去開支後能有積蓄否？沒有

若干＿＿＿＿＿＿＿

不敷開支時如何彌補？借貸

是否負債？負債 若干 伍仟餘元

何處借來？親戚朋友

歸還的方法？拖延拖延

（乙）教育及經歷：

（一）曾受何等青教？

| 程 度 | 學校名稱 | 校 址 | 肄 業 期 間 自 年 月 至 年 月 | 所習科目 | 讀完幾年級 | 離校原因 |
|---|---|---|---|---|---|---|
|  |  |  |  |  |  |  |
|  |  |  |  |  |  |  |
|  |  |  |  |  |  |  |

附註：請填所受最高級教育之名稱，或後近於所受之最高級教育者，例如高級職業學校
　　　畢業者，可填該高級職業學校，同時，並可填已受過教育之高級中學或初級中學
　　　，不識字，粗識字或只識字，并未入過學校者，請填「不識字」「粗識字」或「識字」

（二）在校時最感興趣之科目＿＿＿＿＿＿＿＿＿＿＿＿＿＿＿＿＿＿＿＿

56

(三)曾在何處服務：

| 機關名稱 | 地 址 | 主管人姓名 | 月薪 | 服 務 期 間<br>自 年 月 至 年 月 | 離職原因 |
|---|---|---|---|---|---|
|  |  |  |  |  |  |
|  |  |  |  |  |  |
|  |  |  |  |  |  |
|  |  |  |  |  |  |
|  |  |  |  |  |  |
|  |  |  |  |  |  |

(四)經歷中最感興趣之工作 _____

— (丙) 業餘生活

(一)每日工作時間：忙時 8 小時，平時 8 小時

(二)本人最喜歡的娛樂 _____

(三)公餘經常作何消遣 _____

(四)曾參加甚麼業餘團體：

| 名 稱 | 性 質 | 地 址 | 主持人 | 何時加入 | 擔任何種職務 |
|---|---|---|---|---|---|
|  |  |  |  |  |  |
|  |  |  |  |  |  |
|  |  |  |  |  |  |
|  |  |  |  |  |  |

(丁)有何特殊狀況，特殊興趣或特殊技能，請列舉於下：

(戊)本人之簽字蓋章：簽字 徐有律 蓋章

填寫日期：民國 33 年 6 月 9 日

填寫人 _____ 代填寫人 _____

簿記股

61

重慶電力股份有限公司

職工調查表

編　號　　102

姓　名　冷榮壽

檢查號　＿＿＿＿＿

61

姓名 冷荣喜 别號_____ 籍貫 四川 省 巴 縣市

出生年月：民國（齊）五 年 十二 月 十七 日現年 廿八 歲

是否黨員_____ 黨證號數_____ 是否團員_____ 團證號數_____

現在住址 公司供雀 巴縣馬王鄉（____區____鎮____保 甲）

固定住址或通訊處 巴縣馬王鄉_____

到職工年月：民國 三十一 年 九 月 一 日

介紹人姓名 堂技介紹 號_____ 現年____歲籍貫____省____縣市

職業_____ 住址或通訊處_____ 與本人關係_____

保證人姓名_____ 號_____ 現年____歲籍貫____省____縣市

職業_____ 現在住址_____

固定住址或通訊處_____ 與本人關係_____

（甲）家庭狀況：

　　（一）家長名_____ 號_____ 現年____歲係本人之_____

　　　　職業_____ 住址_____ 每月收入_____

　　（二）父名 巳故 號_____ 現年____歲職業_____

　　　　住址_____ 每月收入_____

　　　　母姓名 冷郭氏 現年 六十 歲

　　（三）巳否結婚 未 配偶姓名_____ 現年____歲籍貫____省____縣市

　　（四）子____人最長者現年____歲最幼者現年____歲

　　　　現入學校者____人學校名稱_____

　　　　現巳服務者____人處所名稱_____

　　　　女____人最長者現年____歲最幼者現年____歲

　　　　現入學校者____人學校者稱_____

　　　　現巳出嫁者____人

63

（五）兄弟姊妹：

| 名　號 | 本人之 | 年齡 | 婚嫁否 | 職　業 | 住　址 | 備　考 |
|---|---|---|---|---|---|---|
| 冷伯鈞 | 兄 | | 婚 | 農 | 巴縣馬王鄉 | 已分居 |
| 冷康寧 | 兄 | | | 農 | 本市石橋鎮 | |
| 冷榮情 | 姊 | | 嫁 | 農 | 本市石橋鎮 | |

（六）除公司薪給外，本人尚有何種其他收入？　無

本人每月平均開支：

| 項　目 | 開支金額 |
|---|---|
| 伙　食 | ＄4,500元 |
| 醫　洗 | 400元 |
| 住 | 1,000元 |
| 雜　項 | 4,000元 |
| 日常用品 | 3,000元 |
| 總　計 | ＄12,800元 |

除去開支後能有積蓄否？　無
若干
不敷開支時如何彌補？　負債

是否負債？　負債　若干＄4,000元
何處借來？　親戚
歸還的方法？

（乙）教育及經歷：

（一）曾受何等育教？

| 程　度 | 學校名稱 | 校　址 | 肄業期間<br>自年月至年月 | 所習科目 | 讀完幾年級 | 離校原因 |
|---|---|---|---|---|---|---|
| 中學 | 省立高商校 | 巴縣馬王鄉 | 28年至31年 | 會計學科 | 畢業 | |

附註：請填所受最高級教育之名稱，或接近於所受之最高級教育者，例如高級職業學校
　　畢業者，可填該高級職業學校，同時，並可填已受過教育之高級中學或初級中學
　　，不識字，粗識字或只識字，拜未入過學校者，請填「不識字」「粗識字」或「識字」
（二）在校時最感興趣之科目　會計學科

（三）曾在何處服務：

| 機關名稱 | 地　址 | 主管人姓名 | 月薪 | 服務期間 自年月至年月 | 離職原因 |
|---|---|---|---|---|---|
|  |  |  |  |  |  |
|  |  |  |  |  |  |
|  |  |  |  |  |  |
|  |  |  |  |  |  |
|  |  |  |  |  |  |

（四）經歷中最感興趣之工作 _____

### （丙）業餘生活

（一）每日工作時間：忙時 _8_ 小時，平時 _8_ 小時

（二）本人最喜歡的娛樂 _____

（三）公餘經常作何消遣 吃清茶

（四）曾參加甚麼業餘團體：

| 名　稱 | 性　質 | 地　址 | 主持人 | 何時加入 | 擔任何種職務 |
|---|---|---|---|---|---|
|  |  |  |  |  |  |
|  |  |  |  |  |  |
|  |  |  |  |  |  |
|  |  |  |  |  |  |

（丁）有何特殊狀況，特殊興趣或特殊技能，請列舉於下：

（戊）本人之簽字蓋章：簽字 冷華嘉　　蓋章

填寫日期：民國 _33_ 年 _6_ 月 _10_ 日

填寫人　　　　　　代填寫人

簿 記 股

72

重慶電力股份有限公司

## 職工調查表

編　號　104

姓　名　王榮楳

檢查號

姓名 王荣瑞 别号 仲钦 籍贯 四川 省 荣昌 縣市

出生年月：民国（前）10 年 三 月 8 日現年 23 歲

是否黨員 黨證號數　　　是否團員 團證號數

現在住址 人利号公司宿舍（　區　鎮　保　甲）

固定住址或通訊處 荣昌盤龍镇

到職年月：民国 31 年 1 月 3 日

介紹人姓名 黄大庸 號　　　現年　歲籍貫 四川 省 犍为 縣市

職業　　　住址或通訊處　　　與本人關係

保證人姓名 陳步庸 號 一 現年 60 歲籍貫 四 川 省 巴 縣市

職業 商 現在住址 南岸上隆茂法加弄王家院内

固定住址或通訊處 仝前 與本人關係 親會

（甲）家庭狀況：

(一) 家長名　　　號　　　現年　　　歲係本人之

　　職業　　　住址　　　每月收入

(二) 父名 王伯琴 號尊余 現年 60 歲職業 賦閑

　　住址 荣昌盤龍镇　　　每月收入

　　母姓名 王陳竹筠 現年 60 歲

(三) 已否結婚 已婚 配偶姓名 黄素蘭 現年 24 歲籍貫 四川 省 大足 縣市

(四) 子　　　人最長者現年　　　歲最幼者現年　　　歲

　　現入學校者　　　人學校名稱

　　現已服務者　　　人處所名稱

　　女　　　人最長者現年　　　歲最幼者現年　　　歲

　　現入學校者　　　人學校名稱

　　現已出嫁者　　　人

74

（五）兄弟姊妹：

| 名號 | | 本人之稱謂 | 年齡 | 婚嫁否 | 職業 | 住址 | 備考 |
|---|---|---|---|---|---|---|---|
| 王榮琢 | 竟成 | 兄 | 30 | 婚 | 醫 | 合川衛生院 | 已分居 |
| 王榮厚 | 蔭梧 | 姐 | 36 | 未 | 學 | 榮昌聖龍鎮 | 依教書 |
| 王榮連 | | 妹 | 20 | 未 | 學 | 柿以埠鎮者姚城 | 唸書 |
| 王榮珂 | | 妹 | 10 | 未 | 學 | 榮昌聖龍鎮 | 唸書 |
| 王榮琳 | | 弟 | 8 | 未 | 學 | 仝上 | 仝上 |

（六）除公司薪給外，本人尚有何種其他收入？　無

本人每月平均開支：

| 項目 | 開支金額 |
|---|---|
| 伙食 | $6,000. |
| 家庭負擔 | $4,000. |
| 樣支 | $2,000. |
| 木林 | $2,000. |
| 特別開支 | $2,000. |
| 總計 | $16,000. |

除去開支後能有積蓄否？　無
若干　尚不數$6,000
不數開支時如何彌補？　借貸

是否負債？　負債　若干$6,000
何處借來？　親友處
歸還的方法？　縮減開支或借貸

（乙）教育及經歷：

（一）曾受何等育教？

| 程度 | 學校名稱 | 校址 | 肄業期間 自年月至年月 | 所習科目 | 讀完幾級年級 | 離校原因 |
|---|---|---|---|---|---|---|
| 普高 | 協合 | 成都 | 28——29 | | 一年級 | 放學費供給 |
| 商高 | 志成 | 成都 | ？——30 | 會計 | 一年級 | 工作 |

附註：請填所受最高級教育之名稱，或接近於所受之最高級教育者，例如高級職業學校畢業者，可填該高級職業學校，同時，並可填已受過教育之高級中學或初級中學，不識字，粗識字或只識字，并未入過學校者，請填「不識字」「粗識字」或「識字」

（二）在校時最感興趣之科目

(三)曾在何處服務：

| 機關名稱 | 地　址 | 主管人姓名 | 月薪 | 服務期間 自　年　月至　年　月 | 離職原因 |
|---|---|---|---|---|---|
| | | | | | |
| | | | | | |
| | | | | | |
| | | | | | |
| | | | | | |

(四)經歷中最感興趣之工作

(丙) 業餘生活

(一)每日工作時間：忙時 **3** 小時，平時 **2** 小時

(二)本人最喜歡的娛樂 戲劇

(三)公餘經常作何消遣 飲茶，閱讀書報，遊街，

(四)曾參加甚麼業餘團體：

| 名　稱 | 性質 | 地　址 | 主持人 | 何時加入 | 擔任何種職務 |
|---|---|---|---|---|---|
| | | | | | |
| | | | | | |
| | | | | | |

(丁) 有何特殊狀況，特殊興趣或特殊技能，請列舉於下

(戊) 本人之簽字蓋章：簽字　　　　　蓋章

填寫日期：民國 **33** 年 **6** 月 **9** 日

填寫人 王葉珠 　代填寫人

# 重慶電力公司職工調查表

71

| 姓名 | 王榮琛 | 家 庭 狀 況 | | |
|---|---|---|---|---|
| 籍貫 | 四川榮昌 | 父 名 | 伯琴 | 職業 |
| 年齡 | 二十七 | 母 名 | 竹筠 | |
| 出生年月日 民國前十年七月八日 | | 兄名弟姊 | 章戊 | 職 醫生 |
| 已否結婚 已婚 子 乙 人 女 乙 人 | | | 榮琳 | 學 |
| | | | 榮夏 | 學 |
| 學歷 | 成都志城商校畢業 | 妹 姊 | 榮捷 榮珂 | 業 學 學 |
| | | 資產 | 不動產 | |
| 經歷 | | | 動產 | |
| | | 家長通訊處 | 臨時 | 榮昌盤龍鎮 |
| | | | 永久 | 仝上 |
| | | 介 紹 人 | | |
| 擅長何種技能 | 會計 | 姓名 | 黃太庸 | 別號 |
| | | 籍貫 | 四川 省 健為 市(縣) |
| 平日生活情形 | | 年齡 | 歲 職業 |
| | | 通訊處 | 健為 |
| | | 與本人關係 | 師生 |
| | | 保 證 人 | | |
| | | 姓名 | 郭萊老 | 別號 |
| | | 籍貫 | 四川 省 大足 縣(市) |
| 家庭經濟是否需要本人負担 | 完全負担 | 年齡 | 五十 歲 |
| | | 與本人關係 | 友誼 |
| 每月負擔若干 | 金圓壹佰壹拾元 | 職業及服務機關名稱 | |
| 到職日期 | 三十一年四月一日 | 營業種類 | 乾菜 |
| 永久住址 | 榮昌縣龍鎮 | 開設地點 | 大陽海九拱洲 |
| 本人通訊處 | 臨時 | 車干郵局巷口佰壹 | 通訊處 | 臨時 | 仝上 |
| | 永久 | 榮昌盤龍鎮 | | 永久 | 大足詠水鎮郵附 |

簽名蓋章　　　　年　月　日

簿記股

81

# 重慶電力股份有限公司

## 職工調查表

編　號　　103

姓　名　童伯俊

檢查號

82

姓名 韋詢偃　別號　　　　籍貫 四川 省 彭 縣市

出生年月：民國（前）6 年 8 月 9 日現年 49 歲

是否黨員　　　黨證號數　　　是否團員　　　團證號數

現在住址 中四路 100 號（　　　區　　　鎮　　　保　　　甲）

固定住址或通訊處 彭長小北街 60 號

到職年月：民國 31 年 1 月 6 日

介紹人姓名 黄光席　號 緩緞　現年　　　歲籍貫 四川 省 犍為 縣市

職業 會計副科長　住址或通訊處 繅公司　　與本人關係 師生

保證人姓名　　　號　　　現年　　　歲籍貫　　　省　　　縣市

職業　　　　現在住址

固定住址或通訊處　　　　與本人關係

（甲）家庭狀況：

（一）家長名 韋戊廷　號 叔貴　現年 49 歲係本人之 伯父

　　　職業 學　　住址　　　　每月收入

（二）父名　　　號　　　現年　　　歲職業

　　　住址　　　　每月收入

　　　母姓名 何淑蘭　現年 68 歲

（三）已否結婚 已　配偶姓名 劉惠君　現年 46 歲籍貫 四川 省 成都 縣市

（四）子　　　人最長者現年　　　歲最幼者現年　　　歲

　　　現入學校者　　　人學校名稱

　　　現已服務者　　　人處所名稱

　　　女　　　人最長者現年　　　歲最幼者現年　　　歲

　　　現入學校者　　　人學校名稱

　　　現已出嫁者　　　人

83

(五)兄弟姊妹：

| 名 | 號 | 本人之 | 年齡 | 婚嫁否 | 職 業 | 住 址 | 備 考 |
|---|---|---|---|---|---|---|---|
| | | | | | | | |
| | | | | | | | |
| | | | | | | | |
| | | | | | | | |
| | | | | | | | |

(六)除公司薪給外，本人尚有何種其他收入？　　無

本人每月平均開支：

| 項 目 | 開 支 金 額 |
|---|---|
| 伙 食 | $6600. |
| 房 租 | $800. |
| 特 別 開 支 | $2,000. |
| 其 他 費 用 | $6,000. |
| 日常用品 | $1,000. |
| 總 計 | $13300. |

除去開支後能有積蓄否？　無
　　若干
不敷開支時如何彌補？　負債

是否負責？　另借負債　若干　6,000
何處借來？　親友
歸還的方法？　借甲還乙借丙還乙已敷錄未

(乙)教育及經歷：

(一)曾受何等教育？

| 程 度 | 學校名稱 | 校 址 | 肄業期間 自 年 月 至 年 月 | 所習科目 | 讀完幾年級 | 離校原因 |
|---|---|---|---|---|---|---|
| 高級 | 成都立 | 城高商校 | | 會計 | 三年 | 畢業 |
| | | | | | | |
| | | | | | | |

附註：請填所受最高級教育之名稱，或接近於所受之最高級教育者，例如高級職業學
　　　畢業者，可填該高級職業學校，同時，並可填已受過教育之高級中學或
　　　，不識字，粗識字或只識字，并未入過學校者，請填「不識字」「粗識

(二)在校時最感興趣之科目　運動

（三）曾在何處服務：

| 機關名稱 | 地　址 | 主管人姓名 | 月薪 | 服務期間 自　年　月至　年　月 | 離職原因 |
|---|---|---|---|---|---|
|  |  |  |  |  |  |
|  |  |  |  |  |  |
|  |  |  |  |  |  |
|  |  |  |  |  |  |
|  |  |  |  |  |  |
|  |  |  |  |  |  |

（四）經歷中最感興趣之工作 _____

## （丙）業餘生活

（一）每日工作時間：　忙時 *陆* 小時，平時 *三* 小時

（二）本人最喜歡的娛樂 *影戲*

（三）公餘經常作何消遣 *運動及看雜誌*

（四）曾參加甚麼業餘團體：

| 名　　　稱 | 性質 | 地　址 | 主持人 | 何時加入 | 担任何種職務 |
|---|---|---|---|---|---|
|  |  |  |  |  |  |
|  |  |  |  |  |  |
|  |  |  |  |  |  |

（丁）有何特殊狀況、特殊興趣或特殊技能，請列舉於下：

（戊）本人之簽字蓋章：簽字 *李伯俊* 　蓋章 *李伯俊*

填寫日期：民國 *卅七* 年 *6* 月 *12* 日

填寫人 *李伯俊* 　代填寫人 _____

用戶股

# 重慶電力股份有限公司

## 職工調查表

編　號　223

姓　名　任培江

檢查號

137

姓名 任培江 别号_____ 籍贯 四川 省 南充 县市

出生年月：民国（前） 8 年 了 月 28 日现年 26 岁

是否党员_____ 党證號數_____ 是否團員_____ 團證號數_____

現在住址 人和塲（ 區 鎮 保 甲）

固定住址或通訊處 南充金寶塲

到職年月：民國 31 年 了 月 28 日

介紹人姓名 范亮明 號_____ 現年____歲籍貫 四川 省 桩研 縣市

職業 工 住址或通訊處 重慶自來水公司 與本人關係 師生

得證人姓名 韋明牛 號_____ 現年____歲籍貫 江蘇 省 武進 縣市

職業 工 現在住址 孝禾農民銀行總行

固定住址或通訊處_____ 與本人關係 師生

（甲）家庭狀況：

（一）家長名 任南周 號_____ 現年 六十 歲係本人之 父子

職業 農 住址 南充金寶塲 每月收入 未定

（二）父名_____ 號_____ 現年____歲職業_____

住址_____ 每月收入_____

母姓名_____ 現年 六十

（三）已否結婚_____ 配偶姓名 張靜梅 現年 廿一 歲籍貫 四川 省 西充 縣市

（四）子 一 人最長者現年 一 歲最幼者現年____歲

現入學校者_____ 人學校名稱_____

現已服務者_____ 人處所名稱_____

女_____ 人最長者現年____歲最幼者現年____歲

現入學校者_____ 人學校名稱_____

現已出嫁者_____ 人

（五）兄弟姊妹：

| 名　　號 | 本人之年齡 | 婚嫁否 | 職　　業 | 住　　址 | 備　考 |
|---|---|---|---|---|---|
| 汪柏珊 | | | | | |
| 汪培浚 拍康 | 中 女多 | 未 | 讀書 | 南充建華中学 | |
| 汪培葦 | 十六 | 〃 | 〃 | 南充城中 | |

（六）除公司薪給外，本人尚有何種其他收入？　　無

本人每月平均開支：

| 項　　目 | 開　支　金　額 |
|---|---|
| 衣 物 | $3500.00 |
| 伙 食 | $1000.00 |
| 雜 費 | $500.00 |
| 奉 糧 | $800.00 |
| 書報娛樂 | $2000.00 |
| 總　計 | $12800.00 |

除去開支後能有積蓄否？　無

若干　

不敷開支時如何彌補？　借債

是否員債？　是　若干？　$28000.00

何處借來？　友

歸還的方法　無着

（乙）教育及經歷：

（一）曾受何等育教？

| 程　度 | 學校名稱 | 校　址 | 肄業期間 自年月至年月 | 所習科目 | 讀完幾年級 | 離校原因 |
|---|---|---|---|---|---|---|
| 高中 | 四川省立成都郊外高級工業職業学 | 成都郊外 | 2年3月至7年12月 | 電機科 | 三年級 | 畢業 |

附註：請填所受最高級教育之名稱，或接近於所受之最高級教育者，例如高級職業學校
畢業者，可填該高級職業學校，同時，並可填已受過教育之高級中學或初級中學
，不識字，祇識字或只識字，并未入過學校者，請填「不識字」「祇識字」或「識字」

（二）在校時或感興趣之科目　物理，數學．

139

（三）曾在何處服務：

| 機關名稱 | 地址 | 主管人姓名 | 月薪 | 服務時期自 月至 月 | 離職原因 |
|---|---|---|---|---|---|
| 國際电台交通部 | 成都到南廳宗灣 | 858 | 30年1月至30年6月 | 受年词钰四康工作 |  |
| 西昌电台 | 西康.西昌到城 | 968 | 30年3月经辞羽 | 因病 |  |
|  |  |  |  |  |  |
|  |  |  |  |  |  |

（四）經歷中最感興趣之工作　實際工作

（丙）業餘生活

（一）每日工作時間：忙時　　小時，平時　　小時
（二）本人最喜歡的娛樂　电影
（三）公餘紅常作何消遣　电影 数外放寺, 读書.
（四）曾參加甚麼業餘團體：

| 名 稱 | 性 質 | 地 址 | 主持人 | 何時加入 | 擔任何種職務 |
|---|---|---|---|---|---|
|  |  |  |  |  |  |
|  |  |  |  |  |  |
|  |  |  |  |  |  |

（丁）有何特殊狀況，特殊興趣或特殊技能，請列舉於下：

（戊）本人之簽字蓋章：簽字　任培江　蓋章

填寫日期：民國　33　年　6　月　12　日

填寫人　任培江　代填寫人

24

姓名 張德蜜 別號 _____ 籍貫 四 川 省 富 順 縣市

出生年月：民國(前) 一 年 九 月 二五 日現年 三 四 歲

是否黨員 _____ 黨證號數 _____ 是否團員 _____ 團證號數 _____

現在住址 電力總公司 ( ____ 區 ____ 鎮 保 ____ 甲 )

固定住址或通訊處 _____

到職年月：民國 三 二 年 六 月 一 日

介紹人姓名 王照興 號 _____ 現年 四〇 歲籍貫 湖 北 省 _____ 縣市

職業 _____ 住址或通訊處 _____ 與本人關係 _____

保證人姓名 田述書 號 _____ 現年 五六 歲籍貫 四 川 省 巴 縣 縣市

職業 營業 現在住址 _____

固定住址或通訊處 _____ 與本人關係 _____

（甲）家庭狀況：

(一)家長名 張先登 號 _____ 現年 六〇 歲係本人之 父

職業 高 住址 四川省富順縣 每月收入 _____

(二)父名 _____ 號 _____ 現年 _____ 歲職業 _____

住址 _____ 每月收入 _____

母姓名 張簡氏 現年 五五 歲

(三)已否結婚 已婚 配偶姓名 張李素貞 現年 二八 歲籍貫 四川省富順縣市

(四)子 一 人最長者現年 八 歲最幼者現年 _____ 歲

現入學者 一 人學校名稱 保民校

現已服務者 _____ 人處所名稱 _____

女 二 人最長者現年 一〇 歲最幼者現年 六 歲

現入學者 一 人學校名稱 保民校

現已出嫁者 _____ 人

（五）兄弟姊妹：

| 名　號 | 本人之 | 年齡 | 婚嫁否 | 職　業 | 住　址 | 備　考 |
|---|---|---|---|---|---|---|
| | | | | | | |
| | | | | | | |
| | | | | | | |
| | | | | | | |
| | | | | | | |

（六）除公司薪給外，本人尚有何種其他收入？

本人每月平均開支：

| 項　目 | 開支金額 |
|---|---|
| 本公司伙食 | 1500元 |
| 零　費 | 2500元 |
| 各項開支 | 4000元 |
| | |
| 總　計 | 8000元 |

除去開支後能有積蓄否？

　若干

不敷開支時如何彌補？

是否負債？　　　若干

　何處借來？

　歸還的方法？

（乙）教育及經歷：

（一）曾受何等教育？

| 程　度 | 學校名稱 | 校　址 | 肄業期間 自 年 月至 年 月 | 所習科目 | 讀完幾年級 | 離校原因 |
|---|---|---|---|---|---|---|
| | | | | | | |
| | | | | | | |
| | | | | | | |

附註：請填所受最高級教育之名稱，或接近於所受之最高級教育者，例如高級職業學校
　　畢業者，可填該高級職業學校，同時，並可填已受過教育之高級中學或初級中學
　　，不識字，粗識字或只識字，并未入過學校者，請填「不識字」「粗識字」或「識字」

（二）在校時最感興趣之科目

26

(三)曾在何處服務：

| 機關名稱 | 地 址 | 主管人姓名 | 月 薪 | 服 務 期 間<br>自 年 月 至 年 月 | 離 職 原 因 |
|---|---|---|---|---|---|
|  |  |  |  |  |  |
|  |  |  |  |  |  |
|  |  |  |  |  |  |
|  |  |  |  |  |  |
|  |  |  |  |  |  |

(四)經歷中最感興趣之工作 _____

## （丙）業餘生活

(一)每日工作時間：忙時 十二 小時，平時 十 小時

(二)本人最喜歡的娛樂 _____

(三)公餘經常作何消遣 _____

(四)曾參加甚麼業餘團體：

| 名 稱 | 性 質 | 地 址 | 主持人 | 何時加入 | 担任何種職務 |
|---|---|---|---|---|---|
|  |  |  |  |  |  |
|  |  |  |  |  |  |
|  |  |  |  |  |  |
|  |  |  |  |  |  |
|  |  |  |  |  |  |

（丁）有何特殊狀況：特殊興趣或特殊技能，請列舉於下：

（戊）本人之簽字蓋章：簽字 張 德 安 蓋章

填寫日期：民國 二三 年 六 月 一四 日

填寫人　　　　　　　代填寫人

27

重慶電力股份有限公司

# 職工調查表

編　號　272

姓　名　盧惠鏗

檢查號

28

姓名 盧惠鈺 別號 ____ 籍貫 廣東 省 中山 縣市

出生年月：民國（前） 六 年 四 月 廿四 日 現年 廿七 歲

是否黨員 ____ 黨證號數 ____ 是否團員 ____ 團證號數 ____

現在住址 蕾家巷25、 區 ____ 鎮 ____ 保 ____ 甲

固定住址或通訊處 仝上

到職工年月：民國 卅二 年 十二 月 ____ 日

介紹人姓名 古成伯寅 別號 ____ 現年 50 歲籍貫 四川 省 廣安 縣市

職業 ____ 住址或通訊處 華西公司 與本人間係 胡公舊屬

保證人姓名 毅大晓 別號 ____ 現年 33 歲籍貫 湖南 省 長沙 縣市

職業 華西公司秘書 現在住址 牛角沱華西公司

固定住址或通訊處 仝上 與本人間係 友誼

（甲）家庭狀況：

（一）家長名 唐少瓊 號 ____ 現年 52 歲係本人之 母子

職業 ____ 住址 蕾家巷25 每月收入 ____

（二）父名 ____ 號 ____ 現年 ____ 歲職業 ____

住址 ____ 每月收入 ____

母姓名 ____ 現年 ____ 歲

（三）已否結婚 未結婚 配偶姓名 ____ 現年 ____ 歲籍貫 ____ 省 ____ 縣市

（四）子 ____ 人最長者現年 ____ 歲最幼者現年 ____ 歲

現入學校者 ____ 人學校名稱 ____

現已服務者 ____ 人處所名稱 ____

女 ____ 人最長者現年 ____ 歲最幼者現年 ____ 歲

現入學校者 ____ 人學校名稱 ____

現已出嫁者 ____ 人

29

（五）兄弟姊妹：

| 名　　號 | 本人之 | 年齡 | 婚嫁否 | 職　　業 | 住　　　址　　備　　考 |
|---|---|---|---|---|---|
| 盛左喬 | 妹 | 64 | 已 |  | 昆明 |
|  |  |  |  |  |  |
|  |  |  |  |  |  |
|  |  |  |  |  |  |

（六）除公司薪給外，本人尚有何種其他收入？　　无

本人每月平均開支：

| 項　　　目 | 開　支　金　額 |
|---|---|
|  |  |
|  |  |
|  |  |
|  |  |
| 總　　　計 |  |

除去開支後能有積蓄否？＿＿＿＿

　若干＿＿＿＿

不敷開支時如何彌補？＿＿＿＿

是否負債？　否　若干＿＿＿＿

　何處借來？＿＿＿＿

　歸還的方法？＿＿＿＿

（乙）教育及經歷：

（一）曾受何等育教？

| 程　度 | 學校名稱 | 校　　址 | 肄業期間 自年月至年月 | 所習科目 | 讀完幾年級 | 離校原因 |
|---|---|---|---|---|---|---|
|  | 南開中 | 天津 | 21年至26年 |  |  |  |
|  | 中山大學 | 廣州 | 27—30年 | 機械工程 |  | 畢業大學 |

附註：請填所受最高級教育之名稱，或接近於所受之最高級教育者，例如高級職業學校
畢業者，可填該高級職業學校，同時，並可填已受過教育之高級中學或初級中學
，不識字，粗識字或只識字，并未入過學校者，請填「不識字」「粗識字」或「識字」

（二）在校時最感興趣之科目＿＿＿＿＿＿＿＿

（三）曾在何處服務：

| 機關名稱 | 地 址 | 主管人姓名 | 月薪 | 服務期間 自年月至年月 | 離職原因 |
|---|---|---|---|---|---|
| 中國興業公司 | 四川重慶 | 薛俊倫 | 200 | 29年至31年 | 因故自動離職 |
| 中復公司 | 重慶 | 田耀之 | 280 | 31年3月至32年7月結束 | |
| | | | | | |
| | | | | | |
| | | | | | |

（四）經歷中最感興趣之工作 _____

（丙）業餘生活

（一）每日工作時間：忙時 _____ 小時，平時 _____ 小時

（二）本人最喜歡的娛樂 _____

（三）公餘經常作何消遣 _____

（四）曾參加甚麼業餘團體：

| 名 稱 | 性 質 | 地 址 | 本持人 | 何時加入 | 擔任何種職務 |
|---|---|---|---|---|---|
| | | | | | |
| | | | | | |
| | | | | | |
| | | | | | |

（丁）有何特殊狀況，特殊興趣或特殊技能，請列舉於下：

（戊）本人之簽字蓋章：簽字 _____ 蓋章 _____

填寫日期：民國 32 年 12 月 25 日

填寫人 _____ 代填寫人 _____

# 重慶電力公司職工調查表

31

| 姓　名 | 盧惠鍾 | 家　庭　狀　況 | | |
|---|---|---|---|---|
| 籍　貫 | 廣東 | 父　名 | 已故 | 職業 |
| 年　齡 | 卅二 | 母　名 | 〃 | 職業 |
| 出生年月日民國前一年4月2日 | | 兄名 弟 姊 妹　號 | | 職業 |
| 已否結婚 否 子 人 女 人 | | | | 業 |

| 學歷 | 天津南開中學 廣州中山大學 | 資産 | 不動産 | 無 |
|---|---|---|---|---|
| 經歷 | | | 動　産 | 無 |
| | | 家長通訊處 | 臨　時 | 無 |
| | | | 永　久 | 無 |

| | | 介　　紹　　人 | | |
|---|---|---|---|---|
| 種擅技長能何 | | 姓　名 | 胡仲安 | 別號 |
| | | 籍　貫 | 四川 省 廣安 市（縣） |
| 形平日生活情 | | 年　齡 | 54 歲 職業 商 |
| | | 通訊處 | 牛角沱華西大廈 |
| | | 與本人關係 | 岳丈 |

| | | 保　　證　　人 | | |
|---|---|---|---|---|
| 家庭經濟是否需要本人負担 | | 姓　名 | 張芷水 別號 大芷水 |
| 每月負擔若干 | | 籍　貫 | 河北 省 北平 縣（市） |
| 到聘日期 | 1943年 12月 日 | 年　齡 | 37 歲 |
| 永久住址 | | 與本人關係 | 朋友 |
| 本人通訊處 臨時 | 苑家崗105 | 職業及服務機關名稱 | 中國鑛業公司 |
| | | 營業種類 | 鋼鐵 |
| | | 開設地點 | 北碚 |
| 永久 | | 通訊處 臨時 | 北碚華業公司 |
| | | 永久 | |

簽名盖章 盧惠鍾 37 年 10 月 18 日

南岸辦事處

# 重慶電力股份有限公司

## 職工調查表

編　號　259

姓　名　蒙汝河

檢查號　_____

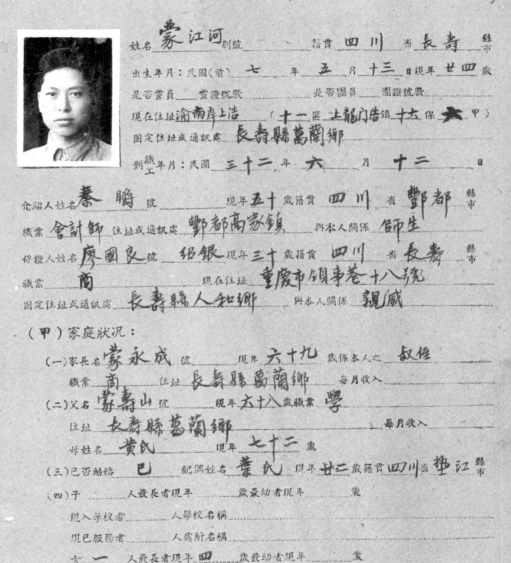

姓名 蒙江河 別號＿＿＿ 籍貫 四川 省 長壽 縣市

出生年月：民國（前） 七 年 五 月 十三 日現年 廿四 歲

是否黨員＿＿ 黨證號數＿＿ 是否團員＿＿ 團證號數＿＿

現在住址 渝南岸上浩 （十一區 上龍門告鎮 十六 保 六 甲）

固定住址或通訊處 長壽縣萬蘭鄉

到職年月：民國 三十二 年 六 月 十二 日

介紹人姓名 秦瞱 號＿＿ 現年 五十 歲籍貫 四川 省 酆都 縣市

職業 會計師 住址或通訊處 酆都高家鎮 與本人關係 師生

保證人姓名 廖國良 號 紹銀 現年 三十 歲籍貫 四川 省 長壽 縣市

職業 商 現在住址 重慶市領事巷 十八號

固定住址或通訊處 長壽縣人和鄉 與本人關係 親戚

（甲）家庭狀況：

（一）家長名 蒙永成 號＿＿ 現年 六十九 歲係本人之 叔侄

職業 商 住址 長壽縣萬蘭鄉 每月收入＿＿

（二）父名 蒙壽山 號＿＿ 現年 六十八 歲職業 學

住址 長壽縣萬蘭鄉 每月收入＿＿

母姓名 黃氏 現年 七十二 歲

（三）已否結婚 已 配偶姓名 葉氏 現年 廿二 歲籍貫 四川省 墊江 縣市

（四）子＿＿ 人最長者現年＿＿ 歲最幼者現年＿＿ 歲

現入學校者＿＿ 人學校名稱＿＿

現已服務者＿＿ 人處所名稱＿＿

女 一 人最長者現年 四 歲最幼者現年＿＿ 歲

現入學校者＿＿ 人學校名稱＿＿

現已出嫁者＿＿ 人

（五）兄弟姊妹：

| 名　　　號 | 本人之 | 年齡 | 婚嫁否 | 職　　業 | 住　　　　址 | 備　　考 |
|---|---|---|---|---|---|---|
| 蒙素霞 | 姊 | 四十 | 巳 | 居家 | 長壽九龍鄉 | |
| 蒙興慧 | 妹 | 三五 | 巳 | 教育 | 長壽石堰 | |
| | | | | | | |
| | | | | | | |
| | | | | | | |

（六）除公司薪給外，本人尚有何種其他收入？　無

本人每月平均開支：

| 項　　　　　目 | 開　支　金　額 |
|---|---|
| 饍　　　費 | ＄8,000.00 |
| 雜　　　支 | 800.00 |
| 應　酬　費 | 900.00 |
| 零　用　費 | 1,200.00 |
| 總　　　計 | ＄10,900.00 |

除去開支後能有積蓄否？　無

若干

不敷開支時如何彌補？

是否負債？　　　　　若干

何處借來？

歸還的方法？

（乙）教育及經歷：

（一）曾受何等育教？

| 程度 | 學校名稱 | 校　　址 | 錄業期間 自年月至年月 | 所習科目 | 讀完幾年級 | 離校原因 |
|---|---|---|---|---|---|---|
| 高級 | 私立高級商業學校 | 巴縣馬王鄉 | 民國29年至32年 | 會計 | 三年級 | 畢業 |
| | | | | | | |
| | | | | | | |
| | | | | | | |
| | | | | | | |
| | | | | | | |

附註：請填所受最高級教育之名稱，或接近於所受之最高級教育者，例如高級職業學校
　　　畢業者，可填讀高級職業學校，同時，並可填已受過教育之高級中學或初級中學
　　　，不識字，粗識字或只識字，并未入過學校者，請填「不識字」「粗識字」或「識字」

（二）在校時最感興趣之科目　國文

(三)曾在何處服務：

| 機關名稱 | 地 址 | 主管人姓名 | 月薪 | 服務期間 自年月至年月 | 離職原因 |
|---|---|---|---|---|---|
| 長壽縣第一小學 | 長壽城內韓光第 | 三十九 | | 民國廿七年至廿九年 | 升學 |
| | | | | | |
| | | | | | |
| | | | | | |
| | | | | | |

(四)經歷中最感興趣之工作 __會計__

(丙)業餘生活

(一)每日工作時間：忙時 __八__ 小時，平時 _____ 小時
(二)本人最喜歡的娛樂 __看電影__
(三)公餘經常作何消遣 __習字看書__
(四)曾參加甚麼業餘團體：

| 名 稱 | 性 質 | 地 址 | 主持人 | 何時加入 | 担任何種職務 |
|---|---|---|---|---|---|
| | | | | 一 | |
| | | | | | |
| | | | | | |

(丁)有何特殊狀況、特殊興趣或特殊技能，請列舉於下：

(戊)本人之簽字蓋章：簽字 __嚴江河__ 蓋章

填寫日期：民國 __三十三__ 年 __六__ 月 __九__ 日
填寫人 __本人__ 代填寫人

## 重慶電力公司職工調查表

| 姓名 | 蒙江河 | 家　庭　狀　況 | | |
|---|---|---|---|---|
| 籍貫 | 長壽 | 父　名 | 蒙永年 | 職業 |
| 年齡 | 卅一歲 | 母　名 | 楊氏 | |
| 出生年月日民國(前)　年　月　日 | | 兄名 | 蒙覺家 | 職業　商 |
| 已否結婚 | 已　子二人 女二人 | 弟姊妹 | | 業 |
| 學歷 | 四川省立重慶高商校畢業 | 資産 | 不動産 | 田産百餘老石 |
| | | | 動産 | |
| 經歷 | | 家通訊長處 | 臨時 | |
| | | | 永久 | 長壽縣萬蘭鄉郵轉 |
| | | 介　　紹　　人 | | |
| | | 姓名 | 黃紹伋 | 別號　大庸 |
| 擅種技能 長何能 | 會計 | 籍貫 | 四川省挺局 | 市(縣) |
| | | 年齡 | 四十七歲 | 職業　會計師 |
| | | 通訊處 | 本公司會計科 | |
| | | 與本人關係 | 師生 | |
| 平形日生活情 | | 保　・　證　　人 | | |
| | | 姓名 | 楊茂脩 | 別號　台 |
| | | 籍貫 | 四川省長壽縣(市) | |
| | | 年齡 | 卅歲 | |
| 家庭經濟是否需要本人負擔 | 須要本人負擔 | 與本人關係 | 同學同鄉 | |
| 每月負擔若干 | 約負擔金圓壹佰元左右 | 職業及服務機關名稱 | 金融業 永利銀行 | |
| 到職日期 | 32年6月　日 | 營業種類 | | |
| 永久住址 | 長壽縣萬蘭鄉 | 開設地點 | | |
| 本人通訊處 | 臨時　海南岸上浩電力公司辦事處 | 通訊處 | 臨時　民衆路184號 |
| | 永久　長壽縣萬蘭鄉郵轉 | | 永久　長壽縣河街新街郵轉 |

签名盖章　　　年　月　日

民国时期重庆电力股份有限公司档案汇编

第 ⑥ 辑

36

50

50

重慶電力股份有限公司

職工調查表

編　號　242

姓　名　蕭明遠

檢查號

姓名 蕭明惠 別號＿＿＿ 籍貫 四川 省 新池 縣市

出生年月：民國（前）十五 年 四 月 八 日現年 十八 歲

是否黨員＿＿黨證號數＿＿＿ 是否團員＿＿團證號數＿＿＿

現在住址 柳公巷第三兵工廠 區＿＿鎮＿＿保＿＿甲）

固定住址或通訊處＿＿＿＿＿＿

到職工年月：民國 32 年 3 月＿＿日

介紹人姓名 吳錫灝 號＿＿ 現年卅八歲籍貫 四川 省 新池 縣市

職業＿＿ 住址或通訊處＿＿＿＿ 與本人關係 同鄉

保證人姓名＿＿號＿＿ 現年＿＿歲籍貫＿＿省＿＿縣市

職業＿＿ 現在住址＿＿＿＿

固定住址或通訊處＿＿＿＿ 與本人關係＿＿

（甲）家庭狀況：

（一）家長名 蕭健德 級＿＿ 現年 四九 歲係本人之 父

職業 住陝西軍新編第九師司令部 每月收入＿＿

（二）父名 蕭健德 號＿＿ 現年 四六 歲職業＿＿

住址 陝西陸軍新編第九師司令部 每月收入＿＿

母姓名 劉玉林 現年 四十 歲

（三）已否結婚＿＿ 配偶姓名＿＿ 現年＿＿歲籍貫＿＿省＿＿縣市

（四）子＿＿人最長者現年＿＿歲最幼者現年＿＿歲

現入學校者＿＿人入學校名稱＿＿＿＿

現已服務者＿＿人處所名稱＿＿＿＿

女＿＿人最長者現年＿＿歲最幼者現年＿＿歲

現入學校者＿＿人入學校名稱＿＿＿＿

現已出嫁者＿＿人

（五）兄弟姊妹：

| 名 號 | 本人之<br>稱 呼 | 年齡 | 婚嫁否 | 職　業 | 住　　　址 | 備　考 |
|---|---|---|---|---|---|---|
| 莆川周 | 兄 | 四 | 娶 | 成都國學小毛 | 成都承周小坐室 | |
| 莆川智 | 兄 | 廿一 | 未 | 成都初業中學 | 同都城内故中 | |
| | | | | | | |
| | | | | | | |
| | | | | | | |

（六）除公司薪給外，本人尚有何種其他收入？　　無

本人每月平均開支：

| 項　　目 | 開 支 金 額 |
|---|---|
| 伙　　食 | |
| 衣服費 | 五000発 |
| 零用 | 二000発 |
| | |
| | |
| 總　　　計 | 八七000発 |

除去開支後能有積蓄否？＿＿＿＿＿＿

　　若干＿＿＿＿＿＿＿＿

不敷開支時如何彌補？＿＿＿＿＿＿＿

　　＿＿＿＿＿＿＿＿＿

是否負債？＿＿＿＿　若干＿＿＿

何處借來？＿＿＿＿＿＿＿＿

歸還的方法？＿＿＿＿＿＿＿＿

（乙）教育及經歷：

（一）曾受何等育教？

| 程　度 | 學校名稱 | 校　址 | 肄　業　期　間<br>自卅年1月至卅年9月 | 所習科目 | 讀完幾年級 | 離校原因 |
|---|---|---|---|---|---|---|
| | 新中 | 成都縣立初級<br>中學肄業 | | | | |
| | | | | | | |
| | | | | | | |
| | | | | | | |

附註：請填所受最高級教育之名稱，或接近於所受之最高級教育者，例如高級職業學校
　　　畢業者，可填該高級職業學校，同時，並可填已受過教育之高級中學或初級中學
　　　，不識字，粗識字或只識字，并未入過學校者，請填「不識字」「粗識字」或「識字」

（二）在校時最感興趣之科目＿＿＿＿＿＿＿＿＿＿＿＿＿＿＿＿＿＿＿

(三)曾在何處服務：

| 機關名稱 | 地　　址 | 主管人姓名 | 月薪 | 服務期間自　年　月至　年　月 | 離職原因 |
|---|---|---|---|---|---|
|  |  |  |  |  |  |
|  |  |  |  |  |  |
|  |  |  |  |  |  |
|  |  |  |  |  |  |
|  |  |  |  |  |  |

(四)經歷中最感興趣之工作 _____

## （丙）業餘生活

(一)每日工作時間： 忙時 _____ 小時，平時 _____ 小時

(二)本人最喜歡的娛樂 _____

(三)公餘經常作何消遣 _____

(四)曾參加甚麼業餘團體：

| 名　　稱 | 性　質 | 地　　址 | 主持人 | 何時加入 | 擔任何種職務 |
|---|---|---|---|---|---|
|  |  |  |  |  |  |
|  |  |  |  |  |  |
|  |  |  |  |  |  |

（丁）有何特殊狀況、特殊興趣或特殊技能，請列舉於下：

（戊）本人之簽字蓋章： 簽字 _南川堯_　　　蓋章

填寫日期：民國 _33_ 年 _6_ 月 _5_ 日

填寫人 _南川堯_　　　代填寫人 _____

材料股

91

# 重慶電力股份有限公司

## 職工調查表

編　號　042

姓　名　湯徵英

檢查號

姓名 湯徵英　別號　　　籍貫 浙江 省 杭州 縣市
出生年月：民國（前）十三 年 十 月 九 日現年 二十 歲
是否黨員　黨證號數　　　是否團員　團證號數
現在主址 沙坪壩楊公橋（十四屆 沙坪 鎮 一 保 七 甲）
固定住址或通訊處
到職工年月：民國 三二 年 十一 月 一 日

介紹人姓名 惲心樑 號　　　現年 四十 歲籍貫 江蘇 省 武進 縣市
職業 政　　住址或通訊處 洪江縣長安寺一號 與本人關係 友誼
智證人姓名 吳伯平 號　　　現年 三五 歲籍貫 浙江 省 吳興 縣市
職業 机器五金汽車材料行 現在住址 中一路二二六號
固定住址或通訊處 中一路二二六號　　　與本人關係 鄉誼

（甲）家庭狀況：

（一）家長名 湯孔錦明 號　　現年 四二 歲係本人之 母
　　職業 理家　住址 沙坪壩楊公橋十七號 每月收入
（二）父名 已歿 號　　現年　歲職業
　　住址　　　　每月收入
　　母姓名 湯孔錦明 現年 四十二 歲
（三）已否結婚 未　配偶姓名　現年　歲籍貫　省　縣市
（四）子　人最長者現年　歲最幼者現年　歲
　　現入學校者　人學校名稱
　　現已服務者　人處所名稱
　　女　人最長者現年　歲最幼者現年　歲
　　現入學校者　人學校名稱
　　現已出嫁者　人

(五)兄弟姊妹：

93

| 名 | 稱 | 本人之 | 年齡 | 婚嫁否 | 職 | 業 | 住 | 址 | 備 | 考 |
|---|---|---|---|---|---|---|---|---|---|---|
| 振玲 | | 妹 | 仁 | 未 | 求學 | | 楊公橋北號 | | | |
| | | | | | | | | | | |
| | | | | | | | | | | |
| | | | | | | | | | | |
| | | | | | | | | | | |

(六)除公司薪給外，本人尚有何種其他收入？　無

本人每月平均開支：

| 項 | 目 | 開支金額 |
|---|---|---|
| | | |
| | | |
| | | |
| | | |
| | | |
| 總 | 計 | |

除去開支後能有積蓄否？

若干

不敷開支時如何彌補？

是否負債？　　　若干

何處借來？

歸還的方法？

(乙)教育及經歷：

(一)曾受何等育教？

| 程　度 | 學校名稱 | 校　址 | 肄業期間 自年月至年月 | 所習科目 | 讀完幾年級 | 離校原因 |
|---|---|---|---|---|---|---|
| 初中畢業 | 九江鄉村師範 | 南门外山川嶺 | 二五年八月起北姍 | 普通 | 三年級 | 畢業 |
| | | | | | | |
| | | | | | | |
| | | | | | | |

附註：請填所受最高級教育之名稱，或接近於所受之最高級教育者，例如高級職業學校畢業者，可填該高級職業學校，同時，並可填已受補教育之高級中學或初級中學，不識字，粗識字或只識字，升未入過學校者，請填「不識字」「粗識字」或「識字」

(二)在校時最感興趣之科目　化學

（三）曾在何處服務：

| 機關名稱 | 地　　址 | 主管人姓名 | 月薪 | 服務期間 自年月至年月 | 離職原因 |
|---|---|---|---|---|---|
| 九江縣立六南石小學教員 | 九江六角石 | 范覺 | 二十元 | 自卅六年至卅八年四月 | 渝陽 |
| 湖南省電話局話務員 | 湖南湘潭 | 陳樹仁 | 五十元 | 自廿九年二月至三十一年四月 | 家庭遷渝 |
| | | | | | |
| | | | | | |
| | | | | | |

（四）經歷中最感興趣之工作

（丙）業餘生活

（一）每日工作時間：　忙時　　　小時，平時　　　小時
（二）本人最喜歡的娛樂
（三）公餘經常作何消遣
（四）曾參加甚麼業餘團體：

| 名　　稱 | 性　質 | 地　　址 | 主持人 | 何時加入 | 擔任何種職務 |
|---|---|---|---|---|---|
| 未 | | | | | |
| | | | | | |
| | | | | | |

（丁）有何特殊狀況，特殊興趣或特殊技能，請列舉於下：

（戊）本人之簽字蓋章：　簽字　湯徵英　　蓋章

填寫日期：民國三二年十月廿四日

填寫人　湯徵英　　　代填寫人

# 重慶電力公司職工調查表 96

| 姓名 | 湯徵英 | | 家 庭 狀 況 | | | |
|---|---|---|---|---|---|---|
| 籍貫 | 浙江杭州 | | 父 名 | 已故 | 職業 | 商店 |
| 年齡 | 廿二歲 | | 母 名 | 湯孔錦明 | | 商店 |
| 出生年月日 民國前16年10月9日 | | | 兄 名 | | 職 | |
| 已否結婚 已 | 子 ○ 人 | | 弟 | 一人 | | |
| | 女 ○ 人 | | 姊 | 一人 | | |
| 學歷 | 江西九江女子師範 畢業 | | 妹 | 二人 | 業 | |
| | | | 資產 | 不動產 | | |
| 經歷 | 已在公司服務二年 | | | 動產 | | |
| | | | 家長通訊處 | 臨 時 | | |
| | | | | 永 久 | | |
| | | | 介 紹 人 | | | |
| | | | 姓 名 | | 別號 | |
| 擅長技能何種 | | | 籍 貫 | | 省 | 市(縣) |
| | | | 年 齡 | | 歲 職業 | |
| | | | 通訊處 | | | |
| | | | 與本人關係 | | | |
| 平日生活情形 | | | 保 證 人 | | | |
| | | | 姓 名 | 韓平成 | 別號 | |
| | | | 籍 貫 | 四川 | 省 巴 | 縣(市) |
| | | | 年 齡 | 廿八 歲 | | |
| 家庭經濟是否需要本人負担 | 爲由本人負担 | | 與本人關係 | 友 誼 | | |
| 每月負擔若干 | 全部 | | 職業及服務機關名稱 | 四川省銀行 | | |
| 到職日期 | 32年 11月 日 | | 營業種類 | | | |
| 永久住址 | | | 開設地點 | | | |
| 本人通訊處 | 臨時 | 本公司塘沽第二廠 | 通訊處 | 臨時 | 四川省銀行儲信部 | |
| | 永久 | | | 永久 | | |

簽名盖章 湯徵英　37年 10月 12日

材料股

103

# 重慶電力股份有限公司

## 職工調查表

編　號 022

姓　名 汪振祥

檢查號

姓名 汪振祥　別號＿＿＿＿　籍貫 浙江 省 杭 縣市

出生年月：民國（前）五 年 三 月 十 日 現年 三八 歲

是否黨員 是 黨證號數 特47207 是否團員 不是 團證號數＿＿＿

現在住址 北龍橋B衛十三号 區 二Q 鎮 子 保＿＿甲）

固定住址或通訊處＿＿＿＿＿＿＿＿＿

到職年月：民國 三十二 年 五 月 十 日

介紹人姓名 苗樹腴 號＿＿＿ 現年 31 歲 籍貫 江蘇 省 阜寧 縣市

職業 工程師 住址或通訊處 本公司大修廠宿舍處 與本人關係 同學

保證人姓名 張毓競 號＿＿＿ 現年 32 歲 籍貫 江苏 省 蘄瑞 縣市

職業 川廠營造廠 現在住址 中華路六十一號＿＿＿

固定住址或通訊處＿＿＿＿＿＿＿＿　與本人關係 友誼

（甲）家庭狀況：

　（一）家長名 汪振祥 號＿＿＿ 現年 三八 ＿家係本人是＿＿＿

　　　職業＿＿＿＿ 住址＿＿＿＿ 每月收入＿＿＿

　（二）父名 已故 號＿＿＿ 現年＿＿＿歲 職業＿＿＿

　　　住址＿＿＿＿＿＿＿＿＿＿＿＿＿＿＿＿＿ 每月收入＿＿＿

　　　母姓名 蔣氏 現年 方七 歲

　（三）已否結婚 已婚 配偶姓名 湯壽康 現年 三八 歲 籍貫 浙江 省 杭 縣市

　（四）子 一 人最長者現年 三 歲 最幼者現年＿＿＿歲

　　　現入學校者＿＿＿人 學校名稱＿＿＿＿

　　　現已服務者＿＿＿人 處所名稱＿＿＿＿

　　　女 一 人最長者現年 八 歲 最幼者現年＿＿＿歲

　　　現入學校者 一 人 學校名稱 軍政部電信机械修造廠職工子弟學校

　　　現已出嫁者＿＿＿人

(五)兄弟姊妹：

| 名 | 號 | 本人之 | 年齡 | 婚嫁否 | 職 業 | 住 址 | 備 考 |
|---|---|---|---|---|---|---|---|
| | | | | | | | |
| | | | | | | | |
| | | | | | | | |
| | | | | | | | |
| | | | | | | | |

(六)除公司薪給外，本人尚有何種其他收入？

本人每月平均開支：

| 項 目 | 開 支 金 額 |
|---|---|
| 家庭伙食及雜用 | 14,000元 |
| 房 租 | 2000元 |
| | |
| | |
| 總 計 | 16,000元 |

除去開支後能有積蓄否？ 不定

若干

不敷開支時如何彌補？

是否負債？　　　　　若干

何處借來？

歸還的方法？

(乙)教育及經歷：

(一)曾受何等育教？

| 程 度 | 學校名稱 | 校 址 | 畢業期間 自年月至年月 | 所習科目 | 讀完幾年級 | 離 校 原 因 |
|---|---|---|---|---|---|---|
| | 浙大高級工科職校 | 杭 州 | 民十二年七月至民十七年七月 | 電機科 | 三年畢業 | 畢 業 |
| | | | | | | |
| | | | | | | |

附註：請填所受最高級教育之名稱，或接近於所受之最高級教育者，例如高級職業學校
　　畢業者，可填該高級職業學校，同時，並可填已受過教育之高級中學或初級中學
　　，不識字，粗識字或只識字，并未入過學校者，請填「不識字」「粗識字」或「識字」

(二)在校時最感興趣之科目

106

(三)曾在何處服務：

| 機關名稱 | 地　　址 | 主管人姓名 | 月　薪 | 服務期間　自　年　月至　年　月 | 離職原因 |
|---|---|---|---|---|---|
| 斯口省廣播無綫電台 | 杭州市 | 李振音 | 六十 | 民廿六年十月至廿三年六月 | 辭職他就 |
| 委員長行營軍馬 | 南昌 | 蔣中正 | 一百廿五 | 民廿三年九月至廿四年三月 | 業調 |
| 委員長行營參謀團 | 重慶 | 蔣中正 | 二百四十 | 民廿三年十月至廿七年八月 | 業 |
| 委員長行營無線電臺 | 重慶 | 蔣中正 | 二百四十 | 民廿六年十一月至廿八年三月 | 調 |
| 陸軍電信兵二團 | 重慶 | 王華 | 二百四十 | 民廿八年三月至廿九年九月 | 調 |
| 重慶衛戍總部電信指揮部 | 重慶 | 劉時 | 二百四十 | 民廿九年十月至三十年三月 | 業 |

(四)經歷中最感興趣之工作 ＿＿＿＿＿＿＿＿＿＿＿＿＿＿＿＿

(丙) 業餘生活

(一)每日工作時間： 忙時 三 小時，平時 五 小時
(二)本人最喜歡的娛樂 平劇
(三)公餘經常作何消遣 小工藝
(四)曾參加甚麼業餘團體：

| 名　　稱 | 性　質 | 地　址 | 主持人 | 何時加入 | 擔任何種職務 |
|---|---|---|---|---|---|
| 青年會 |  |  |  |  |  |
|  |  |  |  |  |  |
|  |  |  |  |  |  |
|  |  |  |  |  |  |

(丁) 有何特殊狀況，特殊興趣或特殊技能，請列舉於下：

(戊) 本人之簽字蓋章： 簽字 汪振祥 蓋章

填寫日期：民國 三三 年 六 月 十 日

填寫人 ＿＿＿＿＿ 代填寫人 ＿＿＿＿＿

# 重慶電力公司職工調查表

108

| 姓名 | 汪振祥 | 家　庭　狀　況 | | |
|---|---|---|---|---|
| 籍貫 | 浙江杭縣 | 父　名 | 已故 | 職業 |
| 年齡 | 四二 | 母　名 | 蔣氏 | 職業 |
| 出生年月日 民國 前15年3月10日 | | 兄弟姊妹 名 | 兄一振邦 | 職業 工程 |
| 已否結婚 已 子 一 人 女 一 人 | | 號 | | 業 |

| 學歷 | 浙大高級工科職校電機科畢業 | 資產 | 不動產 | 無 |
|---|---|---|---|---|
| | | | 動產 | 無 |
| 經歷 | 浙江省廣播無線電台工務員<br>委員長南昌行營交通室少校技士<br>委員長行營參謀團中校技士<br>委員長行營通信營中校技士<br>陸軍通信兵三團中校技正<br>重慶衛戍總部通信指揮部技正 | 家長 通訊處 | 臨時 | |
| | | | 永久 | |

介　紹　人

| 姓名 | 孟樹腴 別號 |
|---|---|
| 籍貫 | 江蘇 省 如皋 市（縣） |
| 年齡 | 三五 歲 職業 |
| 通訊處 | 上海電力公司 |
| 與本人關係 | 同學 |

| 擅長技能何種 | 電信機件及各種電器修造 |
|---|---|
| 平日生活情形 | |

保　證　人

| 姓名 | 林燦明 別號 |
|---|---|
| 籍貫 | 江西 省 九江 縣（市） |
| 年齡 | 四八 歲 |
| 與本人關係 | 戚 |
| 職業及服務機關名稱 | 高 |

| 家庭經濟是否需受本人負擔 | 全由本人負擔 |
|---|---|
| 每月負擔若干 | |
| 到職日期 | 32年5月10日 |
| 永久住址 | |
| 本人通訊處 臨時 | 呷府路建設路十號 |
| 永久 | |

| 營業種類 | 糖果罐頭 |
|---|---|
| 開設地點 | 中山三路三十號 |
| 通訊處 臨時 | 中山三路三十號 |
| 永久 | |

簽名蓋章　　　　年　月　日

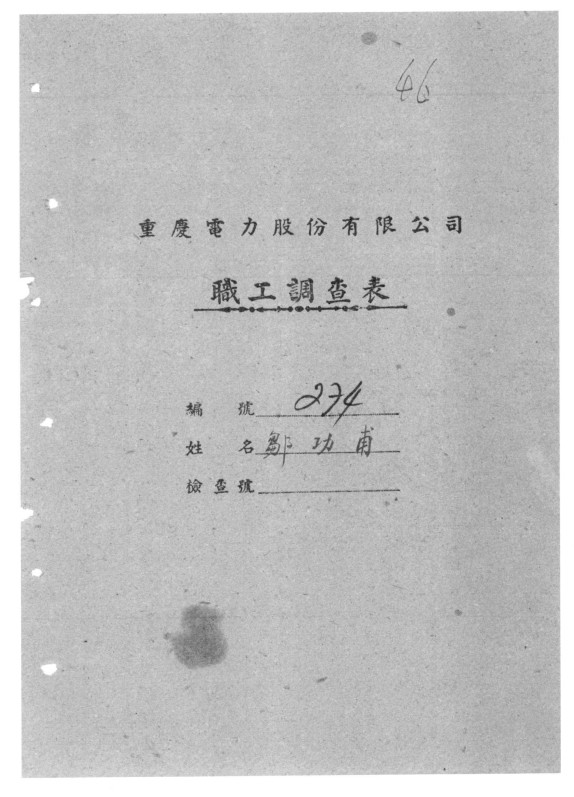

重 慶 電 力 股 份 有 限 公 司

## 職 工 調 查 表

編　號　274

姓　名　鄒功甫

檢查號

47

| 二寸正面半身免冠像片 | 姓名 鄒功甫 別號 ____ 籍貫 四川 省 華陽 縣市 |

姓名 鄒功甫 別號 _____ 籍貫 四川 省 華陽 縣市

出生年月：民國(前) 四 年 十二 月 廿八 日 現年 廿 歲

是否黨員 ____ 黨證號數 ____ 是否團員 ____ 團證號數 ____

現在住址 貴陽地獅莊 ____ 區 ____ 鎮 ____ 保 ____ 甲

固定住址或通訊處 同上 _____

到職工年月：民國 廿三 年 五 月 十 日

介紹人姓名 程本誠 號 ____ 現年 四十二 歲 籍貫 浙江 省 杭州 縣市

職業 本公司 住址或通訊處 國府路 ____ 與本人關係 友

保證人姓名 錢榮漣 號 ____ 現年 四十五 歲 籍貫 浙江 省 海寧 縣市

職業 華西興業公司 現在住址 _____

固定住址或通訊處 牛角沱廿八號 與本人關係 友

（甲）家庭狀況：

（一）家長名 鄒致圻 號 ____ 現年 廿五 歲係本人之 叔侄

職業 ____ 住址 ____ 每月收入 ____

（二）父名 致鈞 號 ____ 現年 六十四 歲職業 ____

住址 _____ 每月收入 ____

母姓名 宗毓 現年 六十 歲

（三）已否結婚 否 配偶姓名 ____ 現年 ____ 歲籍貫 ____ 省 ____ 縣市

（四）于 ____ 人最長者現年 ____ 歲最幼者現年 ____ 歲

現入學校者 ____ 人入學校名稱 ____

現已服務者 ____ 人處所名稱 ____

女 ____ 人最長者現年 ____ 歲最幼者現年 ____ 歲

現入學校者 ____ 人學校名稱 ____

現已出嫁者 ____ 人

(五)兄弟姊妹：

| 名　號 | 本人之 | 年齡 | 婚娶否 | 職　業 | 住　　址 | 備　考 |
|---|---|---|---|---|---|---|
| 鄒學蘇 | 第二 | 28 | 未 | 工務局 | 粵子嵐地獵莊 | |
| 鄒通郎 | 肆 | 24 | 〃 | 華西公司 | 〃 | |
| | | | | | | |
| | | | | | | |

(六)除公司薪給外，本人尚有何種其他收入？　無

本人每月平均開支：

| 項　目 | 開　支　金　額 |
|---|---|
| | |
| | |
| | |
| | |
| 總　計 | 量入為出 |

除去開支後能有積蓄否？　無
若干

不敷開支時如何彌補？＿＿＿＿＿

是否負債？　否　若干

何處借來？＿＿＿＿＿

歸還的方法？＿＿＿＿＿

(乙)教育及經歷：

(一)曾受何等教育？

| 程　度 | 學校名稱 | 校　址 | 肄業期間 自年月至年月 | 所習科目 | 讀完幾年級 | 離校原因 |
|---|---|---|---|---|---|---|
| 小學 | 廣東 | 天津法租界 | | | | |
| 中學 | 南開 | 天津 | | | | |
| 大學 | 光華 | 成都 | 二三―二九 | 政經 | 三年 | |

附註：請填所受最高級教育之名稱，或最接近於所受之最高級教育者，例如高級職業學校
畢業者，可填該高級職業學校，同時，並可填已受過教育之高級中學或初級中學
，不識字，粗識字或只識字，並未入過學校者，請填「不識字」「粗識字」或「識字」
(二)在校時最感興趣之科目＿＿＿＿＿

49

（三）曾在何處服務：

| 機關名稱 | 地址 | 主管人姓名 | 月薪 | 服務期間 自 年 月至 年 月 | 離職原因 |
| --- | --- | --- | --- | --- | --- |
| 昆明華揩[illegible]廠 | 昆明黃土坡 | 金[illegible] | 1,000 | 3[illegible]—32 | |
| | | | | | |
| | | | | | |
| | | | | | |
| | | | | | |
| | | | | | |

（四）經歷中最感興趣之工作

## （丙）業餘生活

（一）每日工作時間：忙時＿＿小時，平時＿＿小時

（二）本人最喜歡的娛樂

（三）公餘經常作何消遣

（四）曾參加甚麼業餘團體：

| 名稱 | 性質 | 地址 | 主持人 | 何時加入 | 担任何種職務 |
| --- | --- | --- | --- | --- | --- |
| | | | | | |
| | | | | | |
| | | | | | |
| | | | | | |

## （丁）有何特殊狀況，特殊興趣或特殊技能，請列舉於下：

## （戊）本人之簽字蓋章：簽字 鄒功甫 蓋章

填寫日期：民國卅三年五月十日

填寫人 鄒功甫 代填寫人

重庆电力股份有限公司一九四五年入职职工（一九四五年二月二十八日） 0219-1-29 0219-1-30

25

重 慶 電 力 股 份 有 限 公 司

職 工 調 查 表

編　　號　222

姓　　名　余 盛 鈿

檢 查 號

26

姓名 余盛鈿 別號 西濤 籍貫 四川 省 萬 縣市

出生年月：民國（前） 九 年 六 月 九 日現年 廿五 歲

是否黨員____ 黨證號數____ 是否團員____ 團證號數____

現在住址_____（____區____鎮____保____甲）

固定住址或通訊處 四川萬縣余家鄉郵局交

到職年月：民國 卅四 年 二 月 日

介紹人姓名 陳銘德 號____ 現年____歲籍貫____省____縣市

職業 新聞事業 住址或通訊處 渝七星崗新民報社 與本人關係 友誼

保證人姓名 陳鳳翹 號____ 現年____歲籍貫 四川 省 萬 縣市

職業 四川省銀行襄理 現在住址 渝金沙崗省銀行宿舍

固定住址或通訊處_____ 與本人關係 友誼

（甲）家庭狀況：

（一）家長名 余樹端 號____ 現年 五十 歲係本人之 兄

職業 農 住址 萬縣余家鄉 每月收入____

（二）父名 余序浙 號____ 現年 七十 歲職業 農

住址 萬縣余家鄉 每月收入____

母姓名 賴淑惠 現年 七十三 歲

（三）已否結婚____ 配偶姓名____ 現年____歲籍貫____省____縣市

（四）子____人最長者現年____歲最幼者現年____歲

現入學校者____人學校名稱____

現已服務者____人處所名稱____

女____人最長者現年____歲最幼者現年____歲

現入學校者____人學校名稱____

現已出嫁者____人

(五)兄弟姊妹：

| 名 | 號 | 本人之 | 年齡 | 婚嫁否 | 職 | 業 | 住 | 址 | 備 | 考 |
|---|---|---|---|---|---|---|---|---|---|---|
| | | | | | | | | | | |
| | | | | | | | | | | |
| | | | | | | | | | | |
| | | | | | | | | | | |

(六)除公司薪給外，本人尚有何種其他收入？_____

本人每月平均開支：

| 項　　　　目 | 開　支　金　額 |
|---|---|
| | |
| | |
| | |
| | |
| | |
| 總　　　計 | |

除去開支後能有積蓄否？_____

　若干 _____

不敷開支時如何彌補？_____

是否負責？_____ 若干 _____

　何處借來？_____

　歸還的方法？_____

(乙)教育及經歷：

(一)曾受何等教育？

| 程　度 | 學校名稱 | 校　　址 | 肄業期間 自28年6月至32年6月 | 所習科目 | 讀完幾年級 | 離校原因 |
|---|---|---|---|---|---|---|
| 大學畢業 | 國立西北工學院 | 陝西城固 | | 機械工程電力組 | 畢業 | |
| | | | | | | |
| | | | | | | |

附註：請填所受最高級教育之名稱，或接近於所受之最高級教育者，例如高級職業學校
　　畢業者，可填該高級職業學校，同時，並可填己受過教育之高級中學或初級中學
　　，不識字，粗識字或只識字，并未入過學校者，請填「不識字」「粗識字」或「識字」

(二)在校時最感興趣之科目 水力發電，動力廠，交流電機，及電機設計

(三)曾在何處服務：

| 機關名稱 | 地址 | 主管人姓名 | 月薪 | 服務期間 自32年7月至34年 間 月 | 離職原因 |
|---|---|---|---|---|---|
| 經濟部 | 重慶 | 翁立瀚 張家祉 | 180 | | 欲求電廠實際經驗 |
| | | | | | |
| | | | | | |
| | | | | | |
| | | | | | |

(四)經歷中最感興趣之工作 _____

(丙)業餘生活

(一)每日工作時間：忙時 12 小時，平時 8 小時

(二)本人最喜歡的娛樂 音樂 電影 話劇

(三)公餘經常作何消遣 自修功課，或音樂練習

(四)曾參加甚麼業餘團體：

| 名 稱 | 性 質 | 地 址 | 主持人 | 何時加入 | 擔任何種職務 |
|---|---|---|---|---|---|
| | | | | | |
| | | | | | |
| | | | | | |

(丁)有何特殊狀況、特殊興趣或特殊技能，請列舉於下：

(戊)本人之簽字蓋章：簽字 余盛鈿　　蓋章

填寫日期：民國 34 年 2 月 28 日

填寫人 _____　　代填寫人 _____

## 重慶電力公司職工調查表

30

| 姓　名 | 金盛鋼 | | 家　　庭　　狀　　況 | | | | |
|---|---|---|---|---|---|---|---|
| 籍　貫 | 四川 萬縣 | | 父 | 名 | 金序漸 | 職業 | |
| 年　齡 | 三十歲 | | 母 | 名 | 賴靜媚 | | |
| 出生年月日民國（前）年月日 | | | 兄弟 | 名 | 金樹端 | 職業 | 理家 |
| 已否結婚 | 已 | 子　　人 女　　人 | 姊妹 | | | | |
| 學 歷 | 國立西北工學院電機工程系電力組畢業. | | | 號 | | 業 | |
| | | | 資產 | 不動產 | 小康 | | |
| | | | | 動產 | | | |
| 經 歷 | 經濟部技士 | | 家長 通訊處 | 臨時 | | | |
| | | | | 永久 | 萬縣金家場 | | |
| | | | 介　　　紹　　　人 | | | | |
| | | | 姓名 | | 海向銘傳 | 別號 | |
| | | | 籍貫 | | 四川 省 | 市（縣） | |
| 擅長種技何能 | 電機工程 | | 年齡 | | 歲 職業 | | |
| | | | 通訊處 | | 南京灣 | | |
| | | | 與本人關係 | | | | |
| 平日生活情形 | | | 保　　　證　　　人 | | | | |
| | | | 姓名 | | | 別號 | |
| | | | 籍貫 | | 省 | 縣（市） | |
| 家庭經濟是否需要本人負擔 | 是 | | 年齡 | | 歲 | | |
| 每月負擔若干 | 全部薪資 | | 與本人關係 | | | | |
| 到職日期 | 三十四年 四月 一日 | | 職業及服務機關名稱 | | | | |
| 永久住址 | 四川萬縣金家場 | | 營業種類 | | | | |
| 本人通訊處 | 臨時 | 本市大溪溝第一發電廠 | 開設地點 | | | | |
| | 永久 | 萬縣金家場 | 通訊處 | 臨時 | | | |
| | | | | 永久 | | | |

簽名蓋章　　　　　　　年　　　月　　　日

66

# 重慶電力股份有限公司

## 職工調查表

編　號　108

姓　名　鄧祥森

檢查號

姓名 鄧祥森 別號＿＿＿＿ 籍貫 四川 省 巴 縣市

出生年月：民國（舊）八十二年十二月十三日現年二十六歲

是否黨員 否 黨證號數＿＿＿＿ 是否團員 否 團證號數＿＿＿＿

現在住址 臨江甕城街50號 二 區 覃家橋 鎮十九 保二十二甲

固定住址或通訊處 重慶.臨江門甕城街五十二號

到職年月：民國＿＿＿年＿＿＿月＿＿＿日

介紹人姓名 胡仲賢 號＿＿＿ 現年 五十六 歲籍貫 四川 省 廣安 縣市

職業 商政 住址或通訊處 重慶牛角沱華西公司 與本人關係 師生

保證人姓名 大新糖菓電料絆（經理于德勳） 現年四十五歲籍貫 四川 省 巴 縣市

職業 商 現在住址 重慶民權路二十五號

固定住址或通訊處 巴縣白市驛 與本人關係 親戚

（甲）家庭狀況：

（一）家長名 鄧美鄉 號＿＿＿ 現年 六十九 歲係本人之 父親

職業 商 住址 重慶.臨江門甕城街52 每月收入 夠開支

（二）父名 同上 號＿＿＿ 現年＿＿＿歲職業＿＿＿

住址＿＿＿＿＿＿＿＿ 每月收入＿＿＿

母姓名 劉淑君 現年 五十八 歲

（三）已否結婚 否 配偶姓名＿＿＿ 現年＿＿＿歲籍貫＿＿＿省＿＿＿縣市

（四）子＿＿＿人最長者現年＿＿＿歲最幼者現年＿＿＿歲

現入學校者＿＿＿人學校名稱＿＿＿

現已服務者＿＿＿人處所名稱＿＿＿

女＿＿＿人最長者現年＿＿＿歲最幼者現年＿＿＿歲

現入學校者＿＿＿人學校者稱＿＿＿

現已出嫁者＿＿＿人

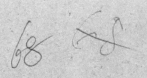

(五)兄弟姊妹：

| 名 號 | 本人之 | 年齡 | 婚嫁否 | 職 業 | 住 址 | 備 考 |
|---|---|---|---|---|---|---|
| 祥坤 | 兄 | 三十 | 已婚 | 學 | 西江製城街幼兒 | |
| 祥沐 | 弟 | 十五 | 未 | 學 | 〃 | |
| | | | | | | |
| | | | | | | |

(六)除公司薪給外，本人尚有何種其他收入？　無

本人每月平均開支：

| 項 目 | 開 支 金 額 |
|---|---|
| | |
| | |
| | |
| | |
| 總 計 | |

除去開支後能有積蓄否？

　　若干

不敷開支時如何彌補？

是否負債？　　　若干

何處借來？

歸還的方法？

(乙) 教育及經歷：

(一)曾受何等育教？

| 程 度 | 學校名稱 | 校 址 | 肄業期間 自年月至年月 | 所習科目 | 讀定為年級 | 離校原因 |
|---|---|---|---|---|---|---|
| 專科 | 華西 | 江北金紫山 | 32年7月至34年7月 | 會計 | 二年級 | 畢業 |
| | | | | | | |
| | | | | | | |

附註：請填所受最高級教育之名稱，或接近於所受之最高級教育者，例如高級職業學校
　　　畢業者，可填讀高級職業學校，同時，並可填已受過教育之高級中學或初級中學
　　　，不識字或只識字，并未入過學校者，請填「不識字」「粗識字」或「識字」
(二)在校時最感興趣之科目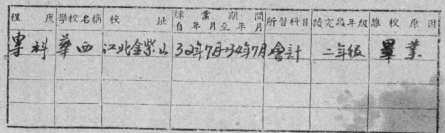

69

(三)曾在何處服務：

| 機關名稱 | 地 址 | 主管人姓名 | 月薪 | 服 務 期 間 自年月至年月 | 離職原因 |
|---|---|---|---|---|---|
| 南華中學 | 大興埸 | | 四件元 | 30年—32年 | 投考大于 |
| | | | | | |
| | | | | | |
| | | | | | |

(四)經歷中最感興趣之工作 集團生活

(丙)業餘生活

(一)每日工作時間： 忙時 　　　小時，平時 　　　小時

(二)本人最喜歡的娛樂 音樂、話劇

(三)公餘經常作何消遣 閱讀、研究

(四)曾參加甚麼業餘團體：

| 名 　　稱 | 性 質 | 地 址 | 主持人 | 何時加入 | 担任何種職務 |
|---|---|---|---|---|---|
| 濚氿謌詠团 | 業餘 | 化龍橋 | | 29年 | 合唱指導 |
| 濚氿話劇团 | 〃 | 〃 | | 〃 | 演員 |
| | | | | | |
| | | | | | |

(丁)有何特殊狀況，特殊興趣或特殊技能，請列舉於下：

(戊)本人之簽字蓋章：簽字 鄧 祥 森 蓋章

　　填寫日期：民國三十四年 八 月 十八 日

　　填寫人 鄧 祥 森 代填寫人

## 重慶電力公司職工調查表

| 姓名 | 鄧祥森 | 家 庭 狀 況 | | |
|---|---|---|---|---|
| 籍貫 | 四川巴縣 | 父 名 | 美鄉 | 職業 童 |
| 年齡 | 廿又 | 母 名 | 劉濃居 | |
| 出生年月日 民國前10年2月13日 | | 兄弟姊妹 | 祥坤 祥沐 | 職業 童 |
| 已否結婚 已 | 子 1 人 女 1 人 | 號 | | 業 |

| 學歷 | 私立華西工商專校會計科畢業 | 資產 | 不動產 | |
|---|---|---|---|---|
| 經歷 | | | 動 產 | |
| 歷 | | 家通訊長處 | 臨 時 | 臨江門驅城街52 |
| 擅長何種技能 | | | 永 久 | 仝上 |
| | | 介 紹 人 | | |
| | | 姓 名 | 孝迅 | 別號 |
| | | 籍 貫 | | 省 市（縣） |
| 平日生活情形 | | 年 齡 | | 歲 職業 |
| | | 通訊處 | | |
| | | 與本人關係 | | |
| | | 保 證 人 | | |
| | | 姓 名 | 程惠村 | 別號 |
| | | 籍 貫 | | 省 縣（市） |
| 家庭經濟是否需要本人負担 臨本人負担 | | 年 齡 | | 歲 |
| 每月負擔若干 圍壹伯式拾之 | | 與本人關係 | | |
| 到職日期 34年 8月 24日 | | 職業及服務機關名稱 | | |
| 永久住址 臨江門驅城街52 | | 營業種類 | 糖果 | |
| 本人通訊處 臨 時 仝上 | | 開設地點 | 中華路146 | |
| 永 久 | | 通訊處 臨 時 仝上 | | |
| | | 永 久 | | |

签名盖章　　　　　　　年　　月　　日

37

## 重慶電力股份有限公司

## 職工調查表

編　號 _____

姓　名 邱脉悌 _____

檢查號 _____

38

姓名 邱脉恻 别號＿＿＿＿ 籍貫 四川 省 酉陽 縣市

出生年月：民國（曆） 七 年 十 月 三 日現年 廿九 歲

是否黨員＿＿ 黨證號數＿＿＿＿ 是否團員＿＿ 團證號數＿＿＿

現在住址 鵝公岩電廠 （ 區 鎮 保 甲 ）

固定住址或通訊處 鵝公岩電力公司第三發電廠

到職年月：民國 卅五 年 十一 月 十五 日

介紹人姓名 楊簡初 號＿＿＿＿ 現年 四三 歲籍貫 江蘇 省 縣市

職業 教育 住址或通訊處 南京金陵大學＿＿＿ 與本人關係 師生

保證人姓名 黃漢三 號＿＿＿＿ 現年 五二 歲籍貫 四川 省 酉陽 縣市

職業 商 現在住址 重慶林森路大川銀行三樓永濟公司

固定住址或通訊處 林森路大川銀行三樓永濟公司 與本人關係 同鄉

（甲）家庭狀況：

（一）家長名 邱濤 號子敬 現年 五三 歲係本人之 父親

　　　職業 賦閒 住址 酉陽龍潭中街85號 每月收入＿＿＿

（二）父名 邱濤 號子敬 現年 五三 歲職業 賦閒

　　　住址 酉陽龍潭中街85號 每月收入＿＿＿

　　　母姓名 楊淑芳 現年 五五 歲

（三）已否結婚 已 配偶姓名 顧恆礼 現年 二四 歲籍貫 四川 省 銅梁 縣市

（四）子 一 人最長者現年 一 歲最幼者現年 歲

　　　現入學校者 人學校名稱＿＿＿＿＿

　　　現已服務者 人處所名稱＿＿＿＿＿

　　　女＿＿＿ 人最長者現年 歲最幼者現年 歲

　　　現入學校者 人學校名稱＿＿＿＿＿

　　　現已出嫁者＿＿ 人

（三）曾在何處服務：

| 機關名稱 | 地址 | 主管姓名 | 月薪 | 服務期間 自年月至年月 | 離職原因 |
|---|---|---|---|---|---|
| 金陵大學 | 重慶 | 陳裕光 | 140元 | 32年6月至35年4月 | 該校遷回南京 |
| 建新變壓器廠 | 重慶 | 楊簡初 | 140元 | 33年6月至34年9月 | 該廠停辦 |
| 白沙水力發電廠 | 江津白沙 | 夏仲實 | 240元 | 35年5月至35年11月 | 到本公司服務 |
| | | | | | |
| | | | | | |
| | | | | | |

（四）經歷中最感興趣之工作　**實驗工作**

（丙）業餘生活

（一）每日工作時間：忙時 **24** 小時，平時 **6** 小時

（二）本人最喜歡的娛樂 **音樂、運動、**

（三）公餘經常作何消遣 **玩業餘電訊**

（四）曾參加甚麼業餘團體：

| 名稱 | 性質 | 地址 | 主持人 | 何時加入 | 擔任何種職務 |
|---|---|---|---|---|---|
| | | | | | |
| | | | | | |
| | | | | | |
| | | | | | |

（丁）有何特殊狀況，特殊興趣或特殊技能，請列舉於下

（戊）本人之簽字蓋章：簽字 邱脈懷　　蓋章

填寫日期：民國 **36** 年 **7** 月 **8** 日

填寫人 邱脈懷　　代填寫人

(五)兄弟姊妹：

| 名 | 號 | 本人之 | 年齡 | 婚嫁否 | 職 業 | 住 址 | 備 考 |
|---|---|---|---|---|---|---|---|
| 脈忠 | | | 廿二 | | 學 | 與本人同 | |
| | | | | | | | |
| | | | | | | | |
| | | | | | | | |
| | | | | | | | |

(六)除公司薪給外，本人尚有何種其他收入？　　無

本人每月平均開支：

| 項 目 | 開 支 金 額 |
|---|---|
| | |
| | |
| | |
| | |
| 總 計 | |

除去開支後能有積蓄否？　　無

　若干

不敷開支時如何彌補？

　　由家庭供給

是否負責？　　　若干

何處借來？

歸還的方法？

(乙)教育及經歷：

(一)曾受何等教育？

| 程 度 | 學校名稱 | 校 址 | 肄業期間 自某年某月至某年某月 | 所習科目 | 讀完幾年級 | 離校原因 |
|---|---|---|---|---|---|---|
| 大學畢業 | 金陵大學 | 南京 | 29年又月至32年月 | 電機 | 全學程 | 畢業 |
| | | | | | | |
| | | | | | | |

附註：請填所受最高級教育之名稱，或接近於所受之最高級教育者，例如高級職業學校
　　畢業者，可填該高級職業學校，同時，並可填已受過教育之高級中學或初級中學
　　，不識字，粗識字或只識字，并未入過學校者，請填「不識字」「粗識字」或「識字」

(二)在校時最感興趣之科目　電機工程

## 重慶電力公司職工調查表 42

| 姓 名 | 邱脈懊 | 家 庭 狀 況 | | |
|---|---|---|---|---|
| 籍 貫 | 四川眉陽 | 父 名 | 邱子溦 | 職業 閒 |
| 年 齡 | 卅 | 母 名 | 楊藏蕃 | 職業 |
| 出生年月日民國簡卅年十月3日 | | 兄 名 | | 職業 |
| 已查結婚 | 子 人 女 人 | 弟姊妹 號 | 邱脈忠 | 三 |
| 學 歷 | 私立金陵大學文恃工電機系 | 資產 | 不動產 | |
| | | | 動產 | |
| 經 歷 | | 家長通訊處 | 臨時 | 中西路十二號 |
| | | | 永久 | 眉山縣街六號 |
| | | 介 紹 人 | | |
| 擅長何種技能 | | 姓 名 | 楊蜀 | 別號 |
| | | 籍 貫 | 東川 省 | 市（縣） |
| | | 年 齡 卅十五 歲 | 職業 教書 | |
| 平日生活情形 | | 通訊處 | 南京金陵大學電機系 | |
| | | 與本人關係 | 師生 | |
| 家庭經濟是否需要本人負担 | | 保 證 人 | | |
| 每月負擔若干 | | 姓 名 | 黃漢三 | 別號 |
| 到職日期 | 三五年 11月 日 | 籍 貫 | 四川 省 巴 縣（市） |
| 永久住址 | 眉山縣邱六號 | 年 齡 | 五十三 歲 |
| 本人通訊處 | 臨時 楊松店三廠 | 與本人關係 | 威誼 |
| | 永久 眉山縣街六號 | 職業及服務機關名稱 | 高裕通公司 |
| | | 營業種類 | 進出口貨場 |
| | | 開設地點 | 重慶中西路十二號 |
| | | 通訊處 臨時 | 重慶中二路十二號 |
| | | 永久 | 巴縣馬王場忠恕農場 |

簽名蓋章 邱脈懊 37年 10月 30日

'43

姓名 楊伯狄 別號＿＿ 籍貫 四川 省 新津 縣市

出生年月：民國（前） 拾 年 捌 月 壹 日現年 弍拾伍歲

是否黨員＿＿ 黨證號數＿＿ 是否團員＿＿ 團證號數＿＿

現在住址＿＿（＿區 ＿鎮 ＿保 ＿甲）

固定住址或通訊處＿＿

到職年月：民國 叁拾伍 年 玖 月 拾壹 日

介紹人姓名＿＿ 號＿＿ 現年＿＿歲籍貫＿＿ 省＿＿縣市

職業＿＿ 住址或通訊處＿＿ 與本人關係＿＿

保證人姓名 楊澤沅 號＿＿ 現年 31 歲籍貫 四川 省 新津 縣市

職業 商 現在住址 國府路土溪別墅大號

固定住址或通訊處＿＿ 與本人關係 親誼

**（甲）家庭狀況：**

（一）家長名 楊國華 號＿＿ 現年 伍拾壹 歲係本人之 父

職業 商 住址 新津花橋梓 每月收入＿＿

（二）父名 如上 號＿＿ 現年＿＿歲職業＿＿

住址＿＿ 每月收入＿＿

母姓名＿＿ 現年＿＿歲

（三）已否結婚 已 配偶姓名 鍾孝芸 現年 二十四 歲籍貫 四川 省 雙流 縣市

（四）子 二 人最長者現年 四 歲最幼者現年 二 歲

現入學校者＿＿ 人學校名稱＿＿

現已服務者＿＿ 人處所名稱＿＿

女＿＿人最長者現年＿＿歲最幼者現年＿＿歲

現入學校者＿＿ 人學校名稱＿＿

現已出嫁者＿＿人

44

(五)兄弟姊妹：

| 名 號 | 本人之 | 年齡 | 婚嫁否 | 職　　業 | 住　　　址 | 備　　考 |
|---|---|---|---|---|---|---|
| | | | | | | |
| | | | | | | |
| | | | | | | |
| | | | | | | |

(六)除公司薪給外，本人尚有何種其他收入？＿＿＿＿＿＿＿＿＿

本人每月平均開支：

| 項　　　目 | 開　支　金　額 |
|---|---|
| | |
| | |
| | |
| | |
| 總　　　計 | －－－ |

除去開支後能有積蓄否？＿＿＿＿＿

　若干＿＿＿＿＿＿

不敷開支時如何彌補？＿＿＿＿＿

是否負責？＿＿＿＿ 若干＿＿＿＿

何處借來？＿＿＿＿＿＿

歸還的方法？＿＿＿＿＿

## (乙)教育及經歷：

(一)曾受何等教育？

| 程　度 | 學校名稱 | 校　址 | 肄業期間 自年月至年月 | 所習科目 | 讀完幾年級 | 離校原因 |
|---|---|---|---|---|---|---|
| 高中 | 天府中學 | 成都 | 廿六年至廿九年 | 普通科 | 三年級 | |
| | 志城高商 | 成都 | 廿六年至廿八年 | 會計科 | 二年 | |

附註：請填所受最高級教育之名稱，或接近於所受之最高級教育者，例如高級職業學校畢業者，可填該高級職業學校，同時，並可填已受過教育之高級中學或初級中學，不識字，粗識字或只識字，并未入過學校者，請填「不識字」「但識字」或「識字」＿＿＿＿＿

(二)在校時最感興趣之科目＿＿＿＿＿＿＿＿＿

(三)曾在何處服務：

| 機關名稱 | 地　址 | 主管人姓名 | 月薪 | 服務期間 自　年　月　至　年　月 | 離職原因 |
|---|---|---|---|---|---|
| 蜀南公司 | 瀘縣 | | 140 | 三十年至三三年 | 因事 |
| 重慶自來水公司 | 重慶 | | 130 | 三四年 | |
| | | | | | |
| | | | | | |
| | | | | | |
| | | | | | |

(四)經歷中最感興趣之工作 _____

## （丙）業餘生活

(一)每日工作時間：忙時 _____ 小時，平時 _____ 小時
(二)本人最喜歡的娛樂 _____
(三)公餘經常作何消遣 _____
(四)曾參加甚麼業餘團體：

| 名　稱 | 性　質 | 地　址 | 主持人 | 何時加入 | 担任何種職務 |
|---|---|---|---|---|---|
| | | | | | |
| | | | | | |
| | | | | | |
| | | | | | |

（丁）有何特殊狀況，特殊興趣或特殊技能，請列舉於下：

（戊）本人之簽字蓋章：簽字 _____　蓋章 _____

填寫日期：民國 _____ 年 _____ 月 _____ 日

填寫人 _____　代填寫人 _____

79

重慶電力股份有限公司

職工調查表

編　號

姓　名　　袁維謹

檢查號

姓名 袁維謹 別號 肇伯 籍貫 四川 省 瀘 縣市

出生年月：民國（前）十四 年 一 月 二十五 日 現年 二十一 歲

是否黨員 否 黨證號數 無 是否團員 否 團證號數 無

現在住址 大溪溝第一廠 及太平閒兩閒若鞋舖 保 甲

固定住址或通訊處 瀘縣藍田壩黄壩

到職年月：民國三十五 年 十一 月 三 日

介紹人姓名 袁玉麟 號 現年四十九歲籍貫 四川 省 瀘 縣市

職業 商業 住址或通訊處 成都慶雲東街三十一舖 與本人關係 叔姪

保證人姓名 袁石麟 號 承祐 現年四十五歲籍貫 四川 省 瀘 縣市

職業 商業 現在住址 重慶太平門安闌巷一舖

固定住址或通訊處 瀘縣疑光城垣街二十二舖 與本人關係 叔姪

（甲）家庭狀況：

（一）家長名 袁志衡 號 現年 六十三 歲係本人之 父

職業 無 住址 瀘縣藍田壩黄壩 每月收入 無

（二）父名 袁志衡 號 現年 六十三 歲職業 無

住址 瀘縣藍田壩黄壩 每月收入 無

母姓名 廓布蘊 現年 六十一 歲

（三）已否結婚 已結婚 配偶姓名 黄昌銘 現年 二十 歲籍貫 四川 省 江安 縣市

（四）子 一 人最長者現年 一 歲最幼者現年 歲

現入學校者 未 人學校名稱 無

現已服務者 未 人處所名稱 無

女 無 人最長者現年 無 歲最幼者現年 無 歲

現入學校者 無 人學校名稱 無

現已出嫁者 無 人

81

(五)兄弟姊妹：

| 名　　號 | 本人之 | 年齡 | 婚嫁否 | 職　　業 | 住　　　址 | 備　　考 |
|---|---|---|---|---|---|---|
| 袁維靜 | 姊 | 三一 | 嫁 | 無 | 瀘縣藍田壩 | |
| | | | | | | |
| | | | | | | |
| | | | | | | |
| | | | | | | |

(六)除公司薪給外，本人尚有何種其他收入？　　　　　無

本人每月平均開支：

| 項　　目 | 開支金額 |
|---|---|
| 食費 | 叁萬元 |
| 洗衣費 | 肆仟元 |
| 零用 | 肆萬陸仟元 |
| | |
| 總　　計 | |

除去開支後能有積蓄否？　無

若干　匯家作家用

不敷開支時如何彌補？

是否負責？　　　　若干

何處借來？

歸還的方法？

(乙)教育及經歷：

(一)曾受何等教育？

| 程度 | 學校名稱 | 校　址 | 肄業期間 自年月至年月 | 所習科目 | 讀完幾年級 | 離校原因 |
|---|---|---|---|---|---|---|
| 高級中學 | 四川省立重慶高工 | 瀘縣彌陀場 | 三十二年至三十四 | 機械科 | 三年級 | 畢業 |
| | | | | | | |

附註：請填所受最高級教育之名稱，或接近於所受之最高級教育者，例如高級職業學校
畢業者，可填該高級職業學校，同時，並可填已受過教育之高級中學或初級中學
，不識字，粗識字或只識字，并未入過學校者，請填「不識字」「粗識字」或「識字」

(二)在校時最感興趣之科目 機械製圖工廠實習數學理、化、機械管理

(三)曾在何處服務：

| 機關名稱 | 地　址 | 主管人姓名 | 月薪 | 服務期間<br>自　年　月至　年　月 | 離職原因 |
|---|---|---|---|---|---|
| 瀘縣糧食儲備會 | 瀘縣 | 徐公偉 | 壹佰肆拾元 | 自卅四年九月至卅五年九月 | 奉令裁撤 |
| | | | | | |
| | | | | | |
| | | | | | |
| | | | | | |

(四)經歷中最感興趣之工作

（丙）業餘生活

(一)每日工作時間：忙時　八　小時，平時　八　小時

(二)本人最喜歡的娛樂

(三)公餘經常作何消遣　公餘閱報溫書

(四)曾參加甚麼業餘團體：

| 名　稱 | 性質 | 地址 | 主持人 | 何時加入 | 擔任何種職務 |
|---|---|---|---|---|---|
| | | | | | |
| | | | | | |
| | | | | | |
| | | | | | |

（丁）有何特殊狀況，特殊興趣及特殊技能，請列舉於下：

（戊）本人之簽字蓋章：簽字　袁維謹　　　蓋章

填寫日期：民國　三十五　年　十一　月　二十六　日

填寫人　　　　　　　　　代填寫人

## 重慶電力公司職工調查表

84

| 姓名 | 袁維謹 | 家　庭　狀　況 | | |
|---|---|---|---|---|
| 籍貫 | 四川瀘縣 | 父　名 | 袁泉豪（歿） | 職業 |
| 年齡 | 廿三 | 母　名 | 廓布薇（存） | 業 |
| 出生年月日民國 廿四年 1月廿二日 | | 兄弟名 | 袁維基（歿） | 職 |
| 已否結婚 已 子女 無 人 | | | 無 | |
| | | 姊妹 | 袁維靜（臨） | |
| | | | 無 | 業 |
| 學歷 | 重慶高工畢業 | 資產 | 不動產 | |
| | | | 動產 | 無 |
| 經歷 | 曾任瀘縣儲運處助理員及一級科員 | 家長通訊處 | 臨時 | 瀘縣區四個頭州路四十二鄰 |
| | | | 永久 | 瀘縣蓝田場黃垻 |
| | | 介　紹　人 | | |
| | | 姓名 | 袁玉麟 | 別號 |
| | | 籍貫 | 四川省 瀘市（縣） | |
| 擅長技能種何能 | 機械工程 | 年齡 | 五十一歲 | 職業 商 |
| | | 通訊處 | 重慶太平門海角巷一號 | |
| | | 與本人關係 | 叔姪 | |
| 平日生活情形 | 公餘處理家務 | 保　證　人 | | |
| | | 姓名 | 孫謙牧 別號 | |
| | | 籍貫 | 四川省 巴縣（市） | |
| | | 年齡 | 卅八歲 | |
| 家庭經濟是否需要本人負担 是 | | 與本人關係 | 世誼 | |
| 每月負擔若干 八十元 | | 職業及服務機關名稱 | 川康銀行副經理 | |
| 到職日期 卅五年十一月一日 | | 營業種類 | | |
| 永久住址 瀘縣蓝田場黃垻 | | 開設地點 | 本市打銅街 | |
| 本人通訊處 臨時 大溪溝第一發電廠 | | 通訊處 臨時 | | |
| 永久 瀘縣蓝田場黃垻 | | 永久 | 林森路双花子12號 | |

簽名盖章　　　　　年　　月　　日

97

# 重慶電力股份有限公司

## 職工調查表

編　號　043

姓　名　羌擎儂

檢查號＿＿＿＿＿＿

98

姓名 吳聲儂 別號＿＿＿＿ 籍貫 四川 省 重慶 縣市

出生年月：民國（前）七 年 九 月 二十九日現年 三十八 歲

是否黨員 是 黨證號數＿＿＿ 是否團員 無 團證號數＿＿＿

現在住址 陝西路二二〇（＿＿ 區 ＿鎮 ＿＿保 ＿＿甲）

固定住址或通訊處 復興河平橋十二号＿＿＿＿＿＿＿＿＿

到職年月：民國 三十五 年 三 月 二十二 日

介紹人姓名 白郁 號＿＿ 現年 ＿歲籍貫 ＿＿ 省 ＿＿ 縣市

職業 電信局課長 住址或通訊處 德陽洞電信局 ＿與本人關係＿＿

保證人姓名 李元德 號＿＿ 現年 三十八 歲籍貫 四川 省 巴 縣市

職業 四川省銀行課長 現在住址 陝西路二二〇号

固定住址或通訊處＿＿＿＿＿＿＿ 與本人關係 戚誼

（甲）家庭狀況：

　　（一）家長名 吳伯鄉 號＿＿＿ 現年 六十 歲係本人之 父

　　　　職業 無 住址 復興河平橋十二巷 每月收入＿＿

　　（二）父名＿＿＿＿ 號＿＿ 現年＿＿ 歲職業＿＿

　　　　住址＿＿＿＿＿＿＿＿＿＿＿＿＿＿ 每月收入＿＿

　　　　母姓名 辛德鄉 現年 五十九 歲

　　（三）已否結婚 已 配偶姓名 李仲龍 現年 三十一 歲籍貫 四川 省 巴 縣市

　　（四）子＿＿ 人最長者現年＿＿ 歲最幼者現年＿＿ 歲

　　　　現入學校者＿＿ 人學校名稱＿＿＿＿＿＿＿＿

　　　　現已服務者＿＿ 人處所名稱＿＿＿＿＿＿＿＿

　　　　女＿＿ 人最長者現年＿＿ 歲最幼者現年＿＿ 歲

　　　　現入學校者＿＿ 人學校名稱＿＿＿＿＿＿＿＿

　　　　現已出嫁者＿＿ 人

(五)兄弟姊妹：

| 名 | 號 | 本人之 | 年齡 | 婚嫁否 | 職 業 | 住 址 | 備 考 |
|---|---|---|---|---|---|---|---|
| | | | | | | | |
| | | | | | | | |
| | | | | | | | |
| | | | | | | | |
| | | | | | | | |

(六)除公司薪給外，本人尚有何種其他收入？　無

本人每月平均開支：

| 項 目 | 開 支 金 額 |
|---|---|
| | |
| | |
| | |
| | |
| 總 計 | |

除去開支後能有積蓄否？

　若干

不敷開支時如何彌補？

是否員責？　　若干

何處借來？

歸還的方法？

(乙)教育及經歷：

(一)曾受何等教育？

| 程度 | 學校名稱 | 校 址 | 肄業期間 自，年 月至 年 月 | 所習科目 | 讀完幾年級 | 離校原因 |
|---|---|---|---|---|---|---|
| 高中 | 五信會訓練 | 北碚 | | | | 畢業 |
| | | | | | | |
| | | | | | | |

附註：請填所受最高級教育之名稱，或接近於所受之最高級教育者，例如高級職業學校
　　畢業者，可填該高級職業學校，同時，並可填己受過教育之高級中學或初級中學
　　，不識字，粗識字或只識字，并未入過學校者，請填「不識字」「粗識字」或「識字」
(二)在校時最感興趣之科目

(三)曾在何處服務：

| 機關名稱 | 地址 | 主管人姓名 | 月薪 | 服務期間 自2?年5月至3?年7月 | 離職原因 |
|---|---|---|---|---|---|
| 重慶電信局 | 沐陽洞 | 黃如祖 | 八十 | | 因病 |
| | | | | | |
| | | | | | |
| | | | | | |
| | | | | | |

(四)經歷中最感興趣之工作 _____

## （丙）業餘生活

(一)每日工作時間： 忙時 _____ 小時，平時 _____ 小時

(二)本人最喜歡的娛樂 _____

(三)公餘經常作何消遣 _____

(四)曾參加甚麼業餘團體：

| 名稱 | 性質 | 地址 | 主持人 | 何時加入 | 擔任何種職務 |
|---|---|---|---|---|---|
| | | | | | |
| | | | | | |
| | | | | | |

（丁）有何特殊狀況，特殊興趣或特殊技能，請列舉於下：

（戊）本人之簽字蓋章： 簽字 _____ 蓋章

填寫日期：民國三十五 年 三 月二十二日

填寫人 吳豹儂 _____ 代填寫人 _____

# 重慶電力公司職工調查表

| 姓名 | 吳藝農 | 家　庭　狀　況 | | |
|---|---|---|---|---|
| 籍貫 | 重慶 | 父　名 | 吳伯卿 | 職業　無 |
| 年齡 | 廿八 | 母　名 | 年徐卿 | |
| 出生年月日民國 前 九年七月廿九日 | | 兄弟　名 | | 職 |
| 已否結婚　已　子　人　女　人 | | 姊妹　名 | | |
| | | | 渡 | 業 |
| 學歷 | 立信會計學校畢業 | 資産家長 | 不動産 | |
| | | | 動産 | |
| | | 通訊處 | 臨時 | |
| 經歷 | | | 永久 | 大坪12号 |
| | | 介　紹　人 | | |
| | | 姓名 | | 別號 |
| | | 籍貫 | 省 | 市(縣) |
| 擅長技能何種 | | 年齡 | 歲 職業 | |
| | | 通訊處 | | |
| 平日生活情形 | | 與本人關係 | | |
| | | 保　證　人 | | |
| | | 姓名 | 李楢龍 | 別號 |
| | | 籍貫 | 四川江北省 | 縣(市) |
| | | 年齡 | 四十歲 | |
| 家庭經濟是否需要本人負擔　是 | | 與本人關係 | 戚 | |
| 每月負擔若干 | | 職業及服務機關名稱 | 四川省銀行信託部 | |
| 到職日期 廿五年三月十九日 | | 營業種類 | | |
| 永久住址 大坪12号 | | 開設地點 | | |
| 本人通訊處 臨時 陝西路三育之巷九号 永久 | | 通訊處 臨時　永久 四川省銀行 | | |

簽名蓋章　　　　年　　月　　日

109

重慶電力股份有限公司

職工調查表

編　號 _____

姓　名 張心敏

檢查號 _____

110

姓名 張心敏 別號＿＿＿＿ 籍貫 四川 省 南溪 縣市

出生年月：民國（前）十 年 十 月 廿二 日 現年 廿五 歲

是否黨員＿＿ 黨證號數＿＿ 是否團員＿＿ 團證號數＿＿

現在住址＿＿＿＿（＿＿區＿＿鎮＿＿保＿＿甲）

固定住址或通訊處 南溪縣桂花街五五號

到職年月：民國 卅五 年 七 月 廿九 日

介紹人姓名 何紹明 號＿＿＿ 現年＿＿歲 籍貫＿＿省＿＿縣市

職業＿＿＿＿ 住址或通訊處 大陽溝本公司第一廠 與本人關係 同學

保證人姓名 孫良楷 號＿＿＿ 現年＿＿歲 籍貫 四川 省 巴 縣市

職業 復興麵粉公司經理原廠長 現在住址 江北香國寺復興二廠側

固定住址或通訊處＿＿＿＿＿＿＿＿＿ 與本人關係 友誼

（甲）家庭狀況：

（一）家長名 張雨生 號 又忱 現年 六十 歲係本人之 父

職業 商 住址 南溪桂花街五五號 每月收入＿＿＿

（二）父名 張雨生 號 又忱 現年 六十 歲職業 商

住址 南溪桂花街五五號 每月收入＿＿＿

母姓名 張屈氏 現年 五十八 歲

（三）已否結婚＿＿ 配偶姓名＿＿ 現年＿＿歲籍貫＿＿省＿＿縣市

（四）子＿＿人最長者現年＿＿歲最幼者現年＿＿歲

現入學校者＿＿人學校名稱＿＿＿＿＿＿

現已服務者＿＿人處所名稱＿＿＿＿＿＿

女＿＿人最長者現年＿＿歲最幼者現年＿＿歲

現入學校者＿＿人學校名稱＿＿＿＿＿＿

現已出嫁者＿＿人

民国时期重庆电力股份有限公司档案汇编

第 ⑥ 辑

(五)兄弟姊妹：

| 名 | 號 | 本人之 | 年齡 | 婚嫁否 | 職 業 | 住 址 | 備 考 |
|---|---|---|---|---|---|---|---|
| 張心怨 | | 姐 | 廿六 | | 教 育 | 南溪 | |
| 張心燦 | | 兄 | 廿一 | | 學 | 南溪 | |
| 張心輝 | | 弟 | 十三 | | 學 | 南溪 | |

(六)除公司薪給外，本人尚有何種其他收入？＿＿＿＿＿＿＿＿＿＿＿

本人每月平均開支：

| 項 目 | 開支金額 |
|---|---|
| | |
| | |
| | |
| | |
| 總 計 | |

除去開支後能有積蓄否？＿＿＿＿＿＿

　若干＿＿＿＿＿＿＿＿＿＿

不敷開支時如何彌補？＿＿＿

＿＿＿＿＿＿＿＿＿＿＿＿＿＿

是否負責？＿＿＿＿若干＿＿

何處借來？＿＿＿＿＿＿＿＿

歸還的方法？＿＿＿＿＿＿＿

(乙)教育及經歷：

(一)曾受何等教育？

| 程 度 | 學校名稱 | 校 址 | 肄業期間 自年月至年月 | 所習科目 | 讀完幾年級 | 離校原因 |
|---|---|---|---|---|---|---|
| 高職 | 中央工校 | 渝沙坪壩 | 廿九年至卅二年 | 電機 | 三年 | 畢業 |
| | | | | | | |
| | | | | | | |

附註：請填所受最高級教育之名稱，或接近於所受之最高級教育者，例如高級職業學校
　　畢業者，可填該高級職業學校，同時，並可填已受過教育之高級中學或初級中學
　　，不識字，粗識字或只識字，并未入過學校者，請填「不識字」「粗識字」或「識字」

(二)在校時最感興趣之科目＿＿＿＿＿＿＿＿＿＿＿＿＿＿＿＿＿＿＿＿＿

（三）曾在何處服務：

112

| 機關名稱 | 地址 | 主管人姓名 | 月薪 | 服務期間<br>自 年 月至 年 月 | 離職原因 |
|---|---|---|---|---|---|
| 中央通訊社 | 重慶中三路蕭同茲 | | 100 | 卅二年七月至卅四年 | 期回家省親 |
| | | | | | |
| | | | | | |
| | | | | | |
| | | | | | |

（四）經歷中最感興趣之工作＿＿＿＿＿＿＿＿＿＿

（丙）業餘生活

（一）每日工作時間：　忙時＿＿＿＿＿小時，平時＿＿＿＿＿小時

（二）本人最喜歡的娛樂＿＿＿＿＿＿＿＿＿＿

（三）公餘經常作何消遣＿＿＿＿＿＿＿＿＿＿

（四）曾參加甚麼業餘團體：

| 名稱 | 性質 | 地址 | 主持人 | 何時加入 | 擔任何種職務 |
|---|---|---|---|---|---|
| | | | | | |
| | | | | | |
| | | | | | |
| | | | | | |

（丁）有何特殊狀況，特殊興趣或特殊技能，請列舉於下

（戊）本人之簽字蓋章：簽字　張心敏　蓋章

填寫日期：民國卅五年七月廿九日

填寫人＿＿＿＿＿　代填寫人＿＿＿＿＿

第⑥辑

## 重慶電力公司職工調查表

114

| 姓 名 | 張心敏 | 家 庭 狀 況 | | |
|---|---|---|---|---|
| 籍 貫 | 四川省南溪縣 | 父 名 | 張又帆 | 職業 |
| 年 齡 | 廿五歲 | 母 名 | 屈喬富 | |
| 出生年月日民國 前11年10月2日 | | 兄 名 | | 職 |
| | | 弟姐妹 | | |
| 已否結婚 未 子女 人 人 | | 況 | | |
| 學歷經歷 | 民國卅二年秋畢業於國立中央工業職業學校中等電機技術科同年秋參加經敎部中等技術人員考試及格。曾任軍政部電信機械修造廠寶雞修理所少尉技術員 | 資產 | 不動產 | |
| | | | 動 產 | |
| | | 家通訊處 | 臨 時 | |
| | | | 永 久 | 南溪縣桂花街55號 |
| | | 介 紹 人 | | |
| 擅長技能種何 | | 姓 名 | | 別 號 |
| | | 籍 貫 | 省 | 市(縣) |
| | | 年 齡 | 歲 職業 | |
| 平日生活情形 | | 通訊處 | | |
| | | 與本人關係 | | |
| | | 保 證 人 | | |
| | | 姓 名 | 孫良楷 | 別 號 |
| | | 籍 貫 | 四川 省 巴縣 縣(市) | |
| | | 年 齡 | 28 歲 | |
| 家庭經濟是否需要本人負擔 需本人負担 | | 與本人關係 | 同学 | |
| 每月負擔若干 全部負担 | | 職業及服務機關名稱 | 視記机械廠技術長 | |
| 到職日期 35年7月 日 | | 營業種類 | 製造各種機械 | |
| 永久住址 南溪縣桂花街55號 | | 開設地點 | 南岸石溪路 | |
| 本人通訊處 臨時 棗子嵐埡56號 | | 通訊處 臨時 | | |
| 永久 南溪桂花街55號 | | 永久 | 重慶二府街10號 | |

簽名盖章 37年10月 日

120

# 重慶電力股份有限公司

## 職工調查表

編　號

姓　名　~~唐桂林~~　唐芝富

檢查號

121

姓名 唐芝富　別號 知祐　籍貫 四川 省 巴縣 縣市

出生年月：民國（前） 九 年 一 月 廿八 日現年 廿六 歲

是否黨員 否 黨證號數 ＿＿＿　是否團員 否 團證號數 ＿＿＿

現在住址 林森路59#附一号 區 ＿ 鎮 ＿ 保 ＿ 甲

固定住址或通訊處 全現在住址

到職工年月：民國 廿五 年 八 月 壹 日

介紹人姓名 ＿ 號 ＿ 現年 ＿ 歲籍貫 ＿ 省 ＿ 縣市

職業 ＿ 住址或通訊處 ＿ 與本人關係 ＿

保證人姓名 張闊波 號 ＿ 現年 五十二 歲籍貫 四川 省 巴縣 縣市

職業 商 現在住址 林森路5丁号華德药房

固定住址或通訊處 全現在住址 與本人關係 ＿

（甲）家庭狀況：

（一）家長名 唐汶濱 號 ＿ 現年 五十四 歲係本人之 父

職業 商 住址 林森路59号附1号 每月收入 ＿

（二）父名 唐汶濱 號 ＿ 現年 ＿ 歲職業 ＿

住址 ＿ 每月收入 ＿

母姓名 ＿ 現年 ＿ 歲

（三）已否結婚 未婚 配偶姓名 ＿ 現年 ＿ 歲籍貫 ＿ 省 ＿ 縣市

（四）子 ＿ 人最長者現年 ＿ 歲最幼者現年 ＿ 歲

現入學校者 ＿ 人學校名稱 ＿

現已服務者 ＿ 人處所名稱 ＿

女 ＿ 人最長者現年 ＿ 歲最幼者現年 ＿ 歲

現入學校者 ＿ 人學校名稱 ＿

現已出嫁者 ＿ 人

（五）兄弟姊妹：

| 名　號 | 本人之 | 年齡 | 婚嫁否 | 職　業 | 住　址 | 備　考 |
|---|---|---|---|---|---|---|
| 廖新惠 | 弟 | 廿三 | 未婚 | 高 | 成都 | |
| 廖新韓 | 妹 | 廿三 | 已婚 | | 上海 | |
| 廖新墨 | 弟 | 廿二 | 未婚 | | 北平 | 肄業清華大學 |

（六）除公司薪給外，本人尚有何種其他收入？＿＿＿＿＿＿＿＿＿

本人每月平均開支：

| 項　目 | 開　支　金　額 |
|---|---|
| | |
| | |
| | |
| | |
| 總　　計 | |

除去開支後能有積蓄否？＿＿＿＿＿＿

　若干＿＿＿＿＿＿

不敷開支時如何彌補？＿＿＿＿＿＿

＿＿＿＿＿＿＿＿＿＿

是否負責？＿＿＿＿　若干＿＿＿＿

何處借來？＿＿＿＿＿＿

歸還的方法？＿＿＿＿＿＿

（乙）教育及經歷：

（一）曾受何等教育？

| 程　度 | 學校名稱 | 校　址 | 肄業期間 自年·月至年月 | 所習科目 | 讀完幾年級 | 離校原因 |
|---|---|---|---|---|---|---|
| 大學 | 重慶大學 | 重慶沙坪壩 | 自廿三年至廿四年 | 電机系 | 四年 | 畢業 |
| | 重慶聯中 | ″ | 自廿七年至卅年 | | 三年 | 〃 |
| | 廣益中學 | 南岸文峰塔 | 自廿三年至廿七年 | | 四年 | 〃 |

附註：請填所受最高級教育之名稱，或接近於所受之最高級教育者，例如高級職業學校
　　畢業者，可填該高級職業學校，同時，並可填已受過教育之高級中學或初級中學
　　，不識字，粗識字或只識字，并未入過學校者，請填「不識字」「粗識字」或「識字」

（二）在校時最感興趣之科目＿＿＿＿＿＿＿＿＿＿＿＿＿＿＿

(三)曾在何處服務：

| 機關名稱 | 地 址 | 主管人姓名 | 月薪 | 服 務 期 間 自 年 月 至 年 月 | 離職原因 |
|---|---|---|---|---|---|
| 天府鑛業公司 | 北碚後鄉龍王瀼 | 潘一召 | | 自卅四年至卅五年 | |
| | | | | | |
| | | | | | |
| | | | | | |
| | | | | | |

(四)經歷中最感興趣之工作 _____

(丙)業餘生活

(一)每日工作時間：忙時 _____ 小時，平時 _____ 小時
(二)本人最喜歡的娛樂 _____
(三)公餘經常作何消遣 _____
(四)曾參加甚麼業餘團體：

| 名 稱 | 性 質 | 地 址 | 主持人 | 何時加入 | 擔任何種職務 |
|---|---|---|---|---|---|
| | | | | | |
| | | | | | |
| | | | | | |

(丁)有何特殊狀況，特殊興趣或特殊技能，請列舉於下：

(戊)本人之簽字蓋章：簽字 _____ 蓋章 _____

填寫日期：民國卅五年 八月 七日

填寫人 唐先社 _____ 代填寫人 _____

## 重慶電力公司職工調查表

125

| 姓名 | 唐知富 | | 家 庭 狀 況 | | |
|---|---|---|---|---|---|
| 籍貫 | 巴縣 | 父名 | 唐汶濱 | 職業 | 商 |
| 年齡 | 廿八歲 | 母名 | | 職業 | |
| 出生年月日民國前九年一月廿八日 | | 兄弟姊妹 | 唐知桂 唐知驊 唐知思 唐知涵 | | |
| 已否結婚 未 子女 人 人 | | | | | |
| 學歷 | 國立重慶大學電機系畢業 | 資產 | 不動產 | 無 | |
| | | | 動產 | 無 | |
| 經歷 | | 家長通訊處 | 臨時 | 林森路五十九號 | |
| | | | 永久 | 仝上 | |
| | | 介 紹 人 | | | |
| 擅長何種技能 | | 姓名 | | 別號 | |
| | | 籍貫 | 省 市(縣) | | |
| 平日生活情形 | | 年齡 歲 職業 | | | |
| | | 通訊處 | | | |
| | | 與本人關係 | | | |
| | | 保 證 人 | | | |
| | | 姓名 | 張瀾波 | 別號 | |
| | | 籍貫 | 四川 省 巴 縣(市) | | |
| 家庭經濟是否需要本人負擔 負担部分 | | 年齡 | 五十 歲 | | |
| 每月負擔若干 | | 與本人關係 | 世誼 | | |
| 到職日期 廿五年 八 月 一 日 | | 職業及服務機關名稱 | 華德藥房經理 | | |
| 永久住址 重慶林森路59號村1號 | | 營業種類 | 林森路五十七號 | | |
| 本人通訊處 臨時 仝上 | | 開設地點 | 西葯 | | |
| 永久 仝上 | | 通訊處 | 臨時 | | |
| | | | 永久 | | |

簽名蓋章 37年 10月 6 日

5-D

重慶電力股份有限公司

職工調查表

編　號

姓　名　劉盥雲

檢查號

姓名 劉盛雲 別號＿＿＿＿ 籍貫 四川 省 雲陽 縣籍

出生年月：民國(歲) 十一 年 十一 月 廿三 日現年 廿四 歲

是否黨員＿＿ 黨證號數＿＿＿＿ 是否團員＿＿ 團證號數＿＿＿＿

現在住址＿＿＿＿＿＿＿＿（＿一區＿＿鎮＿＿保＿＿甲）

固定住址或通訊處 重慶上清寺特園路六十五號

到職年月：民國 卅六 年 三 月 廿五 日

介紹人姓名＿＿＿＿ 號＿＿ 現年＿＿ 歲籍貫＿＿ 省＿＿ 縣市

職業＿＿＿＿ 住址或通訊處＿＿＿＿ 與本人關係＿＿

得證人姓名＿＿＿＿ 號＿＿ 現年＿＿ 歲籍貫＿＿ 省＿＿ 縣市

職業＿＿＿＿ 現在住址＿＿＿＿

固定住址或通訊處＿＿＿＿ 與本人關係＿＿

（甲）家庭狀況：

（一）家長名 劉守禮 號 敬五 現年 四十八 歲係本人之 父親

　　職業＿＿＿＿ 住址＿＿＿＿ 每月收入＿＿

（二）父名 劉守禮 號 敬五 現年 四十八 歲職業＿＿

　　住址 重慶上清寺特園路六十五號 每月收入＿＿

　　母姓名 夏寶慧 現年＿＿ 歲

（三）已否結婚 未 配偶姓名＿＿ 現年＿＿ 歲籍貫＿＿ 省＿＿ 縣市

（四）子＿＿ 人最長者現年＿＿ 歲最幼者現年＿＿ 歲

　　現入學校者＿＿ 人學校名稱＿＿

　　現已服務者＿＿ 人處所名稱＿＿

　　女＿＿ 人最長者現年＿＿ 歲最幼者現年＿＿ 歲

　　現入學校者＿＿ 人學校名稱＿＿

　　現已出嫁者＿＿ 人

(五)兄弟姊妹：

| 名 | 号 | 本人之 | 年齡 | 婚嫁否 | 職　　業 | 住　　　址 | 備　　考 |
|---|---|---|---|---|---|---|---|
| 盛正 | | 弟 | 十八 | | 學生 | 同前 | |
| 盛學 | | 弟 | 十三 | | 學生 | | |
| 盛秀 | | 弟 | 七 | | 學生 | | |
| 盛庸 | | 弟 | 四 | | 學生 | | |
| 盛熙 | | 妹 | 十 | | 學生 | | |

(六)除公司薪給外，本人尚有何種其他收入？　無

本人每月平均開支：

| 項　　目 | 開支金額 |
|---|---|
| | |
| | |
| | |
| | |
| | |
| 總　　計 | |

除去開支後能有積蓄否？＿＿＿＿

若干＿＿＿＿

不敷開支時如何彌補？＿＿＿＿

＿＿＿＿＿＿＿＿＿＿

是否負債？＿＿＿　若干＿＿＿

何處借來？＿＿＿＿＿

歸還的方法？＿＿＿＿＿

(乙)教育及經歷：

(一)曾受何等教育？

| 程度 | 學校名稱 | 校　址 | 肄業期間 自年月至年月 | 所習科目 | 讀完幾年級 | 離校原因 |
|---|---|---|---|---|---|---|
| 初中 | 求精 | 重慶 | | | 三年級 | 畢業 |
| 高中 | 精益 | 重慶 | | | 三年級 | 畢業 |
| 大學 | 金陵 | 南京 | | 電工 | 四年級 | 畢業 |

附註：請填所受最高級教育之名稱，或接近於所受之最高級教育者，例如高級職業學校
　　畢業者，可填該高級職業學校，同時，並可填已受過教育之高級中學或初級中學
　　，不識字，粗識字或只識字，并未入過學校者，請填「不識字」「粗識字」或「識字」

(二)在校時最感興趣之科目＿＿＿＿＿＿＿＿＿＿

（三）曾在何處服務：

| 機關名稱 | 地址 | 主管人姓名 | 月薪 | 服務期間 自年月至年月 | 離職原因 |
|---|---|---|---|---|---|
| | | | | | |
| | | | | | |
| | | | | | |
| | | | | | |
| | | | | | |
| | | | | | |

（四）經歷中最感興趣之工作＿＿＿＿＿＿＿＿＿＿＿＿

（丙）業餘生活

（一）每日工作時間：忙時＿＿小時，平時＿＿小時

（二）本人最喜歡的娛樂　音樂．運動．

（三）公餘經常作何消遣　閱讀．運動．音樂．

（四）曾參加甚麼業餘團體：

| 名稱 | 性質 | 地址 | 主持人 | 何時加入 | 擔任何種職務 |
|---|---|---|---|---|---|
| | | | | | |
| | | | | | |
| | | | | | |

（丁）有何特殊狀況，特殊興趣或特殊技能，請列舉於下：

（戊）本人之簽字蓋章：簽字＿＿＿＿＿＿　蓋章＿＿＿＿＿＿

　　　填寫日期：民國　卅六　年　四　月　六　日

　　　填寫人　劉盛雲　　代填寫人＿＿＿＿＿＿

36

重 慶 電 力 股 份 有 限 公 司

職 工 調 查 表

編　號＿＿＿＿＿＿＿＿＿＿

姓　名　萬朝傑＿＿＿＿＿＿

檢查號＿＿＿＿＿＿＿＿＿＿

姓名 萬朝絲 別號 ____ 籍貫 四川 省 渠 縣市

出生年月：民國（前）二 年 七 月 十六 日 現年 三六 歲

是否黨員 ____ 黨證號數 ____ 是否團員 ____ 團證號數 ____

現在住址 重慶南坪場（ ____ 區 ____ 鎮 ____ 保 ____ 甲）

固定住址或通訊處 重慶南岸馬家店天星橋拾伍號

到職年月：民國 三十七 年 六 月 三 日

保證人姓名 黃大庸 號 ____ 現年 四八 歲 籍貫 四川 省 犍為 縣市

職業 商 住址或通訊處 重慶春森路九十八號 與本人關係 友誼

保證人姓名 原源商號 號 ____ 現年 ____ 歲 籍貫 ____ 省 ____ 縣市

職業 足頭 ____ 現在住址 重慶民族路130號

固定住址或通訊處 ____ 與本人關係 ____

（甲）家庭狀況：

(一)家長名 萬華卿 號 ____ 現年 五十八 歲係本人之 父

職業 紳 住址 渠縣三滙鎮正街 每月收入 足以自給

(二)父名 華卿 號 ____ 現年 五八 歲職業 紳

住址 渠縣三滙鎮 每月收入 ____

母姓名 蕭氏 現年 五十七 歲

(三)已否結婚 已 配偶姓名 王永榮 現年 三六 歲籍貫 四川 省 四 縣市

(四)子 紹正 人最長者現年 六 歲最幼者現年 無 歲

現入學者 一 人學校名稱 南坪鎮中心國民學校

現已服務者 ____ 人處所名稱 ____

女 二 人最長者現年 十 歲最幼者現年 八 歲

現入學者 二 人學校名稱 南坪場中心國民學校

現已出嫁者 0 人

(五)兄弟姉妹：

| 名 | 號 | 本人之 | 年齡 | 婚嫁否 | 職 業 | 住 址 | 備 考 |
|---|---|---|---|---|---|---|---|
| 朝偉 | | 第二十 弟 | 歲 | 已婚 | 商 | 梁家三巷 | |
| 朝修 | | 八弟 | 歲 | 未婚 | 就學 | 仝上 | |
| 朝芳 | | 妹十 | 歲 | 未婚 | 就學 | 仝上 | |

(六)除公司薪給外，本人尚有何種其他收入？ 並無其他收入

本人每月平均開支：

| 項 目 | 開 支 金 額 |
|---|---|
| 房租 | 600 (萬) |
| 伙食 | 1,500 (萬) |
| 衣着及書籍 | 1,200 (萬) |
| 教育及醫藥 | 500 (萬) |
| 雜支(應酬交通) | 500 (萬) |
| 總 計 | 4,300 (萬) |

除去開支後能有積蓄否？ 並無積蓄

若干

不敷開支時如何彌補？ 以每勝

車搵活

是否負債？ 無 若干

何處借來？

歸還的方法？

(乙)教育及經歷：

(一)曾受何等教育？

| 程 度 | 學校名稱 | 校 址 | 肄 業 期 間 自 年 月至 年 月 | 所習科目 | 讀完幾年級 | 離 校 原 因 |
|---|---|---|---|---|---|---|
| 大學 | 光華大學 | 成 都 | 三十一年秋季聯業 | 會計系 | 四年級 | 畢 業 |
| | | | | | | |
| | | | | | | |
| | | | | | | |

附註：請填所受最高級教育之名稱，或接近於所受之最高級教育者，例如高級職業學校
　　　畢業者，可填該高級職業學校，同時，並可填已受過教育之高級中學或初級中學
　　　，不識字，粗識字戎只識字，并未入過學校者，請填「不識字」「粗識字」或「識字」

(二)在校時最感興趣之科目

(三)曾在何處服務：

| 機關名稱 | 地址 | 主管人姓名 | 月薪 | 服務期間自年月至年月 | 離職原因 |
|---|---|---|---|---|---|
| 光華大學助教 | 成都 | 校長張壽鏞 | 一四〇元 | 三十一年上學期下學期 | 請假 |
| 財政部關務署區辦事處業務專員 | 成都 | 主任王楷 | 一八〇元 | 三十一年八月至卅三年九月 | 請假 |
| 糧食部督導處一級科員 | 重慶 | 處長李永懋 | 二〇〇元 | 卅三年九月至卅四年七月 | 調職 |
| 重慶市田糧處股長 | 重慶 | 處長李永懋 | 二六〇元 | 卅四年七月卅六月一月 | 機關裁撤 |
| 略陽田糧處副股長岳 | 池 | 處長張樹仲 | 三一〇元 | 卅六年三月至卅七年 | 奉令調省 |
| 正中會計師 | 重慶 | | | | |

(四)經歷中最感興趣之工作 ____

**(丙）業餘生活**

(一)每日工作時間：忙時 ____ 小時，平時 ____ 小時

(二)本人最喜歡的娛樂 ____

(三)公餘經常作何消遣　讀書

(四)曾參加甚麼業餘團體：

| 名稱 | 性質 | 地址 | 主持人 | 何時加入 | 擔任何種職務 |
|---|---|---|---|---|---|
| 正中會計師事務所 | | 本市臨江路 | | | |
| | | | | | |
| | | | | | |

（丁）有何特殊狀況、特殊興趣或特殊技能，請列舉於下：

（戊）本人之簽字蓋章：簽字　萬鄴傑　蓋章 [印章]

填寫日期：民國三七年 六月 二日

填寫人 ____　代填寫人 ____

# 重慶電力公司職工調查表

| 姓名 | 萬朝傑 | | 家 庭 狀 況 | | |
|---|---|---|---|---|---|
| 籍貫 | 四川涞縣 | 父名 | 華卿 | 職業 | 商 |
| 年齡 | 二十八歲 | 母名 | 嵗氏 | 職業 | |
| 出生年月日民國前後元年 月 日 | | 兄弟名 | 共五人 | 職業 | |
| 已否結婚 巳 子女 二人 | | 姊妹 況 | | 業 | |
| 學歷 | 光華大學商學院會計系畢業商學士 高等考試會計師考試及格 | 資產 | 不動產 | 無 | |
| | | | 動產 | 無 | |
| 經歷 | 曾任機關及行號主辦會計暨执行會計師業務有年. | 家長通訊處 | 臨時 | | |
| | | | 永久 | | |
| | | 介 紹 人 | | | |
| 擅長技能何 | 喜好會計實施及理論 | 姓名 | 黃大儒 | 別號 | |
| | | 籍貫 | 四川省 犍為 市(縣) | | |
| | | 年齡 | 四九歲 | 職業 | |
| 平日生活情形 | 自奉菲薄一志以淡泊明志. | 通訊處 | 本公司 | | |
| | | 與本人關係 | 友誼 | | |
| | | 保 證 人 | | | |
| 家庭經濟是否需要本人負担 | 是本人負担 | 姓名 | 王典之 | 別號 | |
| | | 籍貫 | 四川省 巴 縣(市) | | |
| 每月負擔若干 | 約銀幣壹佰伍拾元正 | 年齡 | 五十二歲 | | |
| 到職日期 | 37年 5月 1日 | 與本人關係 | 戚誼 | | |
| 永久住址 | 本市南岸海棠溪王望橋拾壹號 | 職業及服務機關名稱 | 大昌公司 | | |
| 本人通訊處 臨時 | 公山 | 營業種類 | 出口 | | |
| 永久 | | 開設地點 | 本市陝西街231號 | | |
| | | 通訊處 臨時 | 公山 | | |
| | | 永久 | | | |

簽名蓋章　　　　　　35年 8月 20日

## 重慶電力公司職工調查表

| 姓 名 | 楊昌祿 | | 家 庭 狀 況 | | | |
|---|---|---|---|---|---|---|
| 籍 貫 | 四川巴縣 | | 父 名 | 楊月秋 | 職業 | |
| 年 齡 | 三十五歲 | | 母 名 | 王澤亮 | | |
| 出生年月日 民國二拾 年 月 日 | | | 兄 名 | 楊昌陵 | 職業 | |
| 已否結婚 已 于 女 人 人 | | | 姊 妹 號 | 楊昌馥 | 業 | |
| 學 歷 | 川東師範畢業 | | 資 產 | 不動產 | | |
| | | | | 動產 | | |
| 經 歷 | 西昌新昌銀行業務主任 | | 家 通訊處 長 | 臨時 | 南坪壩天星橋14号 | |
| | | | | 永久 | | |
| | | | 介 紹 人 | | | |
| | | | 姓 名 | | 別號 | |
| | | | 籍 貫 | | 省 | 市(縣) |
| 擅 種技 長 何 能 | | | 年 齡 | 歲 職業 | | |
| | | | 通訊處 | | | |
| | | | 與本人關係 | | | |
| 平 日 生 活情 形 | | | 保 證 人 | | | |
| | | | 姓 名 | 王由之 | 別號 | |
| | | | 籍 貫 | 巴縣 | 州 | 縣(市) |
| 家庭經濟是否需要本人負担 | | | 年 齡 | 55 歲 | | |
| | | | 與本人關係 | 母 | | |
| 每月負擔若干 | | | 職業及服務機關名稱 | 大星北号任理 | | |
| 到職日期 37年10月7日 | | | 營業種類 | 出巴業 | | |
| 永久住址 南坪壩天星橋14号 | | | 開設地點 | 陝西路231号 | | |
| 本 通 臨時 人 訊 處 永久 | | | 通訊處 | 臨時 永久 | 陝西路231号 | |

签名盖章　　　　　年　　月　　日

# 重慶電力公司職工調查表

23

| 姓名 | 申倚晨 | | 家　庭　狀　況 | | | |
|---|---|---|---|---|---|---|
| 籍貫 | 雲　慶 | 父名 | 申鶴賓 | | 職業 | 商 |
| 年齡 | 三二歲 | 母名 | 凸 | | 職 | |
| 出生年月日民國前17年3月5日 | | 兄弟姊妹 | | | 職 | |
| 已否結婚　子三人　女　人 | | 號 | | | 業 | |
| 學歷 | 國立復旦大學商學院會計系畢業 | 資 | 不動產 | | | |
| | | 產 | 動　產 | | | |
| 經歷 | 財政部重慶直接稅局秘書　利群銀行總行業務專員 | 家長通訊處 | 臨　時 | 小轉場#67 | | |
| | | | 永　久 | | | |
| | | 介　　紹　　人 | | | | |
| 擅長何種技能 | | 姓名 | | | 別號 | |
| | | 籍貫 | | 省 | 市（縣） | |
| | | 年齡 | | 歲　職業 | | |
| 平日生活情形 | | 通訊處 | | | | |
| | | 與本人關係 | | | | |
| 家庭經濟是否需要本人負擔 | 是 | 保　　證　　人 | | | | |
| 每月負擔若干 | | 姓名 | 趙錫昌 | | 別號 | |
| 到職日期 38年8月25日 | | 籍貫 | 雲南 | 省 | 縣（市） | |
| | | 年齡 | 六一歲 | | | |
| 本人通訊處 | 永久住址 小轉場#67 | 與本人關係 | 世誼 | | | |
| | 臨時 小轉場#67 | 職業及服務機關名稱 | 蒙藏委員會委員 | | | |
| | 永久 | 營業種類 | | | | |
| | | 開設地點 | | | | |
| | | 通訊處 | 臨　時 | | | |
| | | | 永　久 | | | |

申倚晨 簽名蓋章　　　38年8月25日

30

## 重慶電力公司職工調查表

| 姓名 | 沈懷月 | | 家　庭　狀　況 | | |
|---|---|---|---|---|---|
| 籍貫 | 四川成都 | 父 名 | 猶 初 | 職業 | |
| 年齡 | 三十五歲 | 母 名 | 汪 氏 | | |
| 出生年月日民國(歲)四年四月廿一日 | | 兄 | 克 俊 | 職 | 政 |
| 已否結婚 | 已婚 于一人女一人 | 弟 姊 | 有 年 | | 政 |
| 學歷 | 華西協合中學高中理科畢業 華西會計職業學校高級會計班畢業 | 妹 琥 | | 業 | |
| | | 資 | 不動產 | | |
| | | 產 | 動產 | | |
| 經歷 | 曾任兵工署貴陽辦事处会計兵工署昆明辦事处会計昆明華煤鐵特種股份有限公司会計兵工署第二十四工廠会計处会計等職 | 家長通訊處 | 臨時 化龍橋第十兵工廠 | | |
| | | | 永久 | | |
| | | 介　紹　人 | | | |
| | | 姓 名 | 韓鶴卿 | 別號 | |
| | | 籍 貫 | 四川省 成都 市(縣) | | |
| 擅長種技何能 | | 年 齡 | 六十二歲 職業 | | |
| | | 通訊處 | 曾家岩植盧潘公舘轉 | | |
| | | 與本人關係 | 戚 | | |
| 平日生活情形 | | 保　證　人 | | | |
| | | 姓 名 | 王心浩 | 別號 | |
| | | 籍 貫 | 江西省 九江 縣(市) | | |
| | | 年 齡 | 三十九歲 | | |
| 家庭經濟是否需要本人負担 | | 與本人關係 | 友 | | |
| 每月負擔若干 | | 職業及服務機關名稱 | 第五區公路局統計室主任 | | |
| 到職日期 | 38年 10月 日 | 營業種類 | | | |
| 永久住址 | | 開設地點 | | | |
| 本人通訊處 | 臨時 重慶上清寺第五區公路局統計 | 通訊處 | 臨時 重慶上清寺第五區公路局 | | |
| | 永久 室沈有年轉 | | 永久 統計室 | | |

簽名盖章　沈懷月 38年 9 月 7 日

# 重慶電力公司職工調查表

| 姓名 | 楊雲齋 | | 家 庭 狀 況 | | |
|---|---|---|---|---|---|
| 籍貫 | 四川仁壽縣 | 父名 | 楊為質 | 職業 | 政 |
| 年齡 | 廿八歲 | 母名 | 曹光燦 | 職業 | 居家 |
| 出生年月日 民國前廿年十月八日 | | 兄弟姊妹 名 | | 職業 | |
| 已否結婚 已結婚 子 二 人 女 一 人 | | 號 | | 業 | |

| 學歷 | 重慶正陽法學院經濟系畢業 |
|---|---|

| | 資產 | 不動產 | 無 |
|---|---|---|---|
| | | 動產 | 無 |

| 經歷 | 交通部公路總局第五區公路工程管理局第三總段一級會計員 交通部公路總局第五區公路局會計室一級會計員 |
|---|---|

| 家長通訊處 | 臨時 | 火清寺街貳佰柒拾叁号 |
|---|---|---|
| | 永久 | 仁壽縣禾嘉鄉 |

| 介 紹 人 | | | |
|---|---|---|---|
| 姓名 | 章疇穀 | 別號 | |
| 籍貫 | 河北 省 天津 市(縣) | | |
| 年齡 | 四十二歲 | 職業 | |
| 通訊處 | | | |
| 與本人關係 | 友誼 | | |

| 擅長技能何種 | |
|---|---|

| 平日生活情形 | |
|---|---|

| 保 證 人 | | | |
|---|---|---|---|
| 姓名 | 邱丙乙 | 別號 | |
| 籍貫 | 四川 省 仁壽 縣(市) | | |
| 年齡 | 五十四歲 | | |
| 與本人關係 | 鄉誼 | | |

| 家庭經濟是否需要本人負担 | | 職業及服務機關名稱 | 四川水泥公司董事長 |
|---|---|---|---|
| 每月負擔若干 | | 營業種類 | |
| 到職日期 | 38 年 4 月 23 日 | 開設地點 | |
| 永久住址 | 四川仁壽禾嘉鄉 | 通訊處 臨時 | 火清寺薇盧 <312号> |
| 本人通訊處 臨時 | 火清寺273鄉 | 永久 | |
| 永久 | 四川仁壽禾嘉鄉 | | |

簽名蓋章　　　　　　　年　　月　　日

重庆电力股份有限公司窃电取缔组员工茶役考绩表（一九四一年二月一日）0219-1-14

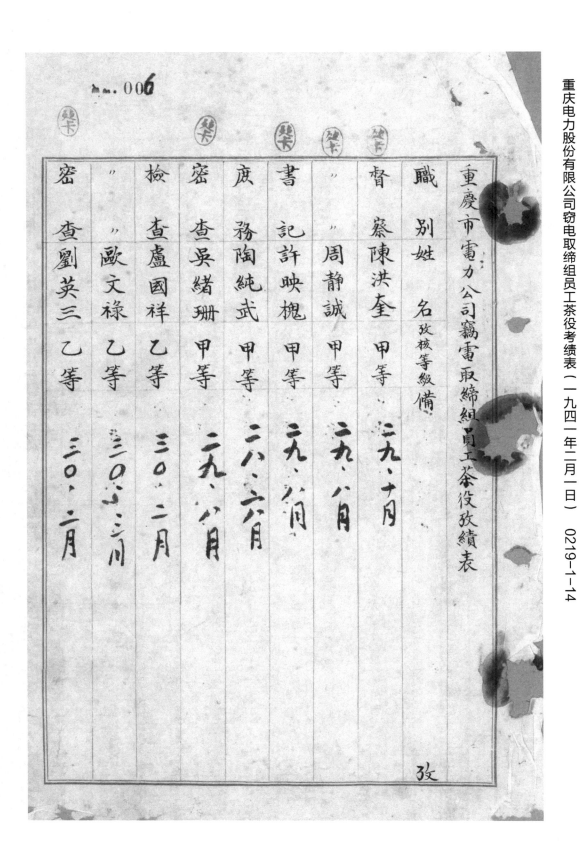

重慶市電力公司竊電取締組員工茶役攷績表

| 職別 | 姓名 | 攷核等級 | 備攷 |
|---|---|---|---|
| 督察 | 陳洪奎 | 甲等 二九、十 | |
| 書記 | 周靜誠 | 甲等 二九、八 | |
| 書記 | 許映槐 | 甲等 二九、六 | |
| 庶務 | 陶純武 | 甲等 二八、六 | |
| 密查 | 吳緒珊 | 甲等 二九、八 | |
| 密查 | 盧國祥 | 乙等 三〇、二 | |
| 撿查 | 歐文祿 | 乙等 三〇、二 | |
| 密查 | 劉英三 | 乙等 三〇、二 | |

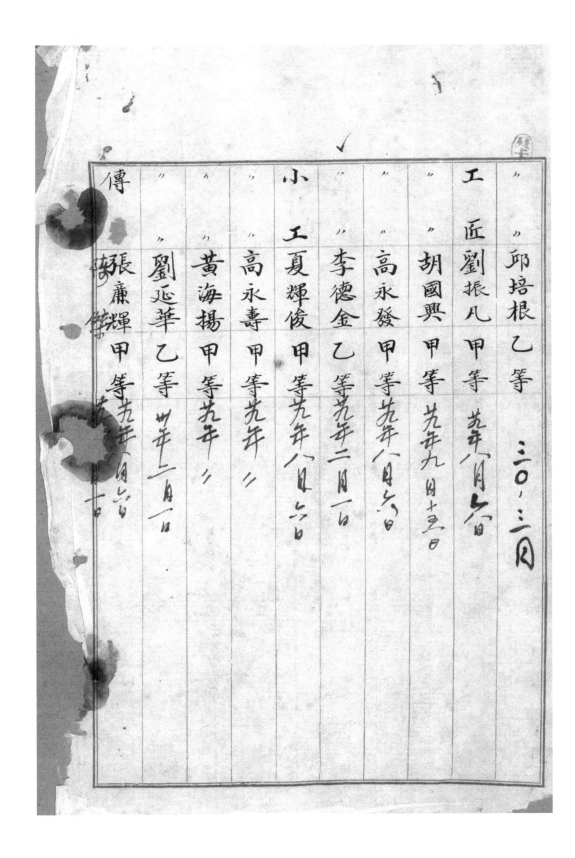

〃 邱培根 乙等　三〇·三月

工匠 劉振凡 甲等　先年八月合日

〃 胡國興 甲等　先年九月十五日

〃 高永發 甲等　先年八月合日

〃 李德金 乙等　先年二月一日

小工 夏輝俊 甲等　先年八月合日

〃 高永壽 甲等　先年〃

〃 黃海揚 甲等　先年〃

〃 劉延華 乙等　廿一年二月一日

傳　〃 張廉輝 甲等　先年八月合日

茶

役 白清武 甲等先發一月六日

葉志福

卅年二月一日

关于报送重庆电力股份有限公司稽核室及所属各股现有职员及文卷、公物清册的呈（附清册）（一九四二年五月十二日）0219-1-14

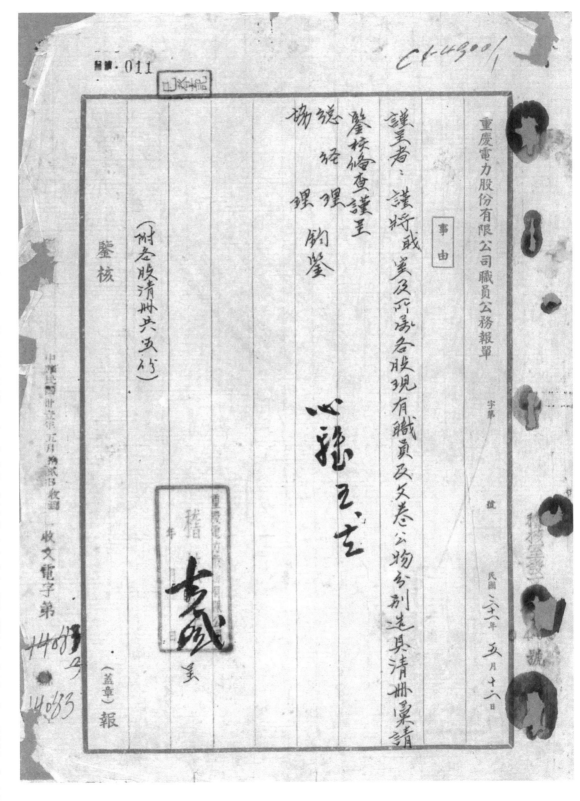

重慶電力股份有限公司職員公務報單

事由

字第　　號

民國二十六年　五月十六日

謹啟者：謹將敝股及所屬各股現有職員及文卷公物分別造具清冊彙請

鑒核修查謹呈

總經理

協理

環鈞鑒

（附各股清冊共五件）

鑒核

（蓋章）報

編施‧012

## 重慶電力公司稽核室職員名冊　卅一年五月六日

| 職別 | 姓名 | 年齡 | 籍貫 | 到職日期 | 備考 |
|---|---|---|---|---|---|
| 主任稽核 | 劉靜之 | 五二 | 四川華陽 | 二十六年七月 | |
| 副主任稽核 | 吳克斌 | 三五 | 安徽 | 二十六年七月 | |
| 父牘 | 李仙樵 | 五二 | 四川秀山 | 二十七年五月 | |
| 科員 | 駱祥麟 | 二二 | 四川巴縣 | 二十九年十月 | |

重慶電力股份有限公司

重慶電力公司稽核室公物清冊　廿一年五月

| 名稱 | 數量 | 備攷 |
|---|---|---|
| 辦公棹式 | 張 | |
| 籐椅肆 | 把 | |
| 公文箱伍 | 隻 | |
| 擋卷櫃式 | 個 | |
| 硯池叁 | 方 | |
| 印泥式 | 盒 | |
| 打印台叁 | 個 | |
| 水盂式 | 個 | |

| 品名 | 數量 | 單位 |
|---|---|---|
| 筆架 | 叁 | 隻 |
| 油印機 | 壹 | 部 |
| 油印鋼板 | 式 | 塊 |
| 訂書機 | 壹 | 隻 |
| 打孔機 | 壹 | 隻 |
| 送件簿 | 參 | 本 |
| 登記簿 | 拾 | 本 |
| 葳文簿 | 壹 | 本 |
| 卷宗 | 式、拾陸 | 個 |
| 日記簿 | 壹 | 本 |

民国时期重庆电力股份有限公司档案汇编

第 ⑥ 辑

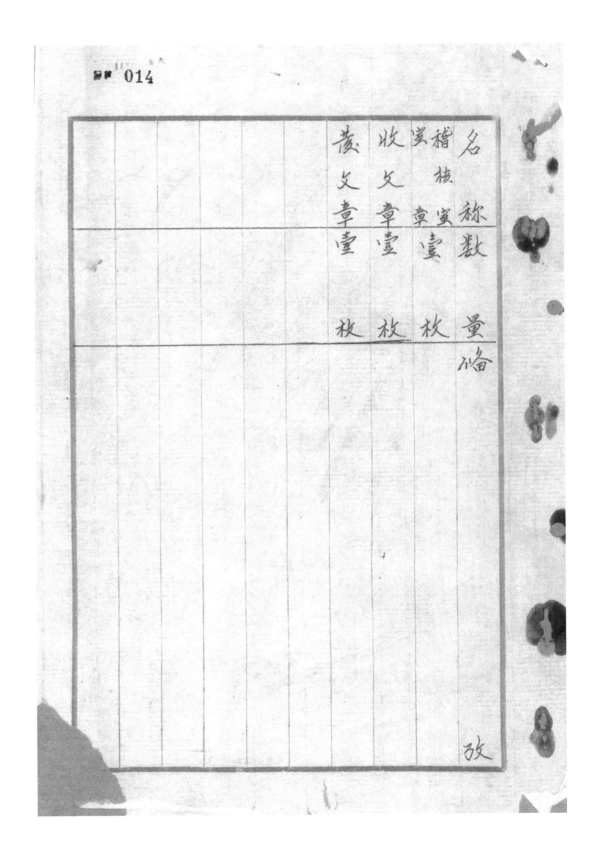

| 名称 | 数量 | 备改 |
|---|---|---|
| 稽核处章 | 壹枚 | |
| 收文章 | 壹枚 | |
| 发文章 | 壹枚 | |

重庆电力股份有限公司工人工资表（从军工友）（一九四五年五月） 0219-1-26

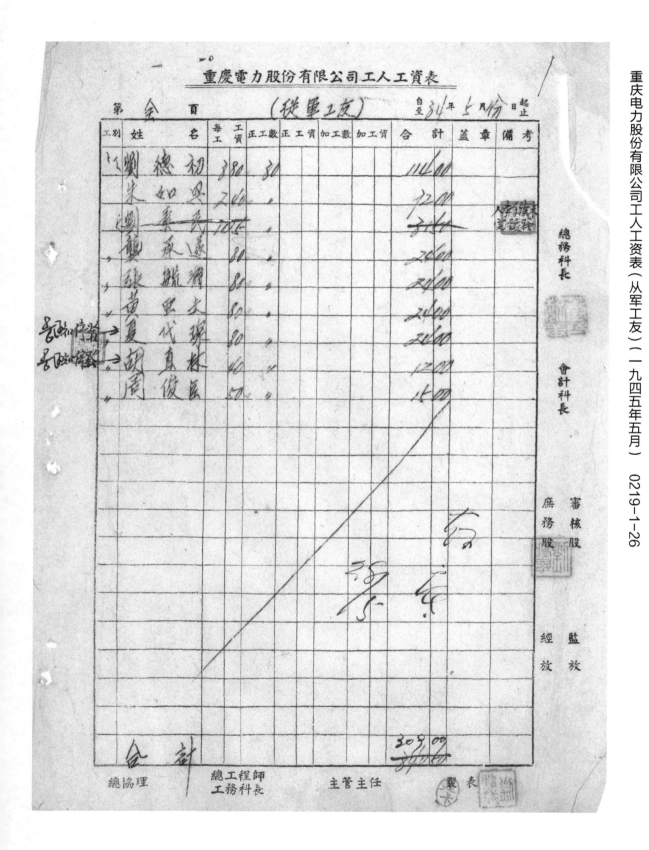

重慶電力股份有限公司工人工資表

第 金 頁 （從軍工友） 自至 34 年 5 月份 日起 止

| 工別 | 姓 名 | 每工工資 | 正工數 | 正工資 | 加工數 | 加工資 | 合 計 | 蓋章 | 備考 |
|---|---|---|---|---|---|---|---|---|---|
| | 劉總初 | 380 | 30 | | | | 114 00 | | |
| 朱 | 如與 | 240 | " | | | | 72 00 | | |
| 劉 | 乘兵 | 105 | " | | | | 31 00 | | |
| " | 藝承遠 | 80 | " | | | | 24 00 | | |
| " | 張雖滑 | 80 | " | | | | 24 00 | | |
| " | 黃里火璜 | 80 | " | | | | 24 00 | | |
| " | 夏代林 | 80 | " | | | | 24 00 | | |
| " | 胡真俊 | 40 | " | | | | 12 00 | | |
| " | 周 長 | 50 | " | | | | 15 00 | | |
| | | | | | | | | | |
| | 合 計 | | | | | | 309 00 | | |

總協理　　　總工程師　　　主管主任　　　製表
　　　　　工務科長

總務科長

會計科長

審核股

庶務股

監放

經放

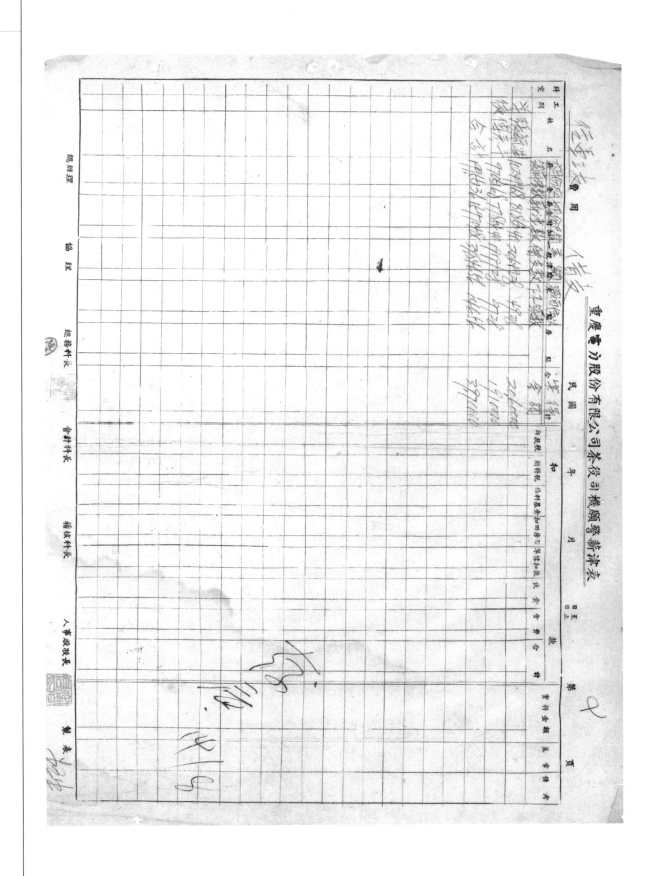

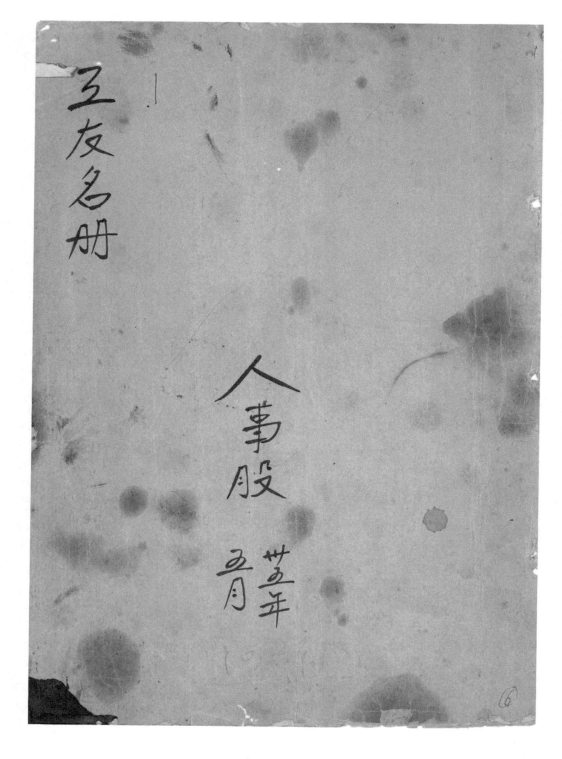

工友名册

人事股
廿年
五月

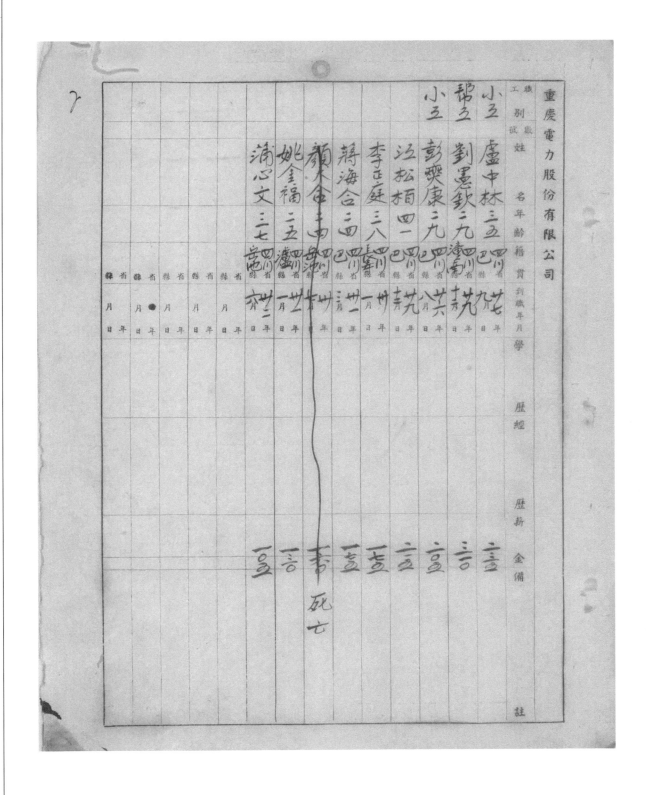

重慶電力股份有限公司

| 職別 | 工號戳 | 姓名 | 年齡 | 籍貫 | 到職年月 | 學歷 | 歷經 | 歷新 金備 | 註 |
|---|---|---|---|---|---|---|---|---|---|
| 小五 | | 盧中林 | 三五 | 四川　縣省 | 九七年　月日 | | | 三三 | |
| 幫五 | | 劉憲欽 | 二九 | 濟南　縣省 | 九七年　月日 | | | 三二 | |
| 小五 | | 彭獎康 | 二九 | 四川　縣省 | 十七年　月日 | | | 三三 | |
| | | 江松栢 | 四一 | 四川　縣省 | 八六年　月日 | | | 三三 | |
| | | 李正庭 | 三八 | 四川　縣省 | 十一年　月日 | | | 三五 | |
| | | 蔣海合 | 三四 | 四川　縣省 | 二三年　月日 | | | 三五 | |
| | | 顏木金 | 三四 | 四川　縣省 | 七廿年　月日 | | | 李 死亡 | 三五 |
| | | 姚金福 | 二五 | 四川　縣省 | 一廿年　月日 | | | 三三 | |
| | | 蒲心文 | 三七 | 四川　縣省 | 齊廿二年　月日 | | | 三五 | |
| | | | | 縣省 | 年　月日 | | | | |
| | | | | 縣省 | 年　月日 | | | | |
| | | | | 縣省 | 年　月日 | | | | |
| | | | | 縣省 | 年　月日 | | | | |
| | | | | 縣省 | 年　月日 | | | | |

## 重慶電力股份有限公司總務科電話室

| 應工別誠姓名 | 年齡 | 籍貫 | 到職年月 | 學歷 | 經歷 | 薪金 | 備註 |
|---|---|---|---|---|---|---|---|
| 陳于恆 | 三五 | 四川逢溪 | 年月日 | | | 壹壹 | |
| 蒲國民 | 四二 | 四川巴縣 | 卅一年二月廿日 | | | 壹壹 | |
| 參松如 | 三七 | 四川 | 卅年三月廿日 | | | 壹壹 | |
| 張仕仁 | 三二 | 四川 | 卅年二月廿日 | | | 壹壹 | |
| 任直濱 | 二四 | 河南 | 卅年八月廿日 | | | 壹壹 | |
| 蘇溪禹 | 二八 | 湖南 | 卅年二月廿日 | | | 壹壹 | |
| 楊坤發 | 二四 | 湖南 | 卅年二月廿日 | | | 壹壹 | |
| 胡冀卿 | 三七 | 四川 | 卅年四月日 | | | 壹壹 | |
| 李鈞 | 四二 | 四川 | 卅年三月日 | | | 壹壹 | |
| 譚治民 | 二八 | 四川 | 卅年三月日 | | | 壹壹 | |
| 楊基鴻 | 三四 | 四川 | 卅年二月日 | | | 壹壹 | |

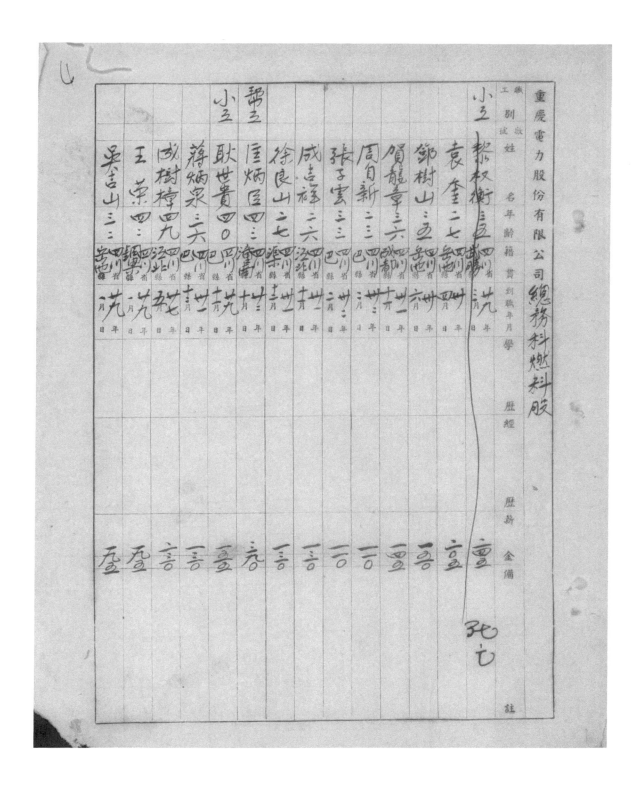

重慶電力股份有限公司

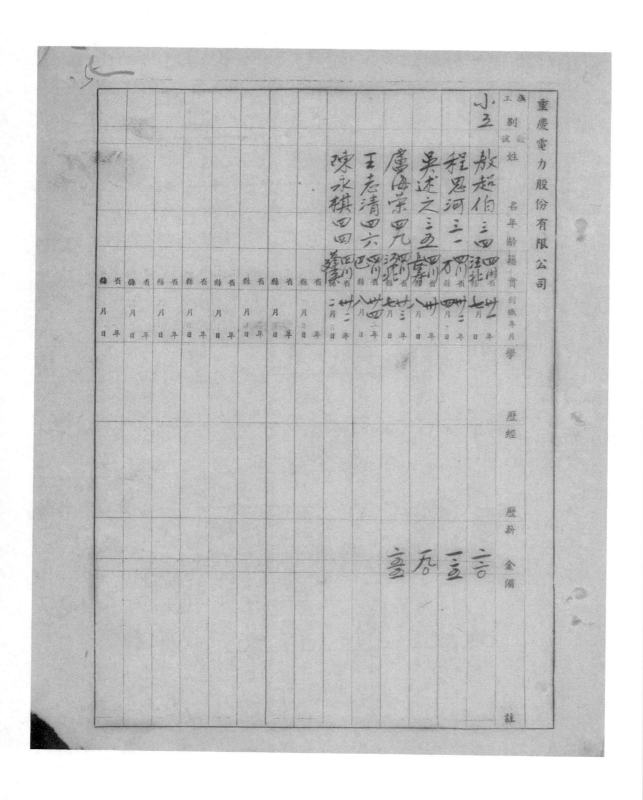

| 工別滅姓名 | 年齡 | 籍貫 | 到職年月 | 學歷 | 經歷 | 新金 | 備註 |
|---|---|---|---|---|---|---|---|
| 敖超伯 | 三四 | 四川省 汪北縣 | 廿二 年 月 日 |  |  | 三〇 |  |
| 程思河 | 三一 | 四川省 縣 | 七 年 月 日 |  |  | 三五 |  |
| 吳述之 | 三五 | 四川省 縣 | 廿二 年 四月 日 |  |  | 三五 |  |
| 唐海棠 | 四九 | 四川省 縣 | 廿三 年 月 日 |  |  |  |  |
| 王志清 | 四六 | 四川省 縣 | 廿四 年 八月 日 |  |  |  |  |
| 陳永棋 | 四四 | 四川省 蓬縣 | 廿一 年 二月 日 |  |  |  |  |

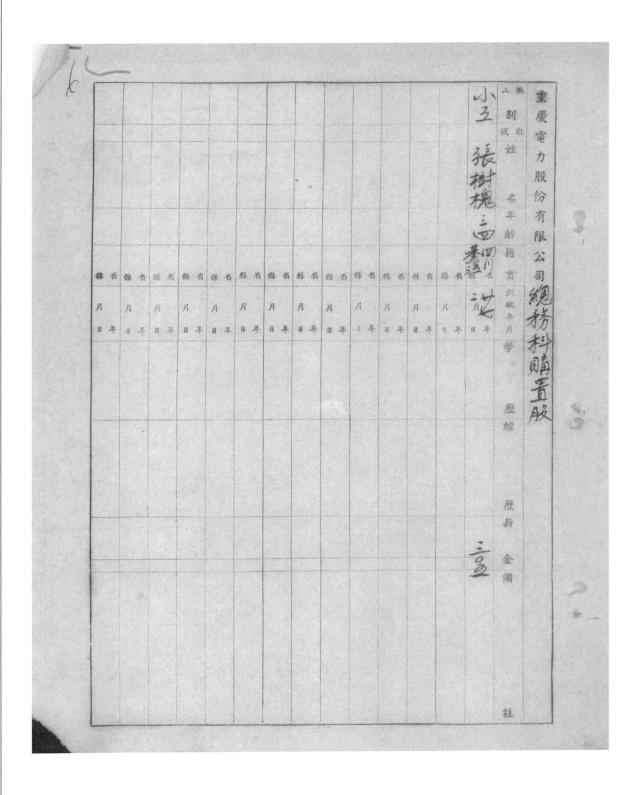

重慶電力股份有限公司總務科購置股

| 職工別 | 姓名 | 年齡 | 籍貫 | 列職年月 | 學歷 | 經歷 | 新金 | 備註 |
|---|---|---|---|---|---|---|---|---|
| 小工 | 張樹槐 | 三四 | 四川省豐都縣 二月七日 | | | | 三二五 | |
| | | | 省　縣 年月日 | | | | | |
| | | | 省　縣 年月日 | | | | | |
| | | | 省　縣 年月日 | | | | | |
| | | | 省　縣 年月日 | | | | | |
| | | | 省　縣 年月日 | | | | | |
| | | | 省　縣 年月日 | | | | | |
| | | | 省　縣 年月日 | | | | | |
| | | | 省　縣 年月日 | | | | | |
| | | | 省　縣 年月日 | | | | | |
| | | | 省　縣 年月日 | | | | | |
| | | | 省　縣 年月日 | | | | | |

重慶電力股份有限公司 總務科庶務股

| 職別 | 姓名 | 年齡 | 籍貫 | 到職年月 | 學歷經歷 | 薪金（月備） | 註 |
|---|---|---|---|---|---|---|---|
| 司機 | 張玉良 | 三九 | 四川 | 五月　日 | | 五〇〇 | |
| | 曾祖滑 | 三五 | | 　月　日 | | 五三〇 | |
| | 徐李芳 | 四一 | 臨海省 | 九　月　日 | | 五五〇 | |
| | 劉健凡 | 二九 | 四川 | 六　月　日 | | 六〇〇 | |
| | 高湯海 | 三〇 | 四川 縣 | 一　月　日 | | 七〇〇 | |
| | 馮兆祥 | 二五 | 四川 縣 | 一　月　日 | | 三六〇 | |
| 助手 | 鄭祥立 | 二三 | 四川 | 二　月　日 | | 三〇〇 | |
| | 何炳林 | 二九 | 四川 潼南 | 一　月　日 | | 三〇〇〇 | |
| | 王炳全 | 二九 | 四川 | 一　月　日 | | 二六〇〇 | |
| | 劉萬興 | 一八 | 四川 容陵 | 八　月　日 | | 一八〇〇 | |
| 技工 | 陳吉昌 | 二九 | 四川 巴縣 | 一　月　日 | | 四二〇〇 | |
| | 楊漢泰 | 四三 | 河津 大渡 | 一　月　日 | | 四二〇〇 | |
| 司機 | 裴志成 | 三三 | 四川 巴縣 | 三　月　日 | | 一〇〇〇 | |
| | 顏万能 | 二九 | 四川 綦縣 | 九　月　日 | | 一二〇〇 | 調借工股 |

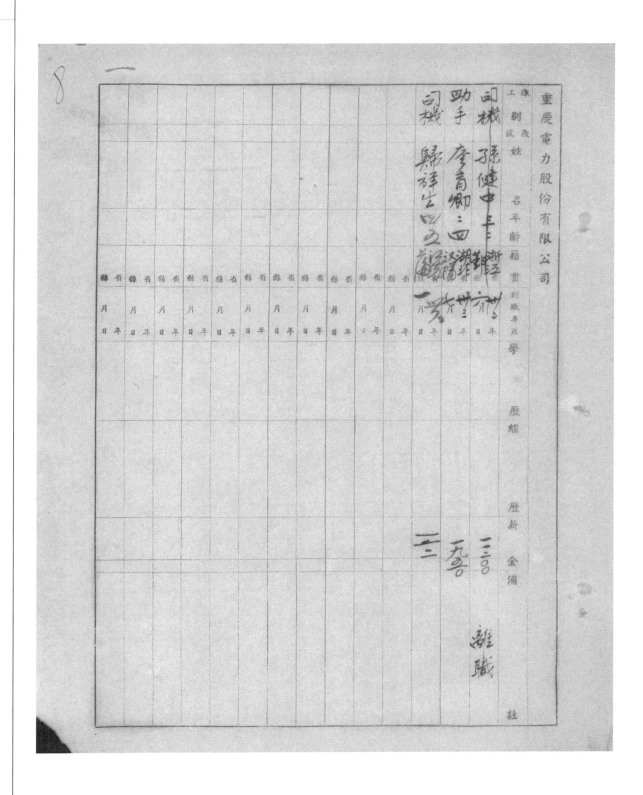

**重慶電力股份有限公司 業務科用戶股**

| 係數 工別識姓名 | 名 年齡 籍貫 到職年月 | 學、歷經 | 歷新 金備 | 註 |
|---|---|---|---|---|
| 電工 李咸兆 四〇 | 湖北省 漢口縣 廿三年 八月 日 | | 六六 | |
| 吳興方 三九 | 湖北省 漢口縣 廿三年 八月 日 | | 六三 | |
| 劉瑞根 三七 | 山東省 萊縣 廿三年 八月 日 | | 六三 | |
| 劉振基 三四 | 湖北省 漢口縣 廿三年 八月 日 | | 四七 | |
| 楊秀臻 三〇 | 山東省 萊縣 廿三年 六月 日 | | 四七 | |
| 張鋸漱 二九 | 四川省 長壽縣 廿三年 十月 日 | | 四七 | |
| 楊永山 三八 | 四川省 忠縣 廿三年 十月 日 | | 四七 | |
| 鄧海濤 四三 | 四川省 長壽縣 廿三年 十月 日 | | 三七 | |
| 王洪安 四一 | 四川省 忠縣 廿三年 十月 日 | | 四七 | |
| 鄧汉卿 四一 | 四川省 長壽縣 廿三年 十二月 日 | | 三三 | |
| 胡炳生 二九 | 四川省 長壽縣 廿三年 廿三月 日 | | 三三 | |
| 吕海荣 四八 | 四川省 巴縣 廿三年 十二月 日 | | 三三 | |
| 張漢洲 五六 | 四川省 廿三年 八月 日 | | 三三 | |
| 小工 鄧海洲 六七 | 四川省 廿三年 十二月 日 | | 三〇 | |

橡木二組

10

重慶電力股份有限公司

| 現任工別 | 姓名 | 年齡 | 籍貫 | 到職年月 | 學歷經歷 | 歷新金 | 備註 |
|---|---|---|---|---|---|---|---|
| 小三 | 鄧精山 | 四八 | 四川南川 | 廿八年八月卅日 | | 壹佰 | |
| | 鄧惠林 | 五四 | 四川南川 | 廿一年十一月卅日 | | 壹佰 | 楊香一 |
| 錦三 | 李華清 | 三八 | 四川巴縣 | 廿年四月卅日 | | 壹佰叁 | |
| | 曾錫鑾 | 四八 | 四川巴縣 | 廿二年四月卅日 | | 壹佰 | |
| 小三 | 王林宣 | 三二 | 四川巴縣 | 廿年三月卅日 | | 壹佰 | |
| | 鄧耀光 | 三四 | 四川巴縣 | 廿二年二月卅日 | | 壹佰 | |
| 錦三 | 鄧樹臣 | 五〇 | 四川巴縣 | 廿二年二月卅日 | | 壹佰叁 | 楊本立 |
| 小三 | 侯孟生 | 三二 | 四川巴縣 | 廿一年一月卅日 | | 壹佰 | |
| 學徒 | 胡占威 | 三七 | 四川巴縣 | 廿六年一月卅日 | | 壹佰伍 | |
| 小三 | 陳樹清 | 三一 | 四川巴縣 | 廿三年七月卅日 | | 壹佰壹 | |
| 錦三 | 胡廷佐 | 五〇 | 四川巴縣 | 廿七年八月卅日 | | 壹佰 | |
| 小三 | 陳顯爵 | 三〇 | 四川巴縣 | 廿六年六月卅日 | | 壹佰伍 | |
| 錦三 | 胡四海 | 三〇 | 四川巴縣 | 廿四年八月卅日 | | 壹佰壹 | |
| 小三 | 梁萬春 | 五二 | 四川瀘州 | 廿二年四月卅日 | | 壹佰壹 | |

重慶電力股份有限公司

| 廠別班別 | 誠姓名 | 年齡 | 籍貫 | 到職年月日 | 學歷 | 歷經 | 歷新金 | 備註 |
|---|---|---|---|---|---|---|---|---|
| 小五 | 胡四順 | 四五 | 四川省當塗縣 | 六月卄五日 | | | 三 | 調注塞 |
| | 曹棟材 | 三五 | 四川省璧山縣 | 六月卄七日 | | | 三 | |
| | 朱立威 | 三三 | 四川省璧山縣 | 六月卄六日 | | | 三 | 表核版 |
| | 蔣福廷 | 三一 | 四川省巴縣 | 三月卄七日 | | | 三 | |
| | 陳覓 | 三四九 | 四川省銅梁縣 | 二月卄六日 | | | 三 | 樣本一組 |
| | 鄧炳軒 | 四九〇 | 四川省黃縣 | 七月卄六日 | | | 三 | 樣本一組 |
| 幫五 | 張光榮 | 一七 | 四川省太安 | 六月一日 | | | 壹 | |
| | 胡汉保 | 三三 | 四川省李橋 | 六月卄六日 | | | 壹 | |
| | 鄭西林 | 三三 | 四川省武勝縣 | 九月一日 | | | 壹 | |
| | 葉大滿 | 三三 | 四川省璧山縣 | 九月四日 | | | 壹 | |
| 小五 | 譚健成 | 三一 | 四川省璧山縣 | 九月 | | | 壹 | |
| | 李穩如 | 四五 | 四川省榮昌縣 | 九月 | | | 壹 | |
| | 胡占云 | 三〇 | 四川省江北縣 | 九月 | | | 壹〇 | |
| | 劉远庸 | 三二 | 四川省巴縣 | 六月卄五日 | | | 壹〇 | 樣本一組 |

重慶電力股份有限公司

| 職別 | 姓名 | 年齡 | 籍貫 | 到職年月日 | 學歷 | 經歷 | 新金備 | 備註 |
|---|---|---|---|---|---|---|---|---|
| 小工 | 劉華卿 | 三五 | 四川榮昌 | 九年八月 | | | 一五〇 | 袁多叨 |
| 學徒 | 陳祖鈺 | 一六 | 四川奉節 | 九年八月 | | | 一二〇 | 袁多叨 |
| 小工 | 李吉階 | 三六 | 四川 | 九年一月 | | | 一四〇 | |
| | 張玉山 | 三八 | 四川 | 一年一月 | | | 一五〇 | |
| | 王治清 | 四六 | 四川 | 九年十月 | | | 一三〇 | 檢查一組 |
| | 陳鳳岐 | 三〇 | 四川 | 九年十月 | | | 一五〇 | |
| | 盧甫國 | 三〇 | 四川 | 九年十月 | | | 一〇〇 | |
| 學徒 | 王樹榮 | 二八 | 四川 | 九年十月 | | | 一二〇 | |
| | 朱宗學 | 二二 | 四川 | 九年十二月 | | | | |
| | 蔡昌壁 | 二〇 | 四川 | 九年十二月 | | | 合 | 袁多叨 |
| 學徒 | 傅彥亭 | 二十 | 四川 | 九年十一月 | | | | |
| | 陳洪山 | 四九 | 四川 | 九年十二月 | | | 壹 | 徒 |
| 小工 | 陳祺禎 | 三三 | 四川 | 九年十一月 | | | 壹零 | 比升督軍 |
| | 張樹光 | 三二 | 四川榮昌 | 九年四月 | | | 五〇 | |

13

重慶電力股份有限公司

| 職別證 工別證 | 姓名 | 年齡 | 籍貫 | 到職年月 | 學歷經 歷新 金備 | 註 |
|---|---|---|---|---|---|---|
| 小三 | 張傑光 | 二八 | 四川 | 年 月 日 | | |
| | 鄒炳林 | 三五 | 四川巴縣 | 年 月 日 | | |
| 郡五 | 劉有綬 二五 | | 巴縣 | 年 月 日 | | |

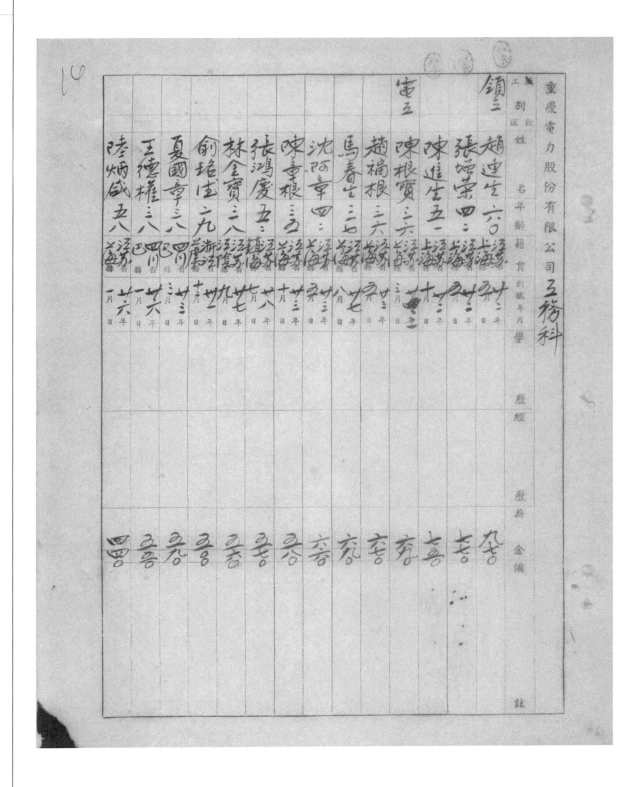

重慶電力股份有限公司 工務科

| 工別 遁姓 數名 | 姓名 | 年齡 | 籍貫 | 到職年月 | 學歷 | 歷經 | 歷薪 金備 | 註 |
|---|---|---|---|---|---|---|---|---|
| 領班 | 趙連生 | 六〇 | 江蘇 | 十二年 一月 日 | | | 八五 | |
| 電工五 | 張增棠 | 四二 | 上海 | 十二年 十六年 日 | | | 七五 | |
| | 陳進生 | 五一 | 江蘇 | 廿二年 日 | | | 七二 | |
| | 陳根寶 | 三六 | 上海 | 卅二年 三月 日 | | | 六五 | |
| | 趙福根 | 三六 | 江蘇 | 廿二年 十一月 日 | | | 六六 | |
| | 馬春生 | 三二 | 江蘇 | 卅三年 八月 日 | | | 六〇 | |
| | 沈阿章 | 三二 | 浙江 | 卅三年 十月 日 | | | 六〇 | |
| | 陳章根 | 三二 | 上海 | 卅三年 十月 日 | | | 六〇 | |
| | 張鴻慶 | 五二 | 江蘇 | 卅二年 六月 日 | | | 五五 | |
| | 林金寶 | 三八 | 上海 | 卅七年 七月 日 | | | 五五 | |
| | 俞培生 | 九六 | 浙江 | 卅六年 十月 日 | | | 五五 | |
| | 夏國章 | 三〇 | 重慶 | 卅七年 三月 日 | | | 五五 | |
| | 王德權 | 三八 | 四川 | 卅一年 三月 日 | | | 五五 | |
| | 陸炳咸 | 五八 | 江蘇 | 十一年 一月 日 | | | 四五 | |

重慶電力股份有限公司

| 職別說明 | 工數 | 姓名 | 年齡 | 籍貫 | 到職年月 | 學歷 | 歷經 | 歷新 金備 | 註 |
|---|---|---|---|---|---|---|---|---|---|
| 雷工 | | 朱如興 | 三三 | 浙江鎮江 | 十九年十月 | | | | |
| 幫工 | | 彭俊倫 | 三三 | 四川省 | 廿三年 四月 | | | | |
| 雷工 | | 何文模 | 二四 | 四川省 | 廿二年 七月 | | | 一三〇〇 | |
| 幫工 | | 李仲寅 | 三〇 | 湖北省 | 廿四年 一月 | | | 一二〇〇 | |
| | | 潘阿海 | 三八 | 江蘇省 | 廿二年 三月 | | | 一四〇〇 | |
| | | 曾世林 | 四一 | 四川巴山縣 | 廿三年 一月 | | | 一五〇〇 | |
| | | 冉義棠 | 二九 | 四川省 | 廿四年 一月 | | | 一二〇〇 | |
| | | 趙洽棠 | 四四 | 四川巴縣 | 廿四年 一月 | | | 四四〇〇 | |
| | | 羅宣林 | 三五 | 四川銅梁縣 | 廿三年 一月 | | | 二三〇〇 | |
| | | 何健卿 | 二八 | 四川巴縣 | 廿三年 九月 | | | 二二〇〇 | |
| | | 蒲紹卿 | 四二 | 四川省 | 廿二年十一月 | | | 四四〇〇 | |
| | | 尹壽金 | 三五 | 四川巴縣 | 廿二年十二月 | | | 三三〇〇 | |
| | | 韓啟棠 | 三三 | 湖北省 | 廿二年十一月 | | | 二八〇〇 | |
| | | 王子國 | 二七 | 四川巴縣 | 廿三年 三月 | | | 三二〇〇 | |

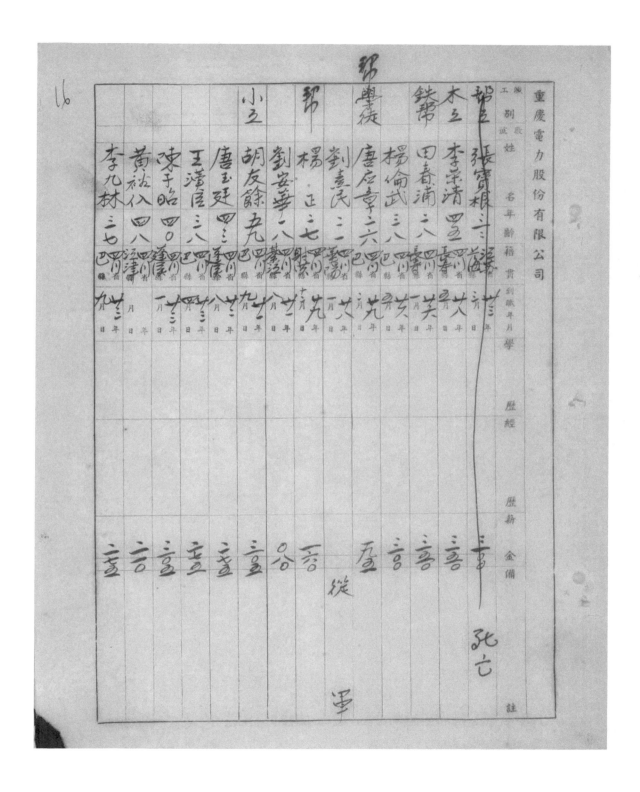

重慶電力股份有限公司

| 編號工別 | 誠姓名 | 年齡 | 籍貫 | 到職年月 | 學歷 | 經歷 | 歷新金備 | 註 |
|---|---|---|---|---|---|---|---|---|
| 木工 | 張寶根 | 三三 | 四川省 | | | | 一三二 | 張 死亡 |
| | 李榮清 | 四二 | 四川省 | | | | 一二五 | |
| 鉄帮 | 田春浦 | 二八 | 四川省 | | | | 一二五 | |
| | 楊倫武 | 三八 | 四川省 | | | | 一二五 | |
| 學徒 | 唐启章 | 二六 | 四川省 | | | | 一二五 | 歷新金備 從軍 |
| | 劉喜民 | 三一 | 四川省 | | | | 一〇五 | |
| | 楊正〇 | 三〇 | 四川省 | | | | 一〇五 | |
| 小工 | 劉安華 | 二八 | 四川縣 | | | | 一二五 | |
| | 胡友餘 | 五九 | 四川縣 | | | | 一二三 | |
| | 唐玉廷 | 四三 | 四川縣 | | | | 一二一 | |
| | 王藩臣 | 三八 | 四川縣 | | | | 一二五 | |
| | 陳于昭 | 四〇 | 四川縣 | | | | 一二五 | |
| | 黄祓伈 | 四八 | 江津縣 | | | | 一二三 | |
| | 李九林 | 三七 | 四川縣 | | | | 一二五 | |

17

| 工別(編號)姓名 | 名 | 年齡 | 籍貫 | 到職年月 | 學歷 | 歷經 | 歷新 金備註 |
|---|---|---|---|---|---|---|---|
| 小工 | | | | | | | |
| 余海清 | | 四二 | 四川省巴縣 | 廿四年八月日 | | | 壹 |
| 陵海雲 | | 四0 | 四川省巴縣 | 廿五年八月日 | | | 肆 |
| 朱炳唐 | | 四七 | 四川省資陽縣 | 廿六年三月日 | | | 壹 孔乙 |
| 陳樹清 | | 五0 | 四川省 | 廿三年月日 | | | 壹叁 |
| 趙樹成 | | 三二 | 四川省銅梁縣 | 廿五年月日 | | | 壹弍 |
| 謝孟清 | | 三二 | 四川省巴縣 | 廿五年八月日 | | | 壹弍 |
| 王元森 | | 三三 | 四川省江北縣 | 廿四年月日 | | | 壹拾 |
| 陳海福 | | 三二 | 四川省江爭縣 | 廿四年月日 | | | 陸 |
| 陳有恒 | | 三四 | 四川省寶縣 | 廿四年月日 | | | 弍陸 |
| 張慶祥 | | 三八 | 四川省江北縣 | 廿四年八月日 | | | 壹拾 |
| 田立銤 | | 三一 | 四川省涪陵縣 | 廿五年九月日 | | | 壹肆 |
| 張樹清 | | 四三 | 四川省江南縣 | 廿五年八月日 | | | 壹肆 |
| 楊義云 | | 三五 | 四川省 | 廿七年月日 | | | 壹壹 |
| 鄧丰恒 | | 二九 | 四川省 | 廿六年十月日 | | | 壹陸 |

重慶電力股份有限公司

| 工別職別 | 姓名 | 年齡 | 籍貫 | 到職年月 | 學歷 | 歷經 | 歷薪 | 金備附註 |
|---|---|---|---|---|---|---|---|---|
| 小三 | 蒲樹軒 | 四○ | 四川巴縣 | 卅六年 月 日 | | | | 二二○ |
| | 唐國源 | 三六 | 四川巴縣 | 卅四年 月 日 | | | | 一六○ |
| | 白樹森 | 三一 | 四川墊江縣 | 卅九年 月 日 | | | | 一二○ |
| | 黎樹安 | 四一 | 四川墊江縣 | 卅七年 月 日 | | | | 一二○ |
| | 段紹棠 | 六九 | 四川巴縣 | 卅六年 月 日 | | | | 二○○ |
| | 楊國清 | 三○ | 四川綦江縣 | 卅一年 月 日 | | | | 一六○ |
| | 姚長興 | 四二 | 四川姚縣 | 卅八年 月 日 | | | | 一三三 |
| | 黃鐵清 | 四七 | 四川廣漢縣 | 卅三年 月 日 | | | | 一一一 |
| | 劉鐵祥 | 四二 | 四川武勝縣 | 卅四年 月 日 | | | | 一三三 |
| | 辪志清 | 二八 | 四川壽縣 | 卅七年 月 日 | | | | 一二三 |
| | 袁定國 | 四二 | 四川孫山縣 | 卅九年 月 日 | | | | 一七二 |
| | 袁賢彬 | 二五 | 湖北江縣 | 卅二年 月 日 | | | | 一二○ |
| | 屈銀軒 | 三○ | 湖北江縣 | 卅六年 月 日 | | | | 一五二 |
| | 白純南 | 三六 | 四川鋼梁縣 | 九七年 月 日 | | | | 六○ |

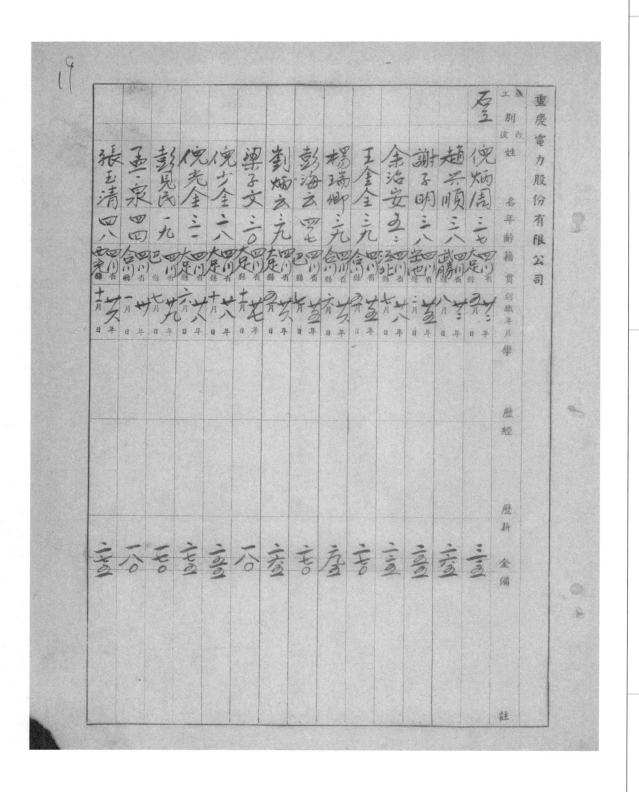

重慶電力股份有限公司

| 工別改姓名 | 年齡 | 籍貫 | 到廠年月 | 學歷經 | 歷新 金備 | 註 |
|---|---|---|---|---|---|---|
| 倪炳圓 | 三七 | 四川 省 定 縣 | 八月 二日 年 | | | 三二 |
| 趙共順 | 三八 | 四川 省 武勝 縣 | 八月 二日 年 | | | 壹壹 |
| 謝子明 | 三八 | 四川 省 合 縣 | 二月 二日 年 | | | 壹壹 |
| 余洛安 | 五〇 | 湖北 省 世 縣 | 七月 二日 年 | | | 壹壹 |
| 王金全 | 三九 | 四川 省 合 縣 | 二月 二日 年 | | | 壹三 |
| 楊瑞卿 | 元九 | 四川 省 定 縣 | 八月 二日 年 | | | 壹壹 |
| 彭海云 | 四〇 | 四川 省 定 縣 | 二月 二日 年 | | | 壹壹 |
| 劉炳元 | 四二 | 四川 省 定 縣 | 二月 二日 年 | | | 壹〇 |
| 梁子文 | 三〇 | 四川 省 足 縣 | 五月 二日 年 | | | 壹五 |
| 倪步全 | 二八 | 四川 省 足 縣 | 十月 二日 年 | | | 壹五 |
| 倪光全 | 三〇 | 四川 省 深 縣 | 六月 二日 年 | | | 壹五 |
| 彭見民 | 一九 | 四川 省 綦 縣 | 七月 二日 年 | | | 壹五 |
| 孟泉 | 四〇 | 四川 省 定 縣 | 廿七日 年 | | | 壹〇 |
| 張玉清 | 四八 | 四川 省 足 縣 | 十一月 十六日 年 | | | 壹五 |

重慶電力股份有限公司

| 職別 | 工別誠姓名 | 年齡 | 籍貫 | 到職年月 | 學歷經歷 | 新金備註 |
|---|---|---|---|---|---|---|
| 電工 | 陳鐵大 | 二九 | 四川 重慶縣 | 一二二一 | | 二〇〇 |
| 部立 | 徐樹仁 | 二九 | 四川 涪陵縣 | 一二二一 | | 二二〇 死亡 |
| | 王鎮奎 | 三一 | 四川 壽縣 | 一二二三 | | 二二〇 |
| 小工 | 鄧水龍 | 三八 | 四川 江北縣 | 一二一八 | | 一五五 |
| | 屈興鐵 | 二八 | 四川 合川縣 | 一二二 | | 一六五 |
| | 王銀清 | 三三 | 四川 巴縣 | 一二八 | | 一三三 |
| | 吳樹云 | 三元 | 四川 巴縣 | 一二二一 | | 一三三 |
| 學徒 | 陳銘鈞 | 三〇 | 四川 | 九月日 | | 一五五 |
| 石工 | 羅海元 | | 四川 榮昌縣 | 十月日 | | 一五五 廿二年七月由福利調來 |

重慶電力股份有限公司第一辦事室

| 職別 | 姓名 | 年齡 | 籍貫 | 到藏年月 學歷 | 歷經 | 歷新 全備 | 註 |
|---|---|---|---|---|---|---|---|
| 小三 | 岳祥光 | 四 | 四川涪陵縣 | 十二月 廿二年 | | | 三一 |
| 礦三 | 莫玉山 | 五六 | 四川江津縣 | 一月 廿二年 | | | 三三 |
| | 曹永壽 | 三五 | 四川都縣 | 十一月 廿三年 | | | 三三 |
| | 吕如超 | 四 | 四川勝縣 | 一月 廿三年 | | | 五五 |
| | 周治棠 | 三 | 四川蜀縣 | 七月 廿二年 | | | 三三 |
| | 鍾漢鄉 | 四四 | 四川蜀縣 | 八月 廿二年 | | | 三三 |
| | 林往全 | 五 | 四川都縣 | 八月 廿二年 | | | 三 |
| | 邹炳 | 三八三 | 四川蜀縣 | 四月 廿七年 | | | 三三 |
| | 江北川 | 三八 | 四川北縣 | 四月 廿一年 | | | 五五 |
| | 楊伯光 | 四一 | 四川津縣 | 一月 廿一年 | | | 五五 |
| | 譙盛達 | 二一 | 四川都縣 | 廿一月 廿一年 | | | 五五 |
| | 彥樹清 | 三八 | 四川山縣 | 八月 廿二年 | | | 三三 |
| | 陳大方 | 三五 | 四川都縣 | 三月 廿七 | | | 三三 |
| | 莫海洲 | 皂 | | 三月 | | | 三一 |

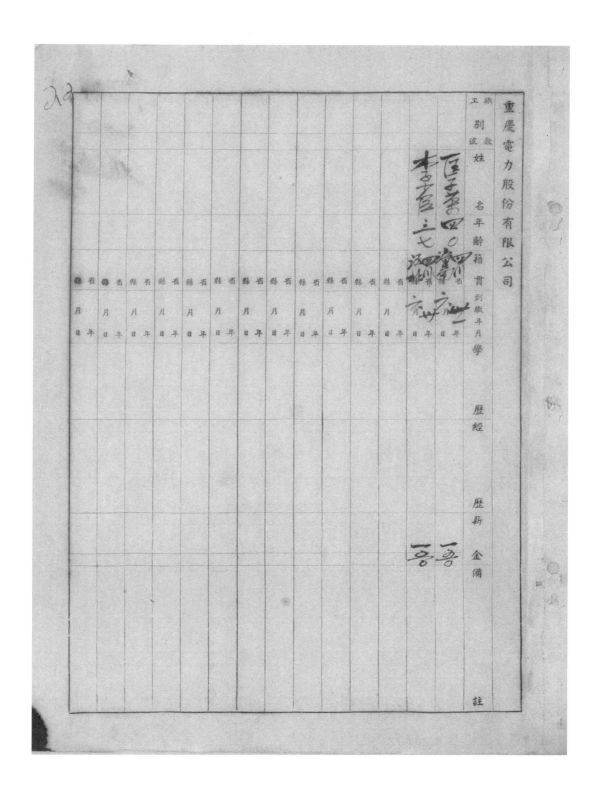

重慶電力股份有限公司第一廠修配股

| 工別 | 姓名 | 年齡 | 籍貫 | 到廠年月 | 學歷 | 經歷 | 薪金 | 備註 |
|---|---|---|---|---|---|---|---|---|
| 技工 | 晏煥誠 | 四三 | 四川巴縣 | 三十年十月 | | | 六〇〇 | |
| | 韓根全 | 三三 | 四川巴縣 | | | | 六三〇 | |
| | 李兆瑞 | 四一 | 浙江鎮海 | 二九年六月 | | | 五〇〇 | 從軍 |
| 幫工 | 劉佳初 | 三一 | 四川巴縣 | 廿六年 | | | 四二〇 | |
| | 楊煥玄 | 三一 | 四川巴縣 | 廿六年十月 | | | 四〇〇 | |
| | 杜炳呂 | 三一 | 四川銅梁 | 廿六年 | | | 三五〇 | |
| | 張順清 | 四三 | 四川巴縣 | 廿六年 | | | 三二〇 | |
| | 馮成洲 | 三五 | 四川巴縣 | 廿六年 | | | 三〇〇 | |
| | 陳昭洲 | 三一 | 四川巴縣 | 廿六年 | | | 三二〇 | |
| | 丑澤舉 | 四三 | 四川巴縣 | 廿六年 | | | 三三〇 | |
| | 菅育林 | 三五 | 安徽巢縣 | 廿六年六月 | | | 三六〇 | |
| | 羅朝華 | 二一 | 四川常州 | 廿六年二月 | | | 二六〇 | |
| | 歐陽琦 | 二四 | 四川巴縣 | 廿六年 | | | 一五〇 | |

24

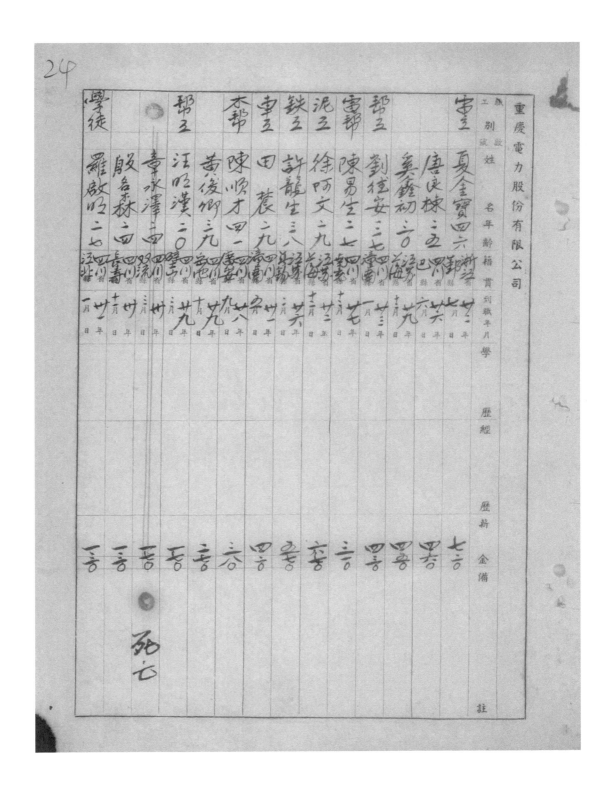

重慶電力股份有限公司

| 職別 | 姓名 | 年齡 | 籍貫 | 到職年月 | 學歷 | 歷經 | 歷新 金備 | 註 |
|---|---|---|---|---|---|---|---|---|
| 電工 | 夏金寶 | 四六 | 浙江鄞縣 | 廿二年十一月 | | | 七二〇 | |
| 郡工 | 唐廷棟 | 三五 | 巴縣 | 廿六年七月 | | | 四〇〇 | |
| 電郡 | 姜鑫初 | 三〇 | 江蘇 | 廿六年六月 | | | 四〇〇 | |
| 泥工 | 劉桂安 | 三七 | 江蘇上海 | 廿一年 | | | 七二〇 | |
| 電郡 | 陳易生 | 二七 | 江蘇 | 廿三年 | | | 三二〇 | |
| 鐵工 | 徐阿文 | 二九 | 江蘇 | 廿二年十月 | | | 五〇〇 | |
| 電工 | 許龍生 | 三八 | 江蘇 | 廿二年十二月 | | | 五〇〇 | |
| 木郡 | 田農 | 二九 | 江蘇 | 廿六年三月 | | | 四〇〇 | |
| | 陳順才 | 四一 | 江蘇 | 廿六年 | | | 〇〇 | |
| | 黃後卿 | 三九 | 江蘇 | 廿二年九月 | | | 三〇〇 | |
| 郡工 | 汪明漢 | 二〇 | 江蘇 | 廿六年九月 | | | 四五〇 | |
| | 章水澤 | 二四 | 江蘇流縣 | 廿六年三月 | | | 四五〇 | 死亡 |
| | 殷各森林 | 四四 | 四川壽 | 廿六年十月 | | | 三三〇 | |
| 學徒 | 羅啟明 | 二七 | 江蘇 | 廿六年一月 | | | 三三〇 | |

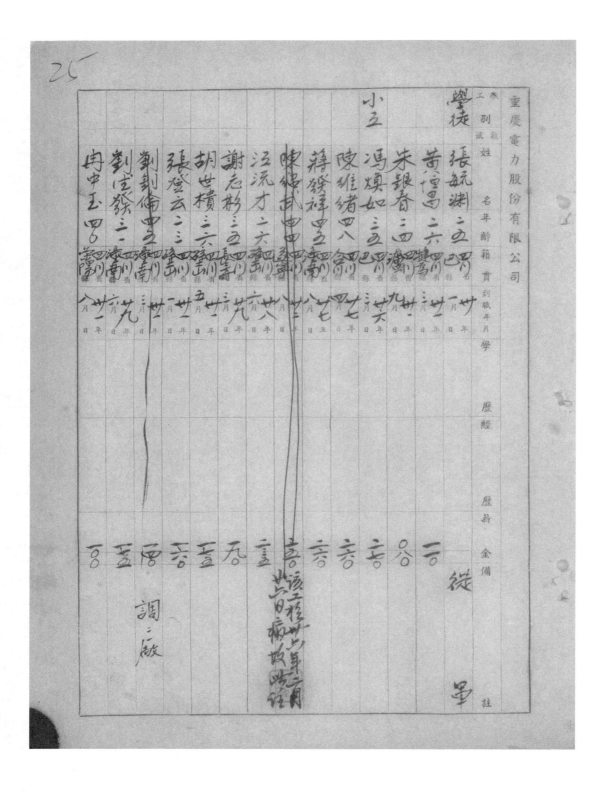

重慶電力股份有限公司

| 工別級數 | 姓名 | 年齡 | 籍貫 | 到職年月 | 學歷 | 經歷 | 薪金 | 備註 |
|---|---|---|---|---|---|---|---|---|
| 學徒 | 張毓渊 二五 | | 四川省 | 卅一年一月 | | | 一二〇 | 徙军 |
| 小工 | 黃德昌 二六 | | 四川省 | 卅年三月 | | | 一二〇 | |
| | 朱銀春 二四 | | 四川省 | 卅一年九月 | | | 一二〇 | |
| | 陳煥如 二三 | | 四川省 | | | | 一三〇 | |
| | 陳維緒 四八 | | 四川省 | | | | 谷〇 | |
| | 蔣發祥 四五 | | 四川省 | 卅年五月 | | | 一六五 | |
| | 陳德武 四四 | | 四川省 | | | | 一六五 | |
| | 江流才 二六 | | 四川省 | 卅年五月 | | | 一三〇 | 該工程於卅六年二月廿日因病故逝世注 |
| | 謝志彬 三四 | | 四川省 | | | | 一四五 | |
| | 胡世楷 三六 | | 四川省 | | | | 一五〇 | |
| | 張登云 三三 | | 四川省 | | | | 一五五 | |
| | 劉劉倫 四五 | | 四川省 | 廿年三月 | | | 一四〇 | 調一廠 |
| | 劉宝發 三一 | | 四川省 | | | | 一五〇 | |
| | 冉中玉 四〇 | | 四川省 | 廿年八月 | | | 一〇〇 | |

26

重慶電力股份有限公司

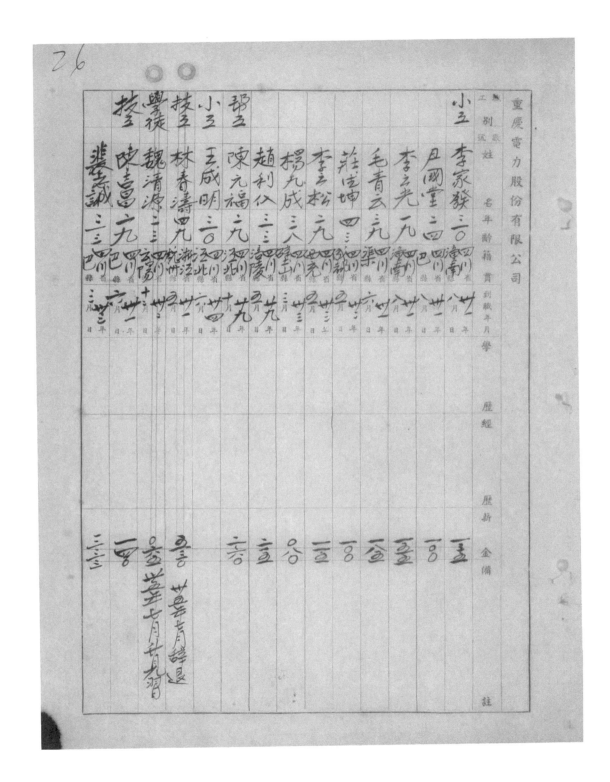

| 工別派 | 姓名 | 年齡 | 籍貫 | 到職年月 | 學歷 | 經歷 | 歷新金備 | 註 |
|---|---|---|---|---|---|---|---|---|
| 小三 | 李家發 | 三〇 | 四川省 | 廿八年八月 | | | 五〇 | |
| | 周國堂 | 二四 | 四川省 巴縣 | 廿八年八月 | | | 一〇〇 | |
| 小三 | 李立先 | 一九 | 四川省 | 廿八年八月 | | | 五五 | |
| | 毛青云 | 一九 | 四川省 渠縣 | 廿八年八月 | | | 六五 | |
| | 莊法坤 | 四三 | 四川省 | 廿八年六月 | | | 二〇〇 | |
| | 李立松 | 一九 | 四川省 | 廿八年六月 | | | 二五〇 | |
| | 楊九成 | 三八 | 四川省 江陵 | 廿八年三月 | | | 谷 | |
| | 趙利仪 | 三三 | 四川省 | 三〇年三月 | | | 二五 | |
| 小三 | 陳元福 | 元九 | 四川省 | 廿九年九月 | | | 一六六 | |
| 小三 | 王咸明 | 三〇 | 湖北省 | 廿九年四月 | | | | |
| 技五 | 林春濤 | 四九 | 浙江省 | 廿二年一月 | | | 三〇〇 | |
| 學徒 | 魏清源 | 三三 | 四川省 巴縣 | 廿三年十二月 | | | 一〇〇 | 廿四年七月辭退 |
| | 陳壹六 | 元九 | 四川省 巴縣 | 廿六年二月 | | | 一五〇 | |
| 技正 | 裴志誠 | 三三 | 四川省 巴縣 | 三〇年三月 | | | 二三二 | |

27

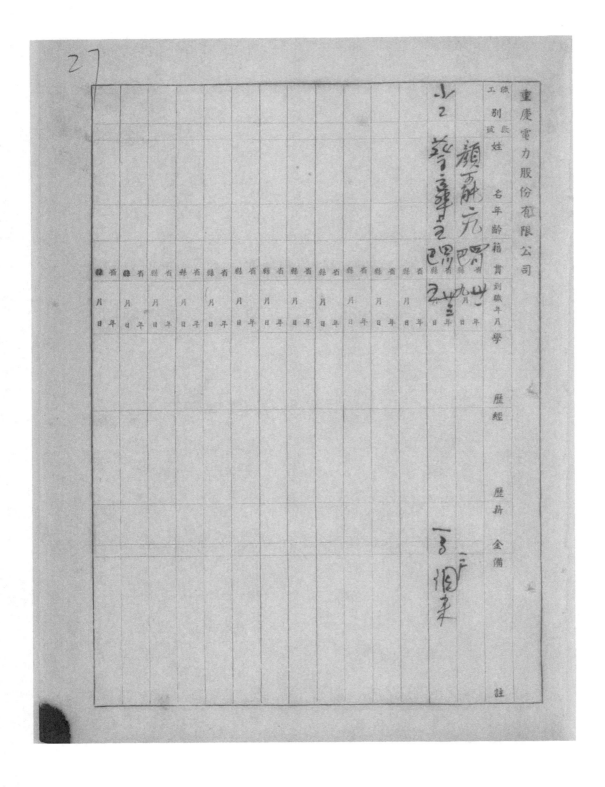

重慶電力股份有限公司

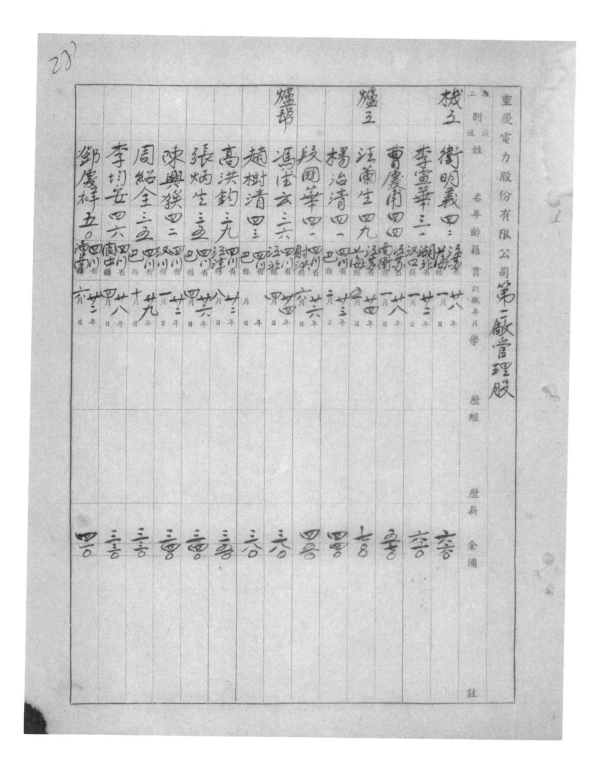

重慶電力股份有限公司第二廠管理股

| 工別城姓名 | 年齡 | 籍貫 | 到職年月 | 學經歷 | 學歷新金 | 備註 |
|---|---|---|---|---|---|---|
| 衛明義 | 四三 | 四川涪陵縣 | 六年一月二日 | | | 一六五 |
| 李宣華 | 三一 | 四川巴縣 | 六年一一月廿三日 | | | 一七〇 |
| 曹慶甫 | 四四 | 湖北漢口縣 | 六年一一月廿六日 | | | 一七〇 |
| 汪南生（爐五） | 四九 | 江蘇省 | 六年一月廿四日 | | | 一八〇 |
| 楊治清 | 四一 | 南京衛縣 | 六年一二月廿三日 | | | 二四五 |
| 段國華 | 四三 | 四川洋溪縣 | 六年一月廿六日 | | | 二四〇 |
| 馮宝玄 | 三六 | 四川巴縣 | 六年一月廿三日 | | | 一七五 |
| 趙樹清（爐幫） | 三 | 四川巴縣 | 六年八月八日 | | | 一八〇 |
| 高洪鈞 | 九 | 四川巴縣 | 六年八月廿六日 | | | 一八〇 |
| 張炳生 | 三五 | 四川江津縣 | 六年八月廿一日 | | | 一八〇 |
| 陳興猷 | 四二 | 四川巴縣 | 六年一月廿二日 | | | 一八〇 |
| 周紹全 | 三五 | 四川巴縣 | 六年一月十九日 | | | 二三五 |
| 李均安 | 四六 | 四川閬中縣 | 六年一月八日 | | | 二三五 |
| 鄧慶祥（拔工） | 五〇 | 四川潼南縣 | 六年一月三日 | | | 二四〇 |

29

重慶電力股份有限公司

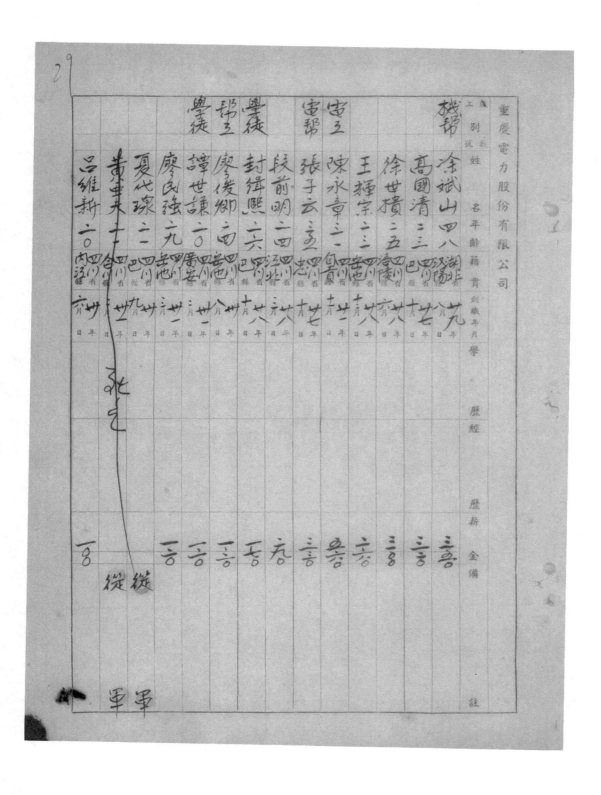

| 職別類別 | 姓名 | 年齡 | 籍貫 | 到藏年月（學歷） | 歷經 | 歷新（金備） | 註 |
|---|---|---|---|---|---|---|---|
| 拔錦 | 徐斌山 | 四八 | 湖陽縣 | 八月廿九日年 | | 三六〇〇 | |
| 密工三 | 高國清 | 三三 | 汉陽省 | 六月廿七日年 | | 二四〇〇 | |
| 密工三 | 王輝宗 | 三三 | 巴縣 | 六月廿六日年 | | 三〇〇〇 | |
| 密幫 | 徐世擯 | 三五 | 涪陵縣 | 十二月廿二日年 | | 二四〇〇 | |
| 密幫 | 陳水章 | 三三 | 忠縣 | 十一月廿七日年 | | 二四〇〇 | |
| 學徒 | 張子玄 | 三二 | 巴縣 | 六月廿六日年 | | 一二〇〇 | |
| 學徒 | 段前明 | 二四 | 彭水縣 | 六月廿六日年 | | 一二〇〇 | |
| 幫徒三 | 封緝熙 | 二六 | 涪陵縣 | 十月廿日年 | | 一二〇〇 | |
| 學徒 | 譚世謙 | 二四 | 忠縣 | 十一月廿一日年 | | 一二〇〇 | |
| | 廖俊卿 | 二四 | 巴縣 | 六月廿一日年 | | 一二〇〇 | |
| | 廖民強 | 二九 | 巴縣 | 六月廿一日年 | | 一二〇〇 | |
| | 夏代璩 | 二一 | 巴縣 | 九月廿二日年 | | | 從軍 |
| | 蕭聿禾 | 二一 | 巴縣 | 九月廿三日年 | | | 從軍 |
| | 呂維新 | 二〇 | 南江縣 | 十月廿九日年 | | 一〇〇 | |

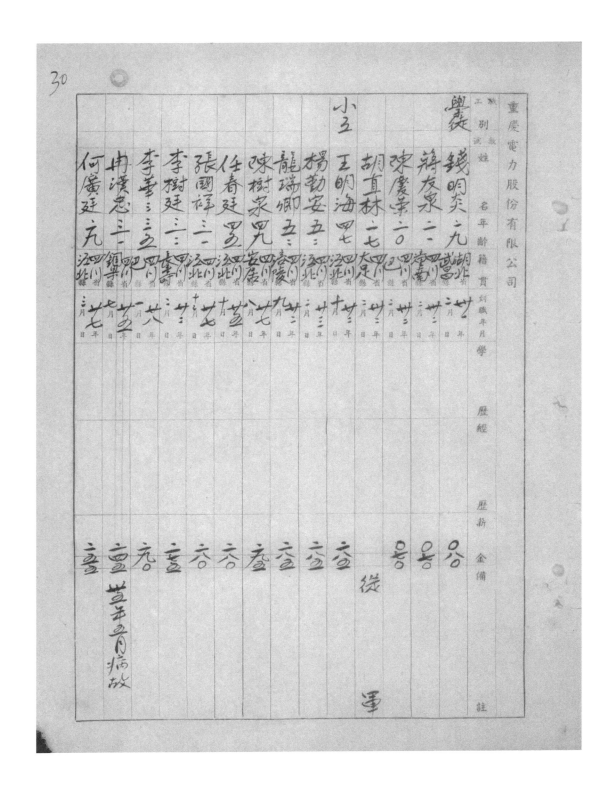

重慶電力股份有限公司

| 工別 派職別調 姓名 | 年齡 | 籍貫 | 到職年月 學歷經 歷新 金備註 |
|---|---|---|---|
| 學徒 錢明炎 | 二九 | 湖北 | 廿 年 三 月 日 |
| 蔣友泉 | 二一 | 武昌 | 廿 年 三 月 日 |
| 陳慶棠 | 二〇 | 四川 | 廿 年 三 月 日 壹 從軍 |
| 小工 胡直林 | 一七 | 巴縣 | 廿 年 三 月 日 |
| 王明海 | 四一 | 大足縣 | 廿 年 三 月 日 |
| 楊勤卿 | 五二 | 江北縣 | 廿 年 三 月 日 |
| 龍瑞卿 | | 巴縣 | 廿 年 月 日 |
| 陳樹泉 | | 富順縣 | 廿 年 月 日 |
| 任春廷 | | 江北縣 | 廿 年 月 日 |
| 張國祥 | 三一 | 江北縣 | 廿 年 月 日 |
| 李樹廷 | 三二 | 重慶 | 廿 年 月 日 |
| 李華 | 三五 | 巴縣 | 廿 年 月 日 |
| 申濱忠 | 三一 | 銅梁縣 | 廿 年 月 日 |
| 何廣廷 | 元 | 四川 江北縣 | 廿 年 三 月 日 |

31

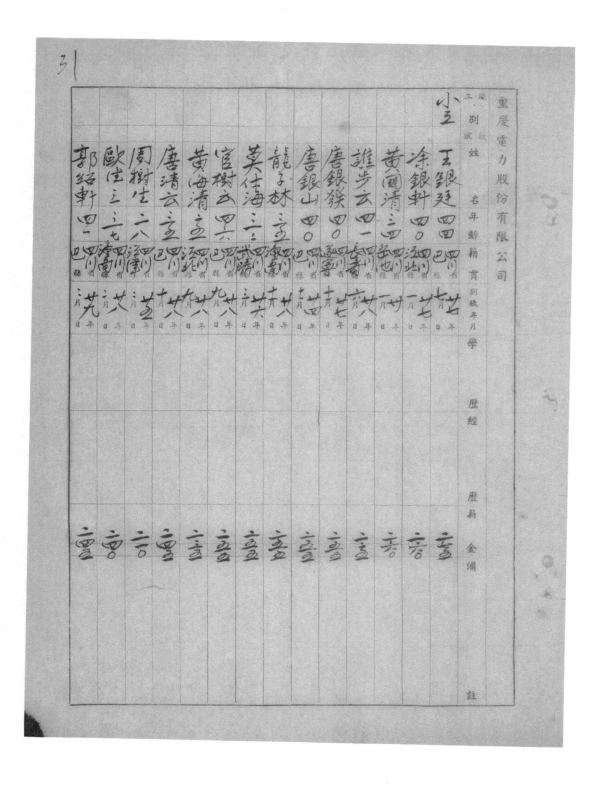

重慶電力股份有限公司

| 歲別 工廠別 試驗 | 姓名 | 年齡 | 籍貫 | 到職年月 | 學 歷 | 經 歷 | 新 金 | 備 註 |
|---|---|---|---|---|---|---|---|---|
| 小二 | 王銀廷 | 四四 | 巴川縣 | 年 月 日 | | | | 壹 |
| | 涂銀軒 | 四四 | 巴川縣 | 年 月 日 | | | | 壹壹 |
| | 黃國清 | 三四 | 巴北縣 | 年 月 日 | | | | 壹壹 |
| | 譙步玄 | 四一 | 江北縣 | 年 月 日 | | | | 壹壹 |
| | 唐銀鑅 | 四〇 | 四川省 | 年 月 日 | | | | 壹壹 |
| | 唐銀山 | 四〇 | 四川省 | 年 月 日 | | | | 壹壹 |
| | 龍子林 | 三二 | 四川省 | 年 月 日 | | | | 壹壹 |
| | 莫仕海 | 三二 | 四川省 | 年 月 日 | | | | 壹壹 |
| | 官樹玄 | 四二 | 四川省 | 年 月 日 | | | | 壹壹 |
| | 黃海清 | 三二 | 四川省 | 年 月 日 | | | | 壹壹 |
| | 唐清玄 | 三二 | 四川省 | 年 月 日 | | | | 壹壹 |
| | 周樹生 | 二八 | 四川省 | 年 月 日 | | | | 二〇 |
| | 歐生 | 三七 | 濟南縣 | 年 月 日 | | | | 壹壹 |
| | 郭紹軒 | 四一 | 巴川縣 | 年 月 日 | | | | 壹壹 |

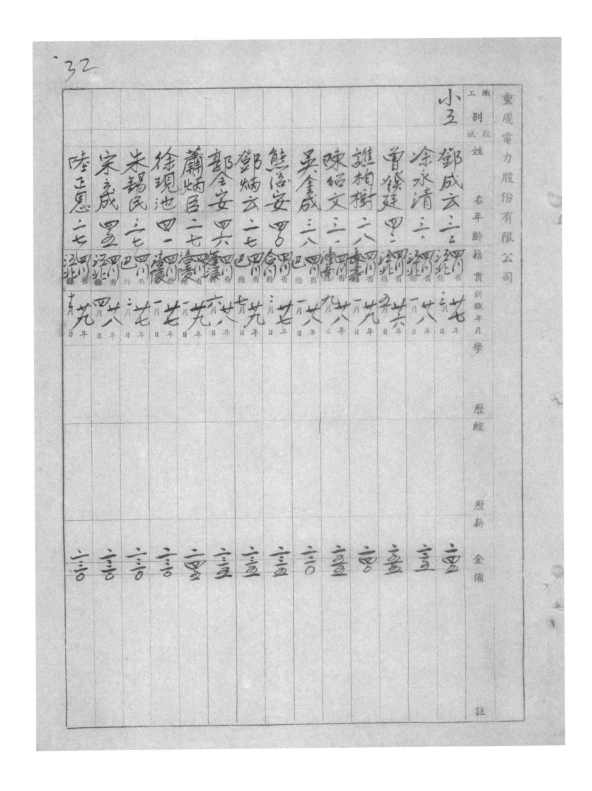

重慶電力股份有限公司

32  小玉

| 職工別誠 | 姓名 | 年齡 | 籍貫 | 到職年月 | 學歷經 | 歷薪金備 | 註 |
|---|---|---|---|---|---|---|---|
|  | 鄧成玄 | 三五 | 四川江北 | 花年 月 日 |  |  | 一四〇 |
|  | 涂永清 | 三六 | 四川江北 | 青年 花月 日 |  |  | 一二五 |
|  | 曾候廷 | 四二 | 四川壽 | 卅六年 一月 日 |  |  | 一二〇 |
|  | 陳妬文 | 三一 | 四川壽 | 花年 一月 日 |  |  | 一二五 |
|  | 譙柏樹 | 二八 | 四川 | 花年 三月 日 |  |  | 一二〇 |
|  | 吳金成 | 三八 | 四川合 | 卅六年 九月 日 |  |  | 一二〇 |
|  | 熊浩安 | 四二 | 四川 | 花年 一月 日 |  |  | 一二五 |
|  | 鄧炳玄 | 二七 | 四川合 | 花年 六月 日 |  |  | 一二五 |
|  | 郭全安 | 二六 | 四川肇慶 | 花年 月 日 |  |  | 一二〇 |
|  | 蕭現池 | 四一 | 四川渠 | 花年 一月 日 |  |  | 一二五 |
|  | 徐錫民 | 二七 | 四川渠 | 花年 月 日 |  |  | 一二五 |
|  | 朱立成 | 四二 | 四川江北 | 卅六年 月 日 |  |  | 一二〇 |
|  | 宋立成 | 四二 | 四川江北 | 花年 四月 日 |  |  | 一二五 |
|  | 陸正恩 | 二七 | 四川江北 | 花年 十月 日 |  |  | 一二〇 |

33

重慶電力股份有限公司

| 職別 | 姓名 | 年齡 | 籍貫 | 到職年月 | 學歷 | 經歷 | 歷薪 金備註 |
|---|---|---|---|---|---|---|---|
| 小二 | 胡俊 | 三八 | 四川 | 八年 月 日 | | | 芜 |
| | 茍成林 | 二一 | 四川 | 六年 月 日 | | | 芜 |
| | 王沾云 | 三一 | 四川 | 二年 月 日 | | | 言 |
| | 廖吉章 | 先 | 四川 | 二年 月 日 | | | 言 |
| | 陳名先 | 三一 | 四川 | 二年 月 日 | | | 芜 |
| | 金海云 | 三三 | 四川 | 二年 月 日 | | | 芜 |
| | 蕭金云 | 四一 | 四川 | 七年 月 日 | | | 芜 |
| | 周坤元 | 先 | 四川 | 九年 月 日 | | | 言 |
| | 王國云 | 三六 | 四川 | 廿年 月 日 | | | 芜 |
| | 謝少清 | 三二 | 四川 | 廿年 月 日 | | | 芜 |
| | 樊鏡南 | 三三 | 四川 | 廿年 月 日 | | | 言 |
| | 黃樹生 | 三一 | 四川 | 廿年 月 日 | | | 言 |
| | 陳金萬 | 三六 | 四川 | 廿年 月 日 | | | 言 |
| | 唐占民 | 三方 | 四川 | 廿年 月 日 | | | 芜 |

34

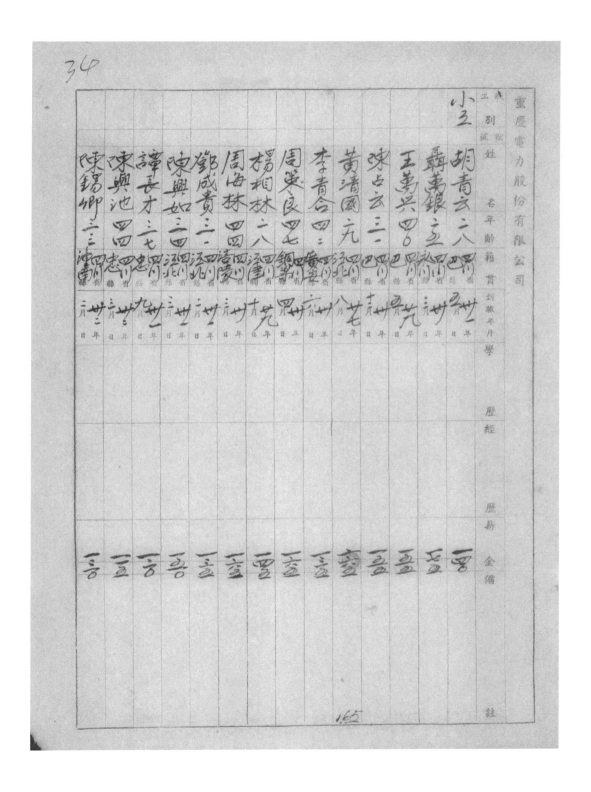

重慶電力股份有限公司

| 工別級姓名 | 姓名 | 年齡 | 籍貫 | 到職年月學 | 歷經 | 歷薪 | 金備 | 註 |
|---|---|---|---|---|---|---|---|---|
| | 胡青玄 | 二八 | 巴縣省 | | | | | 一四 |
| | 聶萬銀 | 三五 | 四川省 | | | | | 一五 |
| | 王萬興 | 四〇 | 四川省永川縣 | | | | | 一五 |
| | 陳占玄 | 三一 | 四川省 | | | | | 一五 |
| | 黃清國 | 元 | 四川省 | | | | | 一五 |
| | 李青合 | 四一 | 四川省 | | | | | 一五 |
| | 周榮良 | 巴一 | 四川省銅梁縣 | | | | | 一五 |
| | 楊相林 | 二八 | 四川省 | | | | | 一五 |
| | 周海林 | 四一 | 四川省 | | | | | 一五 |
| | 鄧咸貴 | 三二 | 四川省 | | | | | 一〇 |
| | 陳興如 | 三二 | 四川省北碚 | | | | | 一五 |
| | 譚長才 | 三七 | 四川省 | | | | | 一五 |
| | 陳興池 | 四一 | 四川省 | | | | | 一五 |
| | 陳錫卿 | 三二 | 四川省 | | | | | 一五 |

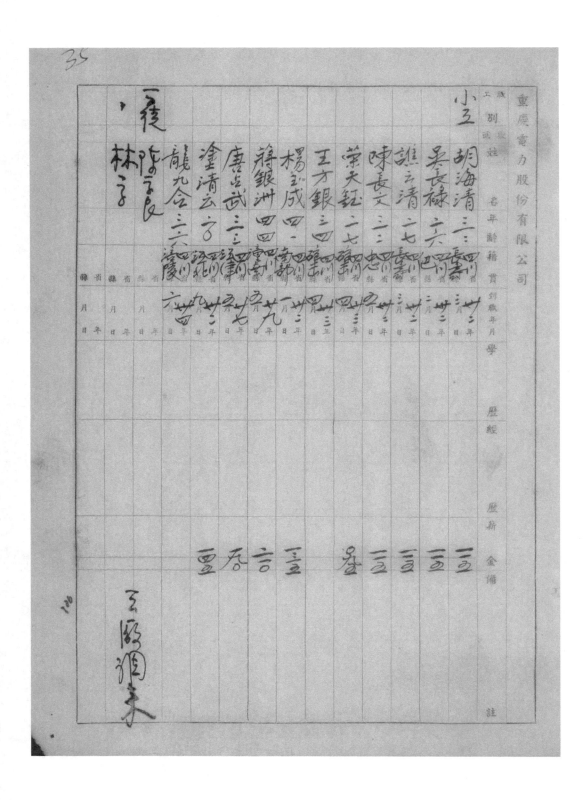

36

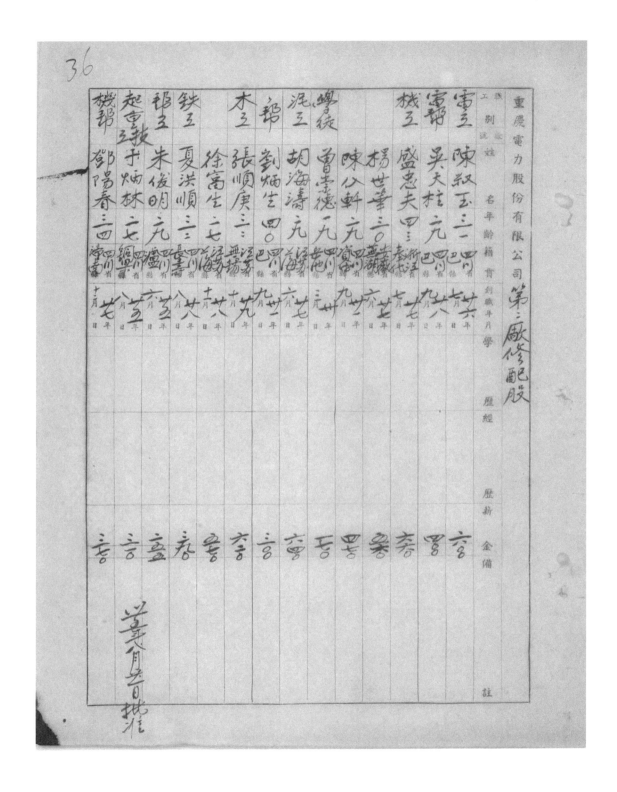

重慶電力股份有限公司第三廠修配股

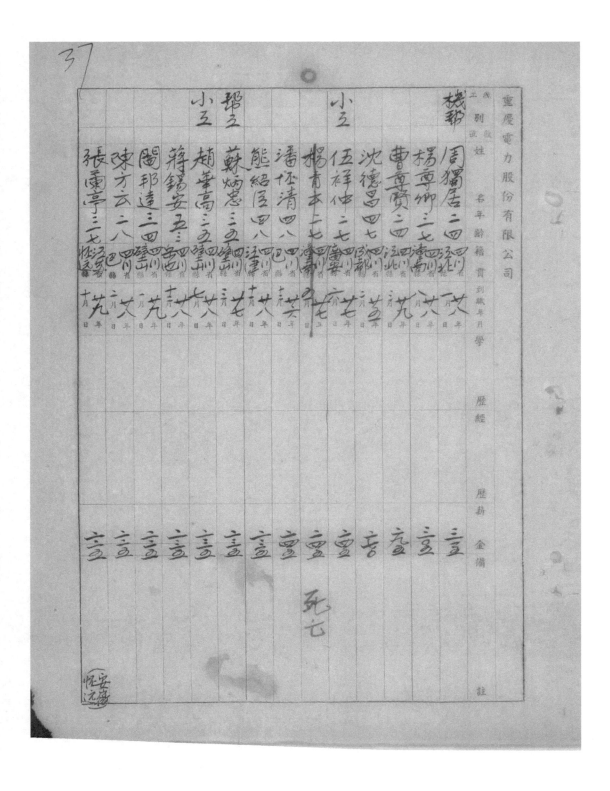

重慶電力股份有限公司

| 工別派駐 | 姓名 | 年齡 | 籍貫 | 到職年月 | 學歷 | 歷經 | 歷薪 金備 | 備註 |
|---|---|---|---|---|---|---|---|---|
| 機務 | 周獨居 | 二四 | 湖北 | 六年十月 | | | 三五〇 | |
| 小工 | 楊尊卿 | 三七 | 四川 高縣 | 六年 | | | 三二 | |
| | 曹章質 | 二四 | 四川 達縣 | 六年 | | | 三二 | |
| | 沈德昌 | 四七 | 四川 江北 | 六年 | | | 三二 | |
| | 伍祥仲 | 二七 | 四川 郫都 | 七年 | | | 三三 | |
| 小工 | 楊青本 | 二七 | 四川 | 六年 | | | 三〇 | 死亡 |
| | 潘怪清 | 四八 | 四川 | 七年 | | | 三二 | |
| | 熊紹臣 | 四八 | 四川 江津 | 六年 | | | 三二 | |
| 幫工 | 蘇炳忠 | 三〇 | 四川 璧山 | 六年 | | | 三二 | |
| 小工 | 趙華高 | 三五 | 四川 璧山 | 六年一月 | | | 三二 | |
| | 蔣錫安 | 五三 | 四川 | 六年十一月 | | | 三二 | |
| | 閻邦達 | 三四 | 四川 合川 | 六年一月 | | | 三二 | |
| | 陳方云 | 二八 | 四川 巴縣 | 六年二月 | | | 三二 | |
| | 張雨亭 | 三七 | 安徽 懷遠 | 六年十月 | | | 三二 | |

38

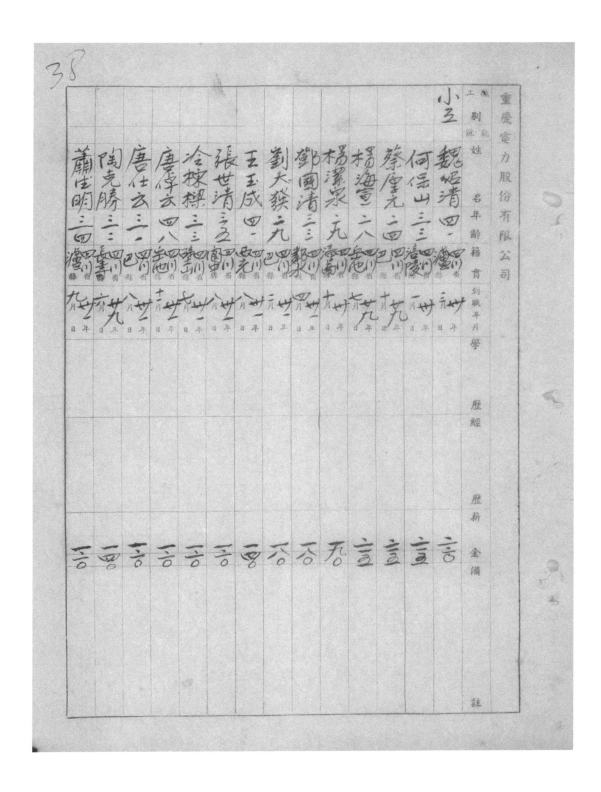

| 工別 職級 | 姓名 | 年齡 | 籍貫 | 到職年月 | 學歷 | 經歷 | 薪金 歷 | 備註 |
|---|---|---|---|---|---|---|---|---|
| 小五 | 魏經清 | 四一 | 四川巴縣 | 廿九年 | | | 二三 | |
| | 何保山 | 三三 | 四川涪陵縣 | 廿二年一月 | | | 二二 | |
| | 蔡肇元 | 二四 | 四川涪陵縣 | 廿九 | | | 二一 | |
| | 楊海壹 | 二八 | 四川巴縣 | 廿七月 | | | 二一 | |
| | 楊潔泉 | 一九 | 四川蓬縣 | 十三月 | | | 二〇 | |
| | 鄧國清 | 三三 | 四川郭水縣 | 廿四年 | | | 三〇 | |
| | 劉大猷 | 一九 | 四川巴縣 | 廿三年二月 | | | 三〇 | |
| | 王玉成 | 四一 | 四川巴縣 | 廿八年一月 | | | 二四 | |
| | 張世清 | 三五 | 四川巴縣 | 廿八月 | | | 二三 | |
| | 冷棟槐 | 三三 | 四川巴縣 | 廿六月 | | | 二三 | |
| | 唐鴻云 | 四八 | 四川巴縣 | 廿二月 | | | 二三 | |
| | 唐仕云 | 三一 | 四川涪陵縣 | 八月 | | | 二三 | |
| | 陶克勝 | 三三 | 四川雲陽縣 | 廿七 | | | 二四 | |
| | 蕭生明 | 二四 | 四川瀘縣 | 九月 | | | 二三 | |

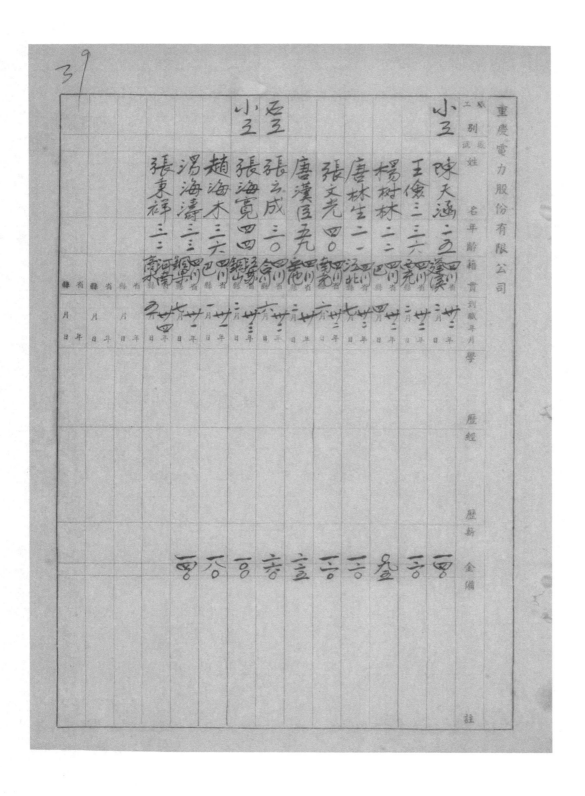

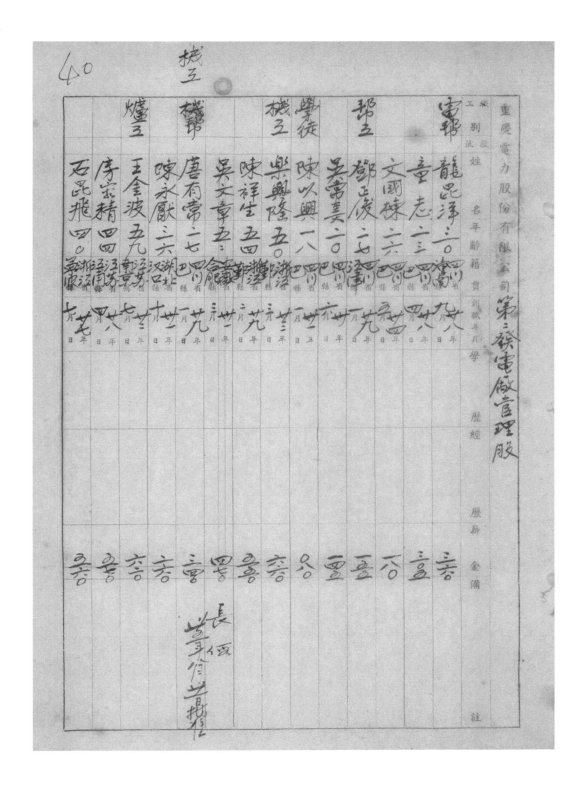

重慶電力股份有限公司

| 所別工別述姓 | 姓名 | 年齡 | 籍貫 | 到職年月 | 學歷 | 歷經 | 歷新金備 | 註 |
|---|---|---|---|---|---|---|---|---|
| 爐三 | 劉玉柱 | 三三 | 江蘇省江寧縣 | 八年六月 | | | 罢罢 | |
| 小三 | 張青合 | 五五 | 江蘇省鎮江縣 | 六年八月 | | | 罢罢 | |
| 郡三 | 薛炳山 | 三三 | 四川省合川縣 | 六年十月 | | | 奋芸 | |
| 小三 | 揚海山 | 三〇 | 四川省巴縣 | 八年六月 | | | 奋言 | |
| | 揚建洲 | 三三 | 四川省巴縣 | 六年八月 | | | 奋言 | |
| | 劉華琪 | 四六 | 湖南省 | 九年三月 | | | 言言 | |
| 學徒 | 張炳安 | 三〇 | 四川省巴縣 | 九年三月 | | | 言言 | |
| | 曹健成 | 二三 | 四川省巴縣 | 九年二月 | | | 言言 | |
| | 李仲華 | 二一 | 四川省巴縣 | 廿一年 | | | 言言 | |
| 小三 | 李國忠 | 二〇 | 四川省雙流縣 | 廿一年三月 | | | 奋言 奋言 | |
| | 孫德培 | 二〇 | 四川省巴縣 | 七年六月 | | | 奋言 | |
| | 鄧銀風 | 四〇 | 浙江省慈谿縣 | 七年六月 | | | 言言 | |
| | 周占云 | 二六 | 四川省 | 七年六月 | | | | |
| | 梁煥文 | 二四 | 四川省合川縣 | 八年六月 | | | 言 | |

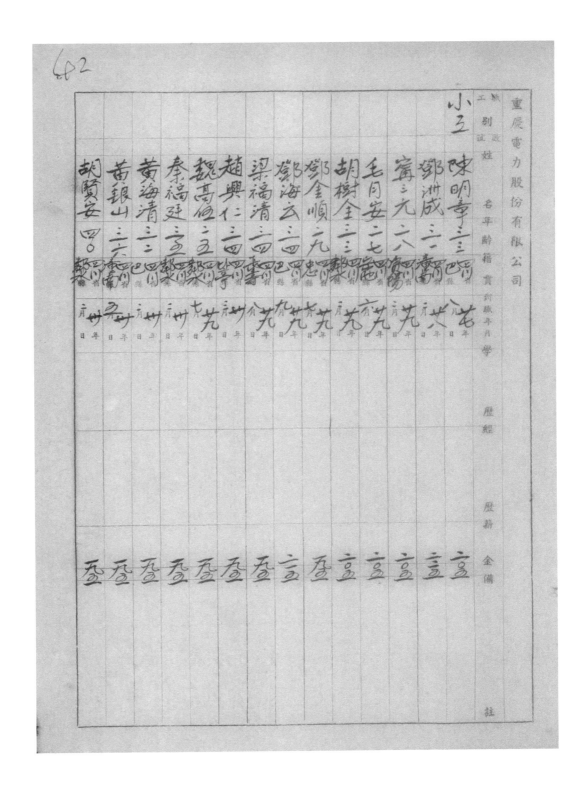

重慶電力股份有限公司

| 工別 姓名 | 年齡 | 籍貫 | 到職年月 | 學歷 | 歷經 | 歷新金備 | 註 |
|---|---|---|---|---|---|---|---|
| 周海廷 | 五三 | 四川 | 卅 年 日 | | | 壹 | |
| 張漢全 | 四一 | 巴縣 省 | 廿九 年 日 | | | 壹 | |
| 王治生 | 二八 | 四川 省 | 卅 年 月 日 | | | 壹 | |
| 鄧樹林 | 二七 | 巴縣 省 | 卅一 年 月 日 | | | 壹 | |
| 賣本棠 | 四七 | 四川 省 | 廿六 年 月 日 | | | 壹 | |
| 蔣炳洲 | 二七 | 四川 省 | 卅一 年 月 日 | | | 壹 | |
| 楊長清 | 四〇 | 四川 省 | 卅 年 月 日 | | | 壹 | |
| 楊三元 | 二八 | 巴縣 省 | 卅一 年 月 日 | | | 壹 | |
| 楊金山 | 三六 | 四川 省 | 卅二 年 月 日 | | | 壹 | |
| 田有餘 | 三三 | 四川 省 | 卅二 年 月 日 | | | 壹 | |
| 楊子華 | 三六 | 四川 省 | 卅二 年 月 日 | | | 壹 | |
| 李梁元 | 四二 | 四川 省 | 卅一 年 月 日 | | | 壹 | |
| 李玉清 | 四〇 | 四川 省 | 廿九 年 月 日 | | | 壹 | |
| 楊通山 | 四七 | 四川 省 | 卅一 年 月 日 | | | 壹 | |

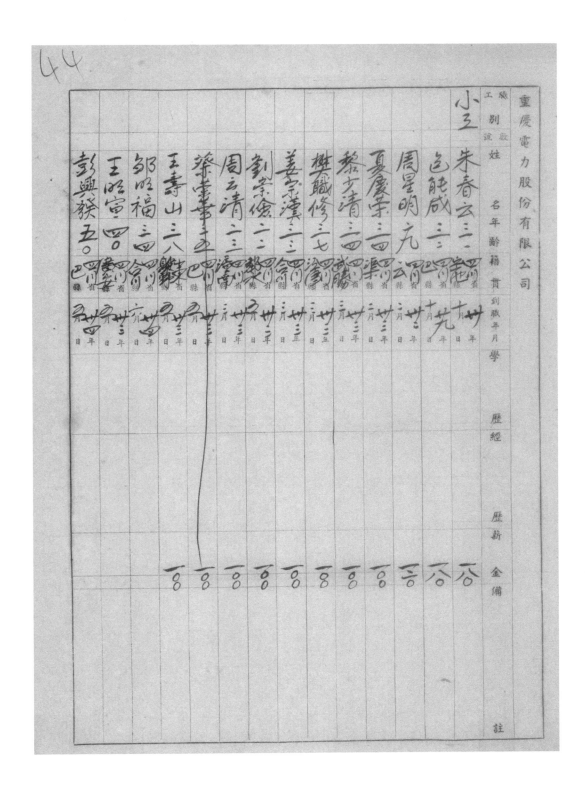

44

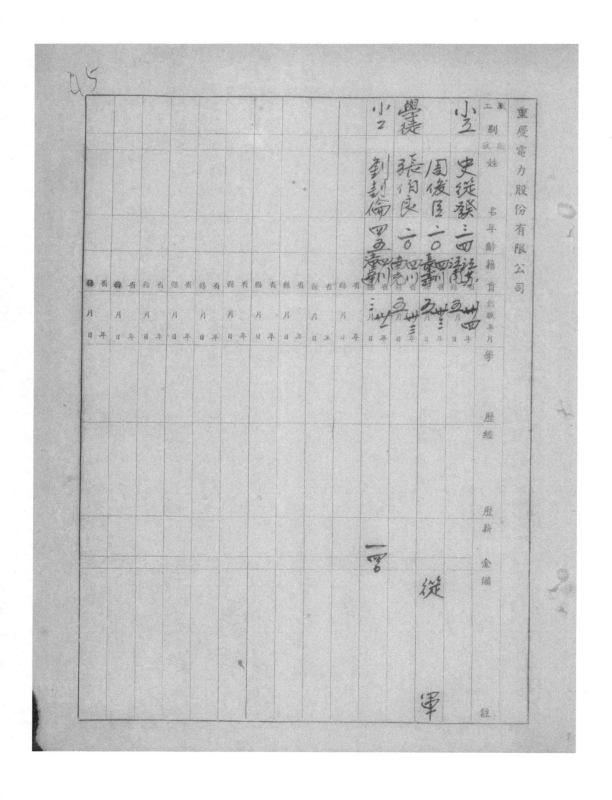

重慶電力股份有限公司

| 屬別 組別 | 姓名 | 年齡 | 籍貫 | 初服年月 | 學 | 歷經 | 歷薪 金備 | 註 |
|---|---|---|---|---|---|---|---|---|
| 小二 | 史縱發 | 三四 | 江蘇 省　縣 | | | | | |
| 學徒 | 周俊臣 | 二〇 | 四川 省　縣 | | | | | |
| | 張伯良 | 二〇 | 四川 省　縣 | | | | | |
| 小工 | 劉劼倫 | 四五 | 四川 省　縣 | | | | | 縱 軍 |

一曹　縱　軍

46

重慶電力股份有限公司第三廠修配股

| 工別 | 姓名 | 年齡 | 籍貫 省 | 籍貫 縣 | 到職年月 | 學歷 | 經歷 | 薪金 | 備註 |
|---|---|---|---|---|---|---|---|---|---|
| 技工 | 汪卿蘭 | 四二 | 浙江 | 鄞 | 廿七年三月 | | | 七四〇 | |
| | 張榮甫 | 四〇 | 浙江 | 鎮海 | 廿九年十月 | | | 五六〇 | |
| | 金仕良 | 三五 | 浙江 | 山陰 | 卅年十一月 | | | 四八〇 | |
| | 胡文俊 | 三五 | 江蘇 | 上海 | 廿二年九月 | | | 四六〇 | |
| | 許龍生 | 三五 | 江蘇 | 上海 | 廿九年六月 | | | 五二〇 | |
| | 顏筱順 | 四九 | 江蘇 | 上海 | 廿二年四月 | | | 七四〇 | |
| 幫工 | 安長清 | 二九 | 四川 | 綦江 | 卅年十月 | | | 二四〇 | 卅五年八月死亡 |
| 技工 | 黃紹修 | 三一 | 四川 | 巴 | 廿二年五月 | | | 四六〇 | |
| | 徐德榮 | 四〇 | 浙江 | 寧波 | 卅年十二月 | | | 四二〇 | 退職 |
| | 蔣銀輝 | 三五 | 四川 | 巴 | 廿六年四月 | | | 四八〇 | |
| | 蔡根泉 | 四〇 | 江蘇 | 無錫 | 廿六年五月 | | | 六二〇 | |
| | 蔡裕泉 | 四七 | 江蘇 | 無錫 | 卅年十月 | | | 五四〇 | |
| 幫工 | 唐義和 | 四三 | 四川 | 廣安 | 卅年六月 | | | 二二〇 | |
| 技工 | 黃柏清 | 五〇 | 四川 | 廣安 | 廿五年四月 | | | 五二五 | |

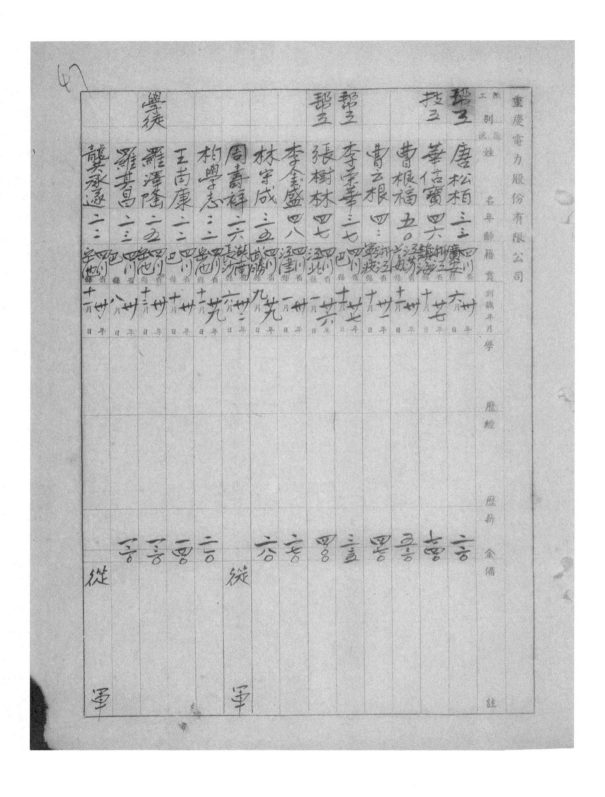

重慶電力股份有限公司

| 工別流 姓名 | 年齡 | 籍貫 | 到職年月日 學歷 | 歷經 | 歷薪 金備 | 註 |
|---|---|---|---|---|---|---|
| 幫工三 唐松柏 | 三二 | 四川省 | 六月廿日年 | | 言 | 從軍 |
| 投工三 華信寶 | 四六 | 四川省 | 廿三月廿年 | | 吉言 | |
| 幫工五 曹根福 | 五〇 | 四川省 | 十月廿年 | | 四五 | |
| 曹云根 | 四三 | 江蘇省 | 廿一月廿年 | | 三三 | |
| 李榮華 | 三七 | 四川省 | 廿一月十年 | | 四〇 | |
| 幫工五 張樹林 | 四七 | 江北省 | 十六月廿年 | | 四二 | |
| 李金盛 | 四八 | 江津省 | 一月廿年 | | 四八 | |
| 林宗成 | 三二 | 四川省 | 九月一年 | | 六六 | |
| 周壽祥 | 三六 | 巴縣省 | 九三月廿年 | | 言 | 從軍 |
| 杓學志 | 三二 | 巴縣省 | 十一月廿年 | | 言 | |
| 王南康 | 三二 | 四川省 | 廿月十年 | | 四二四 | |
| 學徒 羅潘隆 | 二五 | 巴縣省 | 八月廿年 | | 言三 | |
| 羅其昌 | 二三 | 巴縣省 | 十二月廿年 | | 言五 | 從軍 |
| 龔承遠 | 二三 | 巴縣省 | 十月廿年 | | 言罘 | |

重慶電力股份有限公司

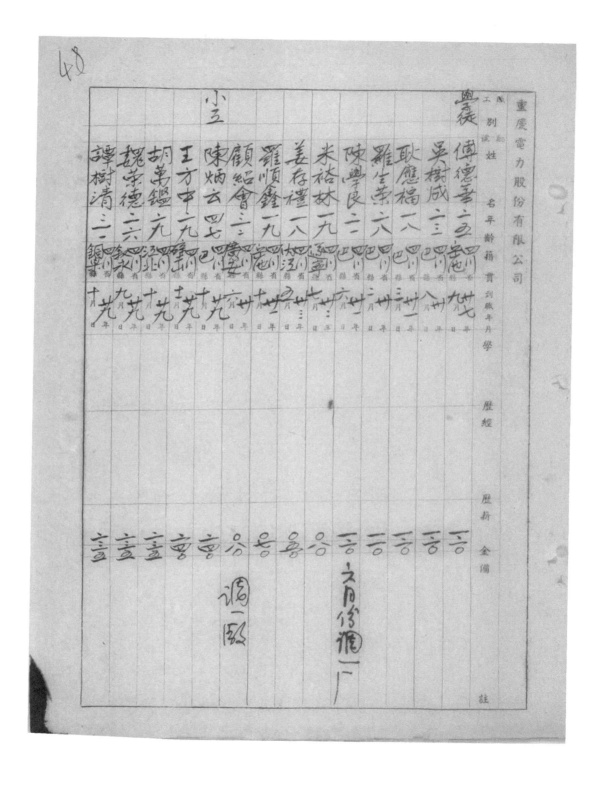

| 編別及姓名 | 名 | 年齡 | 籍貫 | 到職年月 | 學 歷 經 | 歷折 金備 | 註 |
|---|---|---|---|---|---|---|---|
| 學徒 小三 | | | | | | | |
| 傅德華 | 二五 | 四川巴縣 | 廿七 九 日 | | 二三 | |
| 吳樹成 | 二三 | 四川巴縣 | 九 年 | | 二三 | |
| 耿應福 | 二八 | 四川巴縣 | 廿三 三 日 | | 二三 | |
| 羅生荣 | 一六 | 四川巴縣 | 廿三 三 日 | | 二三 | |
| 陳學良 | 二一 | 四川巴縣 | 廿二 八 日 | | 二三 | |
| 米裕林 | 一九 | 四川巴縣 | 廿七 二 日 | | 合 | |
| 姜存禮 | 一八 | 四川巴縣 | 廿三 二 日 | | 合 | |
| 羅順鑫 | 一九 | 四川巴縣 | 廿二 二 日 | | 合 | |
| 顧紹會 | 二二 | 四川巴縣 | 廿二 六 日 | | 合 | |
| 陳炳云 | 二四 | 四川巴縣 | 廿三 日 | | 合 | |
| 王才中 | 一九 | 四川巴縣 | 十二 日 | | 合 | |
| 胡萬鋸 | 一九 | 四川巴縣 | 十 日 | | 合 | |
| 魏荣德 | 二六 | 四川巴縣 | 九 日 | | 合 | |
| 譚樹清 | 二二 | 四川巴縣 | 十 月 日 | | 合 | |

重慶電力股份有限公司

| 載别 | 工别试 | 姓名 | 右年齡 | 籍貫 | 到職年月 | 學歷 經歷 新全備 | 註 |
|---|---|---|---|---|---|---|---|
| | 小工 | 陶海鏻 | 二四 | 四川 巴縣 | 卅九年 十月十日 | 靖 | 三0 |
| | 班工 | 馬周仁 | 三0 | 四川 巴縣 | 卅九年 二月廿日 | 一 | 三0 |
| | 小工 | 唐海廷 | 五六 | 四川 巴縣 | 卅八年 一月廿日 | 四 | 六0 |
| | | 劉少成 | 五0 | 四川 巴縣 | 卅九年 十月廿日 | 一 | 二0 |
| | | 張國賢 | 六八 | 四川 巴縣 | 卅八年 十月廿一日 | | 二0 |
| | | 趙蓋棠 | 二一 | 四川 巴縣 | 卅九年 八月十日 | | 二0 |
| | | 唐桂林 | 四0 | 四川 巴縣 | 卅九年 八月廿一日 | | 二0 |
| | | 傅樹清 | 二六 | 四川 巴縣 | 卅九年 六月廿一日 | | 二0 |
| | | 陳錦堂 | 四四 | 四川 涪陵 | 卅九年 一月廿日 | | 二0 |
| | | 陳臺全 | 三0 | 四川 涪陵 | 卅八年 一月廿日 | | 二0 |
| | | 左紹明 | 二五 | 四川 涪陵 | 卅九年 一月廿日 | | 六0 |
| | | 唐安民 | 三三 | 四川 涪陵 | 卅九年 一月十日 | | 二0 |
| | | 黃明清 | 二四 | 四川 合川 | 卅九年 十月廿日 | | 三0 |
| | | 劉銀輝 | 二三 | 四川 巴縣 | 卅九年 十月十日 | | 三0 |

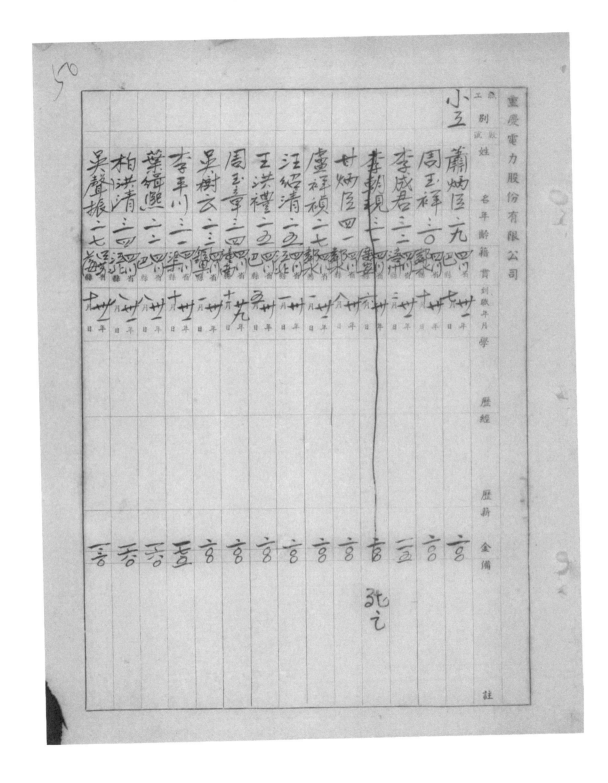

重慶電力股份有限公司

小工

| 職別說明姓 | 名 | 年齡 | 籍貫 | 到歇年月 | 學歷 | 歷經 | 歷斷 | 金備 | 備註 |
|---|---|---|---|---|---|---|---|---|---|
| 劉樹良 | | 二七 | 江北省 | 卅元年九月二日 | | | | | 吞 |
| 晏錫清 | | 二八 | 四川省 | 卅八年二月二日 | | | | | 吞 |
| 雍錫周 | | 四八 | 四川省 | 卅九年二月二日 | | | | | 吞 |
| 胡漢明 | | 四一 | 四川省 | 卅八年二月二日 | | | | | 吞 |
| 譚鑫鑒 | | 二二 | 四川省 | 卅九年二月二日 | | | | | 吞 |
| 趙金廷 | | 三〇 | 四川省 | 卅八年二月一日 | | | | | 吞 |
| 何長富 | | 二七 | 四川省 | 卅元年十二月二日 | | | | | 吞 |
| 呂培林 | | 三三 | 四川省 | 卅元年十一月二日 | | | | | 吞 |
| 史文進 | | 四二 | 四川省 | 卅三年三月二日 | | | | | 吞 |
| 趙海欽 | | 四〇 | 四川省 | 卅元年二月二日 | | | | | 要 |
| 左世忠 | | 二九 | 四川省 | 卅元年二月二日 | | | | | 要 |
| 李旭東 | | 三三 | 四川省 | 卅八年二月二日 | | | | | 要 |
| 張萬三 | | 四六 | 四川省 | 卅八年二月二日 | | | | | 要 |
| 陳炳泉 | | 四六 | 四川省 | 卅元年二月二日 | | | | | 要 |

52

| 原工別散佚姓名 | 名 | 年齡 | 籍貫 | 到職年月 | 學歷 | 經歷 | 歷新 | 金備 | 註 |
|---|---|---|---|---|---|---|---|---|---|
| 小工 | 王葉林 | 四九 | 四川省　縣 | 　年　月　日 | | | | | |
| 學徒 | 王志先 | 二八 | 　省　縣 | 十三年　月　日 | | | | 芜 | |
| 郡工 | 關佑民 | 二四 | 四川省　縣 | 廿三年　月　日 | | | | 芜 | |
| 小工 | 吳郵華 | 三九 | 　省　縣 | 廿二年　月　日 | | | | 奈 | |
| 學徒 | 衛連根 | 二〇 | 　省　縣 | 廿一年　月　日 | | | | 秀 | |
| 小工 | 張玉春 | 三三 | 四川省　縣 | 廿二年　月　日 | | | | 言 | |
| 學徒 | 何樹云 | 二六 | 　省　縣 | 十二年　月　日 | | | | 西 | |
| 學徒 | 廖壹緒 | 二十 | 　省　縣 | 四十年　月　日 | | | | 西 | |

重慶電力股份有限公司第三厰管理股

| 工別 | 姓名 | 年齡 | 籍貫 | 到厰年月 | 學歷 | 歷經 | 歷折 金備 | 註 |
|---|---|---|---|---|---|---|---|---|
| 機工 | 甘安慶 | 四六 | 浙江鄞縣 | 十九年 二月 | | | 六二六〇 | |
| 鄧工 | 陳祖庚 | 三二 | 江蘇 | 十九年 二月 | | | 五二六〇 | |
| | 顧福堂 | 五五 | 江蘇 | 十九年 三月 | | | 三二六〇 | |
| | 徐甫沅 | 三二 | 江蘇 | 二一年 | | | 三二六〇 | |
| | 龔家琪 | 三〇 | 江蘇 | 十九年 | | | 三二六〇 | |
| 電工 | 劉少文 | 三〇 | 湖北 | 十九年 | | | 三二六〇 | |
| | 陳阿荣 | 四五 | 江蘇 | 二二年 | | | 三二六〇 | |
| | 金錦海 | 四七 | 江蘇 | 十八年 | | | 三二六〇 | |
| | 孫承富 | 二四 | 四川 | 二三年 | | | 四二六〇 | |
| | 彭程遠 | 三〇 | 四川 | 二二年 | | | 四二六〇 | |
| 爐工 | 田海清 | 三四 | 四川 | 二三年 | | | 四二六〇 | |
| | 祁慎祥 | 三二 | 四川 | 二四年 | | | 四二六〇 | |
| | 王世昌 | 三二 | 四川 | 二六年 | | | 三二六〇 | |
| 幫工 | 李如淵 | 三五 | 四川 | 二二年 | | | 三二六〇 | |

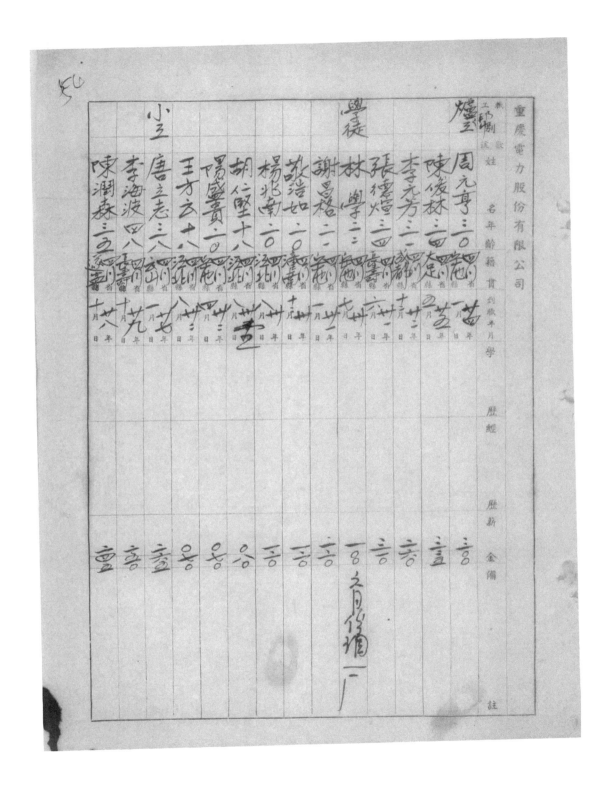

重慶電力股份有限公司

| 級別 工級別 | 姓名 | 年齡 | 籍貫 | 到廠年月 | 學歷 | 經歷 | 新金備 | 備註 |
|---|---|---|---|---|---|---|---|---|
| 燈工 | 周元亨 三〇 | | | | | | 圭 | |
| | 陳俊林 三〇 | | | | | | 言 | |
| | 李元芳 三一 | | | | | | 言 | |
| | 張德燈 三四 | | | | | | 言 | |
| 學徒 | 林學 三三 | | | | | | 言 | |
| | 謝昌格 二一 | | | | | | 一〇 | |
| | 敬浩如 二〇 | | | | | | 言 | |
| | 楊兆南 二〇 | | | | | | 言 | |
| | 胡仁堅 十八 | | | | | | 仝 | |
| 小工 | 陽盛賣 二〇 | | | | | | 仝 | |
| | 王才立 十六 | | | | | | 言 | |
| | 唐立志 三八 | | | | | | 言 | |
| | 李海波 四八 | | | | | | 言 | |
| | 陳潤森 三四 | | | | | | 圭 | |

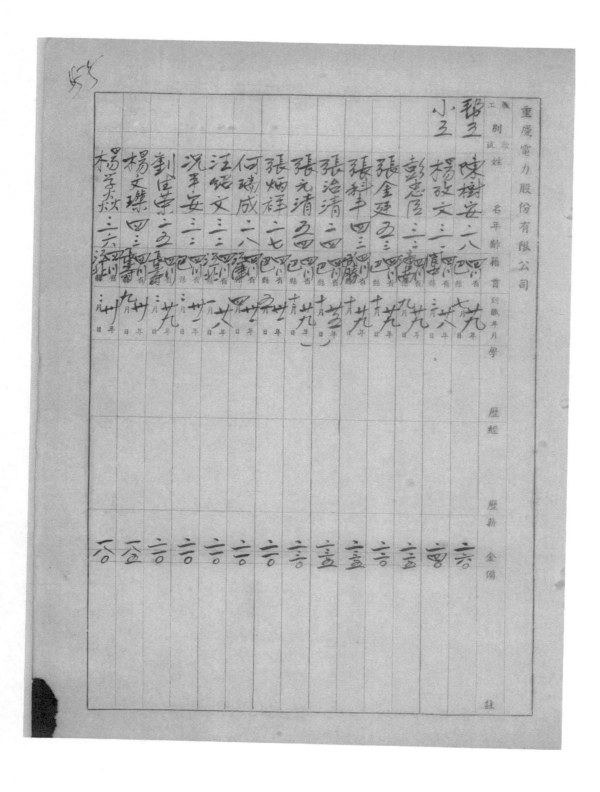

重慶電力股份有限公司

| 工別 | 號數姓名 | 年齡 | 籍貫 | 到職年月 | 學歷經歷 | 薪金 | 備註 |
|---|---|---|---|---|---|---|---|
| | 陳樹安 | 二八 | 四川巴縣省 | 七月 年 | | 一〇 | |
| | 楊政文 | 三一 | 四川巴縣省 | 六月 年 | | 一四 | |
| | 彭惠臣 | 三二 | 四川巴縣省 | 九月 年 | | 一二 | |
| | 張金建 | 三二 | 四川巴縣省 | 九月 年 | | 一二 | |
| | 張科丰 | 四三 | 四川巴縣省 | 九月 年 | | 一二 | |
| | 張治清 | 二四 | 四川巴縣省 | 三月 年 | | 一二 | |
| | 張元靖 | 五五 | 四川巴縣省 | 十月 年 | | 一三 | |
| | 張炳祥 | 二七 | 四川巴縣省 | 九月 年 | | 一二 | |
| | 何璘成 | 二八 | 四川巴縣省 | 七月 年 | | 一二 | |
| | 汪紹文 | 三二 | 四川巴縣省 | 十月 年 | | 一二 | |
| | 况丰安 | 三一 | 四川巴縣省 | 九月 年 | | 一二 | |
| | 劉建棠 | 四三 | 四川巴縣省 | 九月 年 | | 一三 | |
| | 楊文璪 | 四二 | 四川巴縣省 | 九月 年 | | 一五 | |
| | 楊学炊 | 二六 | 四川江津省 | 三月 年 | | 一五 | |

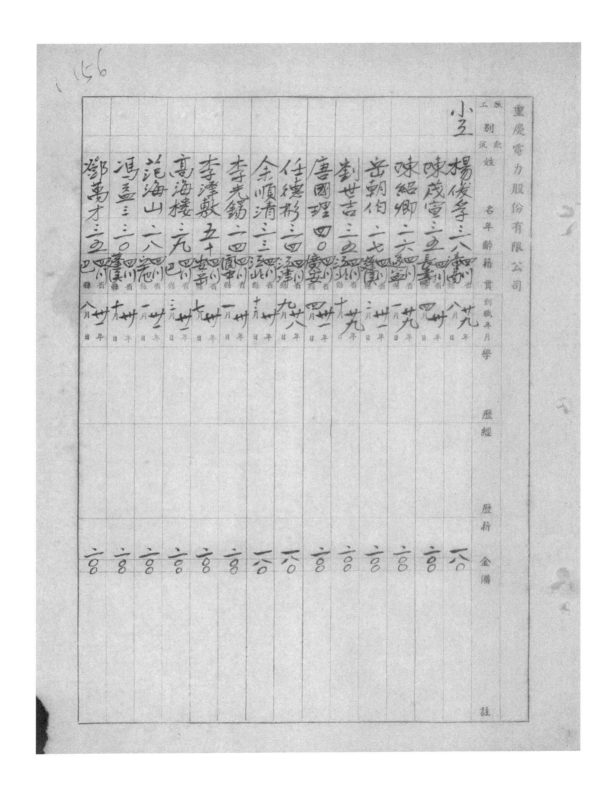

重慶電力股份有限公司

| 組款別姓名 | 姓名 | 年齡 | 籍貫 | 到職年月 | 學歷 | 經歷 | 歷薪 金備 | 註 |
|---|---|---|---|---|---|---|---|---|
| 小工 | 楊俊孚 | 三八 | 貴州 | 八年八月 | | | 三〇 | |
| | 陳茂宣 | 三五 | 四川長壽 | 四年卅日 | | | 三〇 | |
| | 陳紹卿 | 二六 | 四川 | 二年卅一日 | | | 三〇 | |
| | 岳世吉 | 三五 | 四川 | 一年卅九日 | | | 三〇 | |
| | 劉朝伯 | 二七 | 四川 | 十年卅九日 | | | 三〇 | |
| | 唐國理 | 四〇 | 廣安 | 四年卅八日 | | | 四〇 | |
| | 任德彬 | 三四 | 四川 | 九年卅六日 | | | 四〇 | |
| | 余順清 | 三三 | 四川 | 十二月卅一日 | | | 三〇 | |
| | 李光錫 | 二四 | 四川 | 一月卅一日 | | | 三〇 | |
| | 李澤敷 | 五十 | 四川 | 七月卅二日 | | | 三〇 | |
| | 高海樓 | 三元 | 四川 | 三月卅一日 | | | 三〇 | |
| | 范海山 | 一八 | 四川 | 一月卅一日 | | | 三〇 | |
| | 馮孟 | 三〇 | 四川漢縣 | 十七月卅一日 | | | 三〇 | |
| | 鄧萬才 | 三五 | 四川巴縣 | 八月卅一日 | | | 三〇 | |

重慶電力股份有限公司

57

| 職別敘號 | 姓名 | 年齡 | 籍貫 | 到職年月 | 學歷 | 經歷 | 薪金 | 備註 |
|---|---|---|---|---|---|---|---|---|
| 小三 | 吳玉山 | 三三 | 四川省銅梁縣 | 廿五年三月 | | | | |
| | 何炳林 | 二四 | 四川省合川縣 | 廿四年四月 | | | | |
| | 楊順杰 | 二七 | 四川省巴縣 | 廿一年二月 | | | | |
| | 盧樹清 | 三一 | 四川省巴縣 | 廿一年一月 | | | | |
| | 蒲天忠 | 三〇 | 四川省巴縣 | 廿一年十月 | | | | |
| | 趙未三 | 四六 | 四川省巴縣 | 廿九年一月 | | | | |
| | 宋維洲 | 三〇 | 四川省永川縣 | 廿二年一月 | | | | |
| | 劉君儒 | 二五 | 四川省巴縣 | 廿九年一月 | | | | |
| | 王海全 | 四一 | 四川省巴縣 | 廿一年一月 | | | | |
| | 唐清和 | 三一 | 四川省巴縣 | 廿九年一月 | | | | |
| | 侯彬武 | 三一 | 四川省巴縣 | 廿一年十二月 | | | | |
| | 熊汉成 | 二七 | 四川省巴縣 | 廿一年三月 | | | | |
| | 謝宾如 | 三七 | 四川省巴縣 | 廿五年廿日 | | | | |
| | 朱善軒 | 四一 | 四川省巴縣 | 廿一年一月 | | | | |

58

| 工別 | 姓名 | 年齡 | 籍貫 | 到職年月 | 學歷 | 經歷 | 薪金 | 備註 |
|---|---|---|---|---|---|---|---|---|
| 小工 | 蔣海山 | 三〇 | 江津縣 | 廿一年十月廿日 | | | 一二〇 | |
| | 楊海云 | 三八 | 四川璧山縣 | 六七年七月廿日 | | | 一三〇 | |
| | 彭賢林 | 二六 | 四川綦江縣 | 廿九年九月廿日 | | | 一一〇 | |
| | 王慶云 | 廿九 | 四川巴縣 | 廿八年九月廿日 | | | 一二〇 | |
| | 鄭樹成 | 三六 | 四川巴縣 | 二年十月廿日 | | | 一二〇 | |
| | 程紹雲 | 三〇 | 四川肇慶縣 | 四年八月廿日 | | | 一二〇 | |
| | 劉萬祥 | 三三 | 四川肇慶縣 | 六年三月廿日 | | | 一二〇 | |
| | 劉星武 | 四五 | 四川北縣 | 八年八月廿日 | | | 一四〇 | |
| | 余先華 | 三三 | 四川北縣 | 七年十七日 | | | 一三〇 | |
| | 涂樹清 | 二七 | 四川永縣 | 一年十一日 | | | 一三〇 | |
| | 李治平 | 四六 | 四川巴縣 | 八年十一日 | | | 一三〇 | |
| | 佳長清 | 三〇 | 四川巴縣 | 七年十一日 | | | 一三〇 | |
| | 栗志清 | 三三 | 四川巴縣 | 九年廿二日 | | | 一三〇 | |
| | 劉生軒 | 三〇 | 四川巴縣 | 九年二日 | | | 一三〇 | |

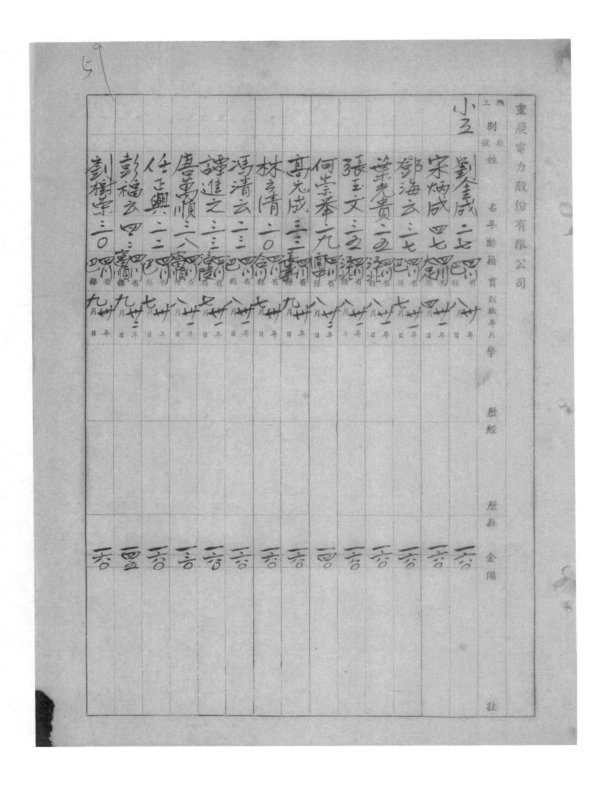

| 工別 | 編號 | 姓名 | 年齡 | 籍貫 | 到職年月日 | 學歷 | 經歷 | 薪金 | 備註 |
|---|---|---|---|---|---|---|---|---|---|
| 小工 | | 劉金成 | 二七 | 忠縣 | 照九月一日年 | | | 七〇〇 | |
| | | 宋炳成 | 四七 | 巴縣 | 照四月一日年 | | | 六〇〇 | |
| | | 鄧海云 | 三七 | 巴縣 | 照七月一日年 | | | 六〇〇 | |
| | | 葉先貴 | 二五 | 省縣 | 照八月一日年 | | | 六〇〇 | |
| | | 張玉文 | 三五 | 合省縣 | 照八月一日年 | | | 六四〇 | |
| | | 何崇奉 | 元 | 合省縣 | 照八月一日年 | | | 六〇〇 | |
| | | 真先成 | 三三 | 合省縣 | 照九月一日年 | | | 六〇〇 | |
| | | 林立清 | 二〇 | 合省縣 | 照七月一日年 | | | 六〇〇 | |
| | | 馮清云 | 二三 | 省縣 | 照六月一日年 | | | 六〇〇 | |
| | | 譚進之 | 三三 | 陵省縣 | 照七月一日年 | | | 六四〇 | |
| | | 唐萬順 | 三八 | 合省縣 | 照七月一日年 | | | 六〇〇 | |
| | | 任正興 | 二三 | 合省縣 | 照八月一日年 | | | 六〇〇 | |
| | | 彭福云 | 四三 | 合省縣 | 照九月一日年 | | | 六四〇 | |
| | | 劉樹崇 | 三〇 | 順省縣 | 照九月一日年 | | | 六〇〇 | |

重慶電力股份有限公司

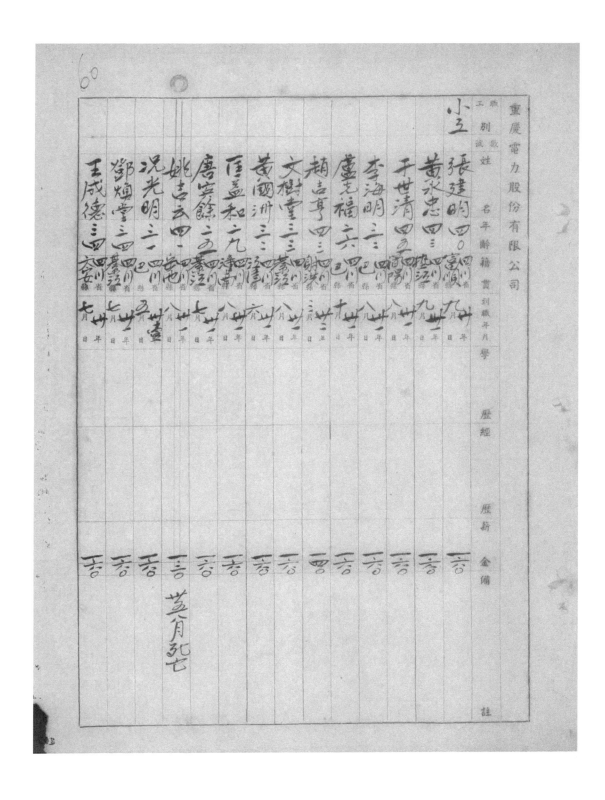

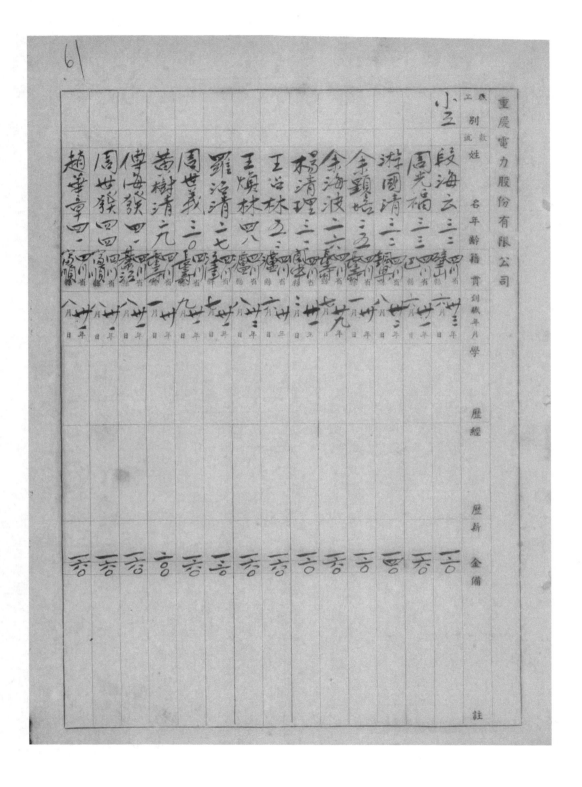

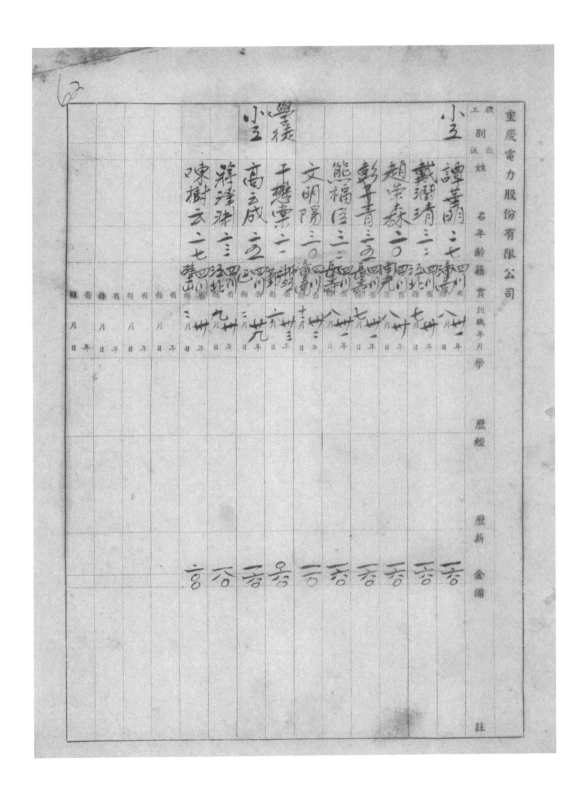

重慶電力股份有限公司

| 應工別徵收姓名 | 年齡 | 籍貫 | 到職年月 | 學歷 | 經歷 | 新金 | 備註 |
|---|---|---|---|---|---|---|---|
| 小三 譚華明 三七 | | 四川重慶 | 八 卅一 年月日 | | | 一吾 | |
| 趙崇森 二○ | | 江北川省縣 | 七 卅一 年月日 | | | 一吾 | |
| 彭華青 三○ | | 四川省縣 | 八 卅一 年月日 | | | 一吾 | |
| 熊福臣 三二 | | 四川省縣 | 七 卅一 年月日 | | | 一吾 | |
| 文明陽 三○ | | 四川省縣 | 八 卅一 年月日 | | | 一二吾 | |
| 干慧棠 二一 | | 四川省縣 | 三 卅一 年月日 | | | 一吾 | |
| 學後 小三 高云成 立 | | 四川省縣 | 九 卅一 年月日 | | | 一合 | |
| 戴潤靖 三三 | | 縣省 | 三 卅一 年月日 | | | 一言 | |
| 蔣澤珠 三二 | | 縣省 | 月日 年 | | | | |
| 陳樹云 二七 | | 縣省 | 月日 年 | | | | |

63

| 版 版 工 別 訊 姓<br>別 別 名 | 年齡 | 籍貫 | 到廠年月 | 學歷 | 經歷 | 折 | 金編 | 註 |
|---|---|---|---|---|---|---|---|---|
| | | | | | | | | |

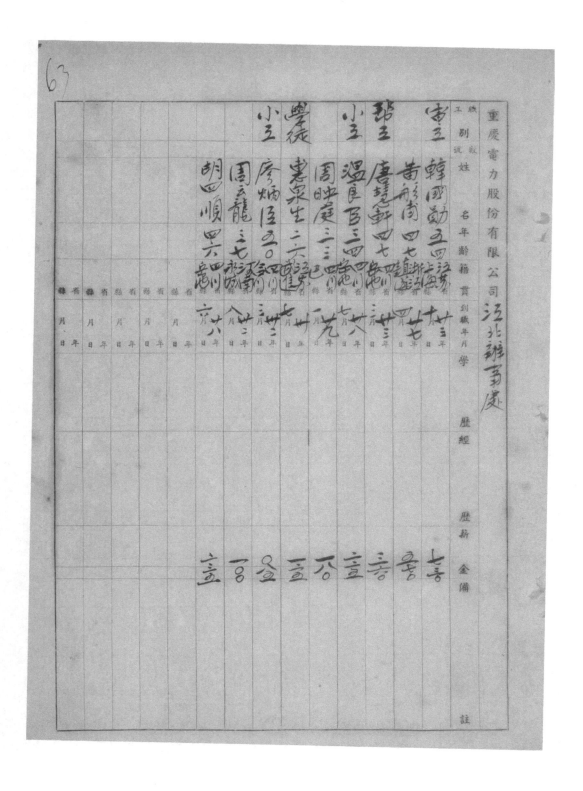

重慶電力股份有限公司 江北雞寓處

| 版別 工別 訊別 姓名 | 年齡 | 籍貫 | 到廠年月 | 學歷 | 經歷 | 金編 | 註 |
|---|---|---|---|---|---|---|---|

電工 韓國勛 三四 四川 十三 | | 省 縣 | 月 年 | | | 七五 |
黃彥南 四七 浙江 四七 | | 省 縣 | 月 年 | | | 五五○ |
電工 唐覺軒 四七 四川 廿六 | | 省 縣 | 月 年 | | | 三○六 |
小工 溫建臣 三四 四川 一九 | | 省 縣 | 月 年 | | | 一五三 |
學徒 周映庭 三三 四川 廿一 | | 總 省 縣 | 月 年 | | | 一八○ |
惠泉生 二六 四川 廿三 | | 省 縣 | 月 年 | | | 二二五 |
小工 廖炳臣 三○ 四川 八 | | 省 縣 | 月 年 | | | 一○○ |
周雲龍 三七 四川 廿八 | | 省 縣 | 月 年 | | | 一二五 |
胡四順 卅八 四川 宗八 | | 省 縣 | 月 年 | | | 二五 |

三四二

重慶電力股份有限公司　南岸辦事處

| 工別版班流 | 姓名 | 年齡 | 籍貫 | 到職年月 | 學歷 歷經 | 歷薪 金備 | 註 |
|---|---|---|---|---|---|---|---|
| 領班 | 黃雀其 | 四四 | 四川省○縣 | ○年○月○日 | | 七○ | |
| 電工 | 施福生 | 二六 | 江蘇省○縣 | ○年○二月○三日 | | 六○ | |
| 電工 | 王松林 | 三五 | 安徽省○縣 | ○年○二月○七日 | | 四○ | |
| | 陳香生 | 三三 | 四川省○縣 | ○年○八月○二日 | | 六○ | |
| | 沈阿根 | 四七 | 上海○縣 | ○年○○月○日 | | 六○ | |
| | 羅華信 | 三一 | 四川省○縣 | ○年○月○三日 | | 四五 | |
| 碧工 | 韓丙仁 | 三一 | 四川省○縣 | ○年○六月○九日 | | 三○ | |
| | 蔡譯民 | 二九 | 四川省○縣 | ○年○○月○九日 | | 三○ | |
| 學徒 | 劉孝康 | 一八 | 四川省○縣 | ○年○月○日 | | 三五 | |
| | 李雄成 | 二四 | 四川省○縣 | ○年○二月○日 | | 四五 | |
| | 廖俊良 | 二一 | 四川省○縣 | ○年○○月○日 | | 四○ | |
| 小工 | 張永福 | 三三 | 四川省○縣 | ○年○二月○日 | | 二五 | |
| | 張青山 | 三四 | 四川省○縣 | ○年○三月○日 | | 三二 | 死亡 |
| | 羅信咸 | 三五 | 四川省○縣 | ○年○月○九日 | | 三五 | |

重慶電力股份有限公司

小五

| 工別 | 姓名 | 年齡 | 籍貫 | 到臨年月學 | 歷經 歷新 金備 | 註 |
|---|---|---|---|---|---|---|
|  | 陳志明 | 二八 | 四川巴縣 | 前六年 | 一一 |  |
|  | 張緽成 | 三六 | 四川巴縣 | 前二年 | 一二 |  |
|  | 滕玉合 | 三五 | 四川巴縣 | 前六年 | 一五 |  |
|  | 張海泉 | 四二 | 四川巴縣 | 前九年 | 一三 |  |
|  | 卸炳林 | 四一 | 四川巴縣 | 前三年 | 一三 |  |
|  | 李往才 | 三八 | 四川巴縣 | 前六年 | 一二 |  |
|  | 蘇玉合 | 三二 | 四川巴縣 | 前三年 | 一二 |  |
|  | 金海全 | 三二 | 四川巴縣 | 前三年 | 一二 |  |
|  | 鄧福恩 | 四二 | 四川巴縣 | 前八年 | 一五 |  |
|  | 李樹江 | 三四 | 四川巴縣 | 前八年 | 一二 |  |
|  | 李海章 | 三七 | 四川巴縣 | 前九年 | 一二 |  |
|  | 李盤金 | 四八 | 四川巴縣 | 前二年 | 一二 |  |
|  | 繆占靖 | 四一 | 四川巴縣 | 前七年 | 一二 |  |
|  | 陳定元 | 四〇 | 四川巴縣 | 前八 | 260 一一 |  |

66a

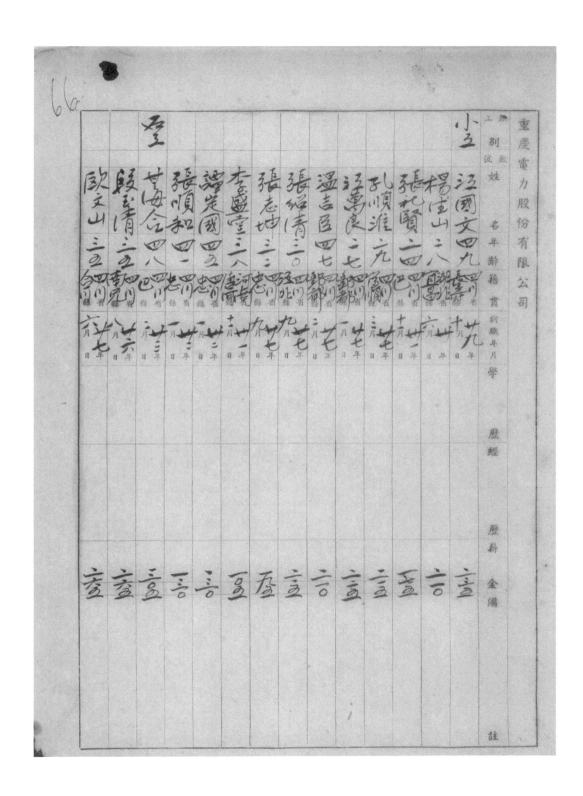

重慶電力股份有限公司

| 工徽別流 | 姓名 | 年齡 | 籍貫 | 到職年月 | 學歷 經歷 | 歷新 金備 | 註 |
|---|---|---|---|---|---|---|---|
| | 江國文 | 四九 | 四川省 | 十月 | | | 一〇 |
| | 楊生山 | 三八 | 四川省 | 十一月 | | | 二一 |
| | 張礼賢 | 二四 | 四川省 | 十二月 | | | 二三 |
| | 孔順淮 | 九 | 四川順慶省 | 三月 | | | 二三 |
| | 江萬良 | 二七 | 四川省 | 一月 | | | 二三 |
| | 溫吉臣 | 四七 | 四川郫縣省 | 一月 | | | 二〇 |
| | 張紹青 | 三〇 | 四川郫縣省 | 七月 | | | 二三 |
| | 張志坤 | 三二 | 河北省 | 九月 | | | 一五 |
| | 李盛堂 | 三八 | 四川省 | 十一月 | | | 一五 |
| | 譚定國 | 四三 | 四川忠縣省 | 三月 | | | 一二〇 |
| | 張順和 | 四一 | 四川省 | 一二月 | | | 一一〇 |
| | 甘海全 | 四八 | 四川南縣省 | 十二月 | | | 一二一 |
| | 段彙青 | 三五 | 四川南縣省 | 六月 | | | 一一 |
| | 歐文山 | 三〇 | 四川縣省 | 六月七日 | | | 一一 |

67

| 級別試別 | 姓名 | 年齡 | 籍貫 | 到職年月 | 學歷 | 經歷 | 新金舖 | 註 |
|---|---|---|---|---|---|---|---|---|
| 石五 | 段慶全 | 二六 | 四川巴縣 | 十七年 | | | | 壹三 |
| | 嚴絡云 | 三六 | 四川合江縣 | 九年 | | | | 壹壹五 |
| | 簡紹成 | 四〇 | 四川曉 | 九年 | | | | 壹五 |
| | 簡樹清 | 四〇 | 四川小縣 | 七年 | | | | 壹壹 |
| | 簡元生 | 二六 | 四川郫縣 | 二月 | | | | 壹壹二 |
| | 余海云 | 二六 | 江西省 | 三月 | | | | 壹壹三 |
| 船伕 | 彭玉林 | 二六 | 江北縣 | 九年 | | | | 壹壹七 |
| | 高樹棠 | 四〇 | 涪陵縣 | 八年 | | | | 壹三 |
| 小五 | 高炳棠 | 四〇 | 江北縣 | 七年 | | | | 壹四〇 |
| | 周建華 | 二三 | 涪陵縣 | 八年 | | | | 壹六〇 |
| 試郎 | 周章銥 | 三三 | 足縣 | 六年 | | | | 壹壹一 |
| | 劉俊祉 | 三六 | 涪陵縣 | 六年 | | | | 壹五〇 |
| | 周子壽 | 二八 | 四川省 | 三年 | | | | 壹五三 |
| 試小 | 鄧永昌 | 二九 | 巴縣 | 二年 | | | | 壹三 |

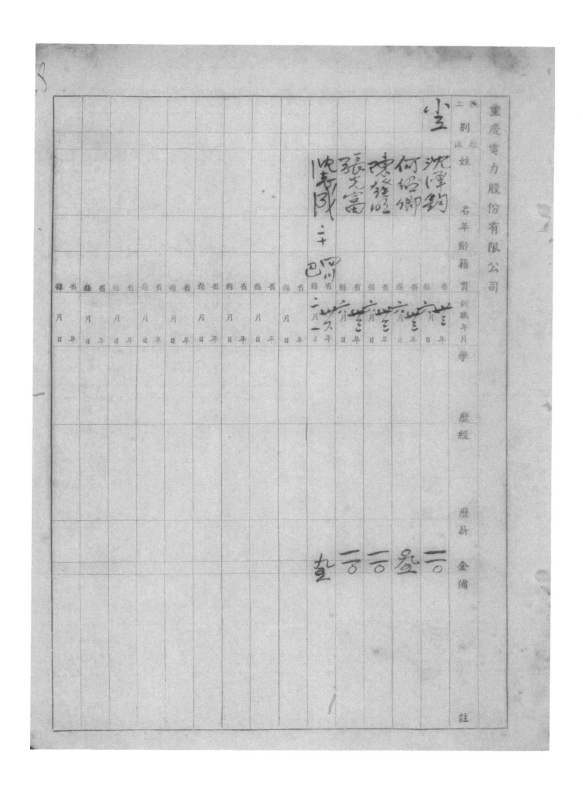

重慶電力股份有限公司

| 職別 | 姓名 | 年齡 | 籍貫 | | 到職年月 | 學歷 | 經歷 | 薪金 | 備註 |
|---|---|---|---|---|---|---|---|---|---|
| | | | 省 | 縣 | 年 月 日 | | | | |
| | 沈澤鈞 | | 省 | 縣 | 年 月 日 | | | 二〇 | |
| | 何紹卿 | | 省 | 縣 | 年 月 日 | | | 二〇 | |
| | 陳效雄 | | 省 | 縣 | 年 月 日 | | | 三〇 | |
| | 張先富 | | 省 | 縣 | 年 月 日 | | | 二〇 | |
| | 沈秀威 | 二十 | 巴縣 | | 二六 一月一日 | | | 一五 | |
| | | | 省 | 縣 | 年 月 日 | | | | |
| | | | 省 | 縣 | 年 月 日 | | | | |
| | | | 省 | 縣 | 年 月 日 | | | | |
| | | | 省 | 縣 | 年 月 日 | | | | |
| | | | 省 | 縣 | 年 月 日 | | | | |

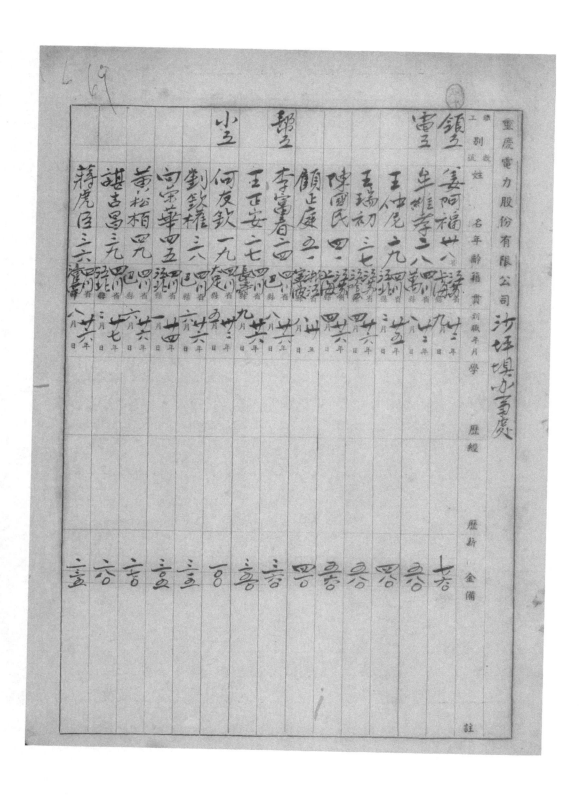

重慶電力股份有限公司　沙坪壩办事處

| 工別欵別狀姓名 | 年齡 | 籍貫 | 到職年月 | 學歷經歷 | 歷新金 | 備註 |
|---|---|---|---|---|---|---|
| 領二　姜阿福 | 卅八 | 四川省　涪陵縣 | 卅二年四月 | | 十卷 | |
| 電二　牟維李 | 二八 | 四川省　萬縣 | 卅二年九月 | | 罘卷 | |
| 　　　王仲尼 | 六九 | 四川省　涪州 | 三月卅五 | | 吾合 | |
| 　　　王瑞初 | 三七 | 江蘇省　涪陵縣 | 三月 | | 罘卷 | |
| 　　　陳國民 | 四一 | 四川省　涪陵縣 | 四月 | | 吾合 | |
| 小二　顧正庚 | 二一 | 浙江省　　縣 | 四月 | | 罘卷 | |
| 　　　李實春 | 二四 | 四川省　巴縣 | 八月 | | 吾合 | |
| 　　　王正安 | 二七 | 四川省　萬縣 | 九月 | | 言 | |
| 　　　何友欽 | 一九 | 四川省　定遠縣 | 四月三 | | 一OO | |
| 普二　劉欽權 | 三六 | 四川省　北縣 | 六月卅六 | | 臺吾 | |
| 　　　向宗華 | 四五 | 四川省　巴縣 | 一四月 | | 臺三 | |
| 　　　黄松柏 | 四九 | 四川省　巴縣 | 六月 | | 臺吾 | |
| 　　　胡吉昌 | 三元 | 四川省　巴縣 | 三月 | | 罘合 | |
| 　　　蔣虎臣 | 三六 | 四川省　　縣 | 八月卅六 | | 壹吾 | |

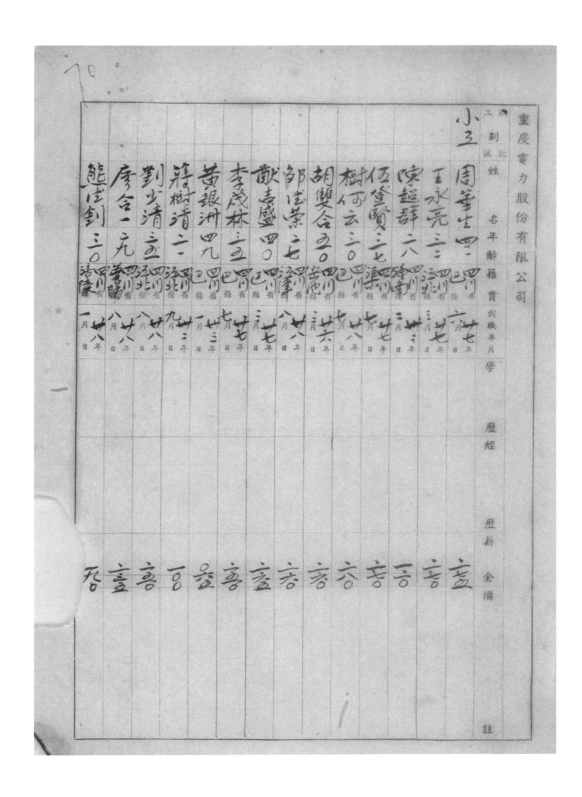

重慶電力股份有限公司

| 工別編號 | 姓名 | 年齡 | 籍貫 | 到職年月 | 學歷 經歷 | 歷新金備 | 註 |
|---|---|---|---|---|---|---|---|
| 小三 | 周華生 | 四二 | 四川巴縣 | 六月廿七日 | | 壹〇〇 | |
| | 王永亮 | 二三 | 四川北碚 | 三月廿七年 | | 壹〇〇 | |
| | 陳超群 | 二八 | 四川南川 | 二月廿七年 | | 壹三〇 | |
| | 伍登寶 | 三七 | 四川渠縣 | 三月廿七日 | | 壹三〇 | |
| | 樹何云 | 三〇 | 四川巴縣 | 廿七年 | | 壹三〇 | |
| | 胡雙合 | 三〇 | 四川巴縣 | 三月廿六年 | | 壹六〇 | |
| | 鄒佳棠 | 二七 | 四川巴縣 | 八月廿六年 | | 壹七〇 | |
| | 獻喜盛 | 四〇 | 四川巴縣 | 三月廿七年 | | 壹壹〇 | |
| | 李茂林 | 三三 | 四川巴縣 | 七月廿七年 | | 壹壹五 | |
| | 黃銀洲 | 四九 | 四川巴縣 | 一月廿七年 | | 壹〇〇 | |
| | 蔣樹清 | 二一 | 四川北碚 | 九月廿七年 | | 壹壹〇 | |
| | 劉少清 | 三二 | 四川北碚 | 四月廿八年 | | 壹三〇 | |
| | 廖合一 | 九 | 四川華陽 | 八月廿八年 | | 壹二〇 | |
| | 熊佳釗 | 三〇 | 貴州 | 一月廿八年 | | 壹〇五 | |

重慶電力股份有限公司

70-1

| 工別 | 姓名 | 年歲 | 籍貫 | 到職年月 | 學歷 | 經歷 | 薪金 | 備註 |
|---|---|---|---|---|---|---|---|---|
| 小工 | 王厚貞 | 三六 | 四川 | 三八年三月廿三日 | | | 三〇 | |
| | 羅汶章 | 二七 | 四川梁山縣 | 三八年三月廿八日 | | | 壹壹 | |
| | 蔣鏽 | 四〇 | 四川 | 三八年三月廿八日 | | | 壹二 | |
| | 周桂林 | 四三 | 四川高 | 三八年一月十六日 | | | 壹〇 | |
| | 趙子周 | 三六 | 四川 | 三八年二月廿七日 | | | 壹五 | |
| | 張少芝 | 五〇 | 四川 | 三八年三月廿三日 | | | 壹五 | |
| 云工 | 梁保清 | 三二 | 四川足 | 三八年八月廿七日 | | | 壹五 | |
| | 毛進堂 | 二七 | 四川足 | 三八年八月廿七日 | | | 壹〇 | |
| | 何雨欽 | 五〇 | 四川足 | 三八年三月廿九日 | | | 壹五 | |
| | 梁忠才 | 二七 | 四川足 | 三八年九月一日 | | | 壹五 | |
| | 葉云山 | 三二 | 四川 | 三八年九月一日 | | | 二〇 | |
| | 任登位 | 二八 | 四川渠 | 三八年九月一日 | | | 二五 | |
| 學徒 | 謝天成 | 三三 | 四川渠 | 三八年七月廿九日 | | | 壹五 | |
| | 張叔生 | 二〇 | 巴縣 | 三八年三月廿三日 | | | 壹〇 | |

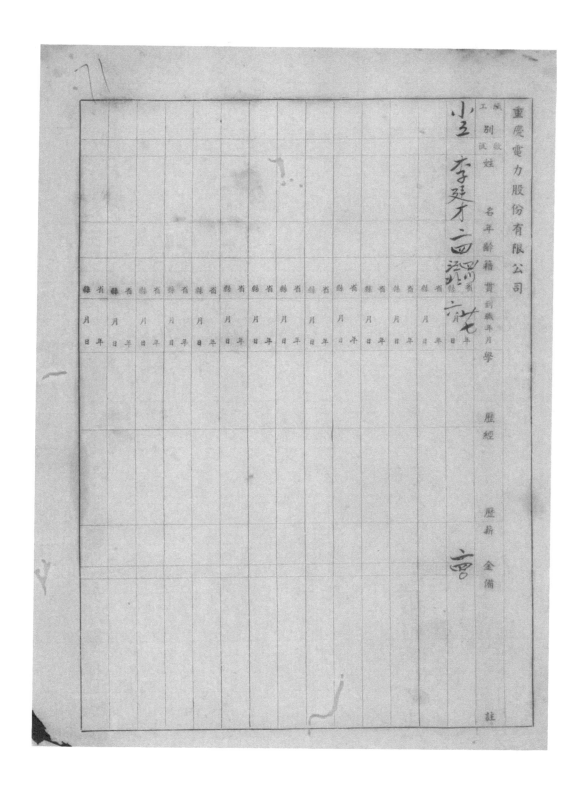

重慶電力股份有限公司 總務科材料股

| 級別 工別流別 | 姓名 | 年齡 | 籍貫 | 到職年月 | 學歷 | 歷經 | 薪金 | 備註 |
|---|---|---|---|---|---|---|---|---|
| 小工 | 楊炳林 | 四六 | 四川江北 | 卅年七月廿三日 | | | 三五○ | |
| | 李忠信 | 三〇 | 四川渠縣 | 卅年一月卅日 | | | 三〇五 | 外支超級乙角五分 |
| | 趙明揚 | 四二 | 四川 | 卅年十二月廿五日 | | | 三五五 | |
| | 蕭鳴皋 | 五三 | 四川瀘縣 | 卅年九月廿六日 | | | 二〇五 | |
| | 鄧鶴靖 | 三八 | 四川岳池 | 卅年七月廿一日 | | | 二三五 | |
| | 秦燮明 | 三五 | 四川巴縣 | 卅年一月廿四日 | | | 二三五 | |
| | 黃金城 | 二八 | 四川潼南 | 卅年六月廿一日 | | | 一七〇 | |
| | 嚴炳銀 | 四六 | 四川瀘縣 | 卅年一月廿三日 | | | 二三五 | |
| | 陳方庭 | 五二 | 四川巴縣 | 卅年七月廿三日 | | | 一七〇 | |
| | 蔣華廷 | 五二 | 四川潼南 | 卅年一月廿二日 | | | 一五〇 | |
| 幫工 | 周伯清 | 三八 | 四川巴縣 | 卅年八月廿二日 | | | 四〇〇 | |
| | 劉憲欽 | 三〇 | 四川潼南 | 卅年十二月廿九日 | | | 三五五 | |
| 小工 | 彭燮康 | 三〇 | 四川巴縣 | 廿六年八月廿六日 | | | 三五五 | |
| 幫工 | 江松栢 | 四二 | 四川巴縣 | 卅年十二月廿九日 | | | 三五五 | |

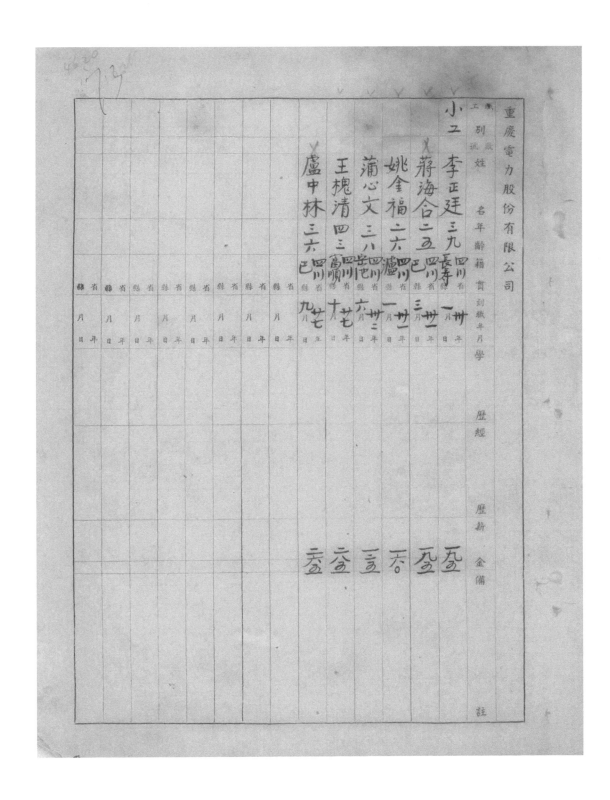

重慶電力股份有限公司

| 工別識別姓名 | 名 | 年齡 | 籍貫 | 到職年月 | 學歷 | 經歷 | 薪金 | 備註 |
|---|---|---|---|---|---|---|---|---|
| 小工 | | | | | | | | |
| 李正廷 | | 三九 | 長壽 四川省 | 卅一 月 日年 | | | 壹 | |
| 蔣海合 | | 二五 | 四川省 | 卅一 三月 日年 | | | 壹 | |
| 姚金福 | | 二六 | 瀘 四川省 | 卅一 一月 日年 | | | 壹壹 | |
| 蒲心文 | | 三八 | 四川巴縣 | 卅二 六月 日年 | | | 壹壹壹 | |
| 王槐清 | | 四三 | 富順 四川省 | 十七 月 日年 | | | 壹壹 | |
| 盧中林 | | 三六 | 巴縣 四川省 | 九廿七 月 日年 | | | 壹壹 | |

重慶電力股份有限公司 總務科燃料股

| 工別類別 | 姓名 | 年齡 | 籍貫 | 到職年月 | 歷經 歷新 金備 | 備註 |
|---|---|---|---|---|---|---|
| 小工 | 盧海雲 | 五〇 | 四川江北 | 卅三年七月日 | | 一二五 |
| | 袁奎 | 二八 | 四川江北 | 卅三年四月日 | | 一三五 |
| | 吳述之 | 三六 | 四川巴縣 | 卅三年八月日 | | 二二〇 |
| | 賀龍章 | 三七 | 成都 | 卅一年十一月日 | | 一五五 |
| | 徐良 | 二八 | 四川渠縣 | 卅一年十一月日 | | 二四〇 |
| | 張子云 | 三四 | 四川巴縣 | 卅二年二月日 | | 二三〇 |
| | 周有新 | 二四 | 四川巴縣 | 卅三年二月日 | | 二四〇 |
| | 王榮 | 三三 | 四川 | 卅九年日 | | 一五五 |
| | 吳吉 | 三三 | 四川巴縣 | 卅九年日 | | 二五五 |
| | 成吉祥 | 二七 | 四川 | 卅三年十月日 | | 一四〇 |
| | 敖超伯 | 三五 | 四川江北 | 卅三年七月日 | | 一四四 |
| | 程思河 | 三二 | 四川萬縣 | 卅三年四月日 | | 一二五 |
| | 王致清 | 四七 | 四川 | 卅三年八月日 | | 一六五 |
| 帮工 | 匡炳臣 | 四四 | 壁南縣 | 卅三年十二月日 | | 一四五 |

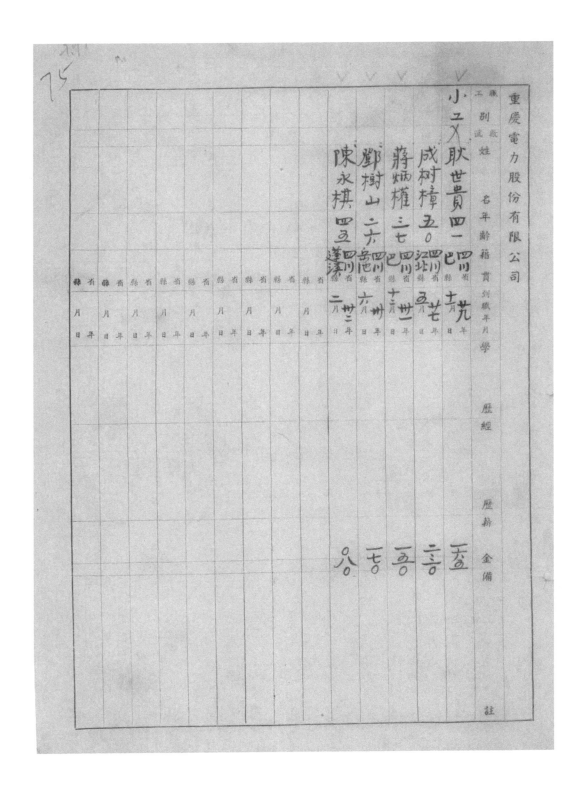

重慶電力股份有限公司

| 職別工別流欵姓名 | 年齡 | 籍貫 | 到職年月 | 學歷經歷 | 新金 | 備註 |
|---|---|---|---|---|---|---|
| 小工 耿世貴 | 四一 | 巴縣 | 十九年 | | 二五 | |
| 成樹樟 | 五0 | 四川江北縣 | 五芒 | | 三五 | |
| 蔣炳權 | 三七 | 四川縣 | 世一 十二月 | | 三五 | |
| 鄧樹山 | 二六 | 四川岳池縣 | 六州 | | 一七五 | |
| 陳永棋 | 四五 | 四川蓬溪縣 | 二月廿二 | | 八八 | |

76.

| 工別散姓 | 名年齡籍貫到職年月 | 學 | 歷經 | 歷新 | 金備 | 註 |
|---|---|---|---|---|---|---|
| 小工 張樹槐 三五 四川省綦江縣 二七年 二月 日 | | | | | | 三〇 外支超級二角五分 |

重慶電力股份有限公司總務科購置股

重慶電力股份有限公司 總務科 庶務股

| 職別工別編號姓名 | 年齡 | 籍貫 | 到職年月 | 學歷經 | 歷新月金 | 備註 |
|---|---|---|---|---|---|---|
| 司機 | | | | | | |
| 張玉良 | 四0 | 四川省巴縣 | 五月廿八年 | | 一八四0 | |
| 楊鴻泰 | 四四 | 河北省 | 五月廿一年 | | 一五00 | 技工待遇 |
| 馮北祥 | 二六 | 天津縣 | 六月廿一年 | | 八七00 | |
| 高源潔 | 三二 | 四川省 | 七月廿一年 | | 八七00 | |
| 劉健凡 | 三0 | 四川省巴縣 | 一月廿一年 | | 四九00 | |
| 歸祥生 | 四六 | 江蘇省上海縣 | 一月廿六年 | | 八二00 | |
| | | | | | 一三00 卅三年六月內離職 | |
| 鄭祥雲 | 三六 | 四川南川縣 | 二月廿一年 | | 三六00 | |
| 何炳林 | 三0 | 四川潼南縣 | 七月廿一年 | | 三六00 | |
| 王炳金 | 三0 | 四川巴縣 | 六月廿八年 | | 六六00 卅六年之月十三日修聯 | |
| 劉萬興 | 一九 | 四川沽陵 | 二月廿二年 | | 二七00 | |
| 廖育卿 | 二五 | 湖北漢陽 | 七月廿三年 | | 二五00 | |
| 蕭達全 | 三一 | 四川縣 | 三月廿二年 | | 二八00 | |
| 司機 | | | | | | |
| 吳榮厚 | | | 六月日 | | 三三00 | |

重慶電力股份有限公司職員履歷表

| 編號工別 | 姓名 | 年齡 | 籍貫 | 到職年月 | 學歷經歷 | 歷折金備 | 備註 |
|---|---|---|---|---|---|---|---|
| 邓工 | 劉有綬 | 三六 | 四川省　縣 | 四川 八月 廿 年 | | 三〇〇 | |
| リ工 | 陳□□ | 四元 | 四川省　縣 | 八月 廿八 年 | | 二百 | |
| | 劉□□ | 三一 | 四川省　縣 | 六月 廿 年 | | 壹百 | |
| | 劉華欽 | 三三 | 臺灣省　縣 | 十一月 九 年 | | | |
| | 張玉山 | 三九 | 四川省　縣 | 三月 廿 年 | | 壹〇八 | |

重慶電力股份有限公司　電務科

| 職工別 | 數 | 姓名 | 年齡 | 籍貫 | 到職年月 | 學歷 | 歷經 | 歷新 金備 | 註 |
|---|---|---|---|---|---|---|---|---|---|
| 領工 | | 張增榮 | 四三 | 江蘇省 | 廿二年 一月 | | | 八三 | |
| | | 陳進生 | 五二 | 江蘇省 | 廿三年 二月 | | | 一一0 | |
| 技工 | | 陳根寶 | 三七 | 江蘇省 | 廿三年 十月 | | | 三0 | |
| | | 趙福根 | 三七 | 江蘇省 | 廿三年 三月 | | | 三0 | |
| | | 馬春生 | 三八 | 江蘇省 | 廿七年 八月 | | | 七二 | |
| | | 沈阿章 | 四三 | 江蘇省 | 廿三年 四月 | | | 七二 | |
| | | 夏國章 | 三九 | 四川巴縣 | 廿三年 三月 | | | 六二 | |
| | | 王德全 | 三九 | 巴縣 | 廿四年 一月 | | | 六二 | |
| | | 李仲寅 | 三一 | 武昌 | 廿九年 | | | 四八 | |
| | | 陸丙咸 | 五九 | 廬江縣 | 廿四年 一月 | | | 六二 | |
| | | 陳鉄夫 | 四0 | 江陰縣 | 廿三年 一月 | | | 六二 | |
| | | 林金寶 | 三九 | 江蘇省 | 廿七年 九月 | | | 六二 | |
| | | 張洪慶 | 五三 | 江蘇省 | 廿八年 七月 | | | 六三 | |
| | | 余銘德 | 三0 | 浙江嵊縣 | 廿年 十一月 | | | 六五 | |

| 職別 | 姓名 | 年齡 | 籍貫 | 到職年月 | 學歷 | 歷經 | 歷新 金備 | 註 |
|---|---|---|---|---|---|---|---|---|
| 技工 | 陳章根 | 三六 | 江蘇上海縣 | 十月廿三日 | | | 六〇〇 | |
| | 曾世林 | 四三 | 四川璧山縣 | 四月廿三日 | | | 四四五 廿七年十二月廿七 | |
| 幫工 | 趙治云 | 四五 | 四川璧山縣 | 四月廿三日 | | | 四二五 | |
| | 王政全 | 三二 | 四川銅梁縣 | 一月廿三年 | | | 四四五 | |
| | 潘阿海 | 三九 | 浙江拓江縣 | 四月廿三年 | | | 三五〇 | |
| | 王正國 | 二八 | 湖北宜昌 | 四月廿六年 | | | 三二五 | |
| | 韓啓云 | 二四 | 四川 | 十一月廿九年 | | | 二六〇 | |
| | 段紹云 | 三〇 | 四川 | 一月廿六年 | | | 三二〇 | |
| | 陳海福 | 三四 | 四川 | 四月廿六年 | | | 三二〇 | |
| | 凌海云 | 四〇 | 四川 | 七月廿五年 | | | 三三〇 | |
| | 冉義云 | 三〇 | 四川資陽縣 | 三月廿六年 | | | 三二四 | |
| | 唐應章 | 二七 | 四川華陽縣 | 二月廿九年 | | | 一九〇 | |
| | 楊正 | 二八 | 四川射洪縣 | 十二月廿九年 | | | 三五〇 | |
| | 何文模 | 三五 | 四川巴縣 | 六月廿五日 | | | 三五〇 | |

重慶電力股份有限公司

重慶電力股份有限公司

| 職別識別 | 姓名 | 年齡 | 籍貫 | 到職年月 | 學歷 | 經歷 | 新金備 | 註 |
|---|---|---|---|---|---|---|---|---|
| 學徒 | 彭俊倫 | 三四 | 四川省 | 三月一日 | | | 三五〇 | |
| | 羅宣林 | 二六 | 四川縣 | 五月一日 | | | 二九〇 | |
| | 向建清 | 二九 | 四川縣 | 一月一日 | | | 三五〇 | |
| | 朱如興 | 三四 | 浙江省 | 一月一日 | | | 三五〇 | |
| | 蒲紹清 | 四六 | 銅海省 | 十月一日 | | | 三〇〇 | |
| | 尹奇金 | 二六 | 四川省 | 六月一日 | | | 四二五 卅六年十月死亡 | |
| | 田春浦 | 二九 | 四川省 | 一月一日 | | | 三五〇 | |
| | 楊倫武 | 三九 | 長壽 | 三月一日 | | | 三六〇 | |
| | 李榮清 | 四六 | 四川 | 三月一日 | | | 三二〇 | |
| | 劉素民 | 二二 | 華陽 | 一月一日 | | 卅六年十月請准長假 | 三二〇 | |
| | 陳銘鈞 | 三一 | 潼南省 | 一月一日 | | 外支超級五分 | 一四〇 卅六年八月調檢查組 | |
| 小工 | 劉安華 | 一九 | 四川 | 八月一日 | | 外支超級五分 | 一〇〇 | |
| | 胡友餘 | 六〇 | 綦江 | 九月一日 | | 卅六年十二月止職 | 二四〇 外支超級二角五分 | |
| 幫工 | 唐玉廷 | 四四 | 蓬溪縣 | 八月一日 | | | 二五 | |

重慶電力股份有限公司

| 工別 款姓 | 名 | 年齡 | 籍貫 | 到職年月 | 學歷 | 歷經 | 歷薪 金備 | 註 |
|---|---|---|---|---|---|---|---|---|
| 王漢臣 | 三九 | 四川巴縣 | 廿三年四月日 | | | | 三○ | 外支超級五分 |
| 趙樹呂 | 三九 | 四川巴縣 | 廿六年四月日 | | | | 三○ | |
| 陳樹清 | 五一 | 四川銅梁縣 | 廿六年一月日 | | | | 二○ | |
| 楊義云 | 三六 | 四川長壽縣 | 廿六年一月日 | | | | 三○ | 外支超級五分 |
| 蒲樹軒 | 四一 | 四川巴縣 | 廿六年七月日 | | | | 三○ | |
| 由元發 | 王十 | 四川涪陵縣 | 廿八年三月日 | | | | 三○ | 春 沿按規 |
| 劉發祥 | 四三 | 四川長壽縣 | 廿七年六月日 | | | | 三四 | |
| 陳有桓 | 三六 | 四川巴縣 | 廿七年六月日 | | | | 三五 | |
| 鄧丰桓 | 三○ | 四川巴縣 | 廿六年十月日 | | | | 三○ | 外支超級乙角 調按貫殷 |
| 鄧水龍 | 三九 | 江北縣 | 廿六年一月日 | | | | 三五 | |
| 吳樹云 | 三○ | 四川巴縣 | 廿六年一月日 | | | | 三五 | |
| 余海清 | 四三 | 四川巴縣 | 廿六年八月日 | | | | 三六八 | |
| 黎樹安 | 四二 | 四川巴縣 | 廿六年二月日 | | | | 三七○ | |
| 唐國元 | 三七 | 四川營山縣 | 三月日 | | | | 三七五 | |

重慶電力股份有限公司

| 類別工別敘欽姓名 | 年齡 | 籍貫 | 到職年月 | 學歷 | 經歷 | 歷新金額 | 註 |
|---|---|---|---|---|---|---|---|
| 小工 | | | | | | | |
| 張樹清 | 四方 | 四川潼南縣省 | 九月廿六年 | | | 二六〇 | |
| 姚長興 | 四三 | 四川忠縣省 | 一月廿六年 | | | 二〇五 | |
| 黃發清 | 四八 | 四川銅梁縣省 | 三月廿八年 | | | 二〇五 | |
| 楊國清 | 五一 | 四川墓江縣省 | 十二月五年 | | | 二〇〇 | |
| 陳于昭 | 四二 | 四川蓬溪縣省 | 一月廿三年日 | | | 二〇 外超級二角五分 | |
| 李九林 | 三八 | 四川銅梁縣省 | 九月廿三年 | | | 二〇五 | |
| 白樹生 | 三二 | 四川銅梁縣省 | 九月廿六年 | | | 二〇五 | |
| 王銀清 | 三二 | 四川銅梁縣省 | 八月廿六年 | | | 一八五 | |
| 謝孟清 | 三三 | 四川巴縣省 | 八月廿六年 | | | 二〇五 | |
| 舒志清 | 二九 | 四川璧山縣省 | 九月廿六年 | | | 二〇〇 外超級一角 | |
| 黃裕如 | 四九 | 四川巴縣省 | 十二月廿六年 | | | 二〇〇 | |
| 王元森 | 三六 | 四川巴縣省 | 二月廿六年 | | | 二〇五 | |
| 張廈祥 | 三九 | 四川巴縣省 | 一月廿六年 | | | 二六〇 | |
| 袁定國 | 四三 | 江北縣 | 二月廿六年 | | | 一五〇 | |

重慶電力股份有限公司

| 工別類 | 戴姓名 | 年齡 | 籍貫 | 到職年月 | 學歷 | 歷經 歷新 金備 | 註 |
|---|---|---|---|---|---|---|---|
| 小工 | 屈銀宣 | 三六 | 四川大足縣 | 三月廿六年 | | 二三五 | |
| | 袁質彬 | 三六 | 四川江北縣 | 二月廿六年 | | 二四○ | |
| | 屈興發 | 二八 | 四川合川縣 | 二月廿六年 | | 二○五 | |
| 石工 | 白純甫 | 五七 | 四川綦江縣 | 九月廿三年 | | 二○○ | |
| | 倪炳洲 | 三八 | 四川合川縣 | 三月廿三年 | | 三○ | 外支超級罰角五分 |
| | 楊瑞清 | 三○ | 四川大足縣 | 二月廿二年 | | 三○ | 外支超級一角五分 |
| | 趙興順 | 三九 | 四川武勝縣 | 八月廿二年 | | 二○五 | |
| | 謝子明 | 三九 | 四川武勝縣 | 二月廿二年 | | 二○五 | |
| | 王金全 | 三○ | 四川合川縣 | 二月廿二年 | | 一九○ | 廿七年八月底查復 |
| | 彭海云 | 四八 | 四川巴縣 | 七月廿三年 | | 二○○ | |
| | 劉炳云 | 四○ | 四川巴縣 | 三月廿三年 | | 二○五 | |
| | 張玉清 | 四九 | 四川雲陽縣 | 三月廿四年 | | 二一五 | |
| | 倪光全 | 三三 | 四川大足縣 | 六月廿六年 | | 二一五 | |
| | 倪少全 | 二九 | 四川大足縣 | 十月廿六年 | | 二一五 | |

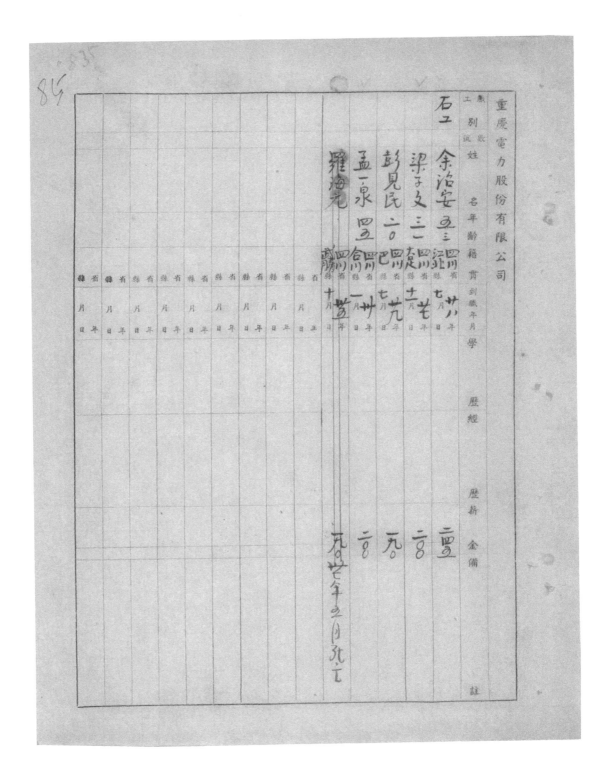

重慶電力股份有限公司

| 工別訓練 | 姓名 | 年齡 | 籍貫 | 到廠年月 | 學歷 | 經歷 | 折金薪備 | 註 |
|---|---|---|---|---|---|---|---|---|
| 石工 | 余治安 | 五三 | 江津縣省 | 廿八年七月 | | | 一五 | |
| | 梁子文 | 三二 | 巴縣省 | 廿九年十二月 | | | 二〇 | |
| | 彭見民 | 二〇 | 巴縣省 | 廿九年七月 | | | 一五 | |
| | 孟一泉 | 四四 | 合川縣省 | 廿三年一月 | | | 二〇 | |
| | 雅海光 | | 四川武勝縣省 | 十月 | | | 二九〇七年二月初三 | |

重慶電力股份有限公司 電務科用電股

| 工別(级别) | 姓名 | 年齡 | 籍貫 | 到職年月日 | 學歷 經歷 | 薪金 備註 | 備註 |
|---|---|---|---|---|---|---|---|
| 技工 | 吳興方 | 四〇 | 湖北省漢口 | 廿三年八月日 | | 七二〇 | |
| | 李茂兆 | 四一 | 山東省青島 | 廿三年八月日 | | 六二〇 | |
| 帮工 | 劉瑞根 | 三八 | 湖北省 | 廿三年八月日 | | 五二〇 廿年八月停職 | |
| | 劉振基 | 三五 | 湖北省黃安縣 | 廿八年六月日 | | 四二五 | |
| | 揚秀臻 | 三一 | 四川省射洪縣 | 廿三年八月日 | | 四二五 | |
| | 揚永山 | 三九 | 四川省涪陵縣 | 廿三年十月日 | | 四二五 | |
| | 鄧海濤 | 四〇 | 四川省潼南縣 | 廿三年十月日 | | 四二五 | |
| | 張紹淵 | 三〇 | 四川省潼南縣 | 廿三年十一月日 | | 四二五 | |
| | 鄧漢卿 | 四〇 | 四川省潼南縣 | 廿三年十月日 | | 四二五 | |
| | 王洪甫 | 四〇 | 四川省巴縣 | 廿三年十月日 | | 四二五 | |
| | 呂海榮 | 四九 | 四川省巴縣 | 廿三年十二月日 | | 三五八 卅一年八月調檢查組 | |
| | 陳樹清 | 三二 | 四川省璧山縣 | 廿三年一月日 | | 三〇八 | |
| | 榮天滿 | 二〇 | 四川省璧山縣 | 廿三年十二月日 | | 二七五三 | |
| | 陳顯爵 | 二十 | 四川省榮昌縣 | 廿三年六月日 | | 卅五卅三年〇月調查書科 | |

重慶電力股份有限公司

| 工別收班 | 姓名 | 年齡 | 籍貫 | 到職年月日 | 學歷 | 經歷 | 新薪金額 | 備註 |
|---|---|---|---|---|---|---|---|---|
| 小工 | 張漢洲 | 五七 | 四川潼南縣 | 八月廿二日 | | | 三五○ | 外支超級四角 |
| | 李華欽 | 三九 | 四川巴縣 | 十月廿七日 | | | 三八○ | 外支超級四角 |
| | 鄧海洲 | 四八 | 四川縣省 | 十月廿二日 | | | 三八○ | 外支超級二角 |
| | 鄧金山 | 四九 | 四川縣省 | 八月廿二日 | | | 三八○ | 外支超級一角五分 |
| | 鄧耀光 | 三五 | 四川潼南縣 | 七月廿三日 | | | 三八○ | 外支超級二角 |
| | 陳洪山 | 五○ | 四川潼南縣 | 十月廿二日 | | | 三五 | |
| | 胡四海 | 三一 | 四川縣省 | 四月廿六日 | | | 三五 | |
| | 鄧樹呂 | 五六 | 四川縣省 | 二月廿三日 | | | 三五 | |
| | 胡廷佐 | 五一 | 四川縣省 | 三月廿六日 | | | 三五 | |
| | 胡占呂 | 三八 | 江北縣 | 四月廿六日 | | | 三○ | |
| | 陳其林 | 三四 | 四川壁山縣 | 四月廿六日 | | | 三五 | |
| | 曾楝材 | 三六 | 四川壁山縣 | 六月廿六日 | | | 三五 | |
| | 蔣福廷 | 三二 | 四川潼南縣 | 六月廿六日 | | | 三五 | |
| | 譚健呂 | 三二 | 四川涪陵縣 | 二月九日 | | | 三五 | |

重慶電力股份有限公司

| 別類暨姓名 | 年齡 | 籍貫 | 到職年月 | 學歷 | 經歷 | 新金 | 備註 |
|---|---|---|---|---|---|---|---|
| 小工 |  |  |  |  |  |  |  |
| 鄭西林 | 三九 | 四川省武勝縣 | 四九年四月廿日 |  |  | 三五 |  |
| 梁萬春 | 五三 | 四川省江津縣 | 四九年四月廿日 |  |  | 三五 |  |
| 張先榮 | 二八 | 四川省南川縣 | 四九年三月廿六日 |  |  | 三五 |  |
| 李穩如 | 四六 | 四川省重慶縣 | 四九年十月廿日 |  |  | 三五 |  |
| 胡占元 | 三一 | 江北省 | 四九年三月廿日 |  |  | 三五 |  |
| 胡漢保 | 三三 | 安徽省太平縣 | 四六年一月廿六日 |  |  | 三五 |  |
| 張五山 | 三九 | 四川蓬溪縣 | 四九年五月廿日 |  |  | 三五 |  |
| 張樹先 | 三三 | 四川南充縣 | 四九年四月廿日 |  |  | 三五 |  |
| 李孟階 | 三七 | 四川南充縣 | 四九年一月廿日 |  |  | 三五 |  |
| 陳鳳歧 | 三一 | 四川縣 | 四九年十一月廿二日 |  |  | 三五 |  |
| 盧開國 | 二六 | 四川縣 | 四九年十一月廿日 |  |  | 三五 |  |
| 王樹荣 | 二九 | 四川璧山縣 | 四九年十月廿日 |  |  | 二三五 |  |
| 張傑先 | 二九 | 四川南充縣 | 四九年三月廿日 |  |  | 九五 |  |
| 學徒 |  |  |  |  |  |  |  |
| 侯孟德 | 二五 | 四川岳池縣 | 四九年一月廿日 |  |  | 一五五 | 外支超級一元另五分 |

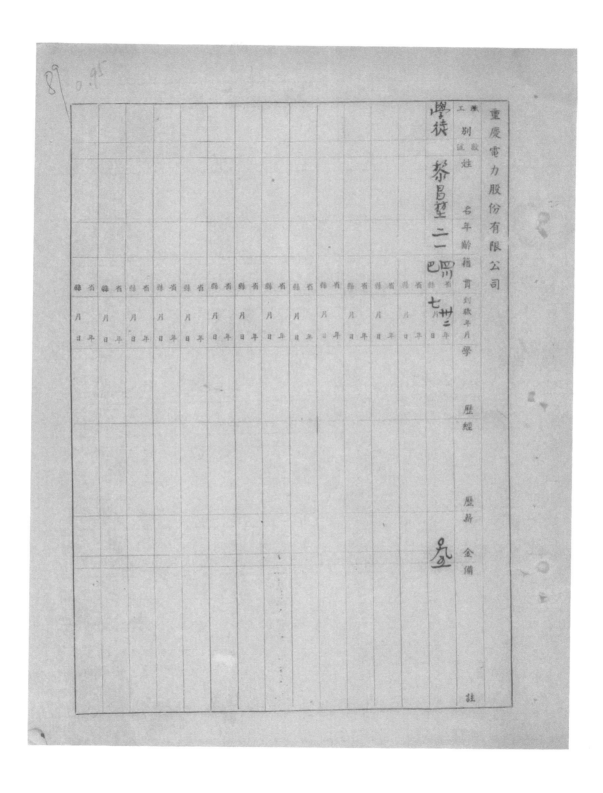

| 職別 | 姓名 | 年齡 | 籍貫 | 到職年月 | 學歷 | 經歷 | 歷 | 備 | 註 |
|---|---|---|---|---|---|---|---|---|---|
| 學徒 | 黎昌聖 | 二一 | 四川巴縣 | 卅三年七月 | | | | | 艮 |
| | | | 省 縣 | 年 月 日 | | | | | |
| | | | 省 縣 | 年 月 日 | | | | | |
| | | | 省 縣 | 年 月 日 | | | | | |
| | | | 省 縣 | 年 月 日 | | | | | |
| | | | 省 縣 | 年 月 日 | | | | | |
| | | | 省 縣 | 年 月 日 | | | | | |
| | | | 省 縣 | 年 月 日 | | | | | |
| | | | 省 縣 | 年 月 日 | | | | | |
| | | | 省 縣 | 年 月 日 | | | | | |
| | | | 省 縣 | 年 月 日 | | | | | |
| | | | 省 縣 | 年 月 日 | | | | | |

重慶電力股份有限公司

重慶電力股份有限公司　電務科表揚股

| 工別歌流 | 姓名 | 年齡 | 籍貫 | 到廠年月日 | 學歷經歷 | 新金備 | 註 |
|---|---|---|---|---|---|---|---|
| 幫工 | 劉葡綬 | 廿六 | 四川省 巴縣 | 八年 八月 八日 | | 黃芒茸年一月調業科 | |
| 學徒 | 陳祖鋤 | 二七 | 四川省 奉節縣 | 九年 九月卅日 | | 一四〇 外支超級五分 | |
| 小工 | 朱宗學 | 二三 | 四川省 巴縣 | 六月卅二日 | | 一四三 | |
| 學徒 | 劉華欽 | 廿六 | 四川省 巴縣 | 八月廿九日 | | 九〇芒茸年〇月調業科 | |
| | 朱云成 | 三三 | 四川省 瀘縣 | 八月廿七日 | 三五 | |
| | 陳富良 | 二三 | 四川省 巴縣 | 六月廿七日 | 二三 | |
| | 林學 | 二三 | 四川省 巴縣 | 七月卅日 | 二五 | |
| 學徒 | 蔣左泉 | 二二 | 四川省 巴縣 | 二月卅二日 | 八分 | |

重慶電力股份有限公司 用電檢查組

| 工別 | 姓名 | 歲數 | 籍貫 | 到職年月 | 學歷 | 歷經 | 歷新 鑒備 | 備註 |
|---|---|---|---|---|---|---|---|---|
| 幫工 | 王林宣 | 三三 | 四川萬順縣 | 一月 | | | 三0 | |
| 學徒 | 胡炳生 | 三0 | 四川潼南縣 | 三月 | | | 三0 | |
| | 曾錫奎 | 四九 | 四川縣 | 十二月 | | | 一三五 | |
| 小工 | 夏代琭 | 四七 | 四川巴縣 | 九月 | | | 一三0 | |
| 學徒 | 王治清 | 四四 | 四川巴縣 | 十月 | | | 一三五 | |
| | 劉遠庸 | 三四 | 四川岳池縣 | 六月 | | | 一二五 | |
| | 鄒炳林 | 三六 | 四川廣南縣 | 二月 | | | 一五一 | |
| | 鄧炳宣 | 五0 | 四川廣南縣 | 十月 | | | 一三五 | |
| 學徒 | 鄧惠林 | 五五 | 四川縣 | 四月 | | | 一三五 | |
| | 陳健 | 三0 | 廣南縣 | 廿八日 | | | 一三五 | 外支超級乙角五分 |
| 幫工 | 呂海雲 | 四九 | 四川縣 | 廿日 | | | 一三六 | |
| | 王洪安 | 四三 | 四川縣 | 十日 | | | 一三五 | |
| | 劉嘉民 | 二二 | 華陽縣 | 一六日 | | | 一四五 | |
| 學徒 | 衛連根 | 二一 | 深陽縣 | 四日 | | | 盆 | |
| | 湖直苏 | 二 | 上海縣 | 四日 | | | | |

重慶電力股份有限公司總務科電話室（卅六年十二月改屬電務科）

| 職別 | 姓名 | 年齡 | 籍貫 | 到職年月 學歷 | 經歷 | 折金額 | 註 |
|---|---|---|---|---|---|---|---|
| 等工 | 陳于恆 | 三六 | 四川省蓬溪縣 | 卅二年二月廿二日 | | 一六〇 | |
| 小工 | 蒲國民 | 四三 | 四川省巴縣 | 卅二年一月廿一日 | | 一二〇 | |
| | 廖松如 | 三八 | 四川省華陽縣 | 十月廿九日 | | 一二〇 | |
| | 張仕仁 | 三三 | 江蘇省徐祥縣 | 十二月廿三日 | | 一二〇 | |
| | 任直洪 | 三五 | 四川省大邑縣 | 十二月廿一日 | | 一六〇 | 卅八年十二月死亡 |
| 雜工 | 黄樓高 | 二九 | 河北省 | 卅二年二月廿二日 | | 一二四 | |
| | 楊坤發 | 二五 | 湖南省道縣 | 八月廿三日 | | 一二〇 | |
| | 胡箪鄉 | 三八 | 四川省同縣 | 五月卅二日 | | 一二五 | 卅八年五月調電務科 |
| | 李鈞 | 四三 | 湖南省 | 卅三年 | | 二二〇 | |
| | 譚柏民 | 二九 | 四川省南充縣 | 十月廿九日 | | 一五一 | |
| | 又楊基洪 | 三五 | 四川省南充縣 | 二月廿九日 | | 一六〇 | |
| | 王銀章 | 二七 | 四川省瀘縣 | 三月卅一日 | | 二〇〇 | |

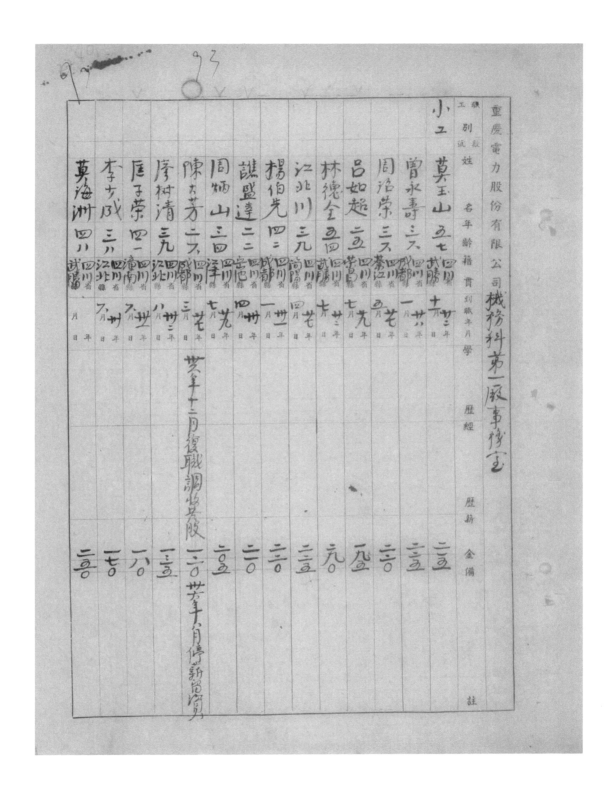

重慶電力股份有限公司　機務科第一廠修配股

| 應裁 工別 | 証誌 姓名 | 年齡 | 籍貫 | 到廠年月 | 學歷 | 經歷 | 薪金 | 備註 |
|---|---|---|---|---|---|---|---|---|
| 技工 | 韓根泉 | 三四 | 浙江鎮海縣 | 廿三年三月　日 | | | 六九〇 | 九〇廿七年十月請准退職 |
| | 景焕邑 | 四〇 | 四川巴縣 | 廿三年十月　日 | | | 六七〇 | |
| | 李光瑞 | 四二 | 浙江紹興縣 | 廿三年十月　日 | | | 六六〇 | |
| | 劉德初 | 三二 | 浙江青田縣 | 廿三年八月　日 | | | 六二〇 | |
| | 夏金寶 | 四七 | 浙江田縣 | 廿三年七月　日 | | | 七六〇 | |
| | 唐良揀 | 二八 | 四川巴縣 | 廿九年七月　日 | | | 五二〇 | |
| | 莫鑫初 | 三一 | 江蘇 | 廿三年十月　日 | | | 五二〇 | |
| | 徐阿文 | 三〇 | 江蘇 | 廿三年十二月　日 | | | 七二〇 | |
| | 許龍生 | 三九 | 江蘇無錫縣 | 廿二年二月　日 | | | 四四〇 | 六〇七年三月古塌枚 |
| | 田襄 | 三〇 | 四川 | 廿二年五月　日 | | | 四四〇 | |
| | 顏阿能 | 三〇 | 四川潼南縣 | 廿二年九月　日 | | | 四二五 | |
| | 裴志誠 | 三四 | 四川 | 廿三年三月　日 | | | 三二五 | |
| | 陳吉昌 | 三〇 | 巴縣 | 廿二年六月　日 | | | 一八〇 | |
| 幫工 | 周鶴林 | 四四 | 四川巴縣 | 廿二年十月　日 | | | 四五〇 | |

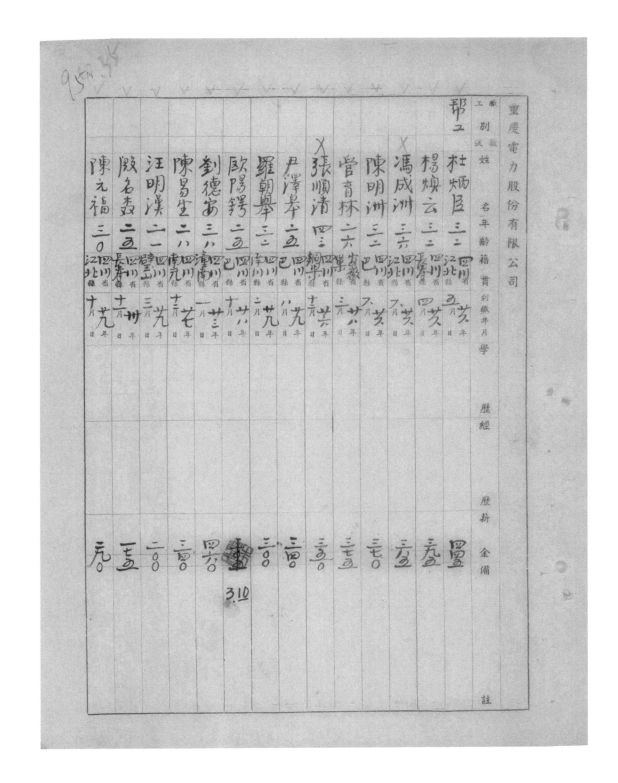

重慶電力股份有限公司

| 順工別敬姓名 | 名年齡籍貫到職年月學 | 歷經 | 歷新金備 | 註 |
|---|---|---|---|---|
| 郵工 杜炳呂 三二 | 四川省 三月 芸年 | | 壹 壹五 | |
| 楊煥云 三二 | 江北縣 四月 芸年 | | 壹五 | |
| 陳明洲 三二 | 四川省 五月 芸年 | | 壹七〇 | |
| 馮成洲 三六 | 長壽縣 七月 芸年 | | 壹五 | |
| 曾育抹 二六 | 巴縣 八月 芸年 | | 壹五 | |
| 張順清 四二 | 銅梁縣 青年 | | 壹五〇 | |
| 尸澤峯 二五 | 四川省 八月 芸年 | | 壹〇 | |
| 羅朝舉 三二 | 巴縣 二月 芸年 | | 三〇 | |
| 歐陽鍔 二五 | 巴縣 十月 芸年 | | 壹四〇 | 3.10 |
| 劉德寄 三八 | 四川省 一月 芸年 | | 壹五 | |
| 陳易坐 二八 | 四川省 青年 | | 二〇 | |
| 汪明漢 二一 | 四川省 三月 芸年 | | 壹五 | |
| 殷名燾 二五 | 長壽縣 十月 芸年 | | 壹五 | |
| 陳元福 三〇 | 江北縣 十月 芸年 | | 壹五 | |

重慶電力股份有限公司

| 工別 | 姓名 | 年齡 | 籍貫 | 到職年月日 | 學歷 | 歷經 | 薪金 | 備註 |
|---|---|---|---|---|---|---|---|---|
| 幫工 | 陳順才 | 四二 | 四川廣安縣 | 九年六月廿三日 | | | 三三〇 | 壽 410 |
| | 黃後鄉 | 四〇 | 四川巴縣 | 九年三月廿九日 | | | 三〇 | |
| | 羅啟明 | 二八 | 四川巴縣 | 一年一月廿一日 | | | 四〇〇 | |
| | 黃桓昌 | 二七 | 四川江北縣 | 三月廿七日 | | | 一二〇 | |
| | 朱銀春 | 二五 | 四川巴縣 | 九月廿日 | | | 各 | |
| | 顧紹惠 | 三三 | 四川廣安 | 八月廿八日 | | | 各 | |
| 學徒 | 陳準民 | 二二 | 四川巴縣 | 七月廿日 | | | 一五五 | |
| | 林（學習）| 十三 | 四川巴縣 | 七月卅日 | | | 一五五 | 每年五調報再眼 |
| 小工 | 馮煥如 | 三六 | 四川巴縣 | 三月廿日 | | | 一八〇 | |
| | 陳維緒 | 四九 | 四川合川縣 | 四月廿日 | | | 二〇五 | |
| | 蔣發祥 | 四六 | 四川渠南縣 | 八月廿日 | | | 二一五 | |
| | 江流才 | 二七 | 四川壁山縣 | | | | 二二〇 | |
| | 謝春彬 | 三六 | 四川長壽縣 | 六月廿日 | | | 二一五 | |
| | 毛青云 | 四〇 | 四川渠縣 | 六月廿日 | | | 二三〇 | |
| | 周至章 | 三五 | 四川渠南士 | 三月廿九日 | | | 三三五 | |
| | 趙金廷 | 三一 | 四川渠縣 | 六月廿九日 | | | 一六〇 | |

重慶電力股份有限公司

| 所辦工別班姓名 | 名 | 年齡 | 籍貫 | 到職年月日 學歷 | 歷經 | 歷新 金備 | 註 |
|---|---|---|---|---|---|---|---|
| 小工 胡世積 | | 三七 | 四川省 | 年 月 日 | | 一五 | |
| 劉德發 | | 三三 | 四川富順縣 | 六先 年 月 日 | | 一六 | |
| 張壁榮 | | 二四 | 四川璧山縣 | 一 年 月 日 | | 一六0 | |
| 李家發 | | 三一 | 四川渝南縣 | 八 年 月 日 | | 一五 | |
| 李云光 | | 二0 | 四川渝南縣 | 八 年 月 日 | | 一五 | |
| 李云松 | 三0 | 桓川先縣 | 八 年 月 日 | | 二五 | | |
| 尸國堂 | 二五 | 四川巴縣 | 八 年 月 日 | | 二五 | | |
| 駱德坤 | 四 | 四川榮縣 | 三 年 月 日 | | 二五 | | |
| 冉中玉 | 四一 | 四川 | 八 年 月 日 | | 二五 | | |
| 楊九成 | 三九 | 壁陽縣 | 三 年 月 日 | | 二五 | | |
| 王成明 | 三一 | 四川榮縣 | 六四 年 月 日 | | 四五 | | |
| 蔡榮華 | 三六 | 四川北縣 | 三 年 月 日 | | 二0 | | |
| 岳祥先 | 四二 | 四川 | 五 年 月 日 | | 二0 | | |
| 胡翼卿 三八 墓川縣 | | | 四川 | 六 年 月 日 | | 二00 外支超級三角 | |
| 譚侶民 三九 南充 | | | | 二 年 月 日 | | 一五 | |
| 王銀章 二 七瀘 | | | | 十二 年 月 日 | | 一七0 | |

重慶電力股份有限公司 機務科第一廠管理股

| 工別 | 姓名 | 年齡 | 籍貫 | 到職年月 | 學歷 | 歷經 | 備註 |
|---|---|---|---|---|---|---|---|
| 技工 | 衛明義 | 四三 | 江蘇省 | 一月廿六日 | | | 七〇〇 |
| | 李宣華 | 三三 | 江蘇省上虞縣 | 一月廿二日 | | | 六七〇 |
| | 曹慶市 | 四五 | 湖北省漢口縣 | 一月廿二日 | | | 七〇〇 |
| | 汪蘭生 | 五〇 | 江蘇省南京縣 | 一月廿六日 | | | 六七〇 |
| | 段國華 | 四三 | 上海市洪德縣 | 二月芳日 | | | 五五〇 |
| | 楊沿清 | 四三 | 四川省 | 二月廿三日 | | | 五五〇 |
| | 陳永章 | 三三 | 四川省巴縣 | 十一月廿一日 | | | 六七〇 |
| | 馮德云 | 三七 | 江北縣四川省 | 四月廿三日 | | | 四五〇 |
| 帮工 | 趙樹清 | 四四 | 四川省 | 四月廿三日 | | | 四五〇 |
| | 高洪鈞 | 四〇 | 四川省江津 | 八月廿三日 | | | 三六〇 |
| | 張炳生 | 三六 | 四川汪縣 | 四月廿六日 | | | 三六〇 |
| | 陳四養 | 四三 | 四川漢川縣 | 一月廿三日 | | | 三六〇 |
| | 周紹全 | 三六 | 四川縣 | 十月十九日 | | | 三六〇 |
| | 李均安 | 四七 | 四川巴縣 | 四月廿六日 | | | 三六〇 |

重慶電力股份有限公司

| 工別派別 姓名 | 名 | 年齡 | 籍貫 | 到職年月 | 學歷 | 經歷 | 新金備 | 備註 |
|---|---|---|---|---|---|---|---|---|
| 幫工 | 鄧慶祥 | 五一 | 四川潼南縣 | 卅二年六月 日 | | | 四二五 | |
| | 高國清 | 四四 | 四川巴縣 | 卅一年十月 日 | | | 三六五 | |
| | 徐世横 | 三六 | 四川涪陵縣 | 卅一年六月 日 | | | 三五〇 | |
| | 王輝宗 | 四四 | 四川巴縣 | 卅二年十二月 日 | | | 三五〇 | |
| | 張子云 | 三六 | 四川忠縣 | 卅一年十月 日 | | | 三五〇 | |
| | 殷前明 | 三五 | 四川北縣 | 卅一年三月 日 | | | 三五〇 | |
| 學徒 | 廖俊卿 | 三五 | 四川忠縣 | 卅一年十月 日 | | | 一五〇 外支超級三角 |
| | 譚世謙 | 二一 | 四川巴縣 | 卅一年三月 日 | | | 一三〇 | |
| | 封禎熙 | 二七 | 四川廣漢縣 | 卅一年三月 日 | | | 一二〇 | |
| | 廖民祿 | 三〇 | 四川巴縣 | 卅一年三月 日 | | | 一二〇 | |
| | 呂維新 | 二一 | 四川江北縣 | 卅一年三月 日 | | | 九〇 | |
| | 錢明炎 | 三〇 | 四川武昌縣 | 卅一年三月 日 | | | 九〇 卅一年十二月調補壹級 |
| | 胡直林 | 一六 | 四川合江縣 | 卅一年三月 日 | | | 八〇 卅一年十二月調補壹級 |
| | 蒋發來 | 二一 | 四川潼南縣 | 卅一年二月 日 | | | 八〇 卅一年十二月調補原級 |

重慶電力股份有限公司

| 工別試驗 | 姓名 | 年齡 | 籍貫 | 到職年月日 | 學歷 | 歷經 | 歷掙金備 | 註 |
|---|---|---|---|---|---|---|---|---|
| 學徒 | 陳慶榮 | 二一 | 四川省 | 二月 日 | | | | |
| | 張毓溯 | 二六 | 巴縣 | 二月 日 | | | 一二〇 | |
| 小工 | 陳樹泉 | 二〇 | 巴縣 | 十二月 日 | | | 三〇外支超級二角五分 | |
| | 李華山 | 二六 | 四川安居 | 八月 日 | | | 三〇外支超級六角 | |
| | 王明海 | 四四 | 巴縣 | 十月 日 | | | 三〇外支超級五分 | |
| | 楊勤有 | 五三 | 四川 | 二月 日 | | | 三〇外支超級五分 | |
| | 龍瑞卿 | 五二 | 涪陵縣 | 九月 日 | | | 三〇外支超級五分 | |
| | 鍾漢卿 | 四〇 | 四川 | 八月 日 | | | 三〇外支超級一角 | |
| | 任春廷 | 四六 | 四川 | 七月 日 | | | 三〇外支超級一角 | |
| | 張國祥 | 三三 | 江北縣 | 十月 日 | | | 三〇外支超級一角 | |
| | 李樹廷 | 三三 | 長壽 | 二月 日 | | | 三〇外支超級五分 | |
| | 王銀廷 | 四五 | 四川縣 | 七月 日 | | | 三〇 | |
| | 涂銀軒 | 四一 | 江北川 | 一〇月 日 | | | 二九 | |
| | 黃浦圓 | 三五 | 巴縣 | 一月 日 | | | 一六 | |

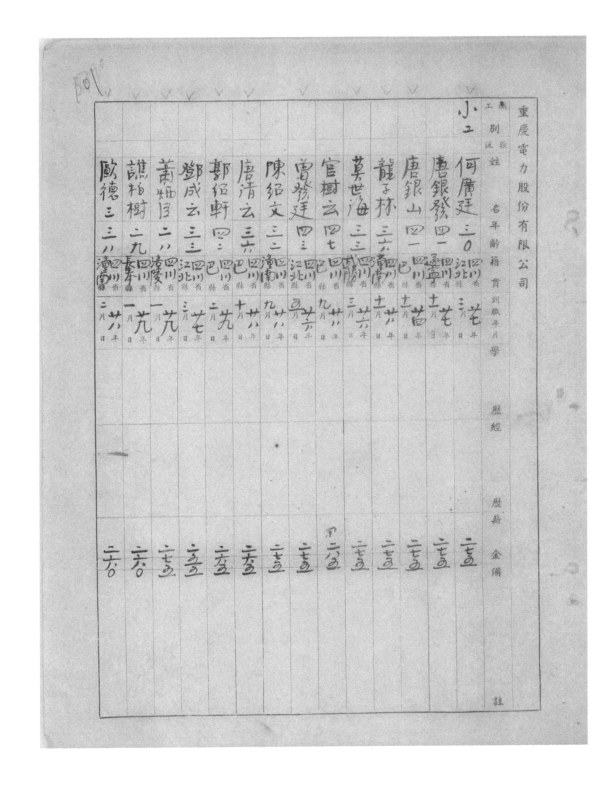

| 工別 等級 姓名 | 老 年齡 | 籍貫 | 到職年月 學 | 歷 經 | 歷 新 金 備 | 註 |
|---|---|---|---|---|---|---|
| **小工** | | | | | | |
| 何廣廷 | 三〇 | 四川江北省 | 芒年 三月 日 | | 一二五 | |
| 唐銀發 | 四一 | 四川遂寧省 | 芒年 三月 日 | | 一二一 | |
| 唐銀山 | 四一 | 四川省 | 土年 芒月 日 | | 一二一 | |
| 龍子林 | 三六 | 四川潼南省 | 土年 芒月 日 | | 一二一 | |
| 莫世海 | 三三 | 四川省 | 三月 廿六日 | | 一二一 | |
| 官樹云 | 四七 | 四川潼南省 | 九月 廿六日 | | 一二五 AP | |
| 曾發廷 | 四二 | 四川江北省 | 八月 廿六日 | | 一二一 | |
| 陳紹文 | 三二 | 四川巴縣省 | 九月 廿六日 | | 一二一 | |
| 唐清云 | 三六 | 四川巴縣省 | 十月 廿八日 | | 一二一 | |
| 郭紹軒 | 四二 | 四川巴縣省 | 二月 廿九日 | | 一二一 | |
| 鄧咸云 | 三三 | 四川江陵省 | 三月 廿七日 | | 一五一 | |
| 蕭炳臣 | 二八 | 四川省 | 一月 廿九日 | | 一七五 | |
| 譙柏樹 | 二九 | 四川省 | 一月 廿九日 | | 一六〇 | |
| 歐德三 | 三八 | 四川潼南縣 | 二月 廿六日 | | 二六〇 | |

重慶電力股份有限公司

小工

| 工別 誠 | 姓名 | 年齡 | 籍貫 | 到職年月 | 學 | 歷經 | 歷折 金備 | 註 |
|---|---|---|---|---|---|---|---|---|
| | 黃海清 | 二六 | 四川省江北縣 | 廿八年九月 | | | | 三五 |
| | 熊語安 | 四一 | 四川省 | 二月 | | | | 三五 |
| | 鄧炳云 | 二八 | 四川省 | 二月 | | | | 三五 |
| | 郭全安 | 四七 | 四川省巴縣 | 七月 | | | | 三五 |
| | 徐現池 | 四二 | 四川省蓬溪縣 | 六月 | | | | 三五 |
| | 朱錫民 | 三六 | 四川省巴縣 | 一月 | | | | 三五 |
| | 宋榮成 | 四六 | 四川省江北縣 | 四月 | | | | 三五 |
| | 陸正恩 | 二六 | 四川省江北縣 | 三月 | | | | 三五 |
| | 譙步云 | 三二 | 四川省長壽縣 | 一月 | | | | 三五 |
| | 涂永清 | 三二 | 四川省江北縣 | 一月 | | | | 三三 |
| | 苟茂林 | 四三 | 四川省蓬溪縣 | 二月 | | | | 三五 |
| | 王治云 | 三六 | 四川省江北縣 | 一月 | | | | 三五 |
| | 廖言章 | 四〇 | 四川省 | 二月 | | | | 三五 |
| | 陳名先 | 三六 | 四川省巴縣 | | | | | 三五 |

重慶電力股份有限公司

| 職別（工別） | 姓名 | 年齡 | 籍貫 | 費到職年月 | 學歷 | 經歷 | 歷薪金備 | 備註 |
|---|---|---|---|---|---|---|---|---|
| 小工 | 吳金臣 | 三九 | 四川巴縣 | 廿六年一月廿日 | | | 二0 | |
| | 趙利儒 | 三四 | 四川縣 | 廿六年六月廿日 | | | 二0 | |
| | 周樹生 | 二九 | 涪陵縣 | 廿九年三月廿日 | | | 二五 | |
| | 蔣銀洲 | 四二 | 江津縣 | 廿五年二月廿日 | | | 二五 | |
| | 胡俊 | 三九 | 成都縣 | 廿六年八月廿日 | | | 二五 | |
| | 蕭金云 | 四三 | 壁山縣 | 廿九年一月廿日 | | | 二五 | |
| | 唐古武 | 三二 | 江津縣 | 廿六年三月廿日 | | | 三00 | |
| | 樊錫甫 | 三三 | 江北縣 | 廿六年六月廿日 | | | 三00 | |
| | 周坤元 | 四0 | 重慶縣 | 廿六年十月廿日 | | | 五五 | |
| | 謝六鄉 | 三四 | 重慶縣 | 廿六年三月廿日 | | | 五五 | |
| | 黃樹生 | 三三 | 合川縣 | 廿六年三月廿日 | | | 五五 | |
| | 馬萬銀 | 十六 | 永川縣 | 廿六年三月廿日 | | | 全廿五 七月長 | |
| | 黃國清 | 三三 | 四川縣 | 廿六年八月廿日 | | | 一五 | |
| | 周策良 | 四八 | 銅梁縣 | 廿六年四月廿日 | | | 一五 | |

106

108

重慶電力股份有限公司

| 工別 試驗 成考 姓名 | 年齡 | 籍貫 | 到職年月 | 學歷 | 歷經 | 歷新 金備 | 註 |
|---|---|---|---|---|---|---|---|
| 周海林 | 四四 | 涪陵 | 卅 月 卅日 | | | 一五五 卅二 | 一五五 死亡 |
| 唐占民 | 三一 | 四川 忠縣 | 廿 月 卅二日 | | | 一七二 | 一七二 |
| 王萬興 | 四一 | 四川 忠縣 | 土 月 卅二日 | | | 一五五 | 一五五 廿七年八月長春俊 |
| 陳占榮 | 三二 | 四川 巴縣 | 三月 卅日 | | | 一六五 | 一四〇 |
| 陳炎如 | 三二 | 四川 江北縣 | 十月 卅日 | | | 一四〇 | 一五五 |
| 楊相林 | 六九 | 四川 江北縣 | 三月 卅日 | | | 一五五 | 一五五 |
| 涂靖云 | 二一 | 四川 江北縣 | 十九 月 卅二日 | | | 一五五 | 一五五 |
| 胡青云 | 二九 | 四川 合縣 | 九月 卅三日 | | | 一五五 | 一五五 |
| 李吉青合 | 四三 | 四川 江北縣 | 有月 卅九年 | | | 一五五 | 一四五 |
| 且岡云 | 二七 | 四川 巴縣 | 有月 廿三年 | | | | 一五五 |
| 鄧成貴 | 三二 | 四川 | 二月 卅日 | | | | 一五五 廿七年七月 |
| 楊玉成 | 四二 | 四川 | 一月 卅二日 | | | | 一五五 |
| 陳錫卿 | 三四 | 四川 潼南縣 | 二月 卅二日 | | | | 一五五 |
| 陳金萬 | 三七 | 四川 長壽縣 | 五月 卅二日 | | | | 一五五 |

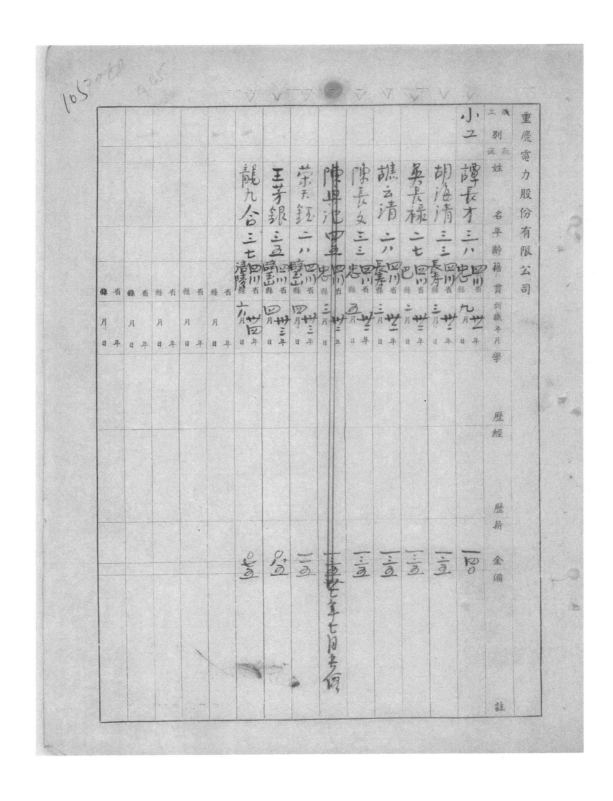

| 職別 誠 姓 | 名 平齡籍貫到歲年月 學 | 歷 經 | 歷 新 金 備 | 註 |
|---|---|---|---|---|
| 小工 | | | | |
| 譚長才 三八 | 四川 忠 縣省 九月廿四日年 | | 一四〇 | |
| 胡海清 三三 | 四川 忠 縣省 廿二月廿二日年 | | 一二五 | |
| 吳長祿 二七 | 四川 長壽 縣省 三月廿二日年 | | 一二五 | |
| 譙云清 二八 | 四川 泰縣省 三月廿二日年 | | 一三五 | |
| 陳長义 三三 | 四川 巴縣省 五月廿二日年 | | 一二五 | |
| 陳興池 四五 | 四川 忠 縣省 三月廿二日年 | | 一二五 三五七年七月廿四号 | |
| 榮天鈺 二八 | 四川 墊江 縣省 四月廿三年 | | 一三〇 | |
| 王芳银 三五 | 四川 璧山 縣省 四月廿三年 | | 八〇 | |
| 龍九合 三七 | 四川 清陵 縣省 六月廿四日年 | | 八五 | |
| | 省 縣 月 日年 | | | |
| | 省 縣 月 日年 | | | |
| | 省 縣 月 日年 | | | |
| | 省 縣 月 日年 | | | |

重慶電力股份有限公司

106

重慶電力股份有限公司 機務科第三廠修配股

| 工別說明 | 姓名 | 年齡 | 籍貫 | 到職年月 | 學歷 | 歷經 | 歷薪 | 備註 |
|---|---|---|---|---|---|---|---|---|
| 技工 × | 陳叔玉 | 三二 | 四川省巴縣 | 七月廿六日 廿六年 | | | 六○ | |
| | 大盛忠夫 | 四四 | 巴縣 | 七月 廿日 | | | 七二 | |
| | 揚士華 | 三一 | 浙江奉化江 | 七月 芒日 | | | 七二 | |
| | 陳儒軒 | 三○ | 四川蕪湖省 | 六月 芒日 | | | 六○ | |
| | 胡海濤 | 三○ | 四川資中省 | 九月 廿日 | | | 七二 | |
| | 張順庚 | 三三 | 江蘇省 | 六月 芒日 | | | 六○ | |
| | 徐富生 | 二八 | 上海 | 十一月 廿日 | | | 六○ | 卅二年二月份退職 |
| | 夏洪順 | 三三 | 四川長壽縣 | 八月 廿日 | | | 四○ | |
| | 唐有帝 | 二八 | 四川銅梁縣 | 十一月 廿八年 | | | 三○ | |
| | 于炳林 | 二八 | 四川縣 | 八月 廿五日 | | | 三二 | |
| | 吳天柱 | 三○ | 巴縣 | 九月 廿六日 | | | 三四 | |
| | 鄧陽春 | 三五 | 四川潼南縣 | 十二月 芒日 | | | 四五 | |
| | 周獨居 | 二五 | 江北江縣 | 一月 廿八年 | | | 四五 | |
| 技工 | 楊尊卿 | 二八 | 四川潼南省 | 八月 廿六日 | | | 三五 | |

重慶電力股份有限公司

| 工別試驗 姓名 | 年齡 | 籍貫 | 到職年月 | 學歷 | 歷經 | 歷新 金備 | 註 |
|---|---|---|---|---|---|---|---|
| 劉炳生 | 四一 | 四川省巴縣 | 九月廿日年 | | | 三二〇 | |
| 曹覃賢 | 二五 | 四川省巴縣 | | | | 二四〇 | |
| 沈德昌 | 四八 | 江西省 | 三月 年 | | | 二五〇 | |
| 張榮成 | 三一 | 四川省成都 | 二月廿三日年 | | | 三〇五 | |
| 朱俊明 | 三〇 | 四川省合縣 | 六月廿三日年 | | | 二二〇 | |
| 苏炳忠 | 三六 | 四川省瀘縣 | 六月 年 | | | 二一〇 | |
| 學徒 曾棠德 | 二〇 | 四川省璧山縣 | 三月廿日年 | | | 一四五 外文超級三角 | |
| 小工 潘恒清 | 四九 | 四川省巴縣 | 三月廿一日年 | | | 一五五 | |
| 鄧銀風 | 四二 | 四川省岳池縣 | 十二月廿七日年 | | | 一五五 | |
| 熊紹邑 | 二九 | 湖南省衡陽縣 | 三月廿八日年 | | | 一五五 | |
| 趙華高 | 三六 | 江蘇省 | 十一月廿六日年 | | | 一五五 | |
| 蔣錫安 | 五四 | 四川省岳池縣 | 七月廿八日年 | | | 一五五 | |
| 唐漢成 | 六〇 | 四川省岳池縣 | 十二月廿六日年 | | | 一五五 | |
| 闇邦達 | 三五 | 四川省璧山縣 | 一月廿六日年 | | | 一五五 | |

重慶電力股份有限公司

| 工別誠姓名 | 年齡 | 籍貫 | 到職年月 | 學歷 | 歷經 | 歷薪 金備 | 註 |
|---|---|---|---|---|---|---|---|
| 小工 陳方云 | 二九 | 四川省巴縣 | 三六年 二月 日 | | | 一二五 | |
| 張蘭亭 | 二八 | 安徽 | 二六年 九月 日 | | | 一二五 | |
| 周海廷 | 四三 | 四川 | 十月 日 | | | 一二五 | |
| 張漢金 | 四二 | 廣東 | 一月 三十年 日 | | | 一二五 | |
| 鄧樹林 | 二八 | 四川巴縣 | 一月 三五年 日 | | | 一二五 | |
| 楊潔泉 | 三〇 | 潼南 | 十月 三五年 日 | | | 一二〇 | |
| 王玉成 | 四二 | 四川 | 二月 三五年 日 | | | 一四〇 | |
| 陳天池 | 二九 | 四川 | 二月 三五年 日 | | | 一四〇 | |
| 唐仕雲 | 三二 | 巴縣 | 十一月 三五年 日 | | | 一四〇 | |
| 唐停雲 | 四九 | 巴縣 | 六月 三五年 日 | | | 一四〇 | |
| 唐林生 | 二二 | 四川江北 | 七月 三五年 日 | | | 一四〇 | |
| 張文光 | 四一 | 四川 | 六月 三五年 日 | | | 一四〇 | |
| 楊金山 | 三七 | 四川蓬溪 | 六月 三五年 日 | | | 一四〇 | |
| 楊通山 | 四一 | 四川潼南縣 | 三月 三五年 日 | | | 一四〇 | |

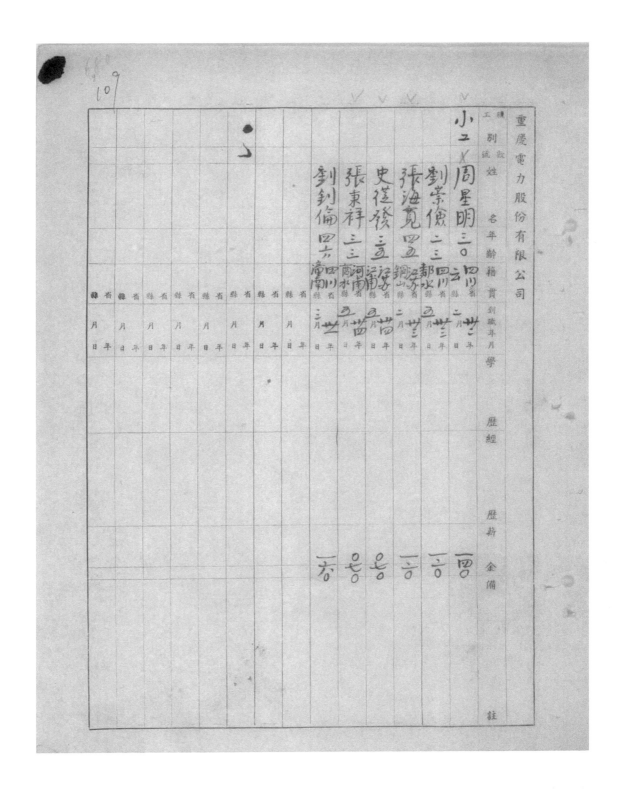

重慶電力股份有限公司

| 績工別誠散姓名 | 年齡 | 籍貫 | 到職年月 | 學歷經 | 歷新 | 金備 | 註 |
|---|---|---|---|---|---|---|---|
| 小工 X 周星明 | 三〇 | 四川 云陽縣 | 三月 年日 | | 五七 | | |
| 劉棠儀 | 二三 | 四川 鄞水縣 | 二月 年日 | | 四二 | | |
| 張海寬 | 四三 | 四川 郫縣 | 二月 年日 | | 三四 | | |
| 史莅發 | 三 | 江安縣 銅山縣 | 二月 年日 | | 三四 | | |
| 張東祥 | 三三 | 河南 商水縣 | 三月 年日 | | 三五 | | |
| 劉釗偏 | 四六 | 四川 濟南縣 | 三月 年日 | | 五七 | | |

110

## 重慶電力股份有限公司 機務科第三廠管理股

| 工別暨姓名 | 年齡 | 籍貫 | 到廠年月 | 學歷經 | 歷新金備 | 備註 |
|---|---|---|---|---|---|---|
| **技工** | | | | | | |
| 樂興隆 | 五一 | 浙江省 | 三月 卅三年 | | 七二〇 | |
| 陳祥生 | 五五 | 浙江省 | 二月 卅一年 | | 六〇〇 | |
| 王金波 | 六〇 | 江蘇省 | 七月 廿二年 | | 六〇〇 | |
| 房容精 | 四二 | 浙江省 | 四月 卅一年 | | 六三〇 | |
| 石昆精 | 四一 | 浙江省 | 七月 廿六年 | | 六三〇 | |
| **帮工** | | | | | | |
| 龍昆淨 | 三二 | 四川省 | 九月 廿六年 | | 四三五 | |
| 童志 | 二四 | 四川省 | 四月 廿六日 | | 三〇五 卅一年十二月卅七 | |
| 文國棟 | 二七 | 四川省 | 九月 卅一年 | | 二二五 | |
| 鄧正俊 | 二八 | 四川省 | 一月 卅二年 | | 一四五 | |
| 吳常雲 | 二一 | 鎮江縣 | 六月 卅三年 | | 一二五 | |
| 薛炳山 | 三四 | 江蘇省 | 十月 卅三年 | | 四二五 | |
| 張青合 | 五六 | 岳池縣 | 六月 卅三年 | | 五五 | |
| 陳永廠 | 三七 | 湖北漢口 | 十月 卅三年 | | 三三五 | |
| **學徒** | | | | | | |
| 曹健呂 | 二四 | 四川潼南縣 | 十月 卅三年 | | 一五〇 外支起碼三角五分 | |

| 別類 | 姓名 | 年齡 | 籍貫 | 到職年月 | 學歷 | 歷經 | 歷折 金備 | 註 |
|---|---|---|---|---|---|---|---|---|
| 學徒 | 孫德培 | 二一 | 四川流 | 廿一年一月 | | | 一五〇 | |
| | 陳以興 | 一九 | 四川雙流縣 | 廿一年一月 | | | 一九〇 | |
| | 李國忠 | 三一 | 四川巴縣 | 廿三年四月 | | | 一四〇 芒年十二月来備 | |
| | 張伯良 | 二一 | 四川榮縣 | 廿三年五月 | | | 二壹 | |
| | 周俊臣 | 二一 | 四川長壽縣 | 廿三年五月 | | | 一四〇 | |
| 小工 | 楊建洲 | 三一 | 四川綦江縣 | 廿六年六月 | | | 一七〇 | |
| | 楊海山 | 三一 | 四川巴縣 | 廿六年九月 | | | 一六〇 | |
| | 劉華琪 | 四七 | 四川巴縣蘇教 | 廿七年二月 | | | 一八〇 | |
| | 胡賢春 | 四一 | 四川郫縣 | 廿七年二月 | | | 一五〇 | |
| | 王治生 | 二九 | 四川貫縣 | 廿七年二月 | | | 一五〇 | |
| | 蔣炳洲 | 二六 | 四川潼南縣 | 廿六年七月 | | | 一五〇 | |
| | 鄧國清 | 三四 | 四川南川縣 | 廿七年四月 | | | 一二〇 | |
| | 劉大發 | 三〇 | 四川巴縣 | 廿七年二月 | | | 一二〇 | |
| | 趙海模 | 三七 | 四川巴縣 | 廿六年一月 | | | 一二〇 | |

重慶電力股份有限公司

| 職別 | 姓名 | 年齡 | 籍貫 | 到職年月 | 學歷 | 歷經 | 歷新 | 金備 | 註 |
|---|---|---|---|---|---|---|---|---|---|
| 小工 | 朱春云 | 三三 | 四川省巴縣 | 十月廿一日 | | | | 二〇〇 | |
| | 色能咸 | 三三 | 四川省 | 十月廿一日 | | | | 二〇〇 | |
| | 賈本榮 | 四一 | 安徽省 | 六月廿一日 | | | | 二〇〇 | |
| | 楊三元 | 三九 | 四川省 | 一月廿一日 | | | | 一八〇 | |
| | 楊長靖 | 三三 | 四川省長壽縣 | 三月廿一日 | | | | 一八〇 | |
| | 陶亮勝 | 四一 | 四川合江縣 | 七月廿一日 | | | | 一七〇 | |
| | 湯海濤 | 三四 | 四川省 | 七月廿一日 | | | | 一六〇 | |
| | 冷楝梓 | 四四 | 四川銅梁縣 | 六月廿九日 | | | | | |
| | 張士清 | 三六 | 四川省璧山縣 | 八月廿一日 | | | | 一三五 | |
| | 田有餘 | 三四 | 湖北省 | 九月廿一日 | | | | 一四五 | |
| | 楊子華 | 三七 | 四川省 | 六月廿一日 | | | | 一四五 | |
| | 李玉靖 | 四一 | 廣東省 | 六月廿一日 | | | | 一四五 | |
| | 蕭庶明 | 三三 | 四川合江縣 | 九月廿一日 | | | | 一四五 | |
| | 王儉 | 三三七 | 四川省究縣 | 三月廿一日 | | | | 一三五 | |

卅七年六月離職

重庆电力股份有限公司

| 工别<br>职别 | 姓名 | 年龄 | 籍贯 | 到职年月 | 学历经历 | | 註 |
|---|---|---|---|---|---|---|---|
| | | | | | 历经 | 历新 金备 | |
| 小工 | 张炳安 | 三六 | 四川省潼南县 | 廿六年二月 | | | 二三五 |
| | 伍祥仲 | 二八 | 四川省 | 廿六年二月 | | | 二三五 |
| | 梁焕文 | 三五 | 广东省 | 廿六年六月 | | | 二二〇 |
| | 邓洲成 | 三二 | 四川省合川县 | 廿七年八月 | | | 二三五 |
| | 魏绍清 | 四二 | 四川省南川县 | 廿七年三月 | | | 二三五 |
| | 邓海云 | 三二 | 四川省泸县 | 廿九年九月 | | | 二〇〇 |
| | 何保山 | 三四 | 四川省渠县 | 三十年一月 | | | 二三五 |
| | 杨海宣 | 二九 | 四川省岳池县 | 廿九年七月 | | | 二三五 |
| | 蔡厚元 | 二五 | 四川省 | 廿九年 | | | 二三五 |
| | 陈明章 | 三四 | 四川省巴县 | 廿九年八月 | | | 二三五 |
| | 简三元 | 二九 | 四川省资阳县 | 廿九年二月 | | | 二三五 |
| | 毛月安 | 二八 | 四川省巴县 | 廿九年六月 | | | 二三五 |
| | 胡树全 | 三四 | 四川省郊水县 | 廿九年二月 | | | 二三五 |
| | 梁福清 | 三五 | 四川省长寿县 | 廿九年八月 | | | 二三五 |

重慶電力股份有限公司

| 職級工別 | 姓名 | 年齡 | 籍貫 | 到職年月 | 學歷 | 經歷 | 薪金 | 備註 |
|---|---|---|---|---|---|---|---|---|
| 小工 | 趙興仁 | 三五 | 四川省 | 三月廿三年 | | | 二五 | |
| | 魏高恒 | 三六 | 四川墊亭縣 | | | | 二三 | |
| | 秦福廷 | 三六 | 四川省 | 三月廿年 | | | 二三 | |
| | 鄧金順 | 三○ | 四川郫水縣 | 三月廿年 | | | 二三 | |
| | 黃海清 | 三三 | 四川忠縣 | 七月廿九年 | | | 二三 | |
| | 黃銀山 | 二七 | 四川省 | 三月廿年 | | | 二三 | |
| | 楊樹林 | 三三 | 四川省 | 四月廿二年 | | | 一五 | |
| | 夏慶學 | 三五 | 巴縣 | 二月廿三年 | | | 二○ | |
| | 姜宗漢 | 二四 | 合川縣 | 三月廿二年 | | | 二○ | |
| | 樊職修 | 二八 | 江津縣 | 三月廿三年 | | | 二○ | |
| | 黎紹清 | 三五 | 武勝縣 | 三月廿二年 | | | 二○ | |
| | 王壽山 | 三九 | 廣東省 | 五月廿二年 | | | 二○ | |
| | 周雲清 | 二四 | 潼南縣 | 三月廿二年 | | | 二○ | |
| | 王明宣 | 四一 | 四川廣安縣 | 五月廿三年 | | | 一七 | |

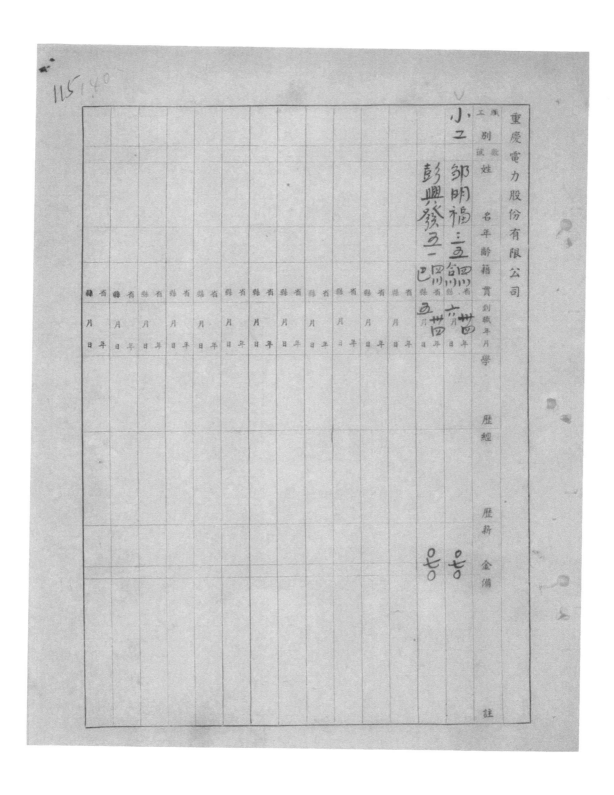

重慶電力股份有限公司

| 風工別誠姓 名 | 年齡 | 籍貫 | 到職年月學 | 歷經 | 歷薪 金備 | 註 |
|---|---|---|---|---|---|---|
| 小工 彭興發 | 五一 | 四川 巴縣 | | | | |
| 鄒明福 | 三五 | 四川 ？縣 | | | | |

116

## 重慶電力股份有限公司 機修科第三廠修配股

| 工別試驗 康敏 | 姓名 | 年齡 | 籍貫 | 到職年月 | 學歷 | 經歷 新金 | 備註 |
|---|---|---|---|---|---|---|---|
| 技工 | 汪卿蘭 | 四三 | 浙江省 | 三月 芃年 | | | 八〇〇 |
| | 張榮甫 | 四一 | 浙江省 | 十月 芃年 | | | 左〇〇 |
| | 金仕良 | 三六 | 浙江省 | 十一月 卅年 | | | 五〇〇 |
| | 計龍生 | 三六 | 江蘇省 | 六月 卅年 | | | 五〇〇 |
| | 胡文俊 | 三六 | 江蘇省 | 九月 卅一年 | | | 八〇〇 |
| | 顏筱順 | 五〇 | 上海縣 | 五月 卅一年 | | | 五〇〇 |
| | 黃紹修 | 三二 | 四川巴縣 | 四月 芃年 | | | 五〇〇 |
| | 蔣銀輝 | 三二 | 四川巴縣 | 四月 芃年 | | | 七〇〇 |
| | 蔡裕泉 | 四八 | 江蘇無錫縣 | 十月 卅年 | | | 六〇〇 |
| | 蔡根泉 | 四一 | 江蘇無錫縣 | 三月 芃年 | | | 五〇〇 |
| | 黃相青 | 四一 | 四川 縣 | 四月 芃年 | | | 五〇五 |
| | 華信寶 | 四七 | 鎮海縣 | 十月 芃年 | | | 八〇〇 |
| | 曹根福 | 五一 | 浙江鎮海縣 | 十一月 卅年 | | | 五〇〇 |
| | 曹之根 | 四三 | 浙江鎮海縣 | 十月 芃年 | | | 五〇〇 |

3045 117

| 職別 工別班收 | 姓名 | 年齡 | 籍貫 | 到職年月日 | 學歷 | 經歷 | 薪金備 | 註 |
|---|---|---|---|---|---|---|---|---|
| | 唐松栢 | 三四 | 四川省 | 六月廿日 | | | 二五 | |
| | 唐義和 | 四四 | 四川省 | 六月二日 | | | 二五 | |
| | 張樹林 | 四八 | 江蘇省 | 一月廿六 | | | 三〇 | 四二廿六年十月廿七 |
| | 李金戚 | 四九 | 四川津縣 | 一月廿日 | | | 二二〇 | |
| | 李之華 | 三六 | 江蘇省 | 十月廿七 | | | 二四〇 | |
| | 林宇成 | 三六 | 四川省 | 十一月廿日 | | | 二一五 | |
| 學徒 | 柏學志 | 三三 | 武昌縣 | 九月廿日 | | | 二一五 | |
| | 王南康 | 三三 | 四川省 | 土月廿日 | | | 一六五 | |
| | 馬周仁 | 三六 | 浙江再江 | 十月廿日 | | | 二七〇 | |
| | 張玉春 | 三三 | 四川南 | 二月廿日 | | | 二七〇 | |
| | 羅澤隆 | 二六 | 四川巴縣 | 十二月廿日 | | | 一四五 | |
| | 傅德華 | 二六 | 四川巴縣 | 九月廿日 | | | 一二五 | |
| | 吳樹巨 | 二四 | 四川岳縣 | 八月廿日 | | | 一二五 | |
| | 耿應福 | 一九 | 四川巴縣 | 三月廿日 | | | 一二〇 | |

重慶電力股份有限公司

| 工別 | 姓名 | 年齡 | 籍貫 | 到職年月 | 學歷 | 經歷 | 薪金 | 備註 |
|---|---|---|---|---|---|---|---|---|
| 學徒 | 龔承遜 | 二三 | 四川岳池 | 十一月卅日 | | | 一二五 | |
| | 羅生棠 | 二九 | 四川岳池 | 二月廿四日 | | | 一二五 | |
| | 衛連根 | 二一 | 四川 | 二月四日 | | | 八五 | 廿一年十月調機管車種 |
| | 米裕林 | 二〇 | 上海市 | 七月廿二日 | | | 八五 | |
| | 羅順鑫 | 二〇 | 四川永寧縣 | 七月廿二日 | | | 八五 | |
| | 甘懋棠 | 二二 | 浙江 | 六月廿一日 | | | 八五 | |
| 小工 | 詹昌緒 | 二一 | 四川鄰縣 | 四月 | | | 一二五 | 廿三年十二月調機某殿 |
| | 陳炳榮 | 四八 | 江北 | 十月十九日 | | | 二四〇 | |
| | 王幸中 | 三〇 | 四川 | 十一月 | | | 三四〇 | 廿年〇月去備 |
| | 胡萬鐘 | 三〇 | 璧山 | 十月十九日 | | | 一三五 | |
| | 魏葉佐 | 二七 | 叙永 | 九月十九日 | | | 一三五 | |
| | 譚樹清 | 三二 | 江北 | 十月十九日 | | | 一三五 | |
| | 何樹云 | 二七 | 江津 | 十月廿九日 | | | 一二五 | |
| | 張國賢 | 二九 | 銅梁 | 七月十九日 | | | 一三五 | |

重慶電力股份有限公司

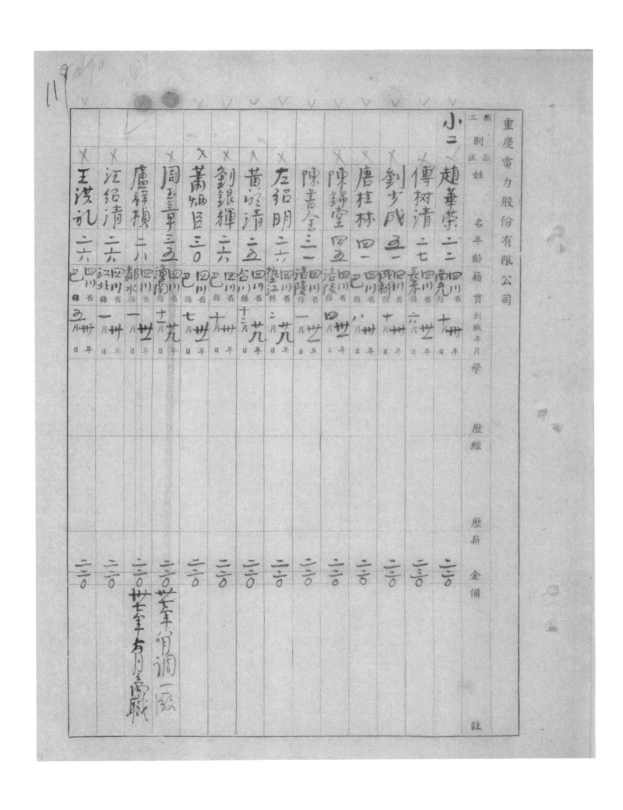

| 工別號姓名 | 年齡 | 籍貫 | 到職年月 | 學歷 經歷 | 歷薪 金備 | 註 |
|---|---|---|---|---|---|---|
| 趙華榮 | 二二 | 四川南充縣 | 十一月卅日 | | | 一二0 |
| 傳樹清 | 二七 | 四川 | 六月卅日 | | | 一二0 |
| 劉步咸 | 五一 | 四川長壽縣 | 十月卅日 | | | 一二0 |
| 陳錦堂 | 四五 | 四川涪陵 | 四月卅日 | | | 一二0 |
| 唐桂林 | 四一 | 四川 | 八月卅日 | | | 一二0 |
| 陳書金 | 三二 | 四川涪陵 | 一月卅日 | | | 一二0 |
| 左紹明 | 二六 | 四川墊江縣 | 二月卅日 | | | 一二0 |
| 黃淞清 | 二五 | 四川合川縣 | 十二月卅日 | | | 一二0 |
| 劉銀輝 | 二六 | 四川巴縣 | 十月卅日 | | | 一二0 |
| 蕭煳臣 | 三0 | 四川巴縣 | 七月卅日 | | | 一二0 |
| 周玉臺 | 三五 | 四川巴縣 | 十月卅日 | | | 三0 卅七年六月調一區 |
| 廬祥稹 | 二八 | 四川 | 一月卅日 | | | 二二0 |
| 汪紹清 | 二六 | 江北縣 | 一月卅日 | | | 二二0 |
| 王漢礼 | 二六 | 巴縣 | 五月卅日 | | | 二二0 |

小二

| 職別工別 | 姓名 | 年齡 | 籍貫 | 到職年月日 | 學歷 | 經歷 | 現折金備 | 備註 |
|---|---|---|---|---|---|---|---|---|
| 小工 | 周玉祥 | 三二 | 四川都水縣 | 十月　日 |  |  | 壹五 |  |
|  | 吳樹云 | 二四 | 四川梁縣 | 一月廿　日 |  |  | 壹元 |  |
|  | 陳樹云 | 二八 | 四川銅梁縣 | 一月廿　日 |  |  | 壹元 |  |
|  | 李兆錫 | 二五 | 四川中　縣 | 七月廿一日 |  |  | 壹元 |  |
|  | 李蓮敦 | 二一 | 四川岳　縣 | 九月廿九 |  |  | 壹元 |  |
|  | 陶海發 | 二五 | 四川巴縣 | 十一月廿　日 |  |  | 壹元 |  |
|  | 唐海廷 | 五七 | 四川　縣 | 二月廿　日 |  |  | 壹元 |  |
|  | 唐安民 | 三三 | 廣東　縣 | 九月廿八日 |  |  | 壹元 |  |
|  | 任佐彬 | 三三 | 四川　縣 | 二月廿　日 |  |  | 壹元 |  |
|  | 蔣肇淵 | 三四 | 江北縣 | 二月廿　日 |  |  | 壹元 |  |
|  | 楊芝菇 | 三七 | 江北縣 | 三月卅　日 |  |  | 壹元 |  |
|  | 楊俊宇 | 三九 | 四川南縣 | 六月廿九 |  |  | 壹元 |  |
|  | 李羊川 | 三三 | 渠縣 | 七月廿二日 |  |  | 壹五 |  |
|  | 柏洪清 | 三五 | 江北縣 | 八月廿　日 |  |  | 壹六 |  |

重慶電力股份有限公司

重慶電力股份有限公司

| 類別流放 工役姓名 | 年齡 | 籍貫 | 到廠年月 | 學 歷經 歷新金備 | 備註 |
|---|---|---|---|---|---|
| 小工 |  |  |  |  |  |
| 葉緝熙 | 二三 | 四川省巴縣 | 廿八年八月 日 |  | 一〇〇 |
| 劉樹良 | 二八 | 河北縣 | 廿八年八月 日 |  | 一〇〇 |
| 晏錫清 | 二九 | 四川省 | 廿八年七月 日 |  | 一〇〇 |
| 雍錫周 | 卅兄 | 四川省 | 廿八年八月 日 |  | 一〇〇 |
| 胡漢明 | 四三 | 廣東省 | 廿八年八月 日 |  | 一〇〇 |
| 譚鑫戲 | 三二 | 四川省 | 廿八年七月 日 |  | 一〇〇 |
| 趙金廷 | 三一 | 四川省 | 廿八年八月 日 |  | 一〇〇 |
| 何長富 | 二八 | 四川中 | 廿八年六月 日 |  | 一〇〇 |
| 吳配華 | 四〇 | 四川渠縣 | 廿八年三月 日 |  | 一〇〇 |
| 呂培林 | 三四 | 四川省 | 廿八年十月 日 |  | 一〇〇 |
| 史文進 | 四二 | 四川省 | 廿八年十月 日 |  | 一〇〇 |
| 高榮成 | 二六 | 四川省巴縣 | 廿九年二月 日 |  | 一〇〇 |
| 余克華 | 三三 | 四川省 | 廿八年七月 日 |  | 五〇 |
| 趙海欽 | 四一 | 四川省巴縣 | 廿二年三月 日 |  | 五〇 |

廿八年八月調一廠

128.25

| 職款工別流派姓名 | 名年齡籍貫到職年月學 | | 歷經 | 歷新 全備 | 註 |
|---|---|---|---|---|---|
| 重慶電力股份有限公司 | | | | | |
| 小工 張禹三 四七 | 台川 縣省 | 廿二月 年日 | | 一七〇 | |
| 陳炳泉 四七 | 四川 墊江縣省 | 廿一月 年日 | | 一〇〇 | |
| 王志先 二九 | 湖南 縣省 | 九廿 月年日 | | 一〇〇 | |
| 李旭東 三四四 | 四川江津縣省 | 八廿 月年日 | | 一〇〇 | |
| 吳振声 二八 | 上海江蘇縣省 | 十廿 月年日 | | 一〇〇 | |
| 關佑民 二五 | 四川墊江縣省 | 一廿 月年日 | | 四〇 喜逢年三月十六日 | |
| 李成居 三三 | 四川酆陵縣省 | 二月 年日 | | 三二 | |

四〇二

重慶電力股份有限公司機務科第三廠管理股

| 職別工別成績 | 姓名 | 年齡 | 籍貫 | 到職年月 | 學歷 | 歷經 | 歷薪金備 | 註 |
|---|---|---|---|---|---|---|---|---|
| 技工 | 甘安慶 | 四七 | 浙江省 | 十九年三月芝日 | | | 七三○ | |
| | 陳祖庚 | 三六 | 四川省 | 十九年 | | | 六三○ | |
| | 陳阿榮 | 四六 | 江蘇省 | 三月 | | | 七五 | |
| | 彭程遠 | 三六 | 無錫縣 | 三月 | | | 五三○ | |
| | 顏福堂 | 五六 | 江蘇省 | 九年 | | | 五二○ | |
| | 金錦海 | 四川 | | 十九年 | | | 五二○ | |
| | 田海清 | 三五 | 江北縣 | 十三年 | | | 五二○ | |
| 幫工 | 那慎祥 | 三三 | 南京省 | 三月 | | | 四○○ | |
| | 王世臣 | 三三 | 四川省 | 四月廿六年 | | | 三五○ | |
| | 劉文 | 三一 | 湖北省 | 七月廿九年 | | | 三四五 | |
| | 李如淵 | 三六 | 四川成都 | 二月廿三年 | | | 三二五 | |
| | 龔家棋 | 三一 | 上海 | 三月 | | | 三七○ | |
| | 孫承富 | 二五 | 四川南充縣 | 二月廿八 | | | 三二五 | |
| | 陳俊林 | 三三 | 四川大足人 | 三月芝日 | | | 三二五 | |

| 職別 廠 工別 | 姓名 | 年齡 | 籍貫 | 到職年月 | 學歷 | 歷經 · 歷新 | 金備 | 註 |
|---|---|---|---|---|---|---|---|---|
| 學徒 | 張成煌 | 三五 | 四川省 | 六 月 世 日 年 | | | | 一二四 |
| | 周元亨了 | 三一 | 四川省 | 一 月 世 日 年 | | | | 一二五 |
| | 李元芳 | 三三 | 四川省 | 十二 月 世二 日 年 | | | | 一二九 |
| | 羅其昌 | 三四 | 四川省 | 八 月 世一 日 年 | | | | 一二三 |
| | 謝昌格 | 二三 | 四川省 | 一 月 世一 日 年 | | | | 一二五 |
| | 敬浩如 | 二一 | 四川省 | 十二 月 世 日 年 | | | | 一二五 |
| | 楊兆南 | 二一 | 重慶省 | 八 月 世 日 年 | | | | 一二五 |
| | 胡仁堅 | 一九 | 四川省 | 八 月 世 日 年 | | | | 一二七 |
| | 楊賊貴 | 二一 | 江北縣 | 四 月 世二 日 年 | | | | 一二二 |
| 小工 | 王芳云 | 一九 | 四川縣 | 三 月 世三 日 年 | | | | 一二二 |
| | 箜存礼 | 一九 | 江北縣 | 八 月 世三 日 年 | | | | 一二五 |
| | 唐立志 | 元 | 四川省 | 一 月 十七 日 年 | | | | 一二一 |
| | 李海波 | 四九 | 四川雲山 | 十 月 十六 日 年 | | | | 一二七 |
| | 陳樹出 | 二九 | 四川巴縣 | 七 月 十六 日 年 | | | | 一二六 |

重慶電力股份有限公司

重慶電力股份有限公司

| 職別流 | 姓名 | 年齡 | 籍貫 | 到職年月 | 學歷 | 經歷 | 新薪金 | 備註 |
|---|---|---|---|---|---|---|---|---|
| 小工 | 陳潤森 | 三六 | 四川 重慶 | 十月廿六日年 | | | 壹五〇 | |
| | 楊玫文 | 三二 | 四川 中縣省 | 三月廿六日年 | | | 壹五〇 | |
| | 張治清 | 三三 | 四川縣省 | 九月廿九日年 | | | 壹五〇 | |
| | 張科丰 | 四四 | 四川縣省 | 十月廿五日年 | | | 壹六五 | |
| | 張元清 | 二五 | 武隆 四川縣省 | 十月廿九日年 | | | 壹五〇 | |
| | 彭忠臣 | 三三 | 潼南 四川縣省 | 九月廿九日年 | | | 壹五〇 | |
| | 張金廷 | 五四 | 巴縣 四川省 | 三月廿九日年 | | | 壹五〇 | |
| | 張炳祥 | 二六 | 潼津 四川縣省 | 五月廿日年 | | | 壹二〇 | |
| | 何瑞成 | 二九 | 巴縣 四川省 | 四月廿五日年 | | | 壹二〇 | |
| | 汪紹文 | 三三 | 江北 四川縣省 | 二月廿六日年 | | | 壹二〇 | |
| | 況平安 | 三三 | 巴縣 四川省 | 二月廿日年 | | | 壹二〇 | |
| | 劉茂榮 | 二六 | 四川 長壽縣省 | 二月廿六日年 | | | 壹二〇 | |
| | 陳茂軒 | 三六 | 四川縣省 | 四月廿日年 | | | 壹二〇 | |
| | 陳紹卿 | 二七 | 四川 遂寧縣省 | 一月廿九日年 | | | 壹二〇 | |

重慶電力股份有限公司

小工

| 工別說明姓名 | 年齡 | 籍貫 | 到職年月 | 歷經 | 歷新 金備 | 註 |
|---|---|---|---|---|---|---|
| 岳朝伯 | 二八 | 四川蓬溪 | 二七 一月九日年 | | 二七〇 | |
| 劉世吉 | 三六 | 四川 | 二七 二月廿日年 | | 二七〇 | |
| 唐國理 | 四一 | 江北 | 二七 四月廿日年 | | 二七〇 | |
| 高海樓 | 三〇 | 四川 | 二六 十月廿日年 | | 二七〇 | |
| 范海山 | 二九 | 巴縣 | 二七 三月廿日年 | | 二七〇 | |
| 馮益 | 三二 | 四川蓬溪 | 二七 一月廿日年 | | 二七〇 | |
| 鄧萬才 | 三六 | 四川 | 二七 八月廿日年 | | 二七〇 | |
| 吳玉山 | 三三 | 四川銅梁 | 二七 五月廿日年 | | 二七〇 | |
| 何炳林 | 二五 | 四川合川 | 二七 四月廿日年 | | 二七〇 | |
| 盧樹清 | 三三 | 四川 | 二七 一月廿日年 | | 二七〇 | |
| 蒲天忠 | 三一 | 四川 | 二七 十月廿日年 | | 二七〇 | |
| 趙末 | 三四七 | 四川 | 二六 一月廿日年 | | 二七〇 | |
| 劉唐儒 | 二六 | 四川永 | 二七 九月廿日年 | | 二七〇 | |
| 王海全 | 四二 | 四川 | 二七 一月廿日年 | | 二七〇 | |

| 工别派 戴姓名 | 名 | 年齡 | 籍貫 | 到廠年月 | 學歷經 | 學歷新 金備 | 註 |
|---|---|---|---|---|---|---|---|
| 小工 唐清和 | | 三三 | 四川省 逐寧 | 一月 廿九年 | | | 二五 |
| 侯彤武 | | 三八 | 四川 | 九月 廿八年 | | | 二五 |
| 黃樹清 | | 三〇 | 巴四川 | 一月 廿七年 | | | 二五 |
| 謝兵如 | | 三三 | 四川省 | 三月 廿七年 | | | 二五 |
| 朱華軒 | | 四二 | 巴四川 | 一月 廿七年 | | | 二五 |
| 蔣海山 | | 三一 | 江北四川省 | 六月 廿九年 | | | 二五 |
| 彭賢林 | | 二七 | 長壽四川省 | 五月 廿八年 | | | 二五 |
| 鄭樹成 | | 三九 | 長壽四川省 | 三月 廿七年 | | | 二五 |
| 程紹宣 | | 三六 | 郭水四川省 | 五月 廿七年 | | | 二五 |
| 甘炳昌 | | 四二 | 四川省 | 八月 廿七年 | | | 二五 |
| 楊文燦 | | 四四 | 四川省 | 九月 廿七年 | | | 二五 |
| 楊海云 | | 三九 | 逐寧四川省 | 七月 廿五年 | | | 三五 |
| 王慶云 | | 三〇 | 巴四川 | 十月 廿五年 | | | 三五 |
| 余順清 | | 三四 | 江北四川縣 | 十二月 廿五年 | | | 三五 |

重慶電力股份有限公司

| 工別 組 姓名 | 名 | 年齡 | 籍貫 | 到職年月 | 學歷 | 經歷 | 歷薪 金額 | 備註 |
|---|---|---|---|---|---|---|---|---|
| 小工 | | | | | | | | |
| 楊順杰 | 二八 | 四川閬中 | 二月廿日年 | | | | 吾 | |
| 宋維洲 | 三六 | 四川 | 一月廿日年 | | | | 吾 | |
| 涂樹靖 | 二八 | 四川璧山 | 一月廿日年 | | | | 一〇〇 | |
| 李沿平 | 四四七 | 四川北川 | 八月廿日年 | | | | 一〇〇 | |
| 吳志清 | 三四 | 四川南川 | 九月廿日年 | | | | 一〇〇 | |
| 劉世軒 | 三四 | 四川 | 九月廿日年 | | | | 一〇〇 | |
| 劉金咸 | 二八 | 四川大足 | 八月廿日年 | | | | 一〇〇 | |
| 宋炳日 | 四八 | 四川巴 | 四月廿日年 | | | | 一〇〇 | |
| 鄧海云 | 三八 | 四川 | 七月廿日年 | | | | 一〇〇 | |
| 葉先貴 | 二六 | 江北縣 | 八月廿日年 | | | | 一〇〇 | |
| 張玉文 | 三六 | 江北縣 | 八月廿日年 | | | | 一〇〇 | |
| 高元成 | 三四 | 四川長壽 | 九月廿日年 | | | | 一〇〇 | |
| 林榮清 | 二一 | 合川縣 | 七月廿日年 | | | | 一〇〇 | |
| 馮請榮 | 三四 | 巴縣 | 八月廿日年 | | | | 一〇〇 | |

重慶電力股份有限公司

| 工別誠姓 名 | 年齡 | 籍貫 | 到職年月日 | 學歷 | 經歷 | 薪金 | 備註 |
|---|---|---|---|---|---|---|---|
| 小工 X 譚進之 | 三四 | 四川涪陵縣 | 七月廿 廿年日 | | | 石 | |
| X 任正興 | 三三 | 四川縣省 | 七月廿 廿年日 | | | 石 | |
| X 劉樹榮 | 三一 | 四川縣省 | 九月廿 廿年日 | | | 石 | |
| 張建明 | 四一 | 四川宮順縣 | 九月廿 廿年日 | | | 石 | |
| 苗永忠 | 四四 | 四川縣省 | 九月廿 廿年日 | | | 石 | |
| 于世清 | 四六 | 四川縣省 | 八月廿 廿年日 | | | 石 | |
| 李海明 | 三三 | 四川縣省 | 八月廿 廿年日 | | | 石 | |
| 盧光福 | 二七 | 四川縣省 | 八月廿 廿年日 | | | 石 | |
| 文樹堂 | 三四 | 四川江津縣 | 八月廿 廿年日 | | | 石 | |
| 唐宗餘 | 二六 | 四川綦江縣 | 七月廿 廿年日 | | | 石 | |
| 黃國州 | 三三 | 四川綦江縣 | 七月廿 廿年日 | | | 石 | |
| 莊為和 | 三0 | 四川潼南縣 | 八月廿 廿年日 | | | 石 | |
| 況光明 | 三三 | 四川縣省 | 五月廿 廿年日 | | | 石 | |
| 鄧煥堂 | 三三 | 四川基江縣 | 七月廿 廿年日 | | | 石 | |

13025.00

重慶電力股份有限公司

| 工別誠散 姓名 | 年齡 | 籍貫 | 到職年月 | 學歷 | 經歷 | 薪金 | 備註 |
|---|---|---|---|---|---|---|---|
| 小工 | | | | | | | |
| 王成德 | 三〇 | 貴州省 | 卅七年七月日 | | | 一〇〇 | |
| 周克福 | 三二 | 四川省 | 卅七年七月日 | | | 一〇〇 | |
| 余海波 | 二七 | 四川省巴縣 | 卅七年六月日 | | | 一〇〇 | |
| 王占林 | 五三 | 四川省長壽縣 | 卅七年六月日 | | | 一〇〇 | |
| 王焕林 | 四九 | 四川省長壽縣 | 卅七年八月日 | | | 一〇〇 | |
| 周世義 | 三一 | 四川省瀘縣 | 卅七年九月日 | | | 一〇〇 | |
| 熊漢成 | 二八 | 四川省長壽縣 | 卅七年八月日 | | | 一〇〇 | |
| 傅海發 | 四二 | 四川綦江縣 | 卅七年八月日 | | | 一〇〇 | |
| 周世發 | 四〇 | 四川省富順縣 | 卅七年八月日 | | | 一〇〇 | |
| 趙華章 | 四三 | 四川省富順縣 | 卅七年八月日 | | | 一〇〇 | |
| 譚華明 | 二八 | 四川省南川縣 | 卅七年八月日 | | | 一〇〇 | |
| 戴潤清 | 三三 | 四川省北縣 | 卅七年七月日 | | | 一〇〇 | |
| 趙榮森 | 二一 | 四川省 | 卅七年八月日 | | | 一〇〇 | |
| 彭子青 | 三六 | 四川省長壽縣 | 卅七年七月日 | | | 一〇〇 | |

131²145

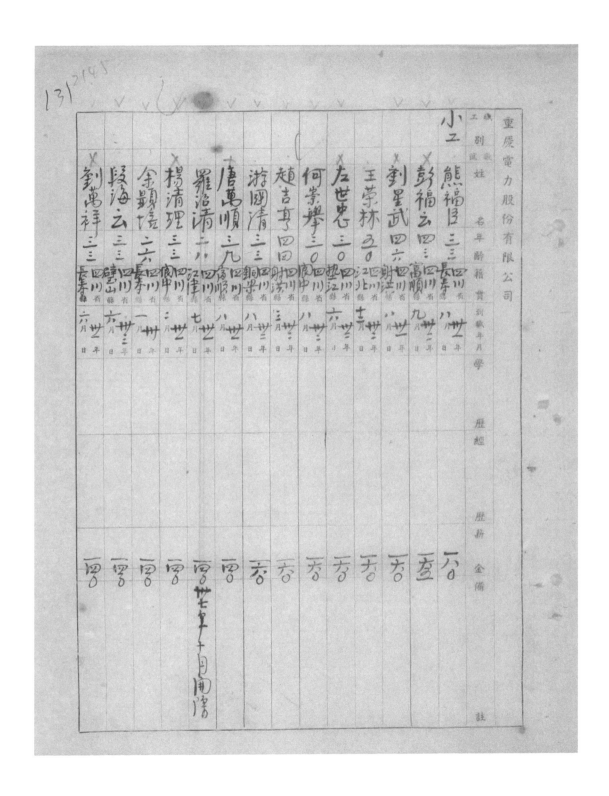

| 工別職級 | 姓名 | 年齡 | 籍貫 | 到職年月 | 學歷 | 經歷 | 薪金額 | 註 |
|---|---|---|---|---|---|---|---|---|
| 小工 | 熊福臣 | 三三 | 四川長壽 | 廿二年八月廿日 | | | 一〇〇 | |
| | 彭福云 | 三三 | 四川奉節 | 廿二年九月廿日 | | | 一五〇 | |
| | 刘星武 | 四六 | 四川富順 | 廿二年八月廿日 | | | 一五〇 | |
| | 王荣林 | 五〇 | 四川北江 | 廿二年十月廿日 | | | 一五〇 | |
| | 左世忠 | 三〇 | 四川江北 | 廿二年三月廿日 | | | 一五〇 | |
| | 何業舉 | 三〇 | 四川墊江 | 廿二年八月廿日 | | | 一五〇 | |
| | 趙吉專 | 四〇 | 四川朝天 | 廿二年三月廿日 | | | 一五〇 | |
| | 游國清 | 三三 | 四川巴縣 | 廿二年八月廿日 | | | 一五〇 | |
| | 唐萬順 | 三九 | 四川銅梁 | 廿二年七月廿日 | | | 一五〇 | |
| | 羅治清 | 三六 | 四川江津 | 廿二年七月廿日 | | | 一五〇 | |
| | 楊清理 | 三三 | 四川中江 | 廿二年三月廿日 | | | 一五〇 | |
| | 金顯慶 | 二六 | 四川奉節 | 廿二年一月廿日 | | | 一五〇 | |
| | 段海云 | 三三 | 四川銅山 | 廿二年六月廿日 | | | 一五〇 | |
| | 劉萬祥 | 三三 | 四川長壽 | 廿二年六月廿日 | | | 一五〇 | 廿七年十月開除 |

重慶電力股份有限公司

| 藏敏 工別試驗 | 姓名 | 年齡 | 籍貫 | 到職年月 | 學歷 | 經歷 | 金備 | 註 |
|---|---|---|---|---|---|---|---|---|

小工 X 文明陽 三一 四川省 潼南縣 十一 卅二年

各欄（省 縣 年 月 日）

重慶電力股份有限公司 江北辦事處

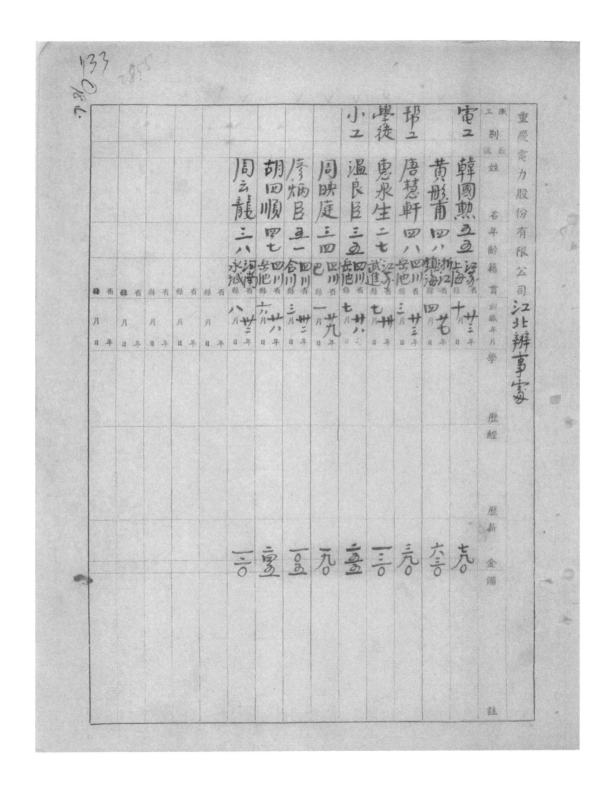

| 承辦工別職別 | 姓名 | 年齡 | 籍貫 | 到職年月 | 學歷 | 經歷 | 歷新金備 | 註 |
|---|---|---|---|---|---|---|---|---|
| 電工 | 韓國勳 | 五五 | 上海 | 十月廿三年 | | | 十七 | |
| | 黃彤甫 | 四八 | 浙江省鎮海縣 | 四月廿年 | | | 六二 | |
| 邦工 | 唐慧軒 | 四八 | 四川巴縣 | 三月廿三年 | | | 三九 | |
| 學徒 | 惠泉生 | 二七 | 江蘇省武進縣 | 七月廿年 | | | 三三 | |
| 小工 | 溫良臣 | 三五 | 四川岳巴縣 | 七月廿六年 | | | 三五 | |
| | 周映庭 | 三四 | 四川巴縣 | 一月廿九年 | | | 二五 | |
| | 廖炳臣 | 五一 | 四川合川縣 | 三月廿三年 | | | 二二 | |
| | 胡囬順 | 四七 | 四川安巴縣 | 六月廿六年 | | | 三二 | |
| | 周云龍 | 三八 | 河南省永城縣 | 八月廿三年 | | | | |

重慶電力股份有限公司 南岸辦事處

| 工別 | 姓名 | 年齡 | 籍貫 | 到廠年月 | 學歷 | 經歷 | 新金 | 備註 |
|---|---|---|---|---|---|---|---|---|
| 領工 | 黃在其 | 四六 | 江蘇省 | 五月廿二日 | | | 七〇 | |
| 電工 | 施福生 | 三九 | 江蘇省 | 三月廿三日 | | | 七三 | |
| | 王松林 | 三六 | 省 | 二月廿七日 | | | 五三 | |
| | 陳杏生 | 四六 | 桐城縣 | 八月廿三日 | | | 六六 | |
| | 沈阿根 | 四八 | 江蘇省 | 九月廿三日 | | | 六六 | |
| | 羅萬臣 | 三二 | 四川省 | 二月廿八日 | | | 四四 | |
| 幫工 | 韓雨仁 | 三二 | 蓬江縣 | 八月廿八日 | | | 三〇 | |
| | 蔡澤民 | 三〇 | 浙江省 | 七月廿六日 | | | 三〇 | |
| | 劉孝康 | 二九 | 四川省 | 七月廿三日 | | | 三〇 | |
| | 周章發 | 二三 | 四川省 | 三月廿三日 | | | 三〇 | |
| | 馮子書 | 二九 | 四川省 | 三月廿三日 | | | 六〇 | |
| | 李耀成 | 二五 | 巴縣 | 十一月廿九日 | | | 三五 | |
| 學徒 | 廖俊良 | 二二 | 成都 | 十二月廿三日 | | | 三五 | |
| | 彭玉林 | 二七 | 蓮川縣 | 四月廿三日 | | | 合份 | 外支超級 |

重慶電力股份有限公司

小工

| 姓名 | 年齡 | 籍貫 | 到職年月 | 學歷 | 經歷 | 新金 | 備註 |
|---|---|---|---|---|---|---|---|
| 張永福 | 三四 | 四川江北縣 | | | | 二五 | |
| 羅信成 | 三六 | 四川江北縣 | | | | 二六 | |
| 陳志明 | 三九 | 四川巴縣 | | | | 二六 | |
| 張紹成 | 三七 | 四川巴縣 | | | | 二二 | |
| 沈志成 | 二一 | 四川巴縣 | | | | 二一 | |
| 滕玉合 | 三六 | 四川南充縣 | | | | 二四 | |
| 張海全 | 三六 | 四川巴縣 | | | | 二四 | |
| 卯雨林 | 四二 | 四川巴縣 | | | | 二四 | |
| 李德才 | 三九 | 四川巴縣 | | | | 二四 | |
| 芳玉合 | 三三 | 四川巴縣 | | | | 二五 | |
| 余海全 | 三三 | 四川巴縣 | | | | 二五 | |
| 鄧福恩 | 四三 | 四川巴縣 | | | | 三〇 | 外另超俟核二角五分 |
| 李樹江 | 三五 | 四川巴縣 | | | | 二六 | |
| 李海章 | 三八 | 巴縣 | | | | 二四 | |

13630 90

| 工别款姓 | 姓名 | 年龄 | 籍贯 | 到职年月 | 學歷 | 經歷 | 歷新 金備 | 註 |
|---|---|---|---|---|---|---|---|---|
| 小工 | 李戡全 | 四九 | 四川巴县 | 七月廿日年 | | | | 三二 |
| | 经占清 | 四二 | 四川巴县 | 七月廿日年 | | | | 壹壹 |
| | 陈佐九 | 四一 | 四川巴县 | 二月六日年 | | | | 壹壹 |
| | 江国文 | 三〇 | 四川长寿县 | 二月六日年 | | | | 壹三 |
| | 杨宝山 | 二九 | 湖北宜昌县 | 十月六日年 | | | | 壹三 |
| | 张礼贤 | 二五 | 四川宜昌县 | 前州 | | | | 壹三 |
| | 孔顺淮 | 三〇 | 四川荷川县 | 三月一日年 | | | | 壹三 |
| | 江万良 | 二八 | 四川郫都县 | 一月七日年 | | | | 壹三 |
| | 温吉成 | 四〇 | 四川郫都县 | 三月七日年 | | | | 壹三 |
| | 张绍清 | 三一 | 四川郫都县 | 二月廿日年 | | | | 壹三 |
| | 刘俊佐 | 三七 | 四川足 | 九月廿日年 | | | | 壹五 |
| | 张志坤 | 三三 | 河南 | 九月廿日年 | | | | 壹五 |
| | 李戡堂 | 三九 | 河南 | | | | | 壹五 |
| | 谭定国 | 四六 | 四川 忠县 | 一月廿三日 | | | | 壹四 |

重慶電力股份有限公司

| 職別工別 | 姓名 | 年齡 | 籍貫 | 到職年月日 | 學歷 | 歷經 | 新金 | 備註 |
|---|---|---|---|---|---|---|---|---|
| 小工 | 張順和 | 四三 | 四川 忠縣 | 廿三年一月 | | | 三五 | |
| | 沈律鈞 | | 四川 | 廿三年六月 | | | 三五 | |
| | 何紹卿 | | 四川縣省 | 廿三年六月 | | | 三五 | |
| | 陳發明 | | 四川縣省 | 廿三年六月 | | | 三五 | |
| | 張先當 | | 四川 | 廿三年 | | | 三五 | |
| 石工 | 鄧永昌 | 四0 | 四川 | 廿三年三月 | | | 三五 | 外文超級二角五分 |
| | 甘海合 | 四九 | 巴縣 | 廿三年二月 | | | 三五 | |
| | 歐文山 | 三六 | 巴縣 | 廿三年六月 | | | 三五 | 壹 |
| | 段玉清 | 三六 | 南克縣 | 廿三年八月 | | | 三五 | 二0 |
| | 段康全 | 二七 | 南克縣 | 廿三年十月 | | | 三五 | 二四 |
| | 嚴伯成 | 三七 | 台勝縣 | 廿三年十月 | | | 三五 | 二五 |
| | 簡佰清 | 四一 | 南克縣 | 廿三年十月 | | | 三五 | 二六 |
| | 簡樹清 | 四一 | 南充縣 | 廿三年十月卅 | | | 三五 | 壹 |
| | 簡元生 | 二七 | 南充縣 | 廿三年十月廿九 | | | 三五 | 二五 |

重慶電力股份有限公司

| 工別職別 | 姓名 | 年齡 | 籍貫 | 到廠年月日 | 學歷 經歷 歷新金備 | 註 |
|---|---|---|---|---|---|---|
| 石工 | 余海云 | 二七 | 四川瀘州 | 二卅年　月　日 | 九 壹 | |
| | 高雨云 | 四一 | 江北 | 六　月　日 | 芃 三〇 | |
| | 高村云 | 四一 | 四川瀘陵 | 五　月　日 | 芃 一四〇 | |
| 棚伕 | 周戌華 | 二四 | 四川瀘陵 | 七　月　日 | 九 一〇 | |
| | | | 省縣 | 　月　日年 | | |
| | | | 省縣 | 　月　日年 | | |
| | | | 省縣 | 　月　日年 | | |
| | | | 省縣 | 　月　日年 | | |
| | | | 省縣 | 　月　日年 | | |
| | | | 省縣 | 　月　日年 | | |
| | | | 省縣 | 　月　日年 | | |
| | | | 省縣 | 　月　日年 | | |

重慶電力股份有限公司沙坪壩辦事處

| 工別誡歌 姓名 | 年齡 | 籍貫 | 到職年月日 | 學歷 | 經歷 | 薪金備 | 註 |
|---|---|---|---|---|---|---|---|
| 領工 姜阿福 | 三九 | 江蘇省縣 | 九月三日 | | | 八〇 | |
| 電工 牟維孝 | 二九 | 四川萬縣省 | 九月廿三日 | | | 六〇〇 | |
| 王仲尾 | 三〇 | 四川江北縣省 | 二月 | | | 五〇〇 | |
| 王瑞初 | 二八 | 江蘇陰縣省 | 二月 | | | 六〇〇 | |
| 陳國民 | 四二 | 江蘇方縣省 | 四月 | | | 五〇〇 | |
| 顧正庭 | 五二 | 浙江寧波縣省 | 八月 | | | 四三〇 | |
| 幫工 李富春 | 二五 | 四川縣省 | 八月 | | | 四五〇 | |
| 小工 王正方 | 二八 | 四川長壽縣省 | 九月 | | | 一五〇 | |
| 張紹芝 | 五一 | 四川縣省 | 三月 | | | 三〇〇 | |
| 劉清泉 | 三九 | 四川縣省 | 六月 | | | 三〇〇 | 外支超級四角五分 |
| 向榮華 | 四六 | 江北縣省 | 一月 | | | 三五〇 | 外支超級三角五分 |
| 黃松柏 | 五〇 | 四川縣省 | 六月 | | | 二六〇 | 外支超級三角五分 |
| 譚吉昌 | 四〇 | 江北縣省 | 二月 | | | 三〇〇 | |
| 蔣偉臣 | 三七 | 四川潼南縣省 | 八月 | | | 一五〇 | |

重慶電力股份有限公司

| 工別 考識 姓名 | 名 | 年齡 | 籍貫 | 到職年月 學 | 歷 經 | 歷 新 金備 | 註 |
|---|---|---|---|---|---|---|---|
| 小工 | 周華生 | 四二 | 四川省 華陽縣 | 六年 | | | |
| | 王永亮 | 三三 | 四川省 | 六年 | | | |
| | 陳超群 | 二九 | 江北縣 | 三月 廿二年 | | | |
| | 李廷才 | 二五 | 四川省 潼南縣 | 二月 廿一年 | | | |
| | 侯壁賢 | 三八 | 四川省 長壽縣 | 七年 | | | |
| | 何樹云 | 三一 | 四川省 | 七年 廿六年 | | | |
| | 胡雞合 | 五一 | 四川省 巴縣 | 三月 廿六年 | | | |
| | 周德云 | 二八 | 四川省 津縣 | 八月 廿六年 | | | |
| | 獻志戚 | 四一 | 四川省 | 三月 廿七年 | | | |
| | 李武林 | 三六 | 巴縣 | 七月 廿七年 | | | |
| | 黄銀卅 | 五〇 | 巴縣 | 一月 廿二年 | | | |
| | 蔣樹清 | 二二 | 江北縣 | 九月 廿三年 | | | |
| | 劉女清 | 三六 | 四川省 江北縣 | 八月 廿六年 | | | |
| | 廖合一 | 三〇 | 四川省 華陽縣 | 八月 廿六年 | | | |

重慶電力股份有限公司

141
72-90

| 職別 | 姓名 | 年齡 | 籍貫 | 到職年月 | 學歷 | 經歷 | 歷薪金額 | 備註 |
|---|---|---|---|---|---|---|---|---|
| 書記 | 熊應釗 | 三一 | 灤陵郡 | 一月廿六日 | | | 二0 | |
| | 王厚貞 | 三七 | 四川 | 三月廿八日 | | | 一五 | |
| | 羅漢章 | 二八 | 四川樂山縣 | 九月廿八日 | | | 一五 | |
| | 蔣鏞 | 四一 | 四川潼南縣 | 七月廿八年 | | | 一五 | |
| | 周桂林 | 四… | 四川巴縣 | 一月廿六年 | | | 一五 | |
| | 趙子用 | 三九 | 四川 | 一月廿七年 | | | 一五 | |
| | 何友情 | 二0 | 四川 | 三月廿二年 | | | 一五 | |
| 石乙 | 梁佯情 | 三六 | 四川 | 九月廿二年 | | | 二0 | |
| | 何炳欽 | 五一 | 四川 | 二月廿六年 | | | 三0 外支超級0分 | |
| | 毛進宣 | 二八 | 四川 | 三月廿七年 | | | 三00 外支超級0分 | |
| | 梁興才 | 二八 | 四川梁山縣 | 八月廿七年 | | | 三00 外支超級三角 | |
| 小工 | 葉云山 | 二0 | 四川廣安縣 | 九月廿七年 | | | 二五 | |
| | 伍登住 | 三九 | 四川梁山縣 | 九月廿七年 | | | 一三0 | |
| 學徒 | 謝天成 | 二四 | 四川巴縣 | 七月廿六年 | | | 三五 | |

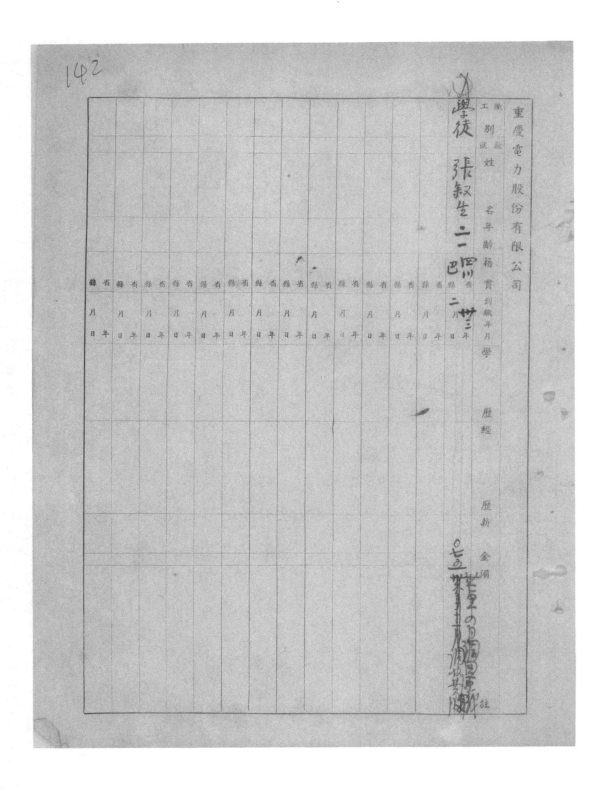

142

重慶電力股份有限公司

| 工別 | 類級 | 姓名 | 年齡 | 籍貫 | 到職年月 | 學歷 | 歷經 | 歷薪 新金額 | 備註 |
|---|---|---|---|---|---|---|---|---|---|

學徒　張叙生　二一　四川省巴縣　二十三年二月

重慶電力股份有限公司 總務科庶務股

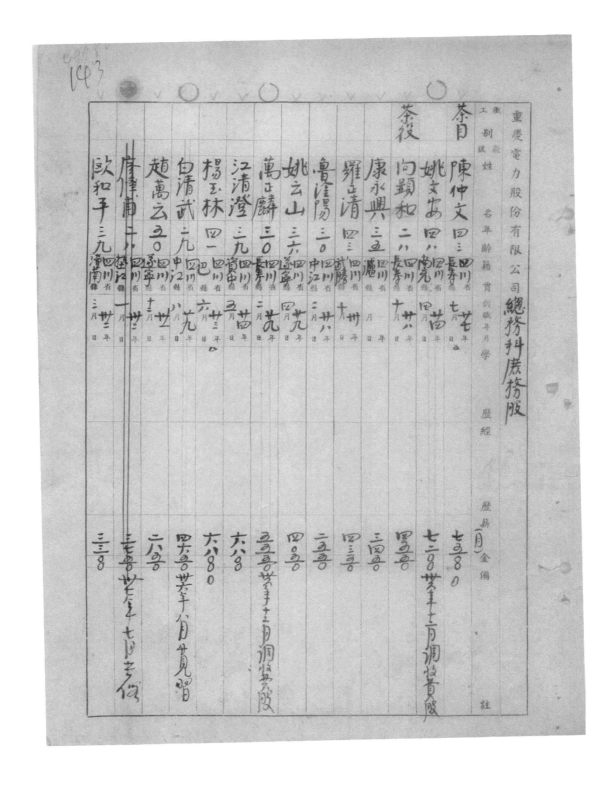

| 工別職 姓名 | 年齡 | 籍貫 | 到職年月 | 學歷 | 歷經 | 歷薪（月）金備 | 註 |
|---|---|---|---|---|---|---|---|
| 茶目 陳仲文 | 四三 | 四川長壽縣 | 七月 日 | | | 七三八0 | |
| 茶役 姚文安 | 四八 | 四川南充縣 | 苗月 日 | | | 七二0 | 廿二年七月調牧貴感 |
| 向顕和 | 二八 | 四川隆昌縣 | 苗月 日 | | | | |
| 康永興 | 三五 | 四川長壽縣 | 十月廿六日 | | | 三四0 | |
| 羅正清 | 四三 | 四川隆昌縣 | 十月 日 | | | 四三0 | |
| 魯淮陽 | 三0 | 四川隆勝縣 | 二月廿六日 | | | 二五0 | |
| 姚云山 | 三六 | 四川長壽縣 | 四月 日 | | | 四00 | |
| 萬正麟 | 三0 | 四川資中縣 | 二月 日 | | | 五五0 廿年十二月調牧貴感 | |
| 江清澄 | 三九 | 四川資中縣 | 三月 日 | | | 六八0 | |
| 楊玉林 | 四一 | 四川巴縣 | 六月廿三日 | | | 六八0 | |
| 白清武 二九 | | 四川中江縣 | 六月 日 | | | 四八五 廿年八月覓贈 | |
| 趙萬云 五0 | | 四川巴縣 | 十二月 日 | | | 二六0 | |
| 摩隆甫 二八 | | 四川巴縣 | 一月 日 | | | 三二五 廿三年七月去僱 | |
| 歐和平 三九 | | 四川瀘南縣 | 三月廿三日 | | | 三三0 | |

重慶電力股份有限公司

| 職別 | 姓名 | 年齡 | 籍貫 | 到職年月 | 歷經 | 歷新金備 | 註 |
|---|---|---|---|---|---|---|---|
| 茶役 | 青和丰 | 三三 | 四川南充縣 | 卅年三月 | | 三七五〇 | |
| | 解福海 | 三一 | 四川巴縣 | 卅年三月 | | 二六〇〇 | 卅年五月□日辭價 |
| | 曾建富 | 三一 | 四川巴縣 | 卅年三月 | | 男九五〇 | |
| | 匡國臣 | 三九 | 四川巴縣 | 卅年六月 | | 六九五〇 | |
| | 張用之 | 三九 | 瀘南縣 | 卅年六月 | | 六九五〇 | |
| | 李克清 | 三一 | 四川瀘縣 | 九月 | | 三〇〇〇 | 卅年十八月廿六日見習 |
| | 賴俊才 | 三六 | 四川江津 | 三月 | | 六〇〇〇 | |
| | 陳俊卿 | 二八 | 四川長壽 | 三月 | | 二五〇〇 | 卅年十八月廿六日見習 |
| 收後 | 馬大全 | 三九 | 湖北漢陽 | 三月 | | 二六〇〇 | |
| | 張玉文 | 三七 | 四川富順 | 三月 | | 七二〇〇 | 卅年十二月調行貨股 |
| | 李漢卿 | 四三 | 四川 | 一月 | | 四〇五〇 | |
| | 蕭平安 | 二九 | 四川 | 先 | | 三四五〇 | |
| 傅達 | 郭玉柱 | 四三 | 巴縣 | 四月 | | 三四五〇 | |
| | 李淮欽 | 三六 | 瀘縣 | 八月 | | 三七五〇 | |

重慶電力股份有限公司

| 工別職別 | 別名姓 | 年齡 | 到籍貫 | 到職年月 | 學歷 | 經歷 | 新薪金 | 備註 |
|---|---|---|---|---|---|---|---|---|
| 傳達 | 王彤雲 | 二六 | 四川省 | 八月廿八年 | | | 五四〇〇 | |
| | 蕭炳如 | 五一 | 四川省宕 | 廿七年 | | | 四二〇〇 廿八年元月起一 | |
| 燒水 | 陶青云 | 三一 | 四川省 | 八月廿七年 | | | 三二〇〇 | |
| 打掃 | 陳侶烈 | 五六 | 四川省 | 廿七年 | | | 三二〇〇 | |
| | 張積田 | 二三 | 四川省 | 八月廿年 | | | 一七〇〇 | |
| | 王兆熙 | 五〇 | 巴縣 | 五月廿年 | | | 三二〇〇 | |
| | 王紹清 | 四九 | 江蘇六合 | 廿一年 | | | 二一〇〇 | |
| 廚役 | 蔣海清 | 四六 | 四川成都縣 | 五月廿八年 | | | 二一〇〇 | |
| | 苑樹芳 | 三六 | 四川南充縣 | 三月廿七年 | | | 二五〇〇 | |
| | 敖富泉 | 四四 | 四川巴縣 | 三月廿七年 | | | 二五〇〇 | |
| | 沈元三 | 五五 | 江北縣 | 三月廿七年 | | | 一八〇〇 | |
| | 羅北海 | 四五 | 巴縣 | 三月廿七年 | | | 二五〇〇 | |
| | 許銀桓 | 四二 | 江北縣 | 三月廿七年 | | | 二五〇〇 | |
| | 張連安 | 三七 | 四川遂寧縣 | 三月廿年 | | | 二一〇〇 | |

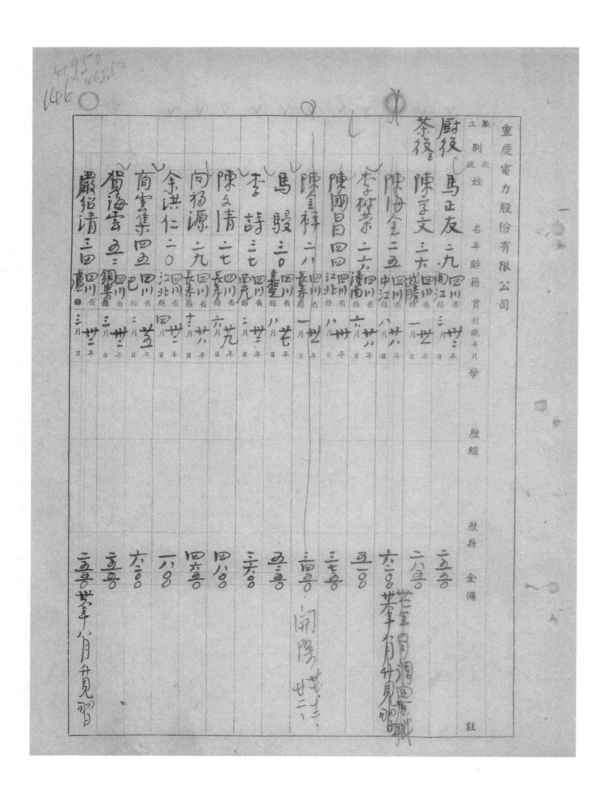

重慶電力股份有限公司

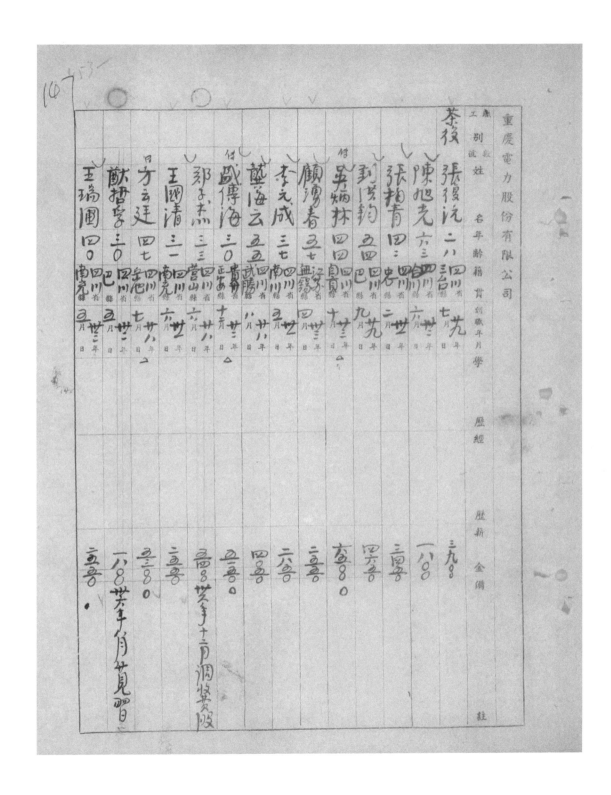

| 職別 | 姓名 | 年齡 | 籍貫 | 到職年月 | 學歷 經歷 | 歷薪 金備 | 註 |
|---|---|---|---|---|---|---|---|
| 茶役 | 張復洸 | 二八 | 四川 省 | 七月 廿二日 卅三年 | | 三九〇 | |
| | 陳旭光 | 六三 | 四川 省 | 六月 廿二日 卅三年 | | 一八〇 | |
| | 張柏青 | 四二 | 四川 省 | 二月 廿一日 卅三年 | | 三四〇 | |
| | 到讓鈞 | 四八 | 四川 省 | 九月 廿二日 卅三年 | | 四六〇 | |
| | 吳炳林 | 四四 | 四川 省 | 十二月 廿二日 卅三年 | | 宝八〇 | |
| | 顧濤春 | 五七 | 江蘇 無錫縣 | 四月 廿二日 卅三年 | | 三四〇 | |
| | 李元成 | 三七 | 四川 南充縣 | 三月 廿八日 卅三年 | | 二六〇 | |
| | 藍海云 | 三五 | 四川 武勝 | 八月 廿八日 卅三年 | | 四四〇 | |
| | 盛傳海 | 三〇 | 四川 正安 | 十二月 廿二日 卅三年 | | 四二二〇 | 卅年十二月調整薪級 |
| | 郑玉杰 | 三三 | 四川 營山縣 | 六月 廿二日 卅三年 | | 四二〇 | |
| | 王國清 | 三一 | 四川 南充縣 | 六月 廿八日 卅三年 | | 三四〇 | |
| | 方云廷 | 四七 | 四川 安岳 | 七月 廿二日 卅三年 | | 三三八〇 | 卅年月調整見習 |
| | 獻哲學 | 三〇 | 四川 省 | 三月 廿二日 卅三年 | | 三四〇 | |
| | 玉瑞圖 | 四〇 | 四川 南充縣 | 三月 廿二日 卅三年 | | 三二二〇 | |

重慶電力股份有限公司

| 工別 | 姓名 | 年齡 | 籍貫 | 到職年月 | 學歷 | 歷經 | 歷薪 金備 | 註 |
|---|---|---|---|---|---|---|---|---|
| 茶役 | 楊漕洋 | 四一 | 四川省蓁江縣 | 八月日 | | | | 罢罢罢 |
| | 鄧雄明 | 四四 | 四川省華陽縣 | 三月 | | | 男罢罢 | |
| | 張明洧 | 三二 | 四川省蓬溪 | 三州年 | | 三五〇廿年九月傳薪留資 | 三五〇 | |
| | 張明贊 | 二七 | 四川省蓬溪 | 九月年 | | | 罢三罢 | |
| | 彥樹榮 | 四二 | 四川省巴縣 | 廿二年 | | 三〇〇廿年六月廿升見習 | 五〇〇 | |
| | 殷文咸 | 三七 | 河北省 | 廿三年 | | 六〇〇〇.〇 | | |
| | 唐信之 | 三九 | 四川省 | 一九年 | | 七八〇廿年十六月升見習 | | |
| | 曾開啟 | 四四 | 四川省 | 廿三年 | | | | |
| | 劉文明 | 四一 | 四川省岳池 | 九年 | | | | |
| | 廖懷志 | 三二 | 四川省華陽 | 九年 | | | 一〇八 | |
| | 素樹成 | 四九 | 四川省大足 | 三月年 | | | 六〇〇 | |
| | 梁従之 | 三七 | 四川省 | 廿三年 | | | 一〇八 | |
| | 余吉祥 | 三〇 | 四川省 | 六月年 | | | 一〇八廿七星六月罢離職 | |
| | 文字光 | 三三 | 四川省渠縣 | 七月日 | | | 罢罢罢 | |

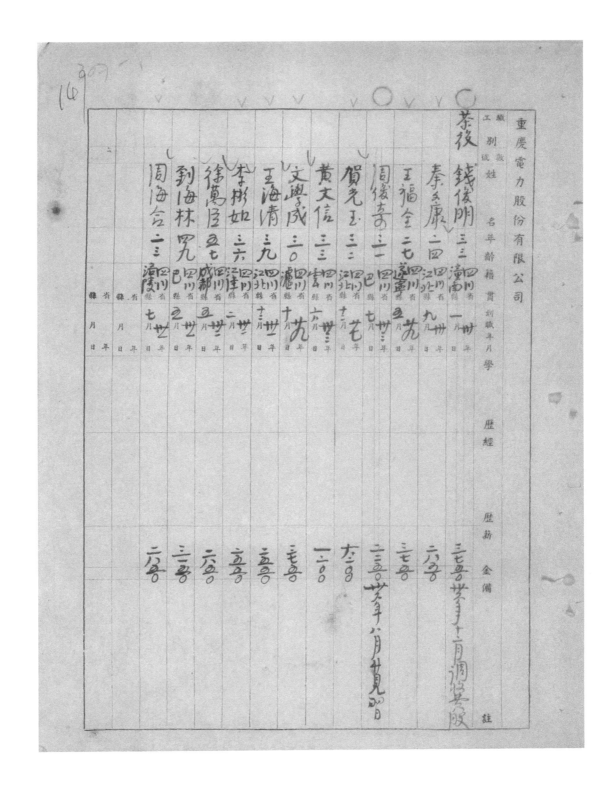

重慶電力股份有限公司

| 職別工別说明敬姓名 | 年齡 | 籍貫省縣 | 到職年月年月日 | 學歷經 | 歷新 | 金備薪 | 註備 |
|---|---|---|---|---|---|---|---|
| 茶役 錢後明 | 三三 | 四川 潼南 | 一月 卅 | | | 三七五〇 廿三年十二月調整薪股 | |
| 秦久康 | 二四 | 四川 | 九月 卅 | | | 二六五〇 | |
| 王福全 | 二七 | 四川 遂寧 | 五月 卅九 | | | 三七五〇 廿三年八月加月廿見升 | |
| 周後壽 | 三一 | 四川 | 七月 廿三 | | | 三二五〇 | |
| 賀光玉 | 三三 | 四川 巴 | 十一月 卅七 | | | 左五〇 | |
| 黃文信 | 三三 | 四川 | 六月 卅三 | | | 一〇〇 | |
| 文興成 | 三〇 | 四川 | 十一月 卅 | | | 二七五〇 | |
| 王海清 | 三九 | 四川 | 三月 卅 | | | 三五〇 | |
| 李彬如 | 三六 | 四川 | 二月 卅 | | | 二五五〇 | |
| 徐萬臣 | 五七 | 四川 | 三月 廿 | | | 二六五〇 | |
| 劉海林 | 罘 | 四川 成都 | 五月 廿 | | | 三五〇 | |
| 周海合 | 一三 | 四川 涪陵 | 七月 廿七 | | | 二六〇〇 | |

重慶電力股份有限公司 願警總隊

| 職別工別 | 姓名 | 年齡 | 籍貫 | 到職年月 | 學歷 | 經歷 | 歷 新加金備(無附加) | 註 |
|---|---|---|---|---|---|---|---|---|
| 總隊長 | 向傳璽 | 三六 | 四川省長壽縣 | 五月廿日年 | | | 五○○ | |
| 警士 | 張學德 | 四一 | 河南省城縣 | 五月廿日年 | | | 五○○ | |
| | 張濟軒 | 三六 | 四川省方城縣 | 五月廿日年 | | | 五○○ | |
| | 趙茂彬 | 四○ | 四川省銅梁縣 | 四月廿日年 | | | 三○○ | |
| | 李云成 | 四三 | 四川省銅梁縣 | 二月廿日年 | | | 四○○ | |
| | 唐占云 | 三九 | 四川省潼南縣 | 十一月廿日年 | | | 四○○ | |
| 警士 | 陳鼎文 | 二八 | 四川省璧山縣 | 五月廿日年 | | | 四○○ | |
| | 李明昭 | 四三 | 四川省江北縣 | 八月廿日年 | | | 四○○ | |
| | 龍步云 | 三三 | 四川省江北縣 | 九月廿日年 | | | 四○○ | |
| | 張紹清 | 五○ | 四川省瀘縣 | 八月廿日年 | | | 四○○ | |
| 楊崇富 | 楊友 | 三○ | 四川省巴縣 | 四月廿日年 | | | 四○○ | |
| 呂樹山 | | 四二 | 四川省巴縣 | 七月廿日年 | | | 四○○ | |
| 錢炳林 | | 五○ | 四川省巴縣 | 二月廿日年 | | | 四○○ | |
| 劉森 | | 五○ | 四川省巴縣 | 四月廿日年 | | | 四○○ | |

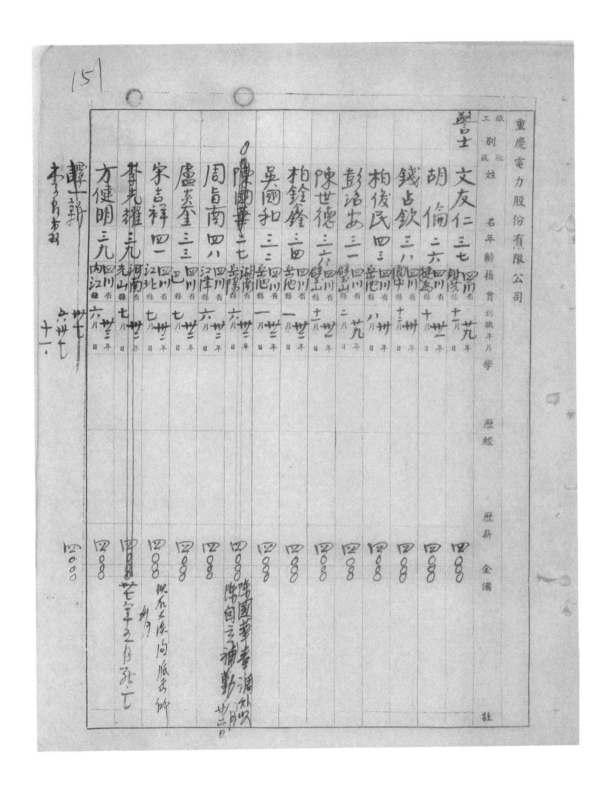

152

重慶電力股份有限公司

| 類別 | 姓名 | 年齡 | 籍貫 | 到職年月日 | 學歷 | 經歷 | 歷薪 | 附註 |
|---|---|---|---|---|---|---|---|---|
| | 張炳林 | 三〇 | 湖北 黃陂縣 | | | | 四〇八〇 | |
| | 魏晉祿 | 三〇 | 河南 南陽縣 | | | | 四〇八〇 | |
| | 瑪萩揽 | | 河南 | | | | 四〇八〇 | |
| | 孫連陞 | | 四川 長壽縣 | | | | 四〇八〇 | |
| | 王漢文 | 三七 | 四川 江北縣 | | | | 四〇八〇 | |
| | 段能 | 三六 | 四川 | | | | 四〇八〇 | |
| | 盧松模 | 三三 | 四川 | | | | 四〇八〇 | |
| | 楊昌友 | 三一 | 四川 | | | | 四〇八〇 | 芝元月除名 |
| | 樸文斗 | 二八 | 四川 武勝縣 | | | | 四〇八〇 | 芝年三月辭職 |
| 伕役 | 張海清 | 二五 | 四川 金岳縣 | | | | 四〇八〇 | |
| | 王志玄 | 二八 | 四川 璧山縣 | | | | 四〇八〇 | |
| | 伍惠存 | 二九 | 四川 璧山縣 | | | | 四〇八〇 | |
| | 陳自立 | 二四 | 四川 金岳縣 | | | | 四〇八〇 | |
| 醫士 | 到國彥 | 三〇 | 可南縣 | | | | 四〇元 | |
| | 舒礼田 | | | | | | | |
| | 宋子彬 | | | | | | | |

86

重慶電力公司全體職員名冊

人事股

卅四年
七月
廿日

重慶電力公司職員名冊　民國三十○年度用

経理室

| 職別 | 數姓名 | 年齡 | 到職年月 | 薪金舊 | 備考 |
|---|---|---|---|---|---|
| 總經理 | 劉航琛 | 五五 | 廿一年 | | 誌 |
| 協理 | 浦心雅 | 五四 | 卅二年 | | |
| 協理 | 程本臧 | 四二 | 廿三年 | | |
| 秘書 | 張君鼎 | 四一 | 廿年十月 | 三二〇〇 | |
| 〃 | 夏賦初 | 五五 | 卅二年一月 | 三八〇〇 | 標薪市職 |
| 〃 | 錢健夫 | 三六 | 卅三年五月 | 三三〇〇 | 全右 |
| 稽核 | 王道平 | 三三 | 卅二年一月 | 三二〇〇 | 仝右 |

88

總工程師室

| 0 | | | | |
|---|---|---|---|---|
| 總工程師 | 吳錫瀛 | 四○○○ | 廿二年六月 | 九○○○ |
| 工程師 | 周傳甲 | 三六 | 廿三年○月 | 二四五○ |
| 工務員 | 郭大成 | 二八 | 廿二年一月 | |

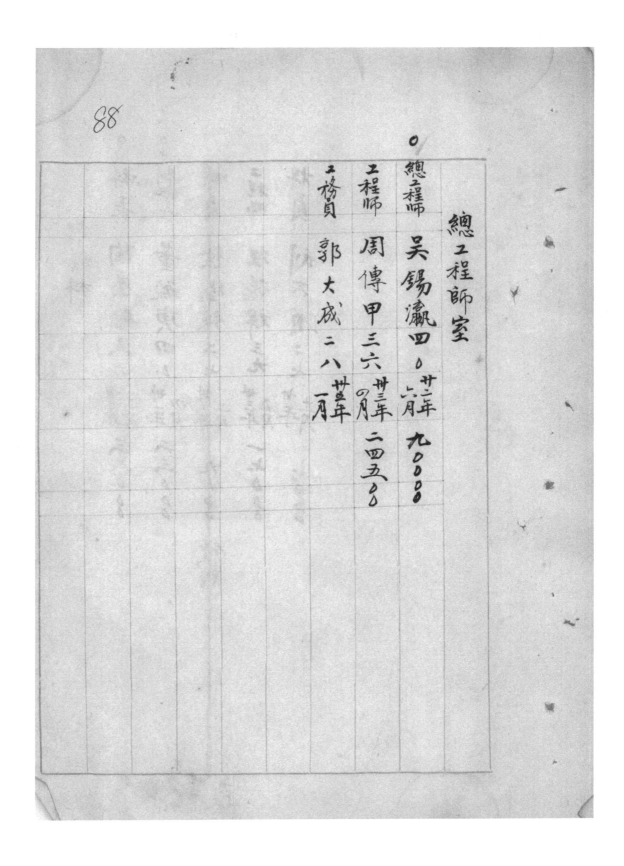

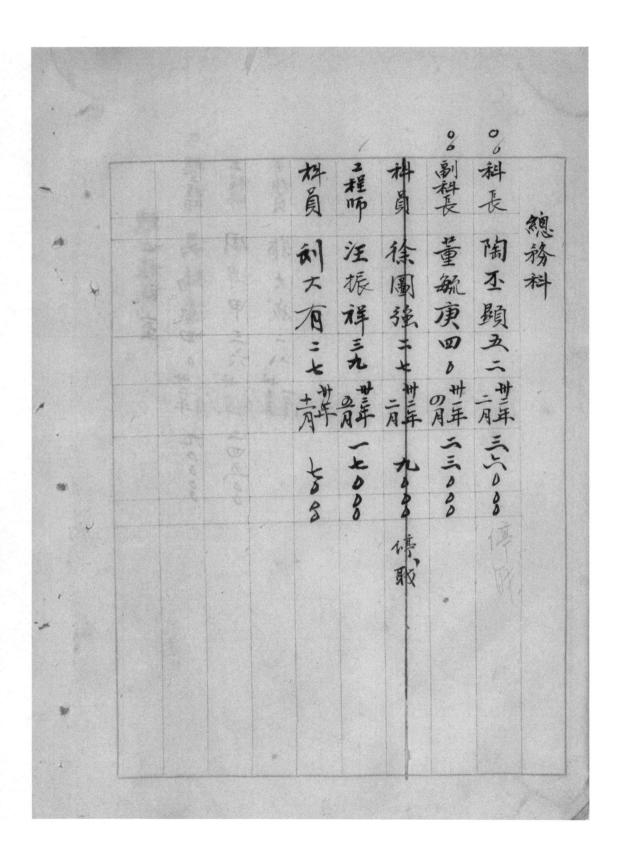

總務科

○○科長 陶丕顯 五二 廿二年三月 三六○○ 傅政

○○副科長 董毓庚 四○ 廿二年二月 二三○○

科員 徐圖強 二七 廿二年二月 九○○ 傅職

工程師 汪振祥 三九 廿二年二月 一七○○

科員 刘大有 三七 廿二年二月 七○○

89

## 文書股

| 職別 | 姓名 | 年齡 | 到職年月 | 薪額 | 備考 |
|---|---|---|---|---|---|
| 股長 | 閻倬雲 | 五〇 | 廿四年五月 | 二六〇〇 | 外支起級準給捌拾元 |
| 副股長 | 周丕南 | 四七 | 廿七年二月 | 一八五〇 | |
| 科員 | 汪海東 | 五七 | 廿八年〇月 | 一四〇〇 | |
| 〃 | 孫希暄 | 三四 | 卅二年二月 | 一三〇〇 | 停職 |
| 〃 | 楊同培 | 三四 | 廿八年十月 | 九〇〇 | |
| 〃 | 賀美修 | 四一 | 卅二年二月 | 五五〇 | 傅職 |
| 〃 | 陳志唐 | 二七 | 卅二年二月 | 三五〇 | |
| 〃 | 龔伯皋 | 三二 | 卅四年〇月 | 八〇八 | |
| 見習 | 蕭堯先 | 二八 | 卅二年〇月 | 三五〇〇 | 外支超級準處拾元 |

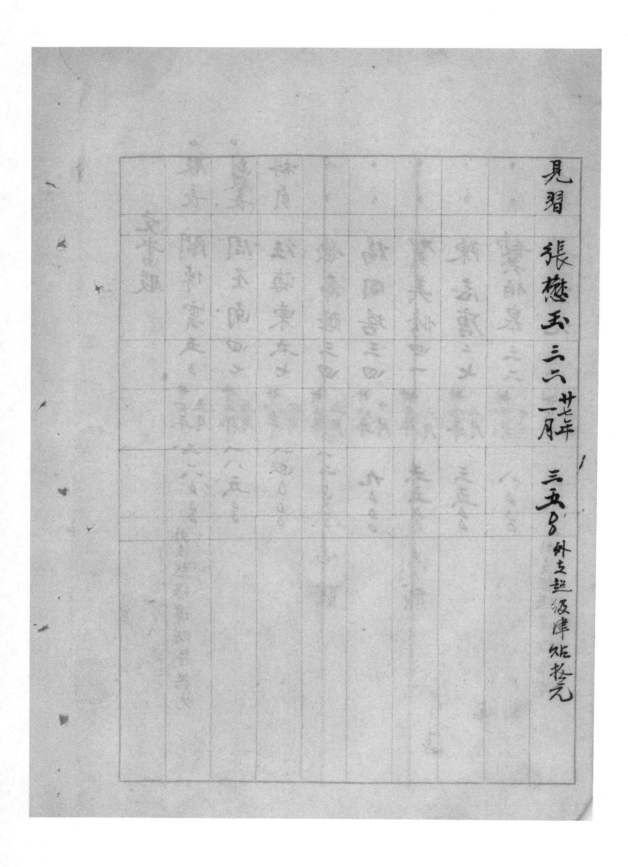

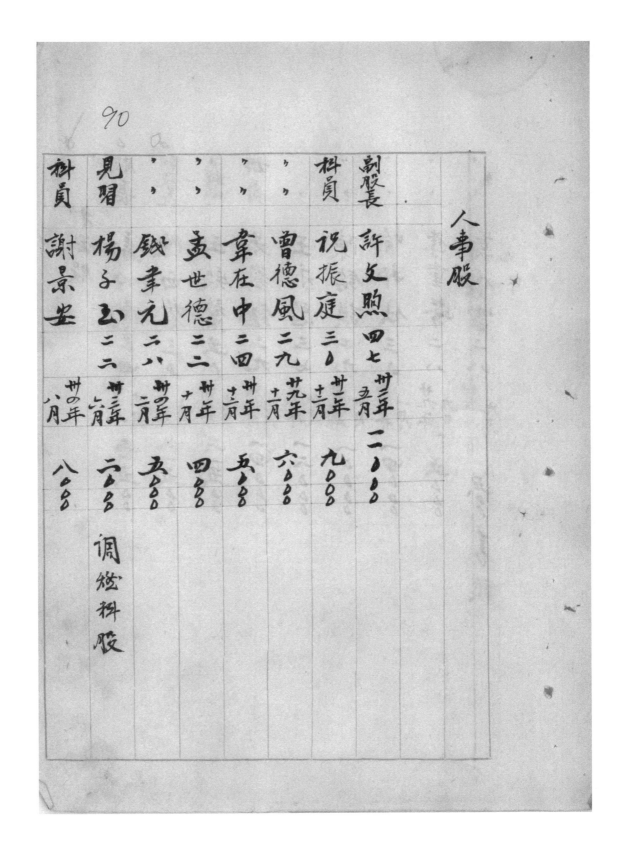

人事股

| 職別 | 姓名 | 年齡 | 到職 | 薪額 | 備考 |
|---|---|---|---|---|---|
| 副股長 | 許文照 | 四七 | 卅二年五月 | 二〇〇〇 | |
| 科員 | 祝振庭 | 三〇 | 廿二年十二月 | 九〇〇〇 | |
| 〃 | 曾德風 | 二九 | 廿九年十月 | 六〇〇〇 | |
| 〃 | 韋在中 | 二四 | 卅年十二月 | 五〇〇〇 | |
| 〃 | 孟世德 | 二二 | 卅四年十月 | 四〇〇〇 | |
| 〃 | 錢聿元 | 二八 | 卅四年二月 | 五〇〇〇 | |
| 見習 | 楊子玉 | 二二 | 卅二年三月 | 二〇〇〇 | 調總科股 |
| 科員 | 謝景尝 | | 卅四年八月 | 八〇〇 | |

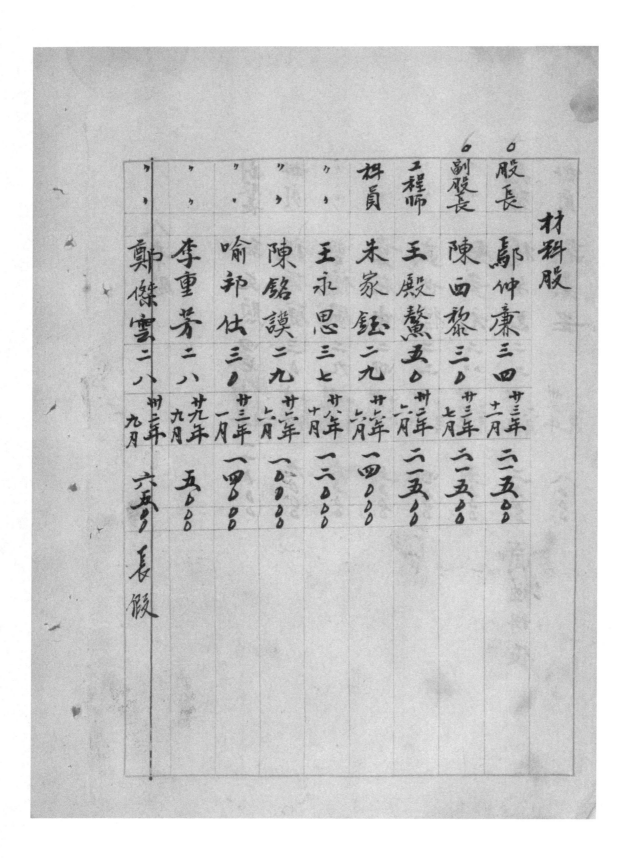

| 職別 | 姓名 | 年齡 | 年月 | 薪額 | 備考 |
|---|---|---|---|---|---|
| 股長 | 鄒仲廉 | 三四 | 廿三年十二月 | 二五〇〇 | |
| 副股長 | 陳西黎 | 三〇 | 廿三年七月 | 二一五〇〇 | |
| 工程師 | 王殿鰲 | 五〇 | 卅年六月 | 二二五〇〇 | |
| 科員 | 朱家鈺 | 二九 | 廿三年六月 | 一四〇〇〇 | |
| 〃 | 王永思 | 三七 | 廿八年十月 | 一二〇〇〇 | |
| 〃 | 陳銘謨 | 二九 | 廿二年六月 | 一〇〇〇〇 | |
| 〃 | 喻郅仕 | 三〇 | 廿三年一月 | 一四〇〇〇 | |
| 〃 | 李重芳 | 二八 | 廿九年九月 | 五〇〇〇 | |
| 〃 | 鄭傑雲 | 二八 | 卅二年九月 | 六五〇〇 | 長假 |

材料股

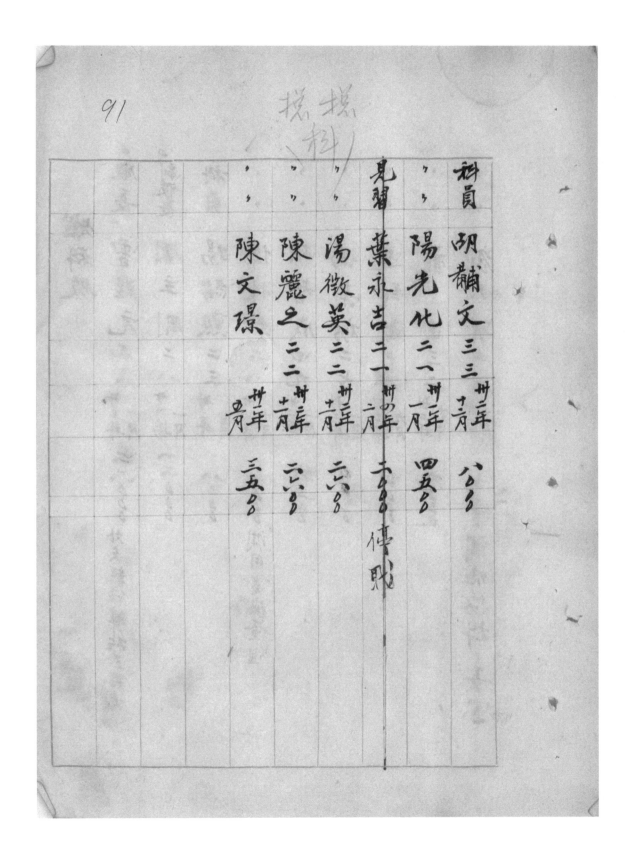

科員 胡蕭文 三三 廿二年 十二月 八〇〇

〃〃 陽光化 二八 廿一年 一月 四五〇

見習 葉永吉 二一 卅〇年 十二月 二〇〇 傳賬

〃〃 湯徵英 二二 卅二年 十月 二〇〇

〃〃 陳麗之 二二 卅二年 十月 二〇〇

〃〃 陳文環 廿二年 八月 三五〇

## 燃料股

| 職別 | 姓名 | | 年月 | 金額 | 備考 |
|---|---|---|---|---|---|
| 股長 | 曹昭元 | 三二一 | 廿三年一月 | 二六,000 | 外支越級嫜絋六拾元 |
| 副股長 | 周立剛 | 二八 | 廿四年一月 | 一二,000 | |
| 科員 | 楊紹勳 | 二三 | 卅年七月 | 八,000 | |
| 〃 | 傅德新 | 二八 | 廿七年十月 | 七,000 | 調用電檢查組 |
| 〃 | 胡智成 | 四九 | 卅二年六月 | 六五00 | |
| 〃 | 馮榮祁 | 二七 | 廿二年一月 | 六,000 | |
| 〃 | 連鐘毓 | 三四 | 卅二年九月 | 四,000 | |
| 〃 | 嚴正 | 三二 | 廿二年十二月 | 九,000 | |
| 〃 | 劉大有 | 二七 | 廿年十二月 | 七,000 | 調總務科長室 |

92

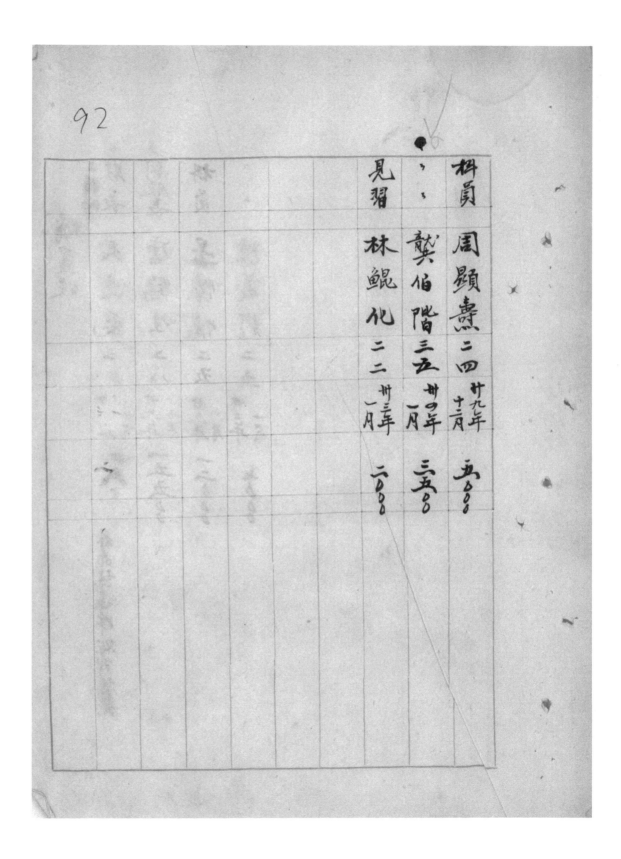

| | | | | 見習 | ，， | ，， | 科員 |
|---|---|---|---|---|---|---|---|
| | | | | 林鯤化 | 龔伯階 | | 周顯壽 |
| | | | | 二二 | 三五 | | 二四 |
| | | | | 卅三年 一月 | 卅四年 一月 | 十二月 | 廿九年 |
| | | | | 二〇〇〇 | 三五〇〇 | | 五〇〇〇 |

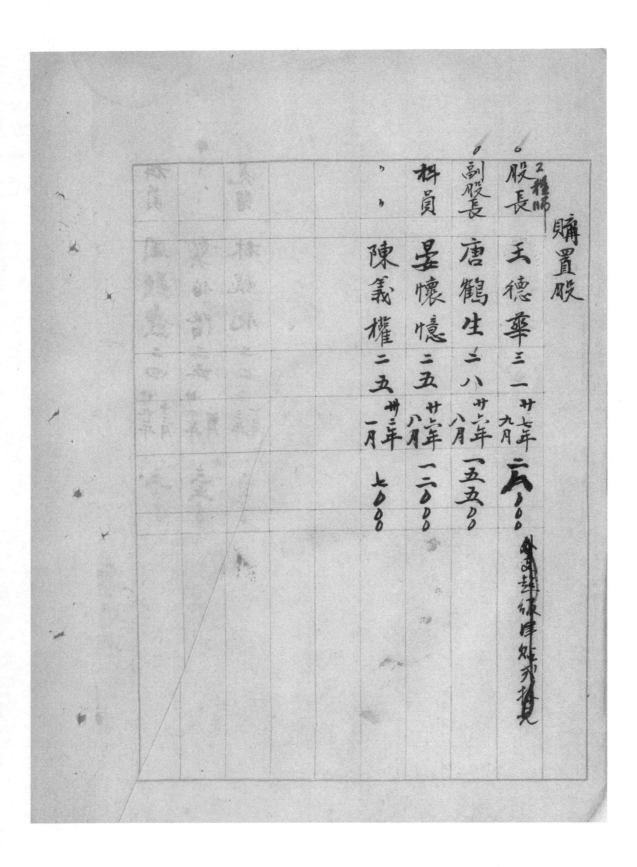

购置股

| 職別 | 姓名 | 年齡 | 到職年月 | 薪津數 |
|---|---|---|---|---|
| 股長 | 王德華 | 三一 | 廿七年九月 | 二,〇〇〇 |
| 副股長 | 唐鶴生 | 二八 | 廿六年八月 | 一五,〇〇 |
| 科員 | 晏懷憶 | 二五 | 廿六年八月 | 一二,〇〇 |
| 〃〃 | 陳義權 | 二五 | 卅二年一月 | 七,〇〇 |

民国时期重庆电力股份有限公司档案汇编

第⑥辑

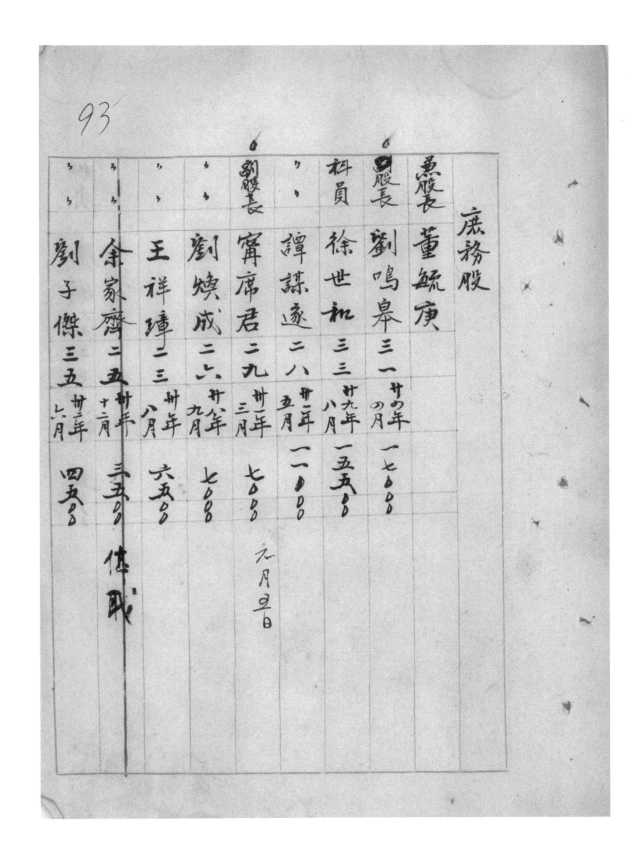

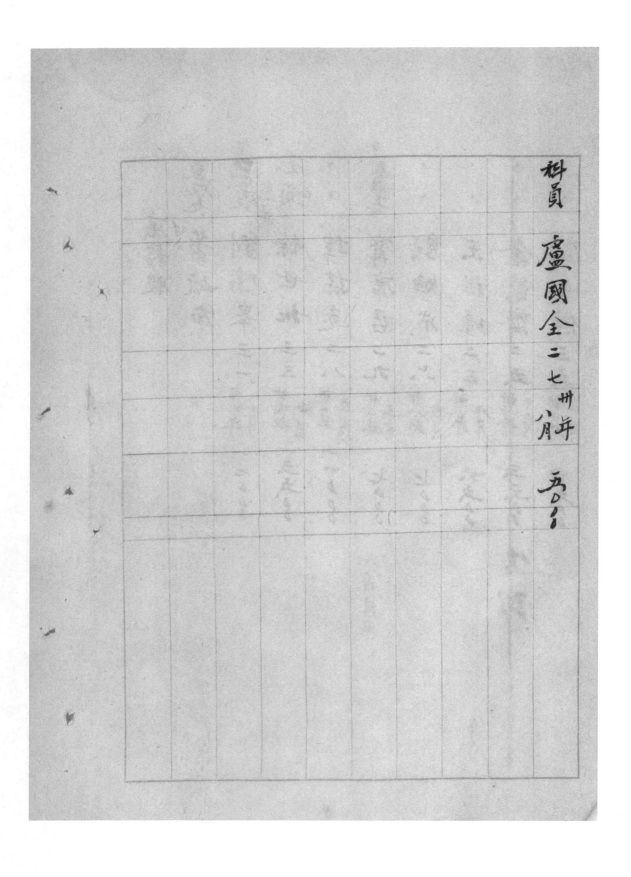

## 醫務室

| 職務 | 姓名 | 年齡 | 到職年月 | 薪額 | 備註 |
|---|---|---|---|---|---|
| 主任醫師 | 羅少一 | 三七 | 廿七年一月 | 四〇〇〇〇 | |
| 醫師 | 劉繼成 | 五三 | 廿三年 | 四〇〇〇〇 | |
| 醫師 | 傅文祥 | 三一 | 廿七年三月 | 一七〇〇〇 | |
| 助理醫師 | 王咸康 | 三一 | 廿七年七月 | 一五〇〇〇 | |
| 〃 | 葉文全 | 二八 | 廿三年十月 | 一三〇〇〇 | |
| 見習 | 杜朝鑫 | 二三 | 廿二年〇月 | 三五〇〇 | 外支超級津貼英元 |
| 〃 | 柏諦民 | 二五 | 廿八年三月 | 三五〇〇 | |
| 〃 | 謝慶餘 | 三六 | 廿三年三月 | 二六〇〇 | |

95

## 工務科

| 職位 | 姓名 | | | 備註 |
|---|---|---|---|---|
| 科長 | 吳錫瀛 | | | |
| 副科長 兼祝務主住 | 易宗模 | 三七 | 廿七年十月 | 四八〇〇 |
| 副科長 兼庶務主住 | 宗達金 | 三九 | 廿三年十月 | 五八〇〇 |
| 試設股長 計股 | 朱福驷 | 五一 | 卅二年肖月 | 二三〇〇 |
| 線路維持股長 | 吳昌恕 | 二八 | 前年九月 | 一五五〇〇 |
| 工程師 | 唐政權 | 三三 | 廿二年一月 | 三〇〇〇 |
| 副工程師 | 張誥瑞 | 四四 | 卅年七月 | 三二〇〇〇 外支超級庫貼知捨元 |
| 工務員 | 鄧德元 | 三二 | 廿〇年八月 | 二〇〇〇 |
| | 張繼琴 | 三一 | 廿二年八月 | 一八五〇〇 |

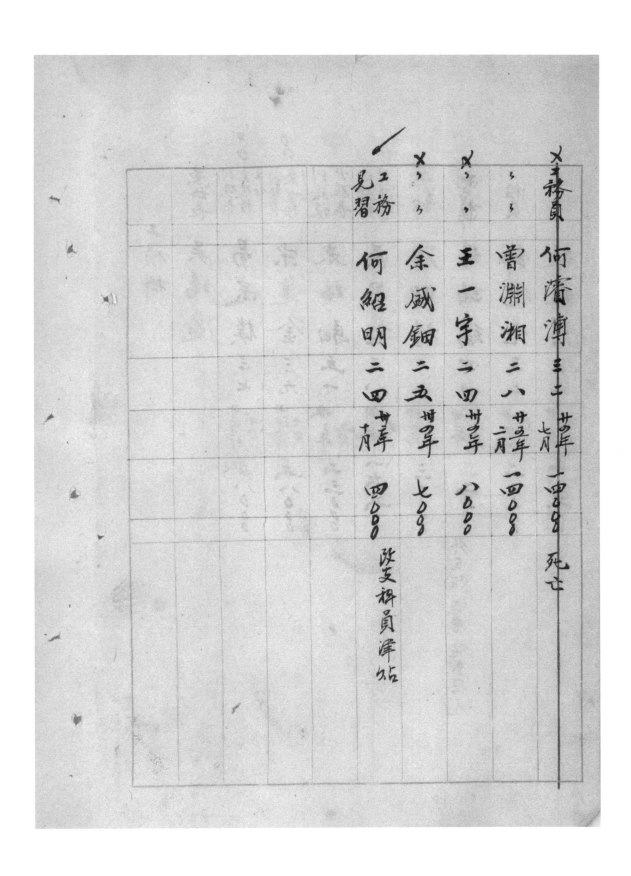

工務員　何濬溥　三二　廿年七月　一四〇〇　死亡

〃　〃　曹淵湘　二八　廿三年二月　一四〇〇

〃　〃　王一宇　二四　廿二年　八〇〇

〃　〃　余鍼鈿　二五　卅二年七月　八〇〇

工務
見習　何紹明　二四　廿十月　四〇〇〇　改支科員津站

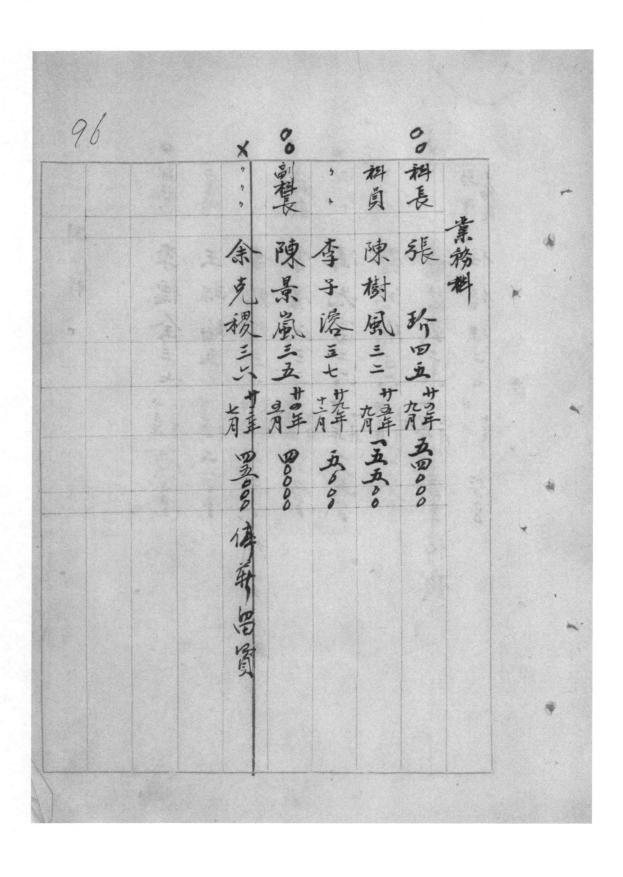

民国时期重庆电力股份有限公司档案汇编

第⑥辑

業務科

○○ 科長　張　玗　四五　廿○年九月　五四○○○

科員　陳樹風　三二　廿五年九月　一五五○○

〃〃　李子溶　三七　廿九年十二月　五○○○

○○ 副科長　陳景嵐　三五　廿○年三月　四○○○○

×（〃〃〃）　余克襯　三八　廿三年七月　四五○○　偉新呂賢

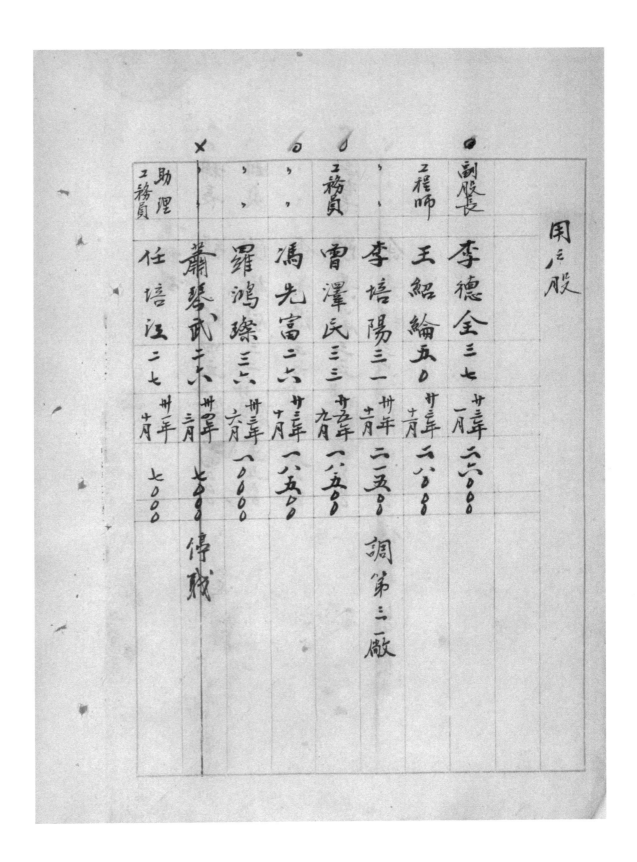

| | | 第三股 | | | | | | |
|---|---|---|---|---|---|---|---|---|
| 副股長 | 李德全 | 三七 | 廿三年一月 | 二六〇〇 | | | | |
| 工程師 | 王紹綸 | 五〇 | 廿三年十月 | 二八〇〇 | | | | |
| 工務員 | 李培陽 | 三一 | 廿年十月 | 二一五〇〇 | 調第三二廠 | | | |
| 〃 | 曹澤民 | 三三 | 廿五年九月 | 一八五〇〇 | | | | |
| 〃 | 馮先富 | 二六 | 廿三年十月 | 一八五〇〇 | | | | |
| 〃 | 羅鴻璨 | 三六 | 廿三年六月 | 一〇〇〇〇 | | | | |
| 〃 | 蕭琴武 | 三六 | 卅年三月 | 七〇〇〇 停職 | | | | |
| 助理工務員 | 任培注 | 二七 | 卅年十月 | 七〇〇〇 | | | | |

97

| 科員 | | | |
|---|---|---|---|
| 劉正昌 | 二七 | 廿□年八月 | 一三〇〇〇 |
| 周公正 | 三三 | 廿九年十二月 | 一〇〇〇〇 |
| 孫續亨 | 二五 | 廿九年十月 | 七〇〇〇 |
| 蕭一可 | 二三 | 廿九年十二月 | 一〇〇〇〇 |
| 毛日章 | 三一 | 廿□年十二月 | 一〇〇〇〇 |
| 王大緒 | 三四 | 廿□年六月 | 一一〇〇〇 |
| 楊世明 | 二九 | 廿九年七月 | 一〇〇〇〇 |
| 陳尊雲 | 三〇 | 廿□年二月 | 七〇〇〇 |
| 趙芳馨 | 三四 | 廿□年十二月 | 七五〇〇 |
| 薛慕班 | 四九 | 卅二年二月 | 六五〇〇 |

| 押表股 | | | | | |
|---|---|---|---|---|---|
| 股長 | 王恆 | 二八 | 卅二年十二月 | 一二〇〇 | 副工程師 |
| 工務見習 | 鄭承琯 | 二一 | 廿二年八月 | 四〇〇 | 改支科員津貼 |
| 科員 | 鄭權 | 二七 | 廿四年八月 | 一七〇〇 | |
| 〃 | 夏仲康 | 三七 | 廿年八月 | 二〇〇〇 | 外支超級津貼叁拾元 |
| 〃 | 洪家楨 | 三三 | 廿五年十月 | 一四〇〇 | |
| 〃 | 胡澄秋 | 三五 | 廿七年十月 | 一一〇〇 | |
| 〃 | 文家敏 | 二五 | 廿五年九月 | 八〇〇 | |
| 〃 | 唐勤序 | 三〇 | 廿四年九月 | 九〇〇 | |
| 〃 | 賴先輝 | 二八 | 廿三年八月 | 一三〇〇 | |

99

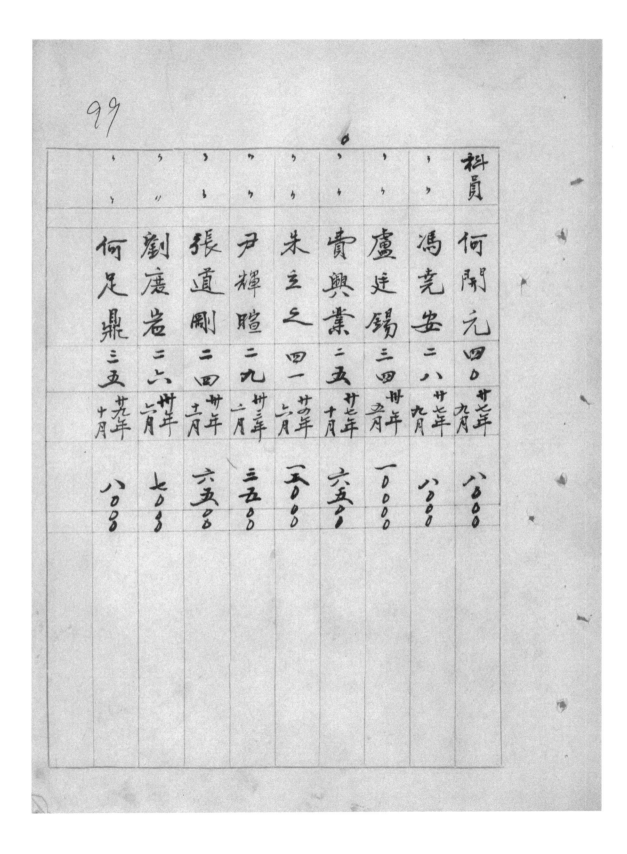

| 科員 | " | " | " | " | " | " | " | " | " |
|---|---|---|---|---|---|---|---|---|---|
| 何開元 四〇 | 馮堯安 二八 | 盧廷錫 三四 | 貴興業 二五 | 朱立之 四一 | 尹輝瞻 二九 | 張道剛 二四 | 劉慶岩 二六 | 何足鼎 三五 | |
| 廿七年九月 | 廿七年九月 | 卅年五月 | 廿七年十月 | 廿五年六月 | 卅二年二月 | 廿七年十一月 | 卅年六月 | 卅年十月 | |
| 八〇〇 | 八〇〇 | 一〇〇〇 | 六五〇〇 | 一五〇〇 | 三五〇〇 | 六五〇〇 | 七〇〇 | 八〇〇 | |

| 票掇股 | | | | |
|---|---|---|---|---|
| 股長 | 黃登棠 | 二九 | 廿年八月 | 一五〇〇 |
| 副股長 | 李文修 | 三二 | 廿九年九月 | 一四〇〇 |
| 科員 | 李樹輝 | 二六 | 廿年八月 | 一二〇〇 |
| 〃 | 王澤棠 | 三一 | 廿年二月 | 一二〇〇 |
| 〃 | 毛君渠 | 三四 | 廿年八月 | 一〇〇〇 |
| 〃 | 劉祖芳 | 二六 | 廿年八月 | 九〇〇 |
| 〃 | 廖成富 | 二七 | 廿年二月 | 七〇〇 |
| 〃 | 余造邦 | 三二 | 卅年二月 | 七〇〇 |
| 〃 | 周後生 | 二六 | 廿年七月 | 八〇〇 |

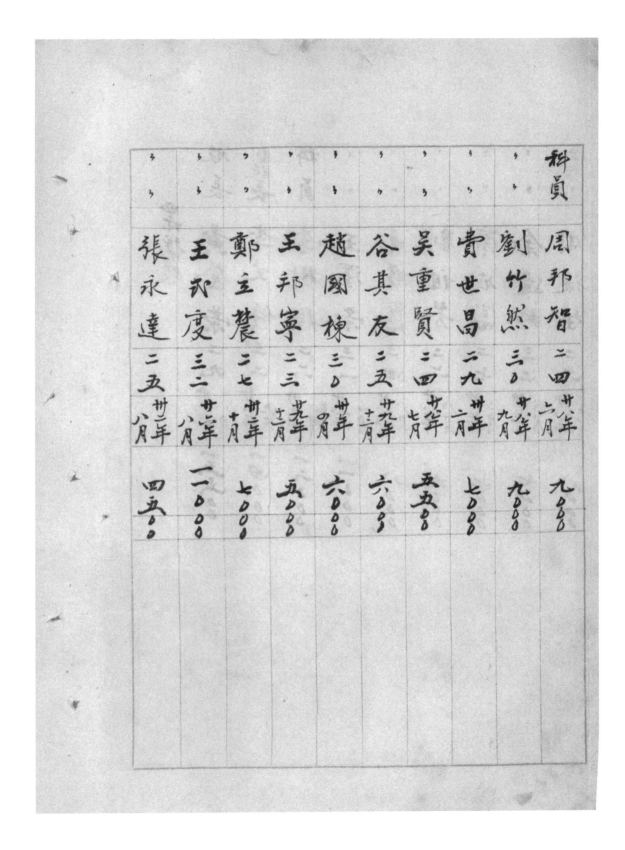

| 科員 | | | |
| --- | --- | --- | --- |
| " | 周邦智 | 二四 | 廿八年六月 | 九〇〇〇 |
| " | 劉竹然 | 三〇 | 廿八年九月 | 九〇〇〇 |
| " | 費世昌 | 二九 | 卅八年二月 | 七〇〇〇 |
| " | 吳重賢 | 二四 | 廿八年七月 | 五五〇〇 |
| " | 谷其友 | 二五 | 廿九年十月 | 六五〇〇 |
| " | 趙國棟 | 三〇 | 卅年四月 | 六〇〇〇 |
| " | 王邦寧 | 二三 | 卅年十月 | 五〇〇〇 |
| " | 鄭立農 | 二七 | 卅二年十月 | 七〇〇〇 |
| " | 王武度 | 三二 | 廿三年八月 | 一一〇〇〇 |
| " | 張永達 | 二五 | 廿二年八月 | 四五〇〇 |

101

| 職別 | 姓名 | | 年齡 | 到職年月 | 薪 |
|---|---|---|---|---|---|
| 科員 | 吳敬熹 | 二四 | 廿八年七月 | 九〇〇 |
| 見習 | 賀震中 | 二八 | 廿二年○月 | 三五〇〇 |
| 〃 | 謝洪鈞 | 四五 | 廿二年○月 | 二六〇〇 |
| 〃 | 車錫鑑 | 二一 | 廿八年八月 | |
| 〃 | 傅浩然 | 二〇 | 廿八年八月 | |
| 〃 | 賴君富 | 二〇 | 廿八年八月 | |
| 〃 | 林雲森 | 二一 | 廿八年八月 | |
| 〃 | 傅彥時 | 二三 | 廿八年八月 | |
| 〃 | 吳靜生 | 二四 | 廿八年八月 | |
| 〃 | 周　文 | 二八 | 廿八年八月 | |

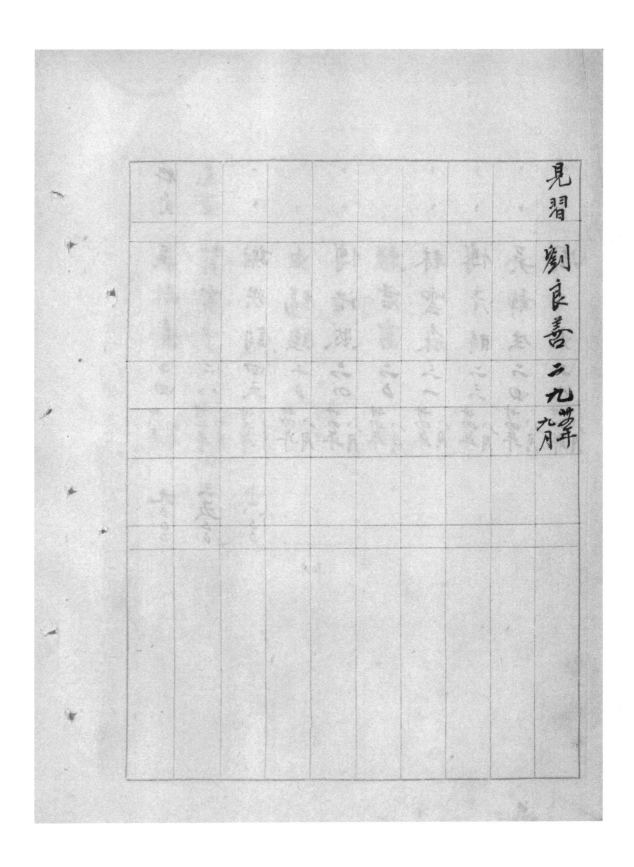

102

| 股賣股 | | | | |
|---|---|---|---|---|
| 股長 | 劉希伯 | 四八 | 廿二年七月 | 二六〇〇〇　外支超級庫姓四十元 |
| 副股長 | 邵沼宏 | 二八 | 廿七年六月 | 一八五〇〇 |
| 科員 | 羅守信 | 三一 | 廿九年十二月 | 一二〇〇〇 |
| 〃（劉股長） | 廖精輝 | 四九 | 廿三年十月 | 一七〇〇〇 |
| 〃 | 杭鶴聲 | 三一 | 廿年一〇月 | 一三〇〇〇　廿〇年十月卅日升副股長 |
| 〃 | 李來義 | 四七 | 廿三年十月 | 二〇〇〇〇　外支超級庫姓六十元 |
| 〃 | 楊逵雲 | 五三 | 廿三年八月 | 二〇〇〇〇　外支超級庫姓叁拾元 |
| 〃 | 龐烈禪 | 五一 | 廿八年六月 | 一四〇〇〇 |
| 〃 | 黃明材 | 二七 | 廿六年十月 | 一〇〇〇〇 |

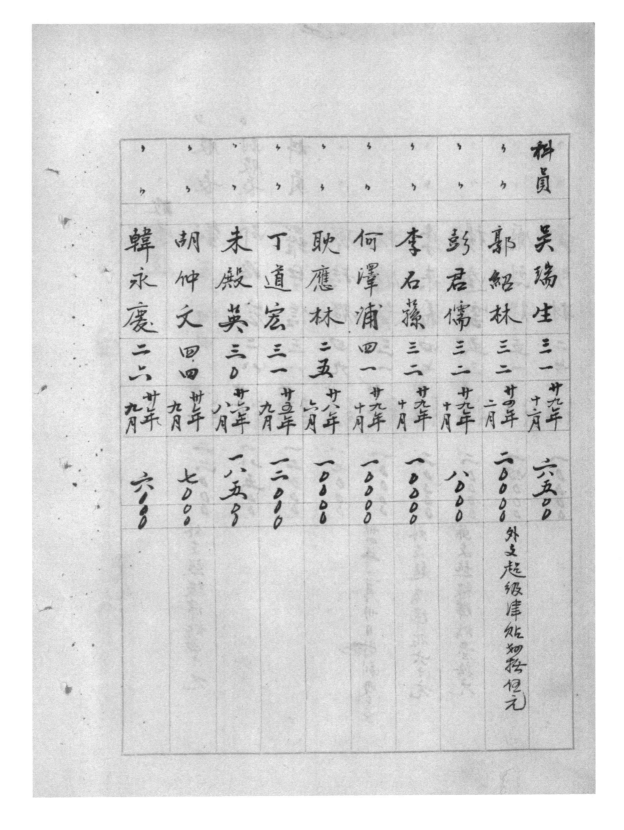

| 科員 | | |
| --- | --- | --- |
| 吳瑞生 | 三一 | 廿九年十月 六五〇〇 外文超級津貼如按佰元 |
| 郭紹林 | 三二 | 廿四年二月 二〇〇〇 |
| 彭君儒 | 三二 | 廿九年十月 八〇〇〇 |
| 李石蓀 | 三二 | 廿九年十月 一〇〇〇 |
| 何澤浦 | 四一 | 廿九年十月 一〇〇〇 |
| 耿應林 | 二五 | 廿八年六月 一〇〇〇 |
| 丁道宏 | 三一 | 廿五年九月 一二〇〇〇 |
| 朱殿英 | 三〇 | 廿四年八月 一八五〇 |
| 胡仲文 | 四四 | 廿年九月 七〇〇〇 |
| 韓永慶 | 二六 | 廿年九月 六〇〇〇 |

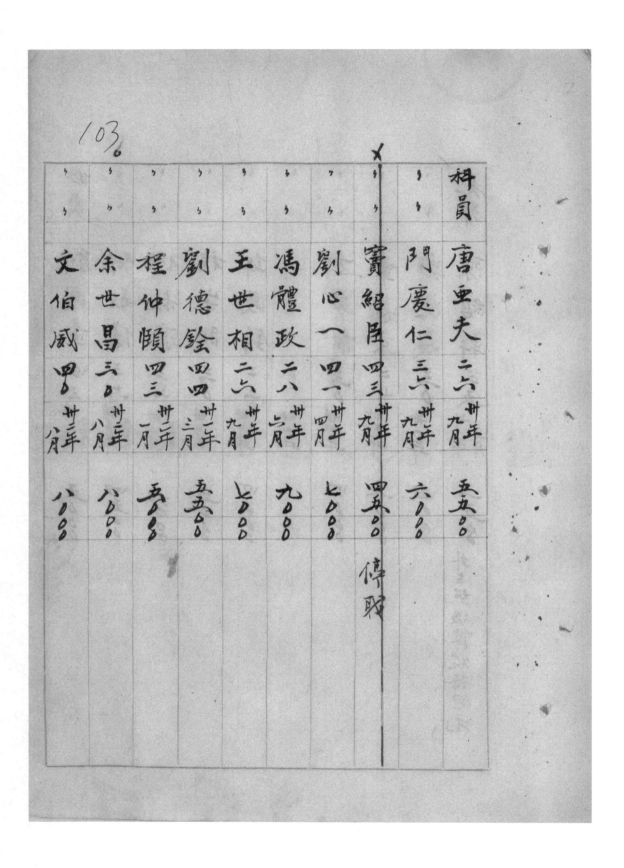

103

| 科員 | | | | | | | | | | |
|---|---|---|---|---|---|---|---|---|---|---|
| 文伯威 | 余世昌 | 程仲頤 | 劉德銓 | 王世相 | 馮體政 | 劉心一 | 寶紹居 | 門慶仁 | 唐亞夫 | 科員 |
| 甼 | 三○ | 四三 | 四四 | 二六 | 二八 | 四一 | 四三 | 三六 | 二六 | |
| 廿三年八月 | 廿二年八月 | 卅一年二月 | 卅二年三月 | 卅年九月 | 卅年六月 | 卅年四月 | 卅年九月 | 卅年九月 | 卅年九月 | |
| 八一○○ | 八○○○ | 五五○○ | 五五○○ | 七○○○ | 九○○○ | 七○○○ | 罢○○ 停職 | 六一○○ | 五五○○ | |

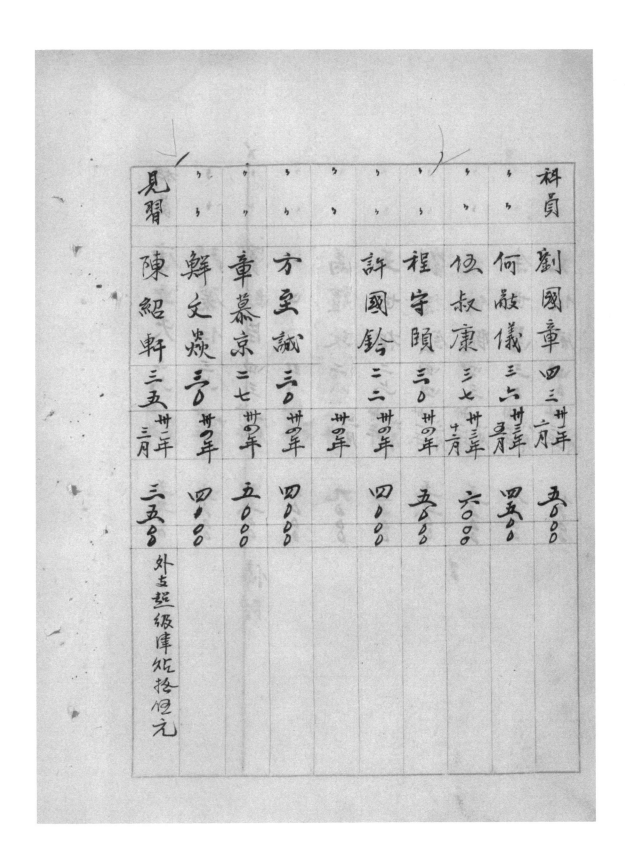

| 職別 | 姓名 | 年齡 | 到職年月 | 薪額 | 備考 |
|---|---|---|---|---|---|
| 科員 | 劉國章 | 四三 | 廿年六月 | 五〇〇 | |
| 〃 | 何敬儀 | 三六 | 廿三年三月 | 四〇〇 | |
| 〃 | 伍叔康 | 三七 | 廿三年十月 | 六〇〇 | |
| 〃 | 程守頤 | 三〇 | 廿四年 | 五〇〇 | |
| 〃 | 許國鈴 | 三二 | 廿四年 | 四〇〇 | |
| 〃 | 方立誠 | 三〇 | 廿四年 | 四〇〇 | |
| 〃 | 章慕京 | 二七 | 廿四年 | 五〇〇 | |
| 〃 | 鮮文燦 | 三〇 | 廿四年 | 四〇〇 | |
| 見習 | 陳紹軒 | 三五 | 廿二年三月 | 三五〇 | 外支超級庫券拾個元 |

104

| | | | | | | | | | |
|---|---|---|---|---|---|---|---|---|---|
| | | | | | | | | 見習 | |
| | | | | | | | | 魯淳揚 | 三八 卅四年一月 三五〇〇 外支班級津貼柴元 |
| | | | | | | | ‥ | 康紹良 | 三二 卅四年九月 二〇〇 |

105

| 會計科 | | | |
|---|---|---|---|
| 科長 | 黃大庸 | 四一 | 卅年十月 三六○○ |
| 副科長 | 劉伊凡 | 三八 | 廿四年三月 三八○○ |
| 科員 | 艾明邨 | 四○ | 廿八年十月 九○○ |

出納股

| 職別 | 姓名 | | | |
|---|---|---|---|---|
| 主股長 | 劉伊凡 | | | |
| 副股長 | 馬行之 | 五一 | 廿三年七月 | 二四五〇〇 |
| 科員 | 魯東清 | 二八 | 廿七年八月 | 一〇〇〇 |
| 〃 | 顧景霖 | 二四 | 卅年六月 | 七〇〇 |
| 〃 | 漆先進 | 二六 | 廿年十二月 | 六〇〇 |
| 見習 | 秦光璧 | 三四 | 廿三年二月 | 三五〇〇 |

## 簿記股

| 職別 | 姓名 | 年齡 | 到職年月 | 薪額 |
|---|---|---|---|---|
| 股長 | 劉德惠 | 二八 | 廿二年八月 | 二一五〇 |
| 副股長 | 何篤睦 | 三四 | 廿三年十月 | 一七〇〇〇 |
| 科員 | 熊靜澤 | 二九 | 廿三年三月 | 一一〇〇〇 |
| 〃 | 周光泳 | 二七 | 廿七年十月 | 五五〇〇 |
| 〃 | 崔德沐 | 二四 | 廿六年十月 | 六〇〇〇 |
| 〃 | 鄒昭琯 | 二五 | 廿三年十月 | 六〇〇〇 |
| 〃 | 徐自律 | 三六 | 廿三年五月 | 六五〇〇 |
| 〃 | 湯大棠 | 二七 | 廿二年七月 | 九〇〇〇 |
| 〃 | 王友籍 | 二七 | 廿年七月 | 五五〇〇 |

106

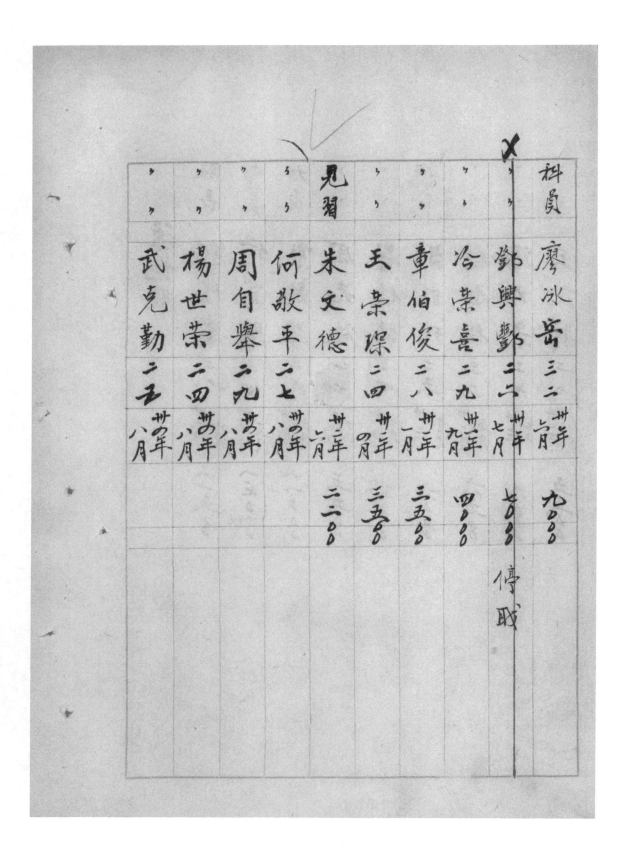

| 科员 | 廖冰岩 | 三二 | 卅年六月 | 九〇〇 |
| " | 邓兴彭 | 二六 | 卅年七月 | 六〇〇 傅职 |
| " | 冷荣喜 | 二九 | 卅一年九月 | 四〇〇〇 |
| " | 章伯俊 | 二八 | 卅一年一月 | 三五〇〇 |
| " | 王棠琛 | 二四 | 卅一年二月 | 三五〇〇 |
| 见习 | 朱文德 | | 卅二年六月 | 二二〇〇 |
| " | 何敬平 | 二七 | 卅〇年八月 | |
| " | 周自举 | 二九 | 卅〇年八月 | |
| " | 杨世荣 | 二四 | 卅〇年八月 | |
| " | 武克勤 | 二五 | 卅〇年八月 | |

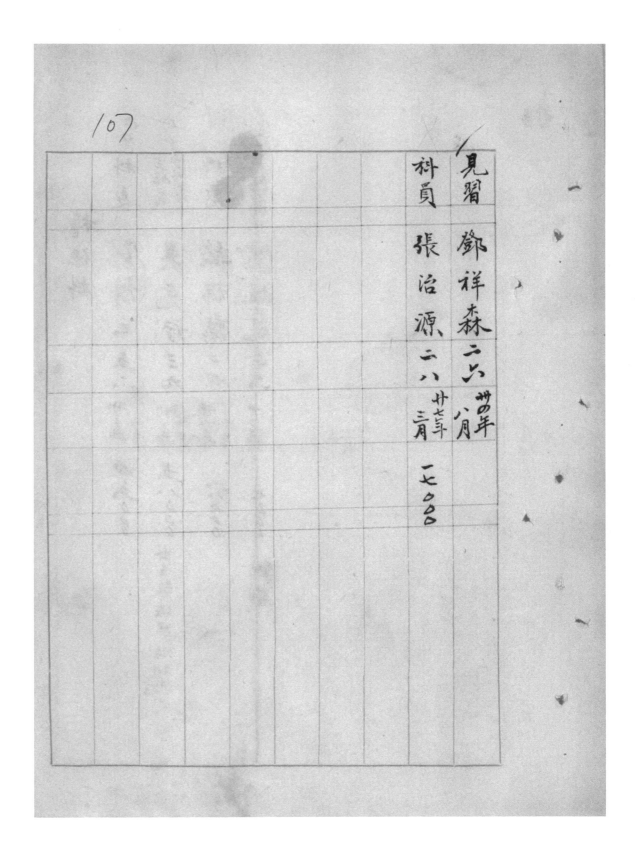

107

見習　鄧祥森　二六　卅四年八月

科員　張治源　二八　廿七年三月　一七〇〇

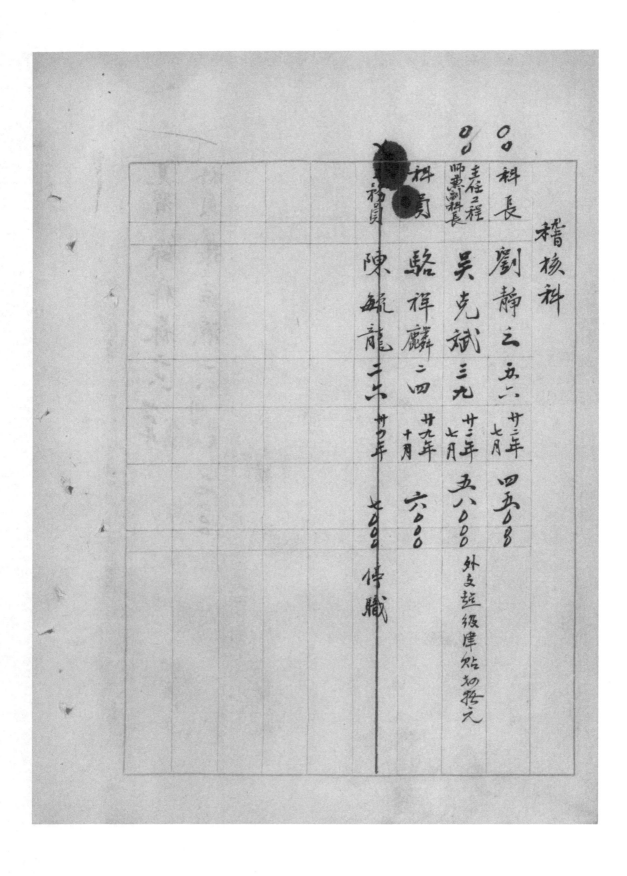

稽核科

| | | | | |
|---|---|---|---|---|
| 科長 劉靜之 | 五六 | 廿二年七月 | 四五○○ | |
| 主任工程師兼劉科長 | | | | |
| 吳克斌 | 三九 | 廿三年七月 | 五八○○ | 外文超級津貼另拾元 |
| 科員 駱祥麟 | 二四 | 廿九年十月 | 六○○○ | |
| 科員 陳航龍 | 三六 | 廿九年七月 | | 停職 |

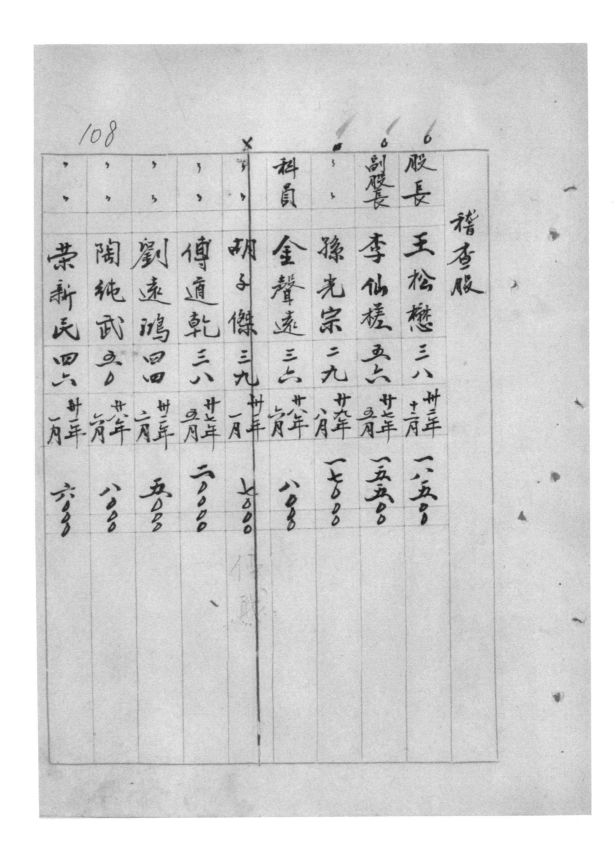

108

| 稽查股 | | | | |
|---|---|---|---|---|
| 股長 | 王松懋 | 三八 | 廿二年十一月 | 一八五〇 |
| 副股長 | 李仙樵 | 五六 | 廿一年一月 | 一五五〇 |
| 科員 | 孫光宗 | 二九 | 廿七年八月 | 一七〇〇 |
| 〃 | 金聲遠 | 三六 | 廿六年 | 八〇〇 |
| 〃 | 胡子傑 | 三九 | 廿二年一月 | 七〇〇〇 |
| 〃 | 傅道乾 | 三八 | 廿二年二月 | 二〇〇〇 |
| 〃 | 劉遠鴻 | 四四 | 廿五年二月 | 五〇〇〇 |
| 〃 | 陶純武 | 五〇 | 廿五年二月 | 八〇〇 |
| 〃 | 榮新民 | 四六 | 廿二年一月 | 六〇〇〇 |

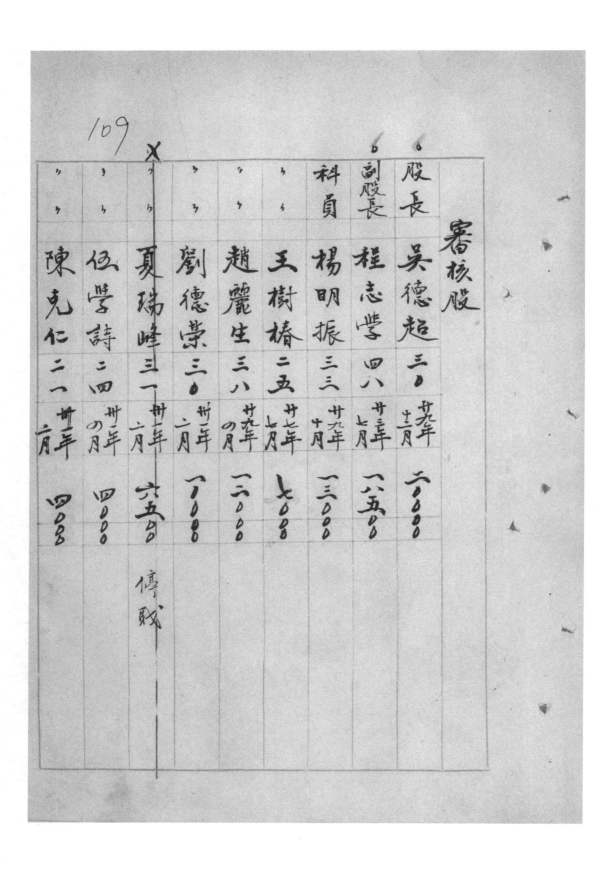

审核股

| 职别 | 姓名 | 年龄 | 到职年月 | 薪额 | 备考 |
|---|---|---|---|---|---|
| 股长 | 吴德超 | 三○ | 廿年十二月 | 二○○○ | |
| 副股长 | 程志学 | 四八 | 廿三年七月 | 一八五○○ | |
| 科员 | 杨明振 | 三三 | 廿九年十月 | 一三○○○ | |
| 〃 | 王树椿 | 二五 | 廿七年十月 | 七○○○ | |
| 〃 | 赵丽生 | 三八 | 廿六年○月 | 一二○○○ | |
| 〃 | 刘德棠 | 三○ | 廿一年二月 | 一○○○○ | |
| 〃 | 夏瑞峰 | 三一 | 卅一年二月 | 六五○○ | 停职 |
| 〃 | 伍学诗 | 二四 | 卅年○月 | 四○○○ | |
| 〃 | 陈克仁 | 二一 | 卅年六月 | 四○○○ | |

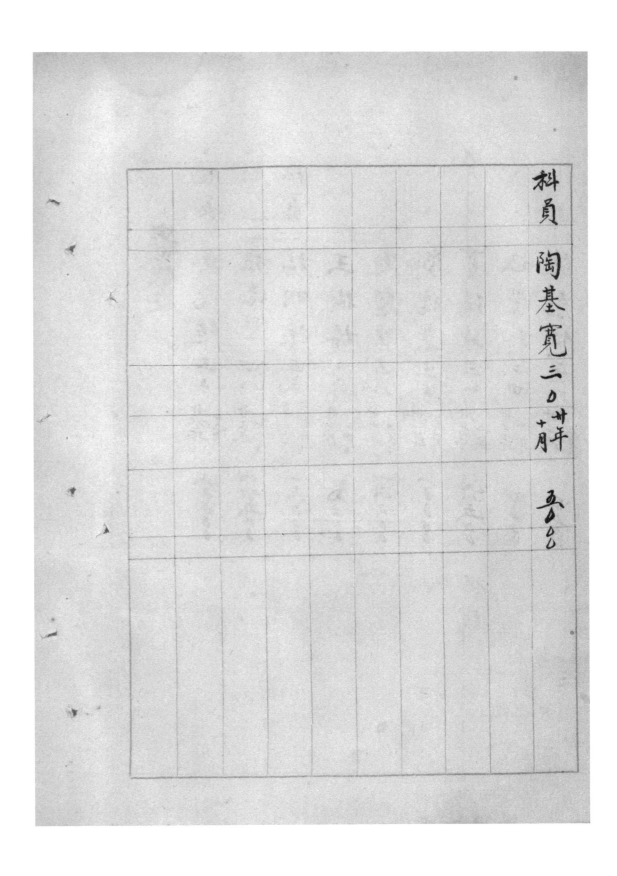

科員　陶基寬　三〇　廿年十月　五〇〇

110

| 統計股 | | | | |
|---|---|---|---|---|
| 股長 | 浦秉爵 | 三〇 | 卅年六月 | 二〇〇〇 |
| 科員 | 王如松 | 三〇 | 卅年六月 | 一〇〇〇 |
| 〃 | 屠瑜 | 二七 | 卅年七月 | 九〇〇 |
| 〃 | 余連如 | 二八 | 卅年十月 | 八〇〇 |

第一發電廠

| 職別 | 姓名 | | 到職年月 | 薪額 | 備考 |
|---|---|---|---|---|---|
| 主任 | 易宗樸 | 三八 | 廿年○月 | 三四○○○ | |
| 工程師 | 趙三陳 | 三八 | 廿年○月 | 三四○○○ | |
| 〃 | 陳瑞 | 三一 | 先九年三月 | 二四五○○ | |
| 〃 | 楊賢生 | 五六 | 廿三年○月 | 四五○○○ | 外支超級津貼永拾元 |
| 副工程師 | 楊如坤 | 五四 | 廿二年○月 | 三二○○○ | 外支超級津貼永拾元 |
| 〃 | 花光棠 | 二五 | 廿二年○月 | 一○○○○ | |
| 科員 | 楊富尊 | 三七 | 廿二年○月 | 二○○○○ | 外支超級津貼初拾但元 |
| X 工務員 | 黃文恭 | 二六 | 廿二年○月 | 一八○○ | 調入○殷 |
| X 見習工務員 | 徐煥新 | | 廿三年八月 | 公○○ | |

第三發電廠

| 職別 | 姓名 | 年齡 | 年月 | 金額 | 備註 |
|---|---|---|---|---|---|
| 主任兼管理股長 | 劉希孟 | 三七 | 廿七年九月 | 三八〇〇 | |
| 修配股長 | 郭民永 | 二九 | 廿九年九月 | 二七〇〇 | |
| 工程師 | 黃士澄 | 二九 | 卅年九月 | 二〇〇〇 | |
| 〃　〃 | 張先文 | 二八 | 卅年八月 | 一五五〇〇 | |
| 工程師 | 戴第 | 三〇 | 廿三年七月 | 一二〇〇〇 | 卅五年元月十三日升工程師 |
| 工務員 | 張道曹 | 二七 | 卅四年六月 | 一〇〇〇〇 | 升副工程師 |
| 枓員 | 高爨明 | 三五 | 廿九年十二月 | 一四〇〇〇 | |
| 〃　〃 | 彭定智 | 二四 | 卅年一月 | 一〇〇〇 | |
| 工務員 | 羅經南 | 二八 | 廿年〇月 | 六〇〇〇 | |

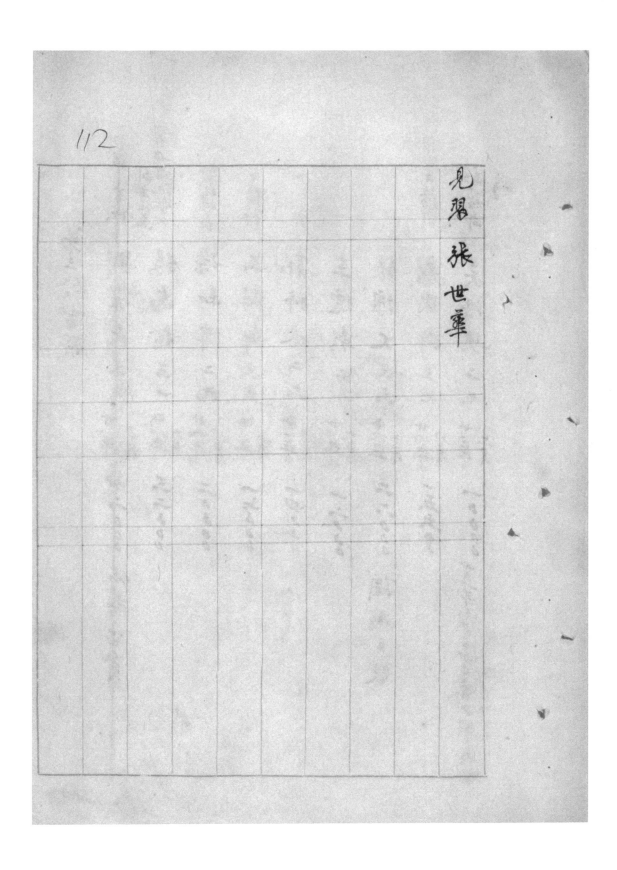

见习　张世华

第三發電廠

| 副工程師 | 工務員 | | | | 工程師 | 管理股長 | 管理股長 | ○○修配股長 | 副主任兼 | 主任 |
|---|---|---|---|---|---|---|---|---|---|---|
| 吳浩興 | 戴次群 | 張博文 | 王德彰 | 郭綽永 | 王國新 | 孫新傳 | 張萬楷 | | | 劉澤民 |
| 二七 | 三七 | 三三 | 二八 | 二六 | 三五 | 二九 | 三一 | | | 卅七 |
| 廿三年一月 | 廿七年八月 | 廿九年十月 | 卅一年七月 | 廿一年七月 | 廿一年九月 | 廿六年八月 | 廿六年九月 | | | 三月 |
| 一0000 | 一五五00 | 二六000 | 一二一00 | 一四000 | 一六000 | 二一000 | 三二000 | | | 四二000 |
| 卅五年元月十四日晉升副工程師 | | 調用户股 | | | | | | | | 傳郝電資 |

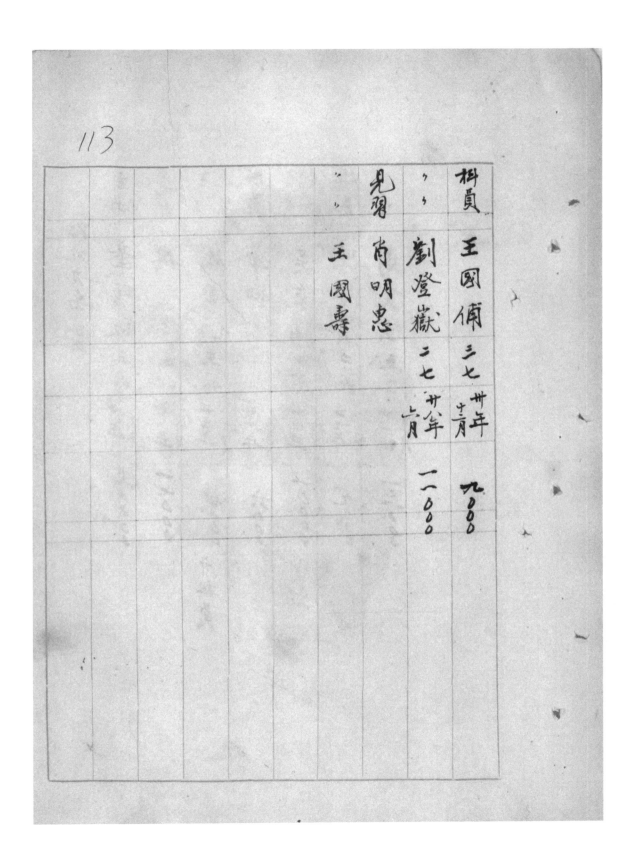

江北办事处

| 职务 | 姓名 | 年龄 | 年月 | 薪 | 备注 |
|---|---|---|---|---|---|
| 主任 | 章畴叙 | 三二 | 廿年十二月 | 30000 | |
| 工务员 | 冉模 | 三一 | 廿二年十月 | 17000 | |
| 工务见习 | 周正倫 | 三一 | 卅二年十月 | 4000 | 升科员 |
| 科员 | 李仲康 | 二八 | 廿六年七月 | 6000 | |
| 营业股长 | 吴李鹤 | 二九 | 廿五年八月 | 10000 | |
| 科员 | 陈远清 | 二九 | 廿九年一月 | 9000 | |
| 科员 | 馬雲楹 | 五九 | 廿五年六月 | 13000 | |

南岸新事寮

| 職務 | 姓名 | 年齡 | 到職 | 薪額 | 備考 |
|---|---|---|---|---|---|
| 主任 | 劉佩雄 | 四一 | 廿年七月 | 四五〇〇 | |
| 營業股長 | 謝天澤 | 三六 | 廿三年八月 | 二一五〇〇 | |
| 工程股長 | 髙昌瑞 | 三〇 | 廿三年六月 | 一五五〇〇 | |
| 工務員 | 程孟晋 | 三三 | 廿〇年八月 | 一七〇〇〇 | |
| 〃 | 施慎安 | 三〇 | 廿七年七月 | 一三〇〇〇 | |
| 〃 | 鐘思陞 | 二四 | 廿三年二月 | 六〇〇〇 | |
| 〃 | 羅經南 | 二八 | 卅三年二月 | 六〇〇〇 | 調第二廠 |
| 枱員 | 歐陽民 | 三一 | 廿六年二月 | 八〇〇 | |
| 〃 | 杜幼佩 | 二五 | 卅年二月 | 五〇〇 | |

114

| | | | | | | |
|---|---|---|---|---|---|---|
| 料員 | 何静波 | 二七 | 六月 | 卅年 | 罗○○ | |
| 見習 | 蒙江河 | 二五 | 六月 | 卅一年 | 二六○○ | |
| 見習 三等員 | 徐焕新 | 卅四年 | 八月 | 一○○○ | 调第一厰 | |
| 学習工 務員 | 乐宝秀 | 二三 | | | | |

115

沔坪坝弗事家

| | 科员 | 、、 | 助理工務員 | 助理 | 副工程師 | 股長營業 | 股長 | 工程 | 主任 ○○ |
|---|---|---|---|---|---|---|---|---|---|
| | 何中聖 三一 廿年 七月 九000 | 楊慶廛 四八 卅年 二月 一000 | 唐政海 二五 卅年 十月 二一000 | 陳欽桂、三六 廿七年 十月 一000 | 劃祖藩 二九 廿七年 二月 一四00 | 范志高 三四 廿七年 八月 三000 | 秦典雄 三四 廿二年 三月 三八00 | | |

用電檢查組

| 職稱 | 姓名 | 年齡 | 到職 | 待遇 | 備考 |
|---|---|---|---|---|---|
| 組長 | 張似修 | 四八 | 卅年四月 | 三二○○○ | |
| 誤交 | 王松懋 | | 卅年一月 | | |
| 業涉員 | 王康生 | 五一 | 廿四年八月 | 二五○○ | |
| 組 副襄 | 張雲山 | 三四 | 廿六年二月 | 二○○○ | |
| 工務員 | 王恒 | 二八 | 卅二年十月 | 二二○○○ | 調升批表股長 |
| 〃〃 | 陳光武 | 三三 | 廿三年七月 | 一五五○○ | 外支超級庫能三十元 四股長待遇 |
| 科員 | 盧惠馨 | 二八 | 廿二年十月 | 五○○○ | |
| 〃〃 | 鄭功甫 | 三一 | 廿三年○月 | 四○○○ | |
| 工務員 | 吳英銓 | 三○ | 廿二年○月 | 一○○○ | 升副工程師 |

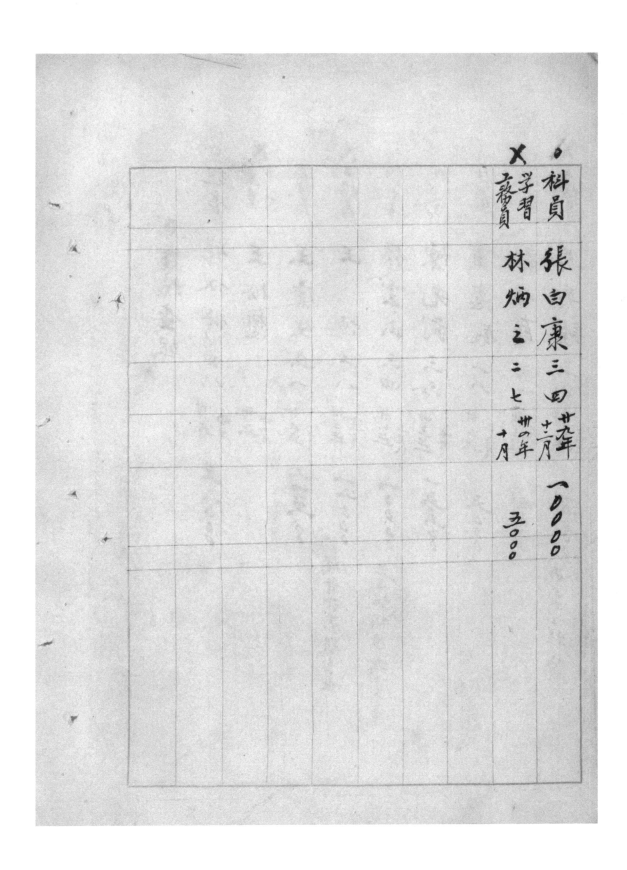

| | ○科員 | 張白康 | 三四 廿九年 十二月 | 一〇〇〇 |
| | ╳學習 | | | |
| | 二敎員 | 林炳之 | 二七 廿〇年 十月 | 五〇〇 |

117

福利社

| 職別 | 姓名 | 年齡 | 年月 | 數額 | 備註 |
|---|---|---|---|---|---|
| 主任 | 楊新民 | 四三 | 廿年△月 | 二六000 | |
| 科員 | 毛世佛 | 二九 | 卅年十二月 | 五五00 | |
| ″″ | 楊靜安 | 三八 | 卅二年三月 | 七000 | |
| ″″ | 鄭忠崇 | 三0 | 卅年三月 | 五五00 | |
| ″″ | 劉祖春 | 二三 | 廿六年六月 | 一000 | |
| 見習 | 莊在盦 | 二四 | 卅年三月 | 三五00 | |
| ″″ | 楊玉泉 | 二六 | 卅三年0月 | 二一00 | 傅賍 |
| 科員 | 朱效先 | 五三 | 廿三年0月 | 二000 | |

重庆电力股份有限公司全体职员名册（一九四五年） 0219-1—33

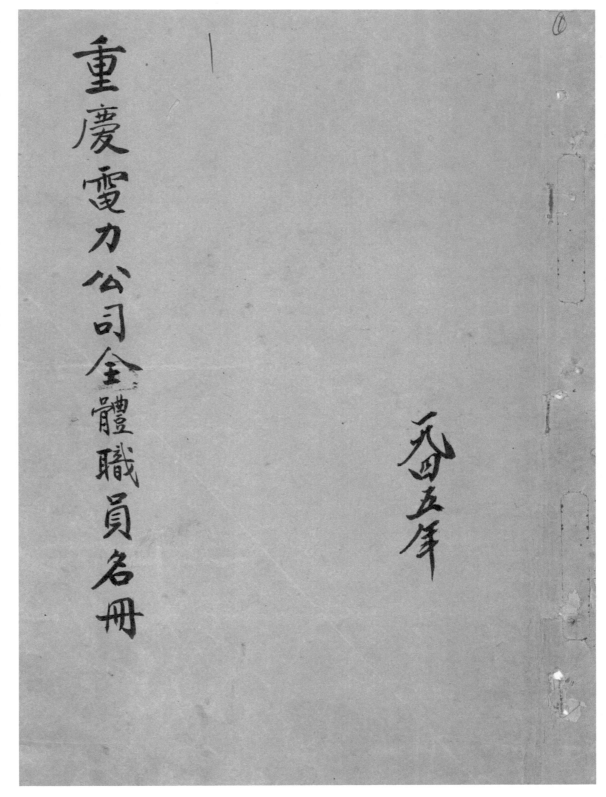

重慶電力公司全體職員名冊

一九四五年

重慶電力公司全體職員名冊　民國卅〇年十一月份

經理室

| 職別姓名 | 年齡 | 籍貫　學歷 | 到職年月 | 所任工作 | 備註 |
| --- | --- | --- | --- | --- | --- |
| 協理代總經理　程本臧 | 四二 | 四川　上海法政大學經 | 廿八年辦理本公司董會記錄 | 廿二年二月總理全公司公務 | |
| 秘書　魚人事股長　張君鼎 | 四一 | 四川長壽　濟字畢業 | 廿八年十一月 | 及會報記錄暨各項文件 | |

總工程師室

| 職別姓名 | 年齡 | 籍貫　學歷 | 到職年月 | 所任工作 | 備註 |
| --- | --- | --- | --- | --- | --- |
| 總工程師　吳陽瀛<br>魚工務科長 | 四〇 | 四川　交通大學杭 | 廿二年 | 綜理工務科及各廠工程一切事宜 | |
| 工程師　周傳甲 | 三六 | 杭州　浙江大學電杭系畢業 | 廿三年〇月宜 | 總工程師室設計事 | |

總務科

| 職別姓名 | 年齡 | 籍貫　學歷 | 到職年月 | 所任工作 | 備註 |
| --- | --- | --- | --- | --- | --- |
| 科長　陶丕顯 | 五二 | 江蘇南京高等海軍　無錫學校航海駕駛 | 廿二年二月 | 綜理全科事務及核閱　文稿 | 已離職 |

病假

副科長　董毓庚　庚四〇　成都　四川成都華陽舊　廿一年〇月　協辦科務
　　　　　　　　　成都制中學畢業

工程師　汪振祥　三九　杭州　浙江浙大高級工科戰　廿二年　官理全公司電話杭號
　　　　　　　　　杭州技電杭綫畢業　廿五月　綫路及工人等

已辭職
科員　徐圖強　二七　諸暨　浙江紹興檔岫　廿二年　撥繕校對收發及保管
　　　　　　　　　學高中部畢業　廿二月　文件薄記

文書股

股長　闞倬雲　五〇　四川　四川上海震旦大學　廿〇年　撰擬文稿
　　　　　　　　　渠縣文學系肆業　廿五月

副股長　周丕南　四七　四川　四川　廿七年　官檔
　　　　　　　　　達縣　廿二月

科員　汪海東　五七　四川　四川四川法政校法　廿八年　文件
　　　　　　　　　政科休業　廿〇月　繕寫

　　　楊同培　三四　四川　四川達縣縣立高中　廿八年　繕寫
　　　　　　　　　宣漢畢業　十月　農文件

已辭職
　　　賀未修　曲一　浙江　浙江杭州蕙蘭高　廿二年　停職
　　　　　　　　　　廿三月

　　　陳志唐　二七　杭州　杭州級中學畢業　廿〇年　繕寫
　　　　　　　　　　二月

| 職別 | 姓名 | 年齡 | 籍貫 | 學歷 | 到職年月 | 職務 |
|---|---|---|---|---|---|---|
| 科員 | 龔伯皋 | 三二 | 湖南 | 國立湖南大學文學院畢業 | 卅○年○月 | 撰稿 |
| 見習 | 蕭堯先 | 二八 | 湘潭 四川省立南充中學休業 | 四川省立南充中學休業 | 卅一年○月 | 編印案據 |
| " | 張懋玉 | 三六 | 四川 岳池 梁山 | 四川岳池中學休業 | 廿七年一月 | 收發文件 |
| 人事股 | | | | | | |
| 副股長 | 許文照 | 四七 | 浙江 海寧 | 南洋大學畢業 | 廿三年五月 | 綜理全股事務及核閱文稿暨接洽各界聯繫工作 |
| 科員 | 祝振庭 | 三○ | 安徽 宿松 | 南京國立體專作育科畢業 | 廿二年十二月 | 核真撫卹及經官保證 |
| " | 曹德風 | 二九 | 四川 璧山 | 重慶高商商科畢業 | 廿九年十二月 | 書證章本股一切雜項事 |
| " | 韋在中 | 二四 | 四川 閬中 | 閬中省立中學高中部肄業 | 卅年十二月 | 繕寫及造表冊保管戰員調查表及戰員任免升潤等事 |
| " | 孟世德 | 二二 | 四川 沙市 巴縣 | 新沙高中肄業 中辦事 | 卅年十月 | 收發文件及法假登記及一切雜事 |
| " | 錢聿元 | 二八 | 浙江 鄞縣 | 東吳法學院法律科肄業 | 卅○年二月 | 保管卷宗及草擬公文書 |

已調
材料股附
左伝

| 職別 | 姓名 | 年齡 | 籍貫 | 學歷 | 到職年月 | 職務 |
|---|---|---|---|---|---|---|
| 科員 | 謝景安 | 四六 | 江西 | 江西豫章法政南昌學校法律科畢業 | 廿四年八月 | 办本股一切文稿及調查表 |
| 見習 | 楊子玉 | 二二 | 江蘇<br>上海 | 中華高級戰校廿三年六月<br>上木科畢業 | | 助理本股一切事務兼一廠保管之友名冊及調查表及之友到離獎罰等事 |
| 材料股 | | | | | | |
| 股長 | 鄔仲廉 | 三四 | 四川<br>巴縣 | 實商高校畢業 | 廿三年十月 | 材料主官員 |
| 副股長 | 陳西黎 | 三○ | 四川<br>巴縣 | 高戰校畢業 | 廿三年七月 | 助理本股一切事務及材料主官員填送材料估價表 |
| 工程師 | 王嚴鰲 | 五○ | 山西 | 山西太原大學杭械工程科畢業 | 廿三年六月 | 一廠材料室填寫逐月收發材料科報告 |
| 科員 | 朱家鈺 | 二九 | 四川 | 閬中縣立中學校 | 廿六年六月 | 各材料室同保記股之聯絡及填送本股對外對內收支件 |
| 〃 | 王永思 | 三七 | 四川 | 北平甲大高等校 | 廿八年十月 | 保管材料填製庫存月报表及之友各之表 |
| 〃 | 陳銘謨 | 二九 | 四川<br>瀘縣 | 瀘縣中學畢業 | 廿六年六月 | 三廠材料室主官員及填製一切表报 |
| 〃 | 喻邦仕 | 三○ | 四川<br>巴縣 | 中央工業專校電訊科畢業 | 廿三年一月 | 三廠材料室主官員及填製一切表报 |

科員　李重芳　二八　安徽合肥　安徽中學休業　廿九年九月　保管材料

〃　胡蕭文　三三　四川巴縣　巴縣立中學畢業　廿二年交行監管員

〃　陽光化　二一　四川岳池　岳池縣立中學畢業　卅一年　材料收發

見習　葉永吉　二一　江蘇無錫　無錫胡汃中學初中部肄業　卅年二月　接管材料室保管材料及填裝運日收發報庫房

〃　湯徽英　二二　浙江杭州　九江鄉村師範初中部畢業　卅二年十月　付達電話及登記長途

〃　陳麗之　二二　江蘇南京　南京實驗中學肄業　廿二年十月　付達電話及登記長途

〃　陳文璟　二七　安徽洛陽　洛陽軍校　廿一年五月　乾橋庫房保管材料

燃料股

股長　雷昭元　三一　四川巴縣　大同大學理科肄業　廿三年一月　務　本股對內對外一切事

副股長　周立剛　二八　四川巴縣　中央工業專校電訊畢業　廿年一月　仝　右

| 職別 | 姓名 | 年齡 | 籍貫 | 學歷 | 到差年月 | 職務 |
|---|---|---|---|---|---|---|
| 科員 | 楊紹勳 | 二三 | 四川萬縣 | 四川工商專校工商管理科畢業 | 卅年七月 | 主管二廠事務 |
| 〃 | 傅德新 | 二八 | 四川巴縣 | 四川江浣沿平中嶋学校畢業 | 廿七年十月 | 三廠核收煤 |
| 〃 | 胡智成 | 四九 | 四川開縣 | 舊制中學畢業 | 卅一年二月 | 主管三廠煤核 |
| 〃 | 馮崇祚 | 二七 | 浙江杭州安定中學肄業 | | 卅三年一月 | 主管三廠煤核 |
| 〃 | 連鍾毓 | 三四 | 諸暨 江蘇吳縣高中部卒業 | | 卅二年九月 | 二廠收煤 |
| 〃 | 嚴正 | 三二 | 江蘇無錫會計象畢業 | | 卅二年十月 | 本股帳務 |
| 〃 | 劉大有 | 二七 | 四川巴縣 四川工業学校畢業 | | 卅年十月 | 辦理表報其他一切事 |
| 〃 | 周顯燾 | 二四 | 四川達縣 華四工專校肄業 | | 廿九年十二月 | 三廠煤核帳務 |
| 〃 | 龔伯階 | 三五 | 四川巴縣師範畢業 | | 卅年一月 | 務友外勤工作 |
| 見習 | 林鯤化 | 二二 | 河北 廣東中學高 天津中部肄業 | | 廿三年一月 | 二廠煤核帳務 |

购置股

| 职称 | 姓名 | 年龄 | 籍贯 | 学历 | 到职 | 职务 |
|---|---|---|---|---|---|---|
| 股长 | 王德华 | 三一 | 四川 | 北平大学工学院宣杭工程系毕业 廿七年 | 九月 | 处理本股对内对外一切事宜 |
| 副股长 | 唐鹤生 | 二八 | 江苏 通启 | 高商职校会计科毕业 廿六年 | 八月 | 科估价造表拟稿等 |
| 科员 | 晏怀忆 | 二五 | 四川 隆昌 上海 | 隆昌中学毕业 廿六年 | 八月 | 对内接洽购置材料科 制市价册及本股账册 |
| " | 陈义权 | 二五 | 浙江 镇海 | 东吴大学法律系毕业 卅三年 | 一月 | 及保管各种单据合同 |

废务股

| 职称 | 姓名 | 年龄 | 籍贯 | 学历 | 到职 | 职务 |
|---|---|---|---|---|---|---|
| 股长 | 刘鸣皋 | 三一 | 四川 巴县 | 重庆高商商科毕业 卅四年 | 四月 | 管理全股事务保管现金 单据及缴付款记登现金 |
| 科员 | 徐世和 | 三三 | 湖北 武昌 | 武昌中学毕业 廿九年 | 八月 | 管理汽车司机及修理汽 工料工资临时对外勤事 件 |
| " | 谭谋逐 | 二八 | 四川 巴县 | 学校毕业 卅一年 | 五月 | 修理汽车及徐购汽车 邮件同保管零件 |
| " | 审席君 | 二九 | 四川 南中央军校 军事通信毕业 | 卅一年 | 三月 | 保管及收发文具纸张装订 造表册经费书之及临 时对外勤事件 |

已辞职

| 職別 | 姓名 | 年齡 | 籍貫·學歷 | 到職年月 | 職務 |
|---|---|---|---|---|---|
| 科員 | 劉煥成 | 二六 | 四川南充中學肄業 | 廿八年九月 | 簡負外勤工作經管戰時工藝品物品選造表冊記費用帳 |
| 〃 | 王祥璋 | 二三 | 四川成都華中肄業 | 卅八年八月 | 探查及保安物品選造表冊經管戰工藝工等員 |
| 〃 | 余家齊 | 二五 | 四川捷為高中部畢業 | 卅年十二月 | 算帳助付票選造表冊 |
| 〃 | 劉子傑 | 三五 | 四川綿竹舊制中 | 卅二年六月 | 收友繕寫表冊經管戰工藝等 |
| 〃 | 盧國全 | 二七 | 四川北碚秉善中學 巴縣工蘭專科畢業 | 八月 | 記文具帳官理印制造 表冊封費薪工 |
| 主任醫師 | 羅廿一 | 三七 | 四川開江院畢業 | 卅七年一月 | 醫生 |
| 醫師 | 劉繼成 | 五三 | 河北 英國華威頓大學醫科 | 卅三年二月 | 醫生 |
| 〃 | 傅文祥 | 三一 | 四川達縣達縣縣中初中卒業 | 卅三年三月 | 二廠醫生 |
| 助理醫師 | 王咸康 | 三一 | 浙江紹興 衛生署衛生人員訓練所畢業 | 卅七月 | 二廠醫生 |

醫務室

5

工務科

| 職務 | 姓名 | 年齡 | 籍貫 | 學歷 | 日期 | 備註 |
|---|---|---|---|---|---|---|
| 助理醫師 | 葉文全 | 二八 | 四川達縣 | 達縣縣中高中畢業 | 卅一年二月 | 三一做醫生 |
| 見習 | 杜朝鑫 | 二三 | 四川潼南畢業 | 廿六小學高小 | 四月 | 司藥薰任襟務 |
| 〃 | 柏濟民 | 二五 | 四川岳池 | 范崇高小畢業 | 廿八年三月 | 司藥薰收菱芍襟務 |
| 〃 | 謝慶餘 | 二六 | 成都 | 成都縣立小學高小畢業 | 廿三年三月 | 司藥薰任襟務 |
| 副科長兼務主任及第二做主任 一做主任 | 易宗模 | 三七 | 四川合川 | 比國列日大學電機系畢業 | 廿七年十月 | 工務科魚二做一以事宜 |
| 副科長 主任 魚電務 | 宋達金 | 三九 | 浙江紹興 | 杭科畢業 | 廿三年十月 | 工務科魚供電組一事宜 |
| 計股長 線路設 | 朱福馹 | 五一 | 浙江吳興 | 機象畢業 | 廿三年六月 | 線路設計事宜 |
| 持股長 線路維 | 吳昌怨 | 二八 | 四川青神 | 重慶大學畢業 | 卅年九月 | 線路維持事宜 |
| 工程師 | 唐政權 | 三三 | 四川重慶 | 巴栗寺校高級畢業 | 廿三年一月 | 繪製備表及工程記錄 |

| 職別 | 姓名 | 年齡 | 籍貫 | 學歷 | 到職 | 職務 |
|---|---|---|---|---|---|---|
| 副程師 | 張詡瑞 | 四四 | 浙江鄭縣 | 上海同善學校畢業 | 廿一年七月作 | 線路電龍修理工 |
| 工務員 | 鄧德元 | 三二 | 四川璧山 | 四川重慶工專校杭機科畢業 | 廿○年八月 | 線路施工作 |
| 〃 | 張繼琴 | 三一 | 四川巴縣 | 巴縣西里中學畢業 | 廿二年十月 | 線路施工作 |
| 〃 | 何濟溥 | 三二 | 四川巴縣 | 學校商科畢業 | 廿○年七月 | 線路設計工作 |
| 〃 | 曹淵湘 | 二八 | 四川成都 | 天府中學高級商業畢業 | 廿五年二月 | 線路設計工作 |
| 〃 | 王一宇 | 二四 | 浙江青田 | 浙江大學電杭象畢業 | 廿○年二月 | 線路維持工作 |
| 〃 | 余威鈿 | 二五 | 四川萬縣 | 中央工專校杭機科畢業 | 廿二年十月 | 工科繪圖校驗工作 |
| 工務見習 | 何紹明 | 二四 | 四川岳池 | 杭機科畢業 | 廿○年九月 | 業務科 |
| 科長 | 張珍 | 四五 | 四川南充 | 同濟大學電杭象畢業 | 廿四年九月 | 綜理全科一扣事宜 |

用戶股

| 職別 | 姓名 | 年齡 | 籍貫・學歷 | 到職年月 | 職務 |
|---|---|---|---|---|---|
| 副科長 | 陳景嵐 | 三五 | 四川富順　北平大學工學院　窯杭工程畢業 | 廿四年　廿年五月 | 協理全科事宜及用（萬用之股長）三股全股事宜 |
| 科員 | 陳樹風 | 三二 | 四川隆昌商戰校畢業 | 廿五年九月 | 謄稿繕寫 |
| 〃 | 李子溶 | 三七 | 四川巴縣贛江中學畢業 | 廿九年十二月 | 映叢文件及繕寫 |
| 副股長 | 李德全 | 三七 | 四川巴縣　重慶商戰校畢業 | 廿三年一月 | 辦理全股一切事宜 |
| 工程師 | 王紹綸 | 五〇 | 四川自貢　天津高工校校械料畢業 | 廿三年十二月 | 主管整理接戶線 |
| 〃 | 張博文 | 三三 | 山西垣曲　北平大學電力工程象畢業 | 廿九年十月 | 主管三組及檢驗 |
| 工務員 | 曾澤民 | 三三 | 四川璧山　省立陶瓷校畢業 | 廿五年九月 | 派工 |
| 〃 | 馮先富 | 二六 | 浙江紹興　杭州省立戰校畢業 | 廿三年十月 | 檢驗 |
| 〃 | 羅鴻璨 | 三六 | 山東掖縣　哈爾濱電工校畢業 | 卅三年六月 | 外勤檢驗　回山東 |

（印：已閱）

| 職稱 | 姓名 | 年齡 | 籍貫 | 學歷 | 到職年月 | 職務 |
|---|---|---|---|---|---|---|
| 工務員 | 蕭琴武 | 二六 | 湖北武昌 | 成都金陵大學 | 卅二年三月續 | 業務登記及洽辦 |
| 助理工務員 | 任培江 | 二七 | 四川南充 | 四川省成都高級工業職校電機畢 | 卅一年十月 | 外勤核表 |
| 科員 | 劉正昌 | 二七 | 四川巴縣 | 四川南充嘉陵高中校畢業 | 廿六年八月另續 | 業務登記及洽辦 |
| 〃 | 孫續亭 | 二五 | 四川奉節 | 四川省立四中高中肄業 | 廿九年十月 | 收費管卷 |
| 〃 | 蕭一可 | 二三 | 四川石砫 | 青安科畢業 | 廿九年十二月 | 文書 |
| 〃 | 毛目章 | 三一 | 江蘇 | 上海東吳大學法學院 | 廿九年十二月 | 記賬製表報 |
| 〃 | 王大緒 | 二四 | 浙江奉化 | 上海聖芳濟校畢業 | 廿七年六月 | 封表 |
| 〃 | 楊世明 | 二九 | 四川成都 | 四川省立萬縣師範學校肄業 | 廿九年七月 | 管理用戶卡片 |
| 〃 | 陳尊雲 | 三〇 | 四川岳池 | 四川南充嘉陵中學 | 卅年二月 | 買材料 |
| 〃 | 趙芳舉 | 三四 | 山東益都 | 山東省立鄉村建設專校肄業 | 廿九年十二月 | 記賬寫卡片 |

科員 薛慕班 四九 四川宜賓 南充警官學校畢業 卅二年一月 保官票據及記帳

〃 徐昌裔 二九 四川巴縣 巴縣立高農校畢業 廿九年十二月 製票

〃 王德懋 二四 四川瀘縣 瀘縣忠商校畢業 廿九年十一月 製票據

〃 蕭藻年 三七 四川宣漢 達縣聯立中學畢業 卅二年九月 收費

〃 毛信懋 二六 浙江奉化 東吳大學法律科畢業 廿九年十二月 考工官工帳

抄表股

股長 王恒 二八 山東萊陽 日本東京高工校電氣卒業 卅二年十一月 總理全股一切事宜

工務見習 鄭承瑄 二一 四川成都 中央工校電机科畢業 廿二年八月 抄表

科員 鄭權 二七 四川瀘縣 實用簡易辭業 廿○年八月 保官卡片及檢查抄表卡片及

〃 夏仲康 三七 四川富順 富順中學畢業 廿四年八月 抄表

| 職別 | 姓名 | 年齡 | 籍貫 | | 學歷 | 到職年月 | 擔任工作 |
|---|---|---|---|---|---|---|---|
| 科員 | 洪家楨 | 三三 | 四川 | 成都 | 成城中学卒業 | 廿五年十二月 | 抄表 |
| 〃 | 胡澄秋 | 三五 | 四川 | 巴縣 | 西里舊制中学畢業 | 廿七年十月 | 仝右 |
| 〃 | 文家敏 | 二五 | 四川 | 江北 | 沿平中学初中部畢業 | 廿〇年九月 | 仝右 |
| 〃 | 唐勤序 | 三〇 | 四川 | 江北 | 江北中学肄業 | 廿四年九月 | 仝右 |
| 〃 | 賴光輝 | 二八 | 四川 | 巴縣 | 巴縣中学肄業 | 廿六年八月 | 各方面查詢及收發保管文件 |
| 〃 | 何開元 | 四〇 | 四川 | 內江 | 沱江中学肄業 | 廿七年九月 | 表折 |
| 〃 | 馮堯安 | 二八 | 四川 | 重慶 | 贛江中学畢業 | 廿七年九月 | 抄表 |
| 〃 | 盧廷錫 | 三四 | 四川 | 巴縣 | 上海大学法学院法律科肄業 | 卅年五月 | 辦理裝折選複用戶卡尼芽 |
| 〃 | 費興業 | 二五 | 四川 | 重慶 | 沿平中学卒業 | 廿七年十月 | 辦理億升電度及內勤工作 |
| 〃 | 朱立之 | 四一 | 四川 | 瀘縣 | 瀘縣中学肄業 | 廿〇年六月 | 抄表 |

| 职别 | 姓名 | 年龄 | 籍贯 | 学历 | 到差年月 | 职务 |
|---|---|---|---|---|---|---|
| 科员 | 尹辉暄 | 二九 | 四川泸县 | 省渝高工毕业 | 卅三年二月 | 仝右 |
| 〃 | 张道刚 | 二四 | 四川巴县 | 南开中学高中部毕业 | 卅年十二月 | 仝右 |
| 〃 | 刘庶岩 | 二六 | 四川南充 | 蓬溪中学毕业 | 廿六年六月 | 仝右 |
| 〃 | 衡足鼎 | 三五 | 四川大足 | 大足中学初中毕业 | 廿九年十月 | |
| 票据股 | | | | | | |
| 副股长 | 李文修 | 三二 | 四川巴县 | 巴渝中学毕业 | 廿七年九月 | 协助全股一切事宜 |
| 股长 | 黄登崇 | 二九 | 四川巴县 | 川东省立高级中学毕业 | 廿六年八月 | 总理全股一切事宜 |
| 科员 | 李树辉 | 二六 | 四川江津 | 江北中学毕业 | 廿八年八月 | 副农票据及通知单 |
| 〃 | 王泽棠 | 三一 | 四川巴县 | 巴县西里中学毕业 | 廿八年一月 | 领发票据及副农 |
| 〃 | 毛君渠 | 三四 | 四川巴县 | 川东师范学校毕业 | 廿八年八月 | 制审费票据 |

| 職別姓名 | 年齡 | 籍貫 | 學歷 | 到職年月 | 職務 |
|---|---|---|---|---|---|
| 科員劉祖芳 | 二六 | 四川巴縣 | 市中校肄業 | 廿八年八月 | 辦理電費分戶帳 |
| 〃 廖成富 | 二七 | 四川巴縣 | 立信會計校畢業 | 卅年二月 | 計算電費票據及通知單 |
| 〃 余造邦 | 三二 | 四川瀘縣 | 瀘縣高中校畢業 | 卅年二月 | 製電費票據 |
| 〃 周復生 | 二六 | 四川巴縣 | 重慶中學肄業 | 廿八年七月 | 辦理電費分戶帳 |
| 〃 周邦智 | 二四 | 四川巴縣 | 市立中校卒業 | 廿八年六月 | 清查電費及各項文件記帳 |
| 〃 劉竹然 | 三〇 | 四川巴縣 | 南泉高工校肄業 | 廿八年九月 | 計算電費通知單 |
| 〃 費世昌 | 二九 | 四川長壽 | 長壽縣中校卒業 | 卅年二月 | 辦理分戶帳總帳及造每月結餘表 |
| 〃 吳重賢 | 二四 | 四川瀘縣 | 瀘縣中學肄業 | 廿八年七月 | 製電費宗據 |
| 〃 谷其友 | 二五 | 四川璧山 | 璧山高中校肄業 | 廿九年十二月 | 仝石 |
| 〃 趙國棟 | 三〇 | 四川巴縣 | 川東師範肄業 | 卅年〇月 | 辦電費分戶帳 |

| 職別 | 姓名 | 年齡 | 籍貫 | 學歷 | 畢業時間 | 經辦事項 |
|---|---|---|---|---|---|---|
| 科員 | 王邦寧 | 二三 | 四川 巴縣 | 孟商戰校畢業 | 廿九年十二月 | 製電費票據 |
| 〃 | 鄭立農 | 二七 | 四川 重慶 | 求精中學畢業 | 廿二年十月 | 升算電費票據及通知單 |
| 〃 | 王武度 | 三二 | 四川 瀘縣 | 瀘縣中學畢業 | 廿六年八月 | 仝右 |
| 〃 | 張永達 | 二五 | 四川 合縣 | 華西工商專校工商管理科畢業 | 廿二年八月 | 製電費票據 |
| 〃 | 吳敬喜 | 三四 | 四川 瀘縣 | 江陽中學肄業 | 廿八年七月 | 仝右 |
| 見習 | 賀震中 | 二八 | 湖北 蒲圻 | 武昌博文中學畢業 | 廿三年〇月 | 仝右 |
| 〃 | 謝洪鈞 | 四五 | 四川 江北 | 江北縣中肄業 | 廿二年〇月 | 收費文件及員保宸帳 |
| 〃 | 車錫鑑 | 二〇 | 四川 瀘縣 | 秉善中學肄業 | 卅〇年八月 | 辦理電費分戶帳 |
| 〃 | 傅浩然 | 三〇 | 四川 達縣 | 上海三極无線電校通訊工程肄業 | 卅〇年八月 | 清查欠費及記帳 |
| 〃 | 賴君富 | 二〇 | 四川 巴縣 | 中大附中肄業 | 卅〇年八月 | 辦理電費分戶帳 |

| 職別 | 姓名 | 年齡 | 籍貫・學歷 | 到職年月・職務 |
|---|---|---|---|---|
| 見習 | 林雲森 | 三一 | 四川 四川成都陸軍々々校卒業 | 廿〇年八月 辦理電費分戶帳 |
| 〃〃 | 傅彥時 | 二三 | 四川 私立協進中學高中卒業 | 廿〇年八月 計算電費通知 |
| 〃〃 | 吳靜生 | 二四 | 四川 私立通惠中校初中畢業 | 廿〇年八月 換表 |
| 〃〃 | 周文 | 二八 | 四川 復旦大學肄業 | 廿〇年八月 計算電費通知單 |
| 〃〃 | 劉良善 | 二九 | 四川江津川東師範畢業 重慶 | 廿〇年計算電費通知 |

収費股

| 職別 | 姓名 | 年齡 | 籍貫・學歷 | 到職年月・職務 |
|---|---|---|---|---|
| 股長 | 劉希伯 | 四八 | 四川巴縣 私塾 | 廿一年七月 綜理全股事務 |
| 副股長 | 邵治宏 | 二八 | 四川長壽 秉善高中校畢業 | 廿七年六月 合 石 |
| 科員 | 羅守信 | 三一 | 四川璧山 省立商科中學校畢業 | 廿九年十二月 分提票友臨時出勤 |
| 〃〃 | 廖精輝 | 四九 | 四川華陽 成都華陽縣中校畢業 | 廿三年十月 退票友提票 |

| 科員 杭鶴生 三一 | ク 李秉義 四七 | ク 楊達雲 五三 | ク 龐烈輝 五一 | ク 黃明材 二七 | ク 吳瑞生 三一 | ク 郭紹林 三二 | ク 彭君儒 三二 | ク 李石蓀 三二 | ク 何澤浦 四一 |
|---|---|---|---|---|---|---|---|---|---|
| 四川 江北中學畢業 | 河南 商邱 舊學 | 四川 成都 長安中學肄業 | 四川 江津 私塾 | 四川 長壽 校畢業 | 四川 巴縣 成都中學畢業 | 四川 瀘縣 瀘中校辞中科畢業 | 江西 江西徧江專修校畢記科畢業 | 臨川 綏寧綏康公立中校畢業 | 四川 瀘鵬省立中學 |
| 廿年總覺案據及銷攺票 四月 造棱欠單 | 廿三年 十月 收費 | 廿三年 八月 剪火 | 廿八年 六月 收費 | 廿九年 十月 退票及提票 | 廿九年 十二月 收費 | 廿九年 十二月 勾票及收票 | 廿九年 十月 收費 | 廿九年 十月 收裝文件選振各項表冊暨全殷雜務 | 廿九年 十月 勾票及收票 |

| 職別 | 姓名 | 年齡 | 籍貫 | 學歷 | 到職年月 | 職務 |
|---|---|---|---|---|---|---|
| 科員 | 耿應林 | 二五 | 四川巴縣 | 桔益中學高中畢業 | 廿八年六月 | 退票及提票 |
| 〃 | 丁道宏 | 三一 | 四川宏育中學高廿〇年九月 | 收費 | | |
| 〃 | 朱殿英 | 三八 | 四川永桔中學畢業 | 廿六年八月 | 仝右 | |
| 〃 | 胡仲文 | 四四 | 四川巴縣巴甲校肄業 | 卅年九月 | 仝右 | |
| 〃 | 韓永慶 | 二六 | 四川長壽學卒業 | 卅年九月 | 仝右 | |
| 〃 | 唐亞夫 | 二六 | 四川永川縣立中學高中部肄業 | 卅年九月 | 仝右 | |
| 〃 | 開慶仁 | 三六 | 四川巴縣高商校商科畢業 | 卅九月 | 仝右 | |
| 〃 | 竇紹臣 | 四三 | 江西臨川九成中學畢業 | 卅年九月 | 仝右 | |
| 〃 | 劉心一 | 四一 | 四川成都業 | 卅年〇月 | 清繳欵 | |
| 〃 | 馮體政 | 二八 | 滬縣滬縣立中學高中部畢業 | 六月 | 帳務辦理結帳歸政票 | |

| 科員 | 王世相 | 二六 | 四川奉節投初中肄業 | 廿九年九月 | 收費 |
|---|---|---|---|---|---|
| 〃 | 劉德銓 | 四四 | 四川巴縣部肄業 | | |
| 〃 | 崔仲順 | 四三 | 四川巴縣中學初中 | 廿一年三月 | 仝右 |
| 〃 | 余世昌 | 三〇 | 四川馮商校商科 | 廿三年一月 | 仝右 |
| 〃 | 文伯威 | 四〇 | 四川巴縣學畢業 | 廿二年八月 | 仝右 |
| 〃 | 劉國章 | 四三 | 四川江北縣中初中 | 廿一年二月 | 收費 |
| 〃 | 何敬儀 | 三六 | 四川巴縣中學初中 | 廿三年四月 | 仝右 |
| 〃 | 伍叔康 | 三七 | 四川巴縣部肄業 | 廿三年十二月 | 陝門市 |
| 〃 | 程守頤 | 三〇 | 四川真軍校肄業 | 卅〇年 | 收費 |
| 〃 | 許國鈴 | 二二 | 浙江海寧 運統局技術專科卅〇年 | | 仝右 |

科員　方至誠　三〇　四川　成都大成高中　卅〇年　收費
　成都校畢業

〃　章慕京　二七　安徽　湖南大學文　卅〇年　仝右
　瀘江學系畢業

〃　鮮文焱　三〇　四川　西元縣中初中　卅〇年　仝右
　西元部畢業

見習　陳紹軒　三五　四川　某江縣中學校　卅一年　剪火
　某江縣畢業　三月

〃　魯淳揚　三八　四川　中江縣立初級　卅〇年　收費
　中江中學畢業　一月

〃　康紹良　三二　四川　瀘縣中學畢　卅〇年　仝右
　瀘縣業　九月

會計科

科長　黃大庸　四一　四川　北京大學經　廿九年　綜理全科事宜
　捷鳴　濟象畢業　十月

副科長　劉伊凡　三八　四川　聯中舊制中　廿〇年　綜理本科一切事宜及出納
　黃岩納股長　學畢業　三月　股全部事務

科員　艾明邨　四〇　江北　江北中學畢業　廿六年　辦理本科收鐵及保文書及
　　十月　開付支票及其他事務

出納股

副股長 馮行之 五一 四川巴縣舊學 廿三年股支各款填寫文票及七月本股事宜

科員 曾東清 二八 四川成都華西協会中學三十七年八月製表記帳

〃 顧景霖 二四 湖北宜昌中學高中卅年二月仝右

〃 漆先進 二六 四川涪年中學畢業 廿年十二月仝右

見習 秦光壁 三四 江北舊學 四川重慶 廿三年一月核對支票送厝各銀行

簿記股

股長 劉德惠 二八 四川巴縣正則會計校畢業 廿六年八月綜理本股全部事宜

副股長 何篤睦 三四 四川巴中中學卒業 廿三年十二月他事務

科員 熊靜澤 二九 四川達縣志誠商校畢業 廿三月製表記帳

| 职别 | 姓名 | 年龄 | 籍贯学历 | 到职年月 | 备考 | |
|---|---|---|---|---|---|---|
| 科員 | 周光泳 | 二七 | 四川 成都華西協会 廿七年 高中畢業 | 十月 | 製表記帳 | |
| 〃 | 崔德沐 | 二四 | 四川 成都 志誠高商畢業 | 廿年十月 | 全 | 右 |
| 〃 | 鄒昭琯 | 二五 | 四川 巴縣 會計專修班會計 廿年 | 十月 | 全 | 右 |
| 〃 | 徐月律 | 三六 | 四川 犍山 華西工商手科 廿年 | 五月 | 全 | 右 |
| 〃 | 湯大崇 | 二七 | 四川 巴縣 樵校畢業 | 廿年七月 | 全 | 右 |
| 〃 | 王友籍 | 二七 | 四川 內江 樵校畢業 | 廿年七月 | 全 | 右 |
| 〃 | 廖冰岳 | 三二 | 四川 巴縣 高商晤校畢業 | 廿年六月 | 全 | 右 |
| 〃 | 冷崇喜 | 二九 | 四川 省立高商校畢業 | 廿一年九月 | 全 | 右 |
| 〃 | 童伯俊 | 二八 | 四川 彭縣 商校畢業 | 廿一年一月 | 全 | 右 |
| 〃 | 王崇琛 | 二四 | 四川 崇昌 志誠商高畢業 | 廿一年 月 | 全 | 右 |

見習朱文德 二七 四川省立商校手订 廿二年六月 製表記帳

〃 何敬平 二七 四川 銅梁科毕業 廿〇年八月 仝右

〃 周目舉 二九 四川雲陽 实商高中毕業 廿〇年八月 仝右

〃 楊世荣 二四 四川雲陽 華四工商专校毕業 廿〇年八月 仝右

〃 武克勤 二五 四川万縣 升料毕業 廿〇年八月 仝右

〃 鄧祥森 二六 巴縣毕業 廿〇年八月 仝右

稽核科

科長劉靜之 五六 四川 交通大学士 廿三年七月 綜理全科一切事務

主任工程師兼副科長吳克斌 三九 安徽 嘉山 木科毕業 廿三年七月 仝右

科員駱祥麟 二四 四川 重慶 吳井中学毕業 廿九年十月 抄寫保管收發

| 工務員陳毓就 二六 | | | | | | | | | 廿四年審核材料作票及月報 |
|---|---|---|---|---|---|---|---|---|---|
| 稽查股 | | | | | | | | | |
| 股長 王松懋 三八 | | | | | 江蘇 | 警官學校畢業 | | 廿二年 | 綜理本股一切事務 十二月 |
| 副股長 李仙槎 五六 | | | | 四川秀山 | 上海南洋公學文學科畢業 | | 廿七年五月 | 文牘 |
| ″ ″ 孫光宗 二九 | | | 湖北穀城 | 穀城縣立中學移業 | | 廿九年八月 | 辦理本股對內對外一切事務 |
| 科員 金聲遠 三六 | | 漢口 | 上海藝術大學文學系畢業 | | 廿八年六月 | 外勤 |
| ″ 傅道乾 三八 | 四川瀘縣 | 私塾 | | 廿七年五月 | 仝右 |
| ″ 劉遠鴻 四四 | 湖北漢川 | 湖北法寺校信律科畢業 | | 廿二年二月 | 收費保官繕寫 |
| ″ 陶純武 五五 | 四川巴縣 | 舊學 | | 廿六月 | 內外勤 |
| ″ 崇新民 四六 | 江蘇顧江 | 舊學 | | 廿二年一月 | 外勤 |

審核股

股長　吳德超　三〇　廣西　朝陽大學經濟僑廿九年十二月　綜理本股一切事務

副股長　程志學　四八　湖北　武昌中華大學　廿三年七月　合石

科員　楊明振　三三　平南象畢業　黃安畢業

王樹椿　二五　江蘇省立淮安中學畢業　廿九年十月　務三股侍票

趙麗生　三八　四川岳池岳池中學初中　廿七年七月　審核電費票據

劉德棠　三〇　閬中閬中縣立儲制中學畢業　廿九年十月　審核票費票據及侍票日振

伍學詩　二四　四川巴縣理科畢業　卅一年二月　稽核票班津貼及電三廠福利金

陳克仁　二一　江北寺校畢業　卅一年二月　審核電賣票據

統計股　四川　重慶中學　卅一年二月　力理收發及審核每月賬工薪工津賬表冊

己未　　　　己未

| 職別 | 姓名 | 年齡 | 籍貫 | 學歷 | 到差年月 | 擔任職務 |
|---|---|---|---|---|---|---|
| 股長 | 浦承爵 | 三○ | 河北 | 南開大學經濟（天津） | 卅年六月 | 綜理本股一般公務 |
| 科員 | 王如松 | 三○ | 江蘇宜興 | 國立藝專校 | 卅年七月 | 圖表之設計及繪製，協助資料之搜集工作 |
| 〃 | 屠瑜 | 二七 | 湖北孝感 | 華西工商學校二商管理畢業 | 卅年七月 | 辦理會計及業務方面統計資料之搜集及表報 |
| 〃 | 余連如 | 二八 | 江蘇宜興 | 國立藝專校 | 卅一年十月 | 辦理工務方面統計資料科之搜集表報之編製 |
| **第一號電廠** | | | | | | |
| 工程師 | 趙之陳 | 三八 | 山西朔縣 | 山西省立工科學校電機畢業 | 廿八年○月 | 一廠值班 |
| 〃 | 陳瑞 | 三一 | 山西神池 | 北平大學電力工程系畢業 | 廿九年三月 | 一廠值班 |
| 〃 | 楊賢生 | 五六 | 安徽合肥 | 某學校機械科畢業 | 卅三年○月 | 一廠值班 |
| 副工程師 | 楊如坤 | 五四 | 安徽合肥 | 機械科畢業 | 卅三年○月 | 一廠修配工作 |
| 〃 | 花先榮 | 二五 | 四川達縣 | 重慶大學電機畢業 | 卅二年六月 | 一廠值班 |

第二发电厂

| 职别 | 姓名 | 年龄 | 籍贯 | 学历 | 到厂年月 | 担任工作 |
|---|---|---|---|---|---|---|
| 工务员 | 黄文恭 | 二六 | 潮州 | 金陵大学电 | 卅〇年 | 二厂值班 |
| 科员 | 杨富尊 | 三七 | 汉口 | 徽工程毕业　四川成都县中校 | 廿三年六月 | 工务科及厂事务 |
| 主任兼管理股长 | 刘希孟 | 三七 | 巴县 | 四川国立交通大学 | 廿七年九月 | 综理厂务及管理一切事宜 |
| 修配股长 | 郭民永 | 二九 | 成都 | 四川重庆大学电机工程象毕业 | 廿八年九月 | 修配工作 |
| 工程师 | 黄士澄 | 二九 | 广东 | 广东中山大学电机工程象毕业 | 廿年九月 | 值班 |
| 〃 | 张先立 | 二八 | 湖北枝江 | 金陵工程象毕业 | 八月 | 仝右 |
| 副工程师 | 戴策 | 三〇 | 浙江德清 | 金陵大学电机工程象毕业 | 廿三年一月 | 仝右 |
| 〃 | 张道雷 | 二七 | 江苏无锡 | 交通大学电机毕业 | 廿四年三月 | 仝右 |
| 工务员 | 罗经南 | 二八 | 吴兴 | 浙江大同大学电机象毕业 | 廿二年〇月 | |

第三條電廠

| 職別 | 姓名 | 年齡 | 籍貫／學歷 | 到職年月 | 職務 |
|---|---|---|---|---|---|
| 科員 | 喬爕明 | 三五 | 江蘇無錫 初中畢業 商科畢業 | 廿七年十二月 | 中理三廠事務造工帳及協助農校工資 |
| 〃〃 | 彭定智 | 二四 | 四川巴縣 建文中學高中部畢業 | 廿九年一月 | 中理工人參工登記製表 振及造天工帳 |
| 副主任兼修配股長 | 張萬楷 | 三一 | 四川成都 機工程系畢業 | 廿八年九月 | 宜 官理全廠一切事 |
| 管理股長 | 孫新傳 | 二九 | 江蘇如皋 浙江大學電機工程系畢業 | 廿九年八月 | 官理發電及工人 |
| 工程師 | 王國新 | 三五 | 四川綦江 | 廿二年五月 | 值班 |
| 〃〃 | 郭約永 | 二六 | 四川華陽 金陵大學電機工程系畢業 | 廿二年七月 | 仝右 |
| 〃〃 | 王德彰 | 二八 | 河北高陽 金陵大學電機工程系畢業 | 廿二年七月 | 仝右 |
| 〃〃 | 李培陽 | 三一 | 山西高陽 北平大學工字院畢業 | 廿年十二月 | 仝右 |
| 工務員 | 戴次群 | 三七 | 四川内江 成都高工校機械科畢業 | 廿四年八月 | 廠内工務雜事 |

工務員吳浩興　二七　江蘇國立中山大學電廿三年　六月　佰班
宜興　機象畢業

科員王國俌　三七　四川合川上海吳淞中國公學肄業　廿年十二月　辦理票揚及事務
表冊

，劉登嶽　二七　四川成都建國後高廿八年　六月　做工帳
隆昌中部肄業

主任韋時叙　三二　河北天津電機象畢業　廿年十一月　總理本處一切事務
江北辦事處

掌業股長吳李鶴　二九　四川成都中學理廿五年九月　辦理文件考工帳用
萬縣科肄業　户卡片

工務員冉模　三一　四川省立商高校廿三年十月　辦全區檢驗封表
萬縣畢業

科員周正倫　三一　四川涪平中學畢業廿三年六月　派工鎖退材料情票
嘉陵　查賣單事

，李仲康　二八　四川瀘縣高中部畢業廿六年七月　辦理保押金材料帳
廷核事

，陳遠清　二九　四川瀘縣川南師範廿九年一月　辦理內外文件及收
畢業

南岸辦事處

| 職別 | 姓名 | 年齡 | 籍貫 | 學歷 | 到職年月 | 經辦事務 |
|---|---|---|---|---|---|---|
| 科員 | 馬雲程 | 五九 | 四川巫北 | 舊学 | 廿五年六月 | 办理業務手續 |
| 主任 | 劉佩雄 | 四一 | 江蘇無錫 | 江苏省立南京工业专門学电机斒 | 廿二年七月 | 主持办处一切事務 |
| 營業股長 | 謝天澤 | 三六 | 四川璧山辞業 | 重慶高商校 | 廿三年八月 | 招贤办处一切業務 |
| 工程股長 | 高昌瑞 | 三〇 | 江蘇無錫象業 | 浙江大學電機 | 廿三年六月 | 担贤办处一切工務 |
| 工務員 | 程孟晉 | 三三 | 四川巴縣 | 官理象辞業 | 八月 | 办理月报封表核表各及收 |
| 〃 | 施慎安 | 三〇 | 四川 | 辅仁中学校 | 廿七年七月 | 負债供電方面工作 |
| 〃 | 鍾思聖 | 二四 | 湖北 | 同济大學機械 | 卅二年五月 | 监工考工之作 |
| 科員 | 歐陽民 | 三一 | 四川資中 | 中学毕业 | 廿九年月 | 造股費月报书事 |
| 〃 | 杜幼佩 | 二五 | 江蘇無錫江南高中 | 辞業 | 卅一年月 | 监印文书宣卷核各種账務及办理用户退費及造工账 |

| 職務 | 姓名 | 年齡 | 籍貫學歷 | 時間 | 職務說明 |
|---|---|---|---|---|---|
| 科員 | 何靜波 | 二七 | 四川重慶南岸 中南元學畢業 | 卅二年六月 | 管理用戶卡片拆表外勤查看電表工作 |
| 見習 | 蒙江河 | 二五 | 四川重慶高商校畢業 | 廿二年六月 | 辦理用電資產帳及押金保証金總帳 |
| 見習工務員 | 徐煥新 | | 湖南國立四九工學院 來陽電機工程畢業 | 卅〇年八月 | 收費材料及派工裝表莊工作 |
| 沙坪埧辦事處 | | | | | |
| 主任 | 秦亞雄 | 三四 | 河北哈尔濱中俄大學 遵化電機象畢業 | 廿三年三月 | 撰發處務 |
| 工程股長 | 范志高 | 三四 | 四川重慶大學畢業 華陽重慶商業高 | 廿七年八月 | 辦理派工測繪製預真 |
| 業股長 | 劉祖蔭 | 二九 | 四川重慶商業高 巴縣級中學畢業 | 卅一年十月 | 收費辦文稿 |
| 劉程師 | 陳歆桂 | 二六 | 四川中央大學電機 郫縣象畢業 | 卅二年二月 | 路 |
| 助理工務員 | 唐政海 | 二五 | 重慶業學校畢業 四川 | 廿七年十月 | 登記收費材料封表 |
| 科員 | 楊慶應 | 四一 | 江蘇吳淞上海中國公 當熟學商科畢業 | 卅年一月 | 搞稿真工帳及領退單及事務 |

用電檢查組

| 職別 姓名 年齡 | 籍貫 | 學歷 | 到職 | 職務 |
| --- | --- | --- | --- | --- |
| 科員 何中聖 三一 | 四川 巴縣 | 四里中學肄業 | 廿八年七月 | 收費擋卷繕寫 |
| 組長 張從修 四八 | 四川 成都 | | 卅年 | 總理本組對內對外一切事務 |
| 交游員 王廉生 五一 | 湖北 | 舊制中學畢業 | 廿九年四月 | 辦理對內對外一切事務 |
| 工務員 張雲山 三四 | 江蘇 上海 | 中華職業學校電氣工程肄業 | 廿七年二月 | 書計其電費及登記 |
| ，，，陳光武 三三 | 四川 岳池 | 省立商工投密電氣工程畢業 | 廿三年七月 | 檢查用電外勤工作 |
| 副工程師 吳英銓 三〇 | 江西 南昌 | 東京高等工學投密杭象畢業 | 卅年三月 | 檢查用電外勤工作 |
| 科員 張白康 三四 | 四川 | 重慶聯立高中畢業 | 廿九年十二月 | 檢查用電外勤工作 |
| ，，盧惠鑾 二八 | 廣東 中山 | 中山大學機械畢業 | 卅二年十二月 | 仝右 |
| ，，鄒功甫 三一 | 四川 廣元 | 光華大學政經畢業 華陽象肄業 | 卅三年二月 | 辦理計算電費及登記事務 |
| ，，林炳之 二四 | 廣西 陸川 | 西北工學院電杭象畢 | 卅〇年十月 | 檢查用電外勤工作 |

福利社

| 職別 | 姓名 | 年齡 | 籍貫學歷 | 到職年月 | 職務 |
|---|---|---|---|---|---|
| 主任 | 楊新民 | 四三 | 四川成都酤業中學卅年畢業 | 廿四年六月 | 主持全社業務 |
| 科員 | 毛世偉 | 二九 | 彭縣畢業 十二月 | | 文書及收養保管文件 |
| 〃 | 楊靜安 | 三八 | 湖北舊制中學畢業 卅一年三月 | | 保管物資及配發 魚肉交涉事項 |
| 〃 | 鄭忠棠 | 三〇 | 田川中央軍校畢業 崇慶 卅年三月 | | 登記物資 |
| 〃 | 劉祖春 | 二三 | 巴縣田川盖商戰投畢業 廿八年六月 | | 主持帳務及出納 |
| 見習 | 莊在盦 | 二四 | 江蘇無錫部肆業 無錫中學高中 廿三年七月 | | 保管及核對物資付 票乘辦繕寫工作 |
| 〃 | 楊玉泉 | 二六 | 四川瀘縣部畢業 瀘縣中學初中 卅二年四月 | | 記運物資造具表冊 及工帳 |

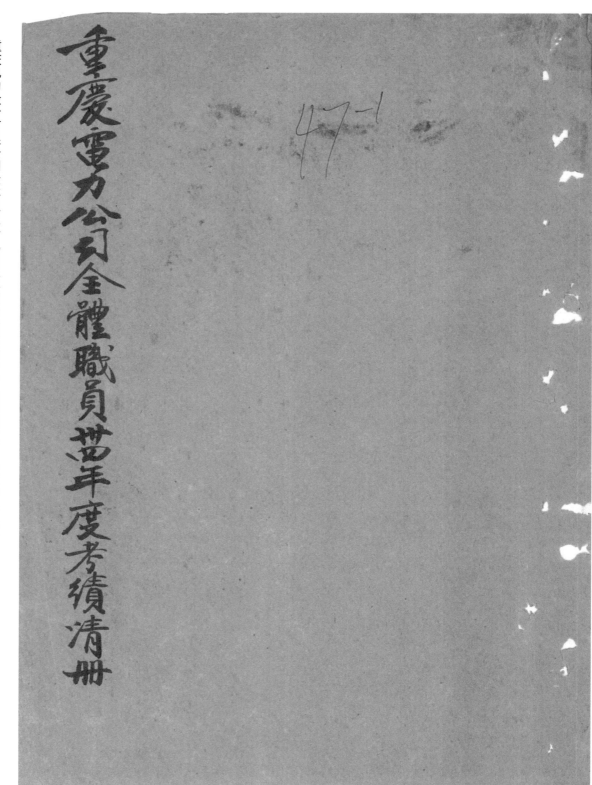

重慶電力公司全體職員卅年度考績清冊

女48

## 重慶電力公司全體職員本年度攷績加級人數表

| 部別 | 經理室 | 總務科 | 會計科 | 業務科 | 稽核科 | 三棧科 | 第一廠 | 第二廠 |
|---|---|---|---|---|---|---|---|---|
| 人數 | 4 | 56 | 28 | 103 | 24 | 9 | 8 | 9 |
| 實授甲級名額 | 2 | 13 | 7 | 21 | 5 | 4 | 2 | 2 |
| 乙級丙級名額 | 2 | 27 | 20 | 56 | 14 | 4 | 6 | 7 |
| 不加級 | 0 | 12 | 1 | 7 | 3 | 0 | 0 | 0 |
| 共衡不符 | 0 | 4 | 0 | 1 | 2 | 1 | 0 | 1 |
| 共計 | 4 | 56 | 28 | 103 | 24 | 9 | 6 | 8 |
| 註 | 內超級六人 | | | 內超級七人 | 內超級一人 | 內超級一人 | 內超級一人 | 內超級一人 |

（總務科 印章）

48-1

| 第三敬 | 南力寮 | 沙力寮 | 淡中寮 | 福利社 | 用徐組 | 總計 |
|---|---|---|---|---|---|---|
| 10 | 7 | 7 | 7 | 7 | 7 | 285 |
| 2 | 2 | 2 | 1 | 1 | 1 | 74 |
| 81 | | 5 | 5 | 5 | 5 | 167 |
| 1 | 1 | 0 | 1 | 0 | 0 | 35 |
| 0 | 0 | 0 | 1 | 1 | 1 | 9 |
| 7 | 7 | 7 | 7 | 7 | 7 | 285 |

中超级人　　中超级天

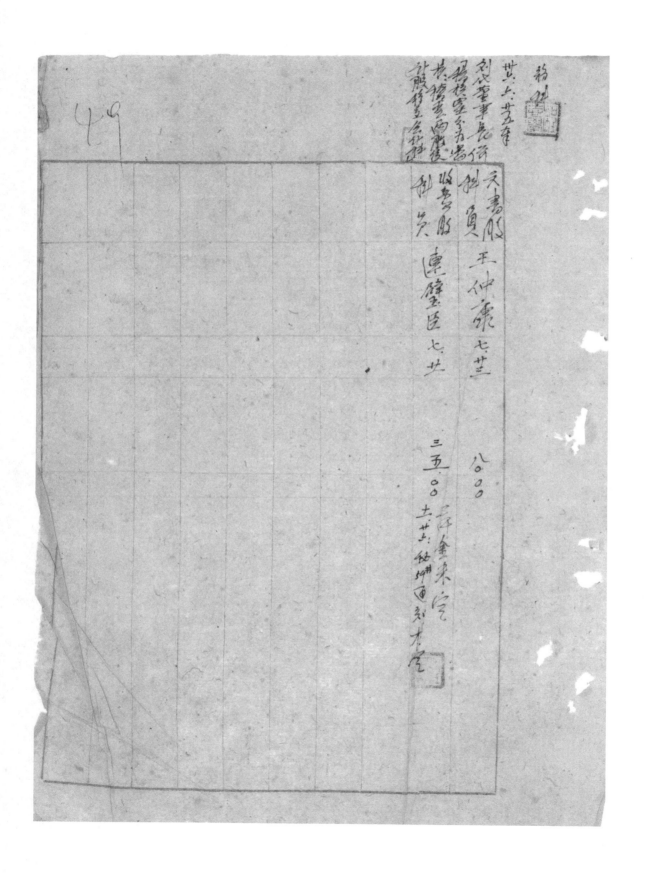

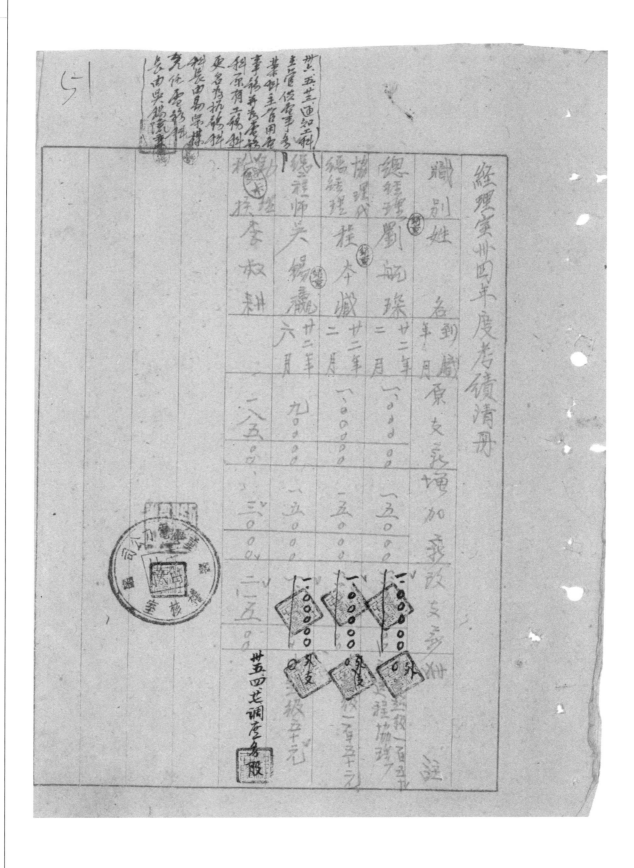

經理貴州四年度考績清冊

| 職別姓名 | 到職年月 | 原支 | 增加 | 改支 | 註 |
|---|---|---|---|---|---|
| 總經理 劉航琛 | 廿二年二月 | 一〇〇〇〇 | 一五〇〇〇 | | |
| 協經理 崔李藏 | 廿二年二月 | 一〇〇〇〇 | 一五〇〇 | | |
| 協理代 程師吳錫嬴 | 廿二年 | 一〇〇〇〇 | 一五〇〇 | | |
| 總工程師吳錫嬴 | 廿二年六月 | 九〇〇〇 | 一五〇〇 | 三〇〇〇 | |
| 機 李叔耕 | | 一八五〇〇 | 三〇〇〇 | 二二五〇〇 | |

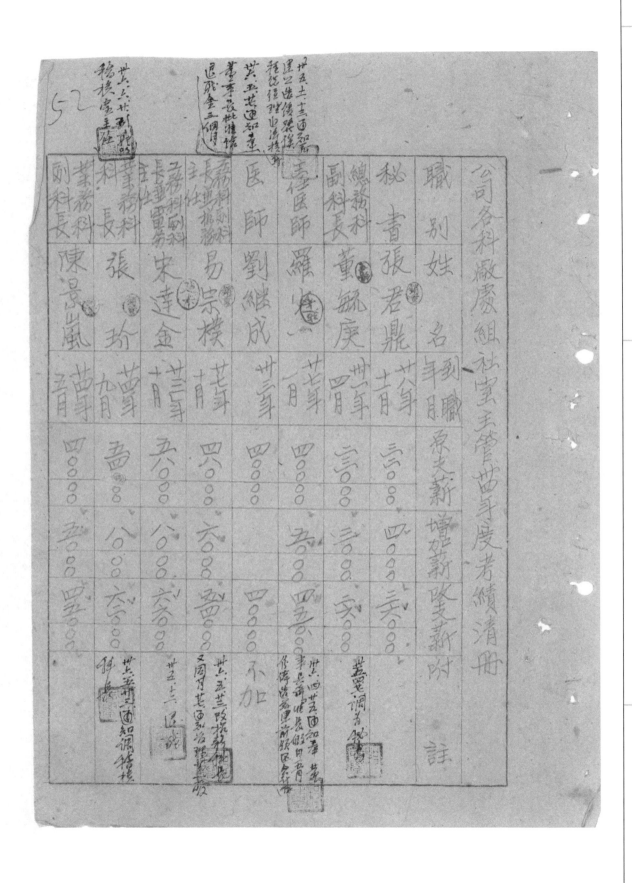

公司各科厰廠組祕室主管卅年度考績清冊

| 職別姓名 | 到職年月 | 原支薪 | 增薪 | 改支薪 | 附註 |
|---|---|---|---|---|---|
| 副科長 董毓庚 | 卅年一月 | 一三〇〇 | 一三〇〇 | 一三〇〇 |  |
| 總務科 | | | | | |
| 秘書 張君鼎 | 廿五年 | 二三〇〇 | 四〇〇〇 | 二三六〇 |  |
| 主任醫師 羅○ | 卅年一月 | 一〇〇〇 | 五〇〇 | 四五〇 |  |
| 醫師 劉繼成 | 廿三年 | 四〇〇〇 | 四〇〇〇 | 四〇〇〇 不加 |  |
| 秘書科副科長 易宗模 | 廿三年十月 | 四四〇〇 | 六〇〇 | 四〇〇〇 |  |
| 主任 宋達金 | 卅一年十月 | 五六〇〇 | 六〇〇 | 六六〇〇 |  |
| 主任 張珍 | 卅年九月 | 六五〇〇 | 六〇〇 | 七一〇〇 |  |
| 副科長 陳景嵐 | 卅二年 | 四〇〇〇〇 | 四五〇〇〇 | 四五〇〇〇 |  |

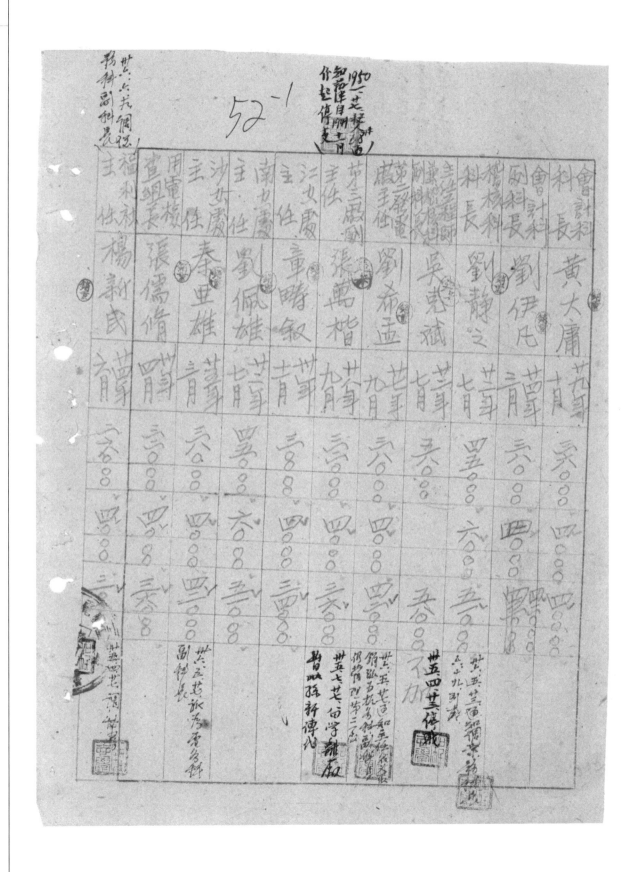

53

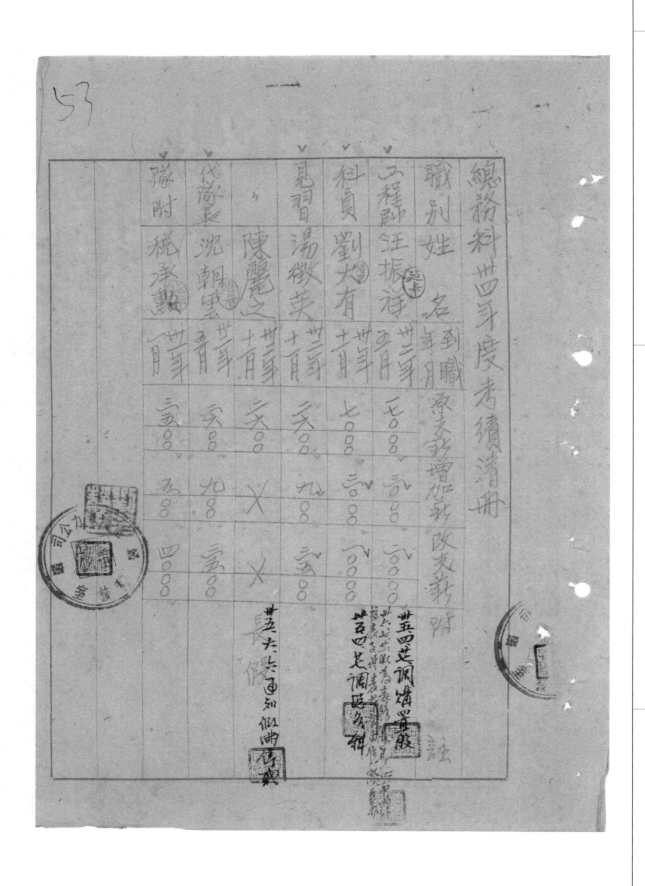

總務科卅四年度考績清冊

| 職別 | 姓名 | 到職年月 | 原支薪 | 增加薪 | 改支薪 | 附註 |
|---|---|---|---|---|---|---|
| 工程師 | 汪振祥 | 卅二年五月 | 一五〇〇〇 | 二〇〇〇 | 一七〇〇〇 | |
| 科員 | 劉大有 | 卅二年十月 | 七〇〇〇 | 二五〇〇 | 九五〇〇 | |
| 見習 | 湯徽英 | 卅三年十月 | 二五〇〇 | 九〇〇 | 三四〇〇 | |
| | 陳麗之 | 卅三年 | 二五〇〇 | X | X | |
| 代隊長 | 沈朝雲 | 卅三年 | 二〇〇〇 | 九〇〇 | 二九〇〇 | |
| 隊附 | 稅承勳 | 卅三年 | 二〇〇〇 | 五〇〇 | 二四〇〇 | |

54

文書股卅四年度考績清冊

| 職別 | 姓名 | 到職年月 | 原支薪 | 增加薪 | 改支薪 | 附註 |
|---|---|---|---|---|---|---|
| 股長 | 周丕南 | 卅一年三月 | 三二〇〇 | 六〇〇〇 | 三二〇〇 | |
| 副股長 | 闞倬雲 | 卅一年 | 二一〇〇 | 二三〇〇 | | |
| 科員 | 江海東 | 卅一年四月 | 一八〇〇 | 一五〇〇 | | |
| 〃 | 楊同培 | 卅一年十月 | 一六〇〇 | 一八〇〇 | | |
| 〃 | 蕭荒光 | 卅一年四月 | 一四〇〇 | 一六〇〇 | | |
| 〃 | 張懋玉 | 卅一年十一月 | 一二〇〇 | 一五〇〇 | | |

55

## 人事股卅四年度考績清冊

| 職別 姓名 | 到職年月 | 原支薪 | 新增加薪 | 改支新附註 |
|---|---|---|---|---|
| 副股長 許文照 | 卅年三月 | 一八○○ | 二○○ | 二○○○ 其五六廿五辭退給資 敬費叁月 |
| 科員 祝振庭 | 卅年 九月 | 九○○ | 六○○ | 一八○○ 其五十三調一股 |
| 曾德風 | 卅年 | 六○○ | 五○○ | 一五○○ 其五六廿五辭退給資 敬費叁月 |
| 韋在中 | 卅一年 | 五○○ | 五○○ | 五○○ 其五十五條退給選 敬費嘉年半叁個月 |
| 孟世德 | 卅一年十月 | 四○○ | 五○○ | 五○○ 其四其運知卯半 調廉多多股 |
| 見習 楊子玉 | 卅一年六月 | 六○○ | 六○○ | 一六○○ |

**材料股卅年度考績清冊**

| 職別 | 姓名 | 到職年月日 | 原支薪 | 新增加薪 | 改支薪 附註 |
|---|---|---|---|---|---|
| 股長 | 鄧仲康 | 卅年十二月 | 二五○○ | 四五○○ | 七五○○ |
| 副股長 | 陳西黎 | 卅年七月 | 二五○○ | 三五○○ | 三五○○ |
| 工程師 | 王殿鰲 | 卅一年六月 | 二五○○ | | 三五○○ |
| 科員 | 朱鼎鈺 | 卅年六月 | 四○○○ | 三○○ | 七○○○ |
| " | 王永思 | 卅年十月 | 三○○○ | 二○○○ | 四○○○ |
| " | 陳銘模 | 卅年六月 | 一○○○○ | 二○○○ | 一三○○○ |
| " | 喻邦仕 | 卅年八月 | 四○○○ | 四○○ | 五○○ |
| " | 李重芳 | 卅年九月 | 五○○○ | 五○○ | 五○○ |

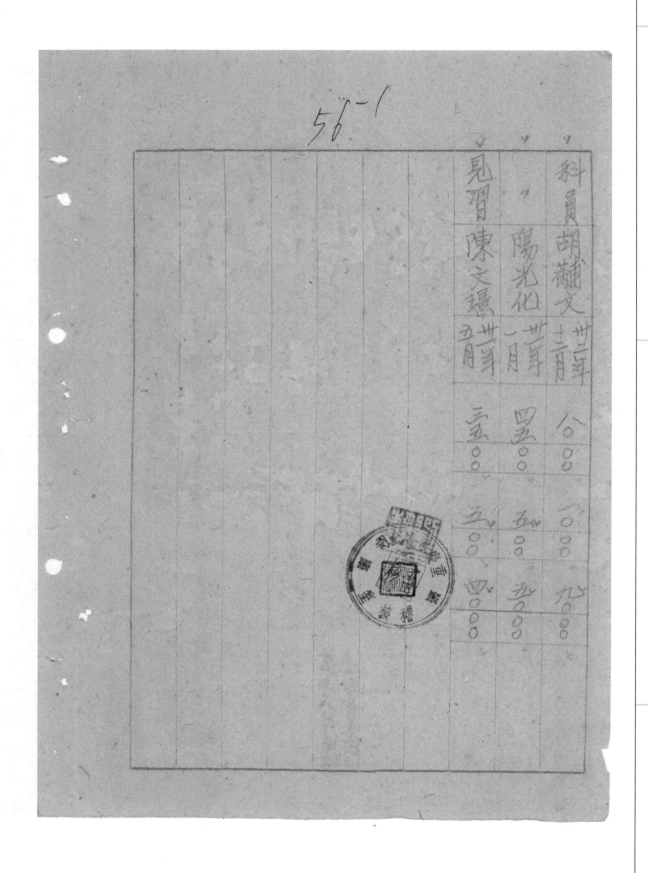

56-1

| 科員 | 胡藹文 | 卅三年 | 拾月 | 合○○ | 一〇○○○ | 九○○○ |
| | 陽光化 | 卅三年 | 一月 | 罢○○ | 五○○○ | 罢○○○ |
| 見習 | 陳文琛 | 卅三年 | 拾月 | 壹五○○ | 四○○○ | 四○○○ |

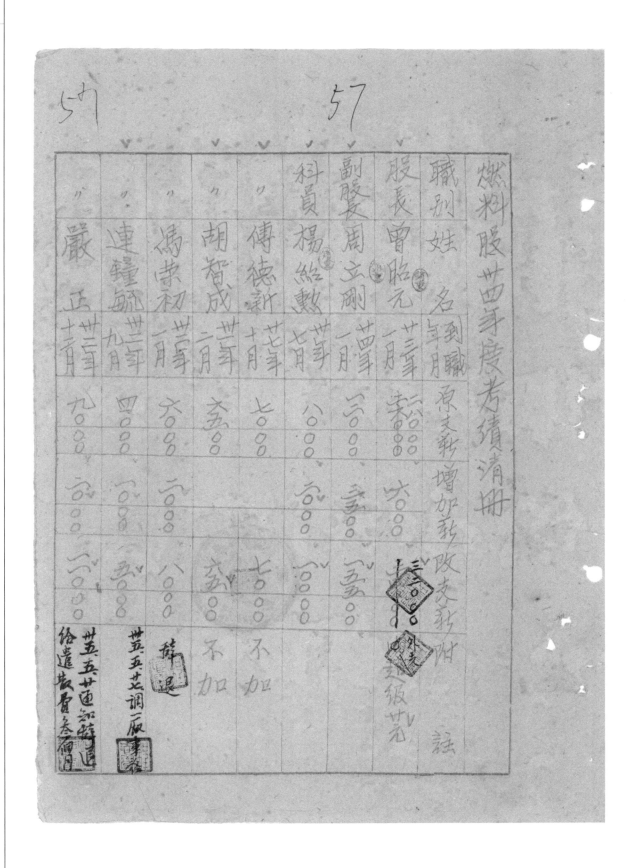

燃料股卅五年度考績清冊

| 職別 | 姓名 | 到職年月 | 原支薪 | 增加薪 | 改支新附 | 附註 |
|---|---|---|---|---|---|---|
| 股長 | 曾昭元 | 一月 | 二四〇〇〇 | 六〇〇〇 | 三〇〇〇〇 | 外支 進級卅 |
| 副股長 | 周立剛 | 一月 | 二〇〇〇〇 | 四〇〇〇 | 二四〇〇〇 | |
| 科員 | 楊絡勳 | 七月 | 一八〇〇〇 | 一〇〇〇 | 一九〇〇〇 | |
| 〃 | 傅德新 | 十月 | 一六〇〇〇 | | 一六〇〇〇 | 不加 |
| 〃 | 胡智成 | 二月 | 一五〇〇〇 | | 一五〇〇〇 | 不加 |
| 〃 | 馮榮初 | 一月 | 一六〇〇〇 | 二〇〇〇 | 一八〇〇〇 | 卅五五廿五調一版 |
| 〃 | 連鐘毓 | 九月 | 一四〇〇〇 | 一〇〇〇 | 一五〇〇〇 | 卅五五廿蓮如辭退 |
| 〃 | 嚴正 | 十二月 | 一九〇〇〇 | 一〇〇〇 | 一八〇〇〇 | 絡遣 |

57~1

| 科員 | 劉大有 | 世□ | 七月 | 七〇〇 | 八〇〇 | |
|---|---|---|---|---|---|---|
| 〃 | 周顯壽 | 十二月 | 五月 | 五〇〇〇 | 一六〇〇 | 六〇〇 |
| 見習 | 林鯤化 | 十一月 | 一月 | 二〇〇〇 | 二二〇〇 | 三〇〇〇 |

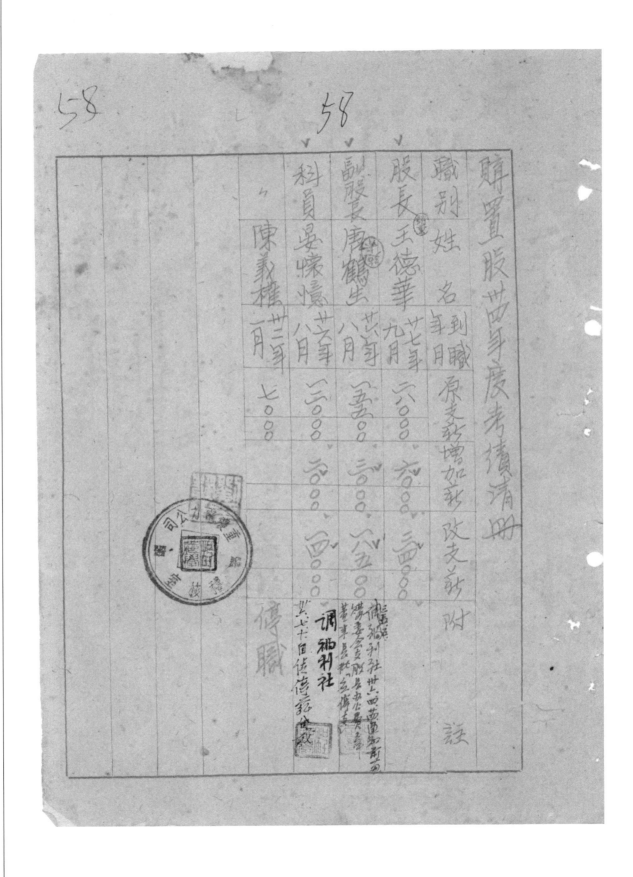

財置股卅年度考績清冊

| 職別 姓名 | 到職年月 | 原支薪 | 增加薪 | 改支薪 | 附註 |
|---|---|---|---|---|---|
| 股長 王德華 | 卅七年九月 | 二六○○ | 一六○○ | 四二○○ | |
| 副股長 唐鶴生 | 卅年八月 | 二三○○ | 一三○○ | 三六○○ | |
| 科員 晏懷愫 | 卅年八月 | 一三○○ | 七○○ | 二○○○ | |
| 陳義權 | 卅年三月 | 七○○ | | | 傅職 |

庶務股卅年度考績清册

| 職別 | 姓名 | 到職年月 | 列職原支薪 | 增加新 | 改支薪 | 附話 |
|---|---|---|---|---|---|---|
| 科員 | 徐世和 | 九年八月 | 一五00 | 三00 | 五00 | 七00 |
| 副股長 | 劉鳴皋 | 卅年四月 | 一二00 | 三00 | 六00 | 八00 |
| | 譚謀遂 | 卅年二月 | 一000 | 三00 | 五00 | 七000 |
| | 窯席君 | 卅年三月 | 七000 | 三000 | 六000 | 八000 卅五、四芒調人事股長 |
| | 劉燦成 | 卅年九月 | 七000 | 二000 | 五000 | 九000 卅五、四芒調人事股 |
| | 王祥輝 | 卅年八月 | 五00 | 一五0 | 一五0 | 八000 仝 |
| | 劉子傑 | 卅年六月 | 四00 | 一五0 | 六00 | 卅五四芒調人事股 |
| | 盧國金 | 卅年六月 | 五00 | 五00 | 壹00 | |

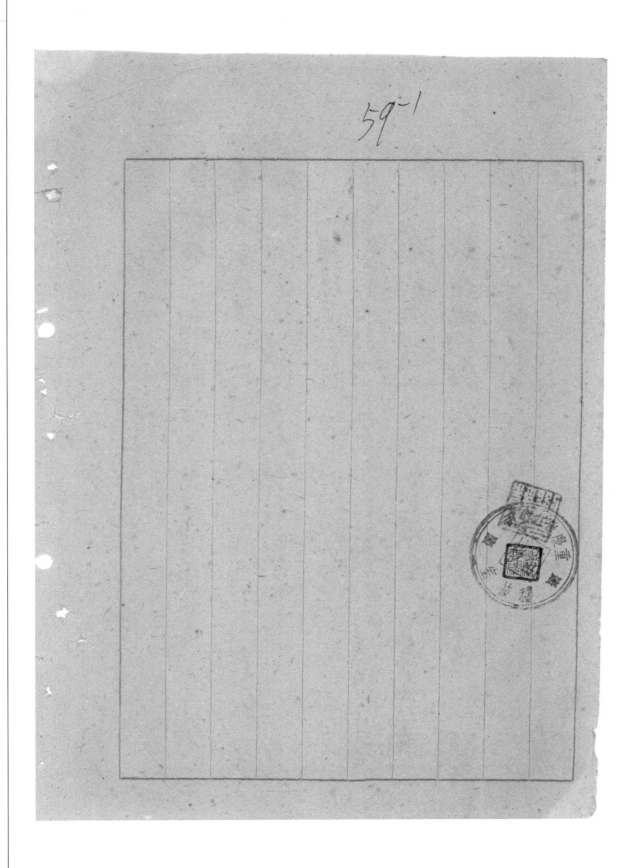

60

# 醫務室卅七年度考績清冊

| 職別姓名 | 到職年月 | 原支薪 | 增加薪 | 改支薪 | 附註 |
|---|---|---|---|---|---|
| 醫師 傅文祥 | 卅七年三月 | 五〇〇〇 | 四〇〇 | 二〇〇〇 | |
| 助理醫師 王咸康 | 卅七年七月 | 三〇〇〇 | 一五〇 | 五〇〇〇 | |
| 見習醫師 葉火金 | 卅七年十月 | 三〇〇〇 | 六〇〇 | 一〇〇〇 | |
| 見習 杜朝鑫 | 卅七年 | 二〇〇〇 | 一六〇〇 | 四〇〇〇 | |
| 〃 柏流民 | 卅七年二月 | 一五〇〇 | 五〇〇 | 四〇〇〇 | |
| 〃 謝慶餘 | 卅七年三月 | 一六〇〇 | 九〇〇 | 三二〇〇 | |

61

工務科卅四年度考績清冊

| 職別 | 姓名 | 到職年月 | 原支薪 | 增加薪 | 改支薪 | 附註 |
|---|---|---|---|---|---|---|
| 工程師 | 唐政權 | 卅一月 | 三二〇〇 | 六〇〇 | 一八〇〇〇 | 卅四八九廿九代工程師 |
| 持股支／線辭權 | 吳昌恕 | 卅四九月 | 一五二五 | 四五〇〇 | 三六五〇〇 | 卅五八代工程師 |
| 計股委／錢股委 | 朱福驅 | 卅一年／卅二月 | 三三〇〇 | 六六〇〇 | 一六〇〇 | 卅五六調枝委任 |
| 副程師 | 張瑞 | 卅一年 | 三三〇〇 | 六〇〇〇 | 四〇〇〇 | 卅六九調取條俸 |
| 工務員 | 鄧案宅 | 八月 | 一〇〇〇 | 三〇〇〇 | 三〇〇〇 | |
| 工務員 | 張繼琴 | 十二月 | 一五〇〇 | 三〇〇〇 | 一五〇〇 | |
| 員副 | 曾淵湘 | 二月 | 四〇〇〇 | 三〇〇〇 | 一五〇〇〇 | 卅五七調取條俸 |
| 工務員副 | 何紹明 | 十月 | 四〇〇〇 | 八〇〇〇 | 三〇〇〇 | 卅五六調枝委 |

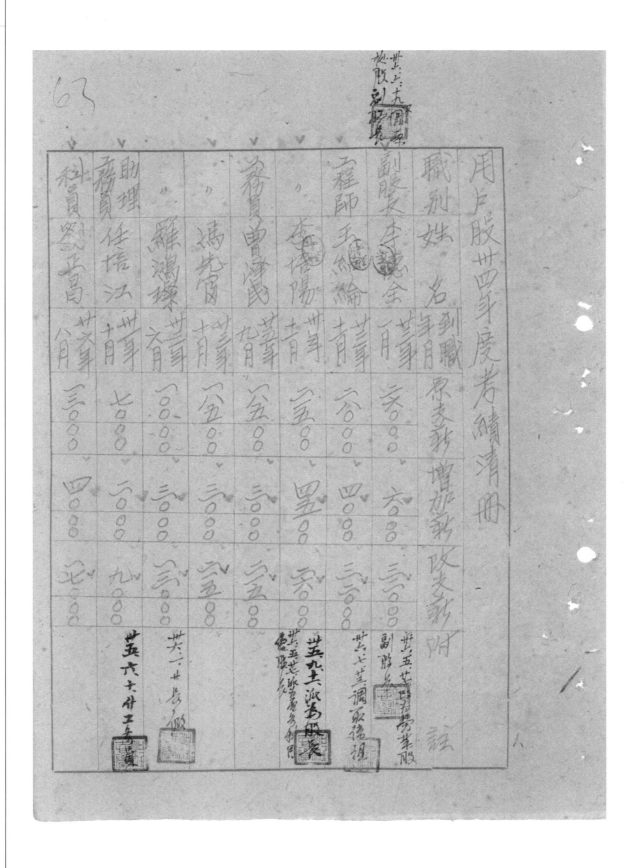

用片股廿四年度考績清冊

| 職別姓名 | 到職年月 | 原支薪 增加薪 改支薪 | | | 附註 |
|---|---|---|---|---|---|
| 副股長 李念余 | 廿四年某月 | 壹〇〇〇 | 壹貳〇〇 | 壹肆〇〇 | 廿五廿四已升股長 |
| 工程師 王紹綸 | 廿四年某月 | 壹〇〇〇 | | 壹貳〇〇 | 廿五廿某副股長 |
| 委員 李穆陽 | 廿四年某月 | 陸〇〇 | 肆〇〇 | 壹〇〇〇 | 廿五廿某調取德組 |
| 委員 曹澤民 | 廿四年某月 | 陸〇〇 | 貳〇〇 | 捌〇〇 | |
| 〃 馮光常 | 廿四年某月 | 伍〇〇 | 貳〇〇 | 柒〇〇 | 廿五九某派為職委 |
| 〃 羅鴻樑 | 廿四年某月 | 伍〇〇 | 貳〇〇 | 柒〇〇 | |
| 務員 任培江 | 廿四年某月 | 肆〇〇 | 壹〇〇 | 伍〇〇 | 廿六一廿長假 |
| 助理 科員 劉正昌 | 廿四年八月 | 叁〇〇 | 肆〇〇 | 柒〇〇 | 廿五六六件五年績 |

63-1

| 科員 孫續孝 | 蕭一可 | 毛昌軍 | 王大緒 | 楊世明 | 陳尊榮 | 趙襄班 | 薛襄 | 徐昌爾 | 王德懋 |
|---|---|---|---|---|---|---|---|---|---|
| 五月 | 五月 | 五月 | 五月 | 五月 | 五月 | 五月 | 五月 | 五月 | 五月 |
| 七0000 | 六0000 | 六0000 | 六0000 | 五0000 | 四0000 | 四0000 | 三0000 | 三0000 | 三0000 |
| 五0000 | 三0000 | 二0000 | 二0000 | 二0000 | 二0000 | 二0000 | 五000 | 六000 | 六000 |
| 九0000 | 三0000 | 三0000 | 三0000 | 五0000 | 六0000 | 六0000 | 六0000 | 六0000 | 六0000 |

64

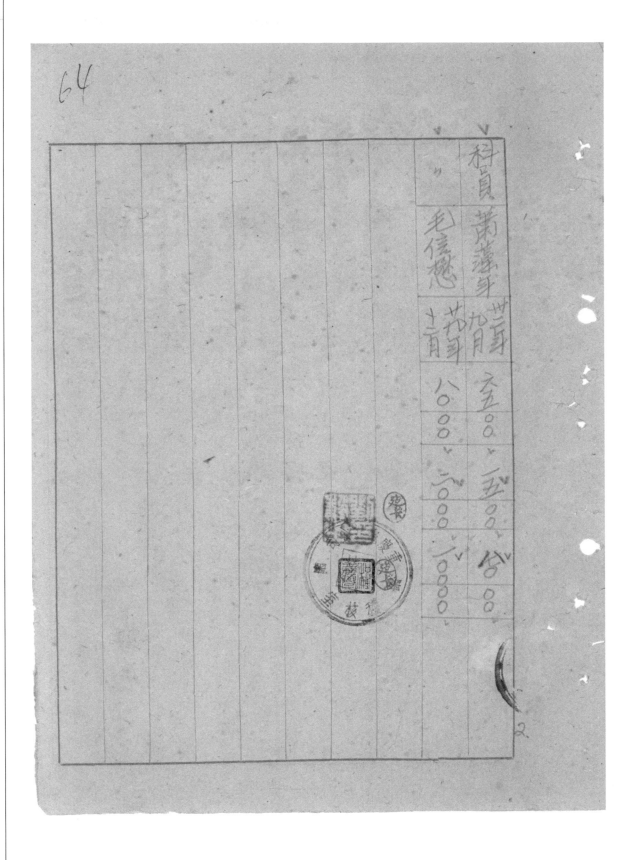

65

| 抄表股卅四年度考績清冊 | | | | | |
|---|---|---|---|---|---|
| 職別姓名 | 到職年月 | 原支薪 | 增加薪 | 改支薪 | 附記 |
| 股長 王○恒 | 卅三 | 一二〇〇 | 三〇〇 | 一五〇〇 | |
| 見習 鄧承瑤 | | 罒〇〇 | 五 | 六〇〇 | |
| 工務 | 卅三 | | | | |
| 科員 鄭權 | | 五〇〇 | 一〇〇 | 六〇〇 | |
| 夏仲康 | | 七〇〇 | 一〇〇 | 八〇〇 | |
| 蒙楨 | | 罒〇〇 | 二〇〇 | 六〇〇 | |
| 胡澄秋 | | 一〇〇〇 | 二〇〇 | 一二〇〇 | |
| 文家敏 | | 六〇〇 | 二〇〇 | 八〇〇 | |
| 康戴序 | | 八〇〇 | 二〇〇 | 一〇〇〇 | |

65-1

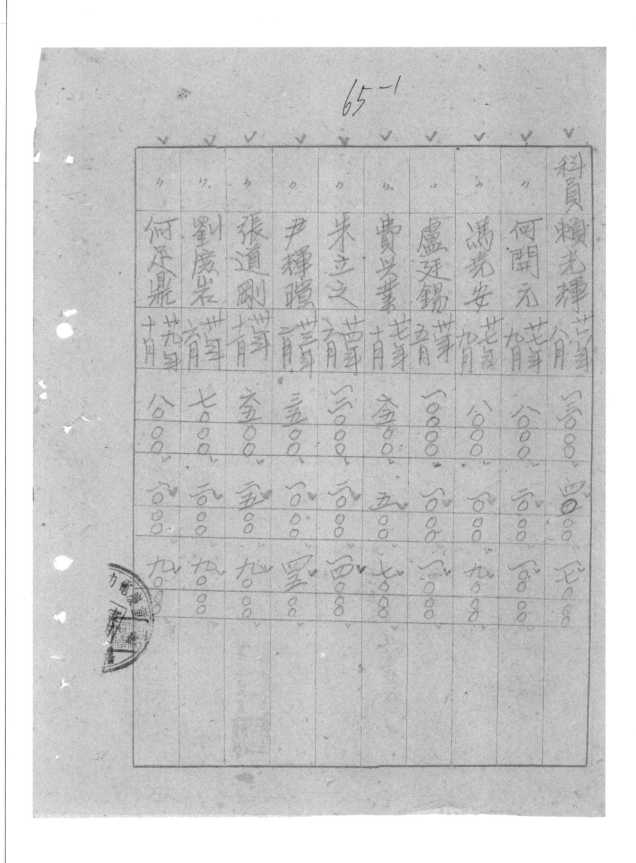

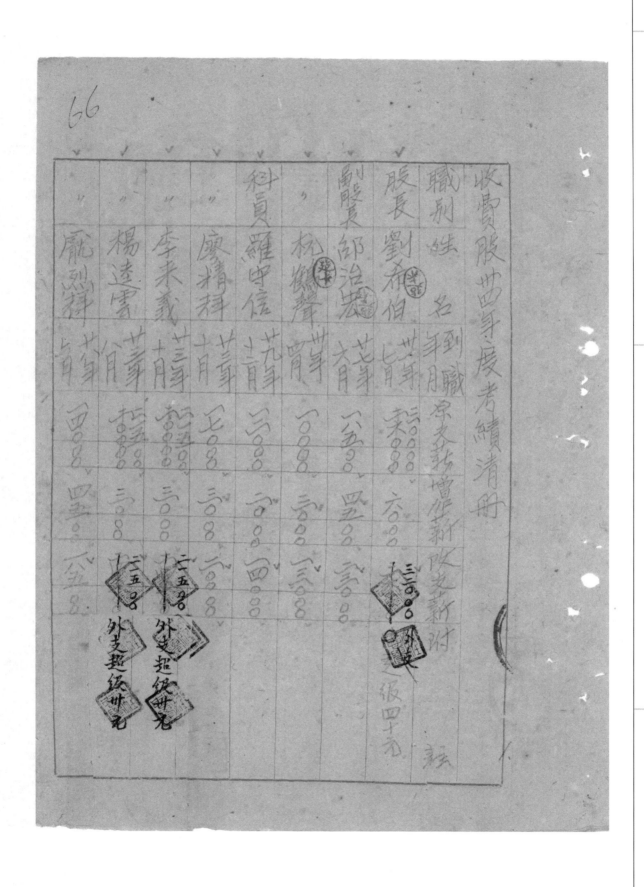

收費股卅年度考績清冊

| 職別 | 姓名 | 到職年月 | 原支薪 | 新支薪 | 附註 |
|---|---|---|---|---|---|
| 股長 | 劉希伯 | 卅一年七月 | 一六〇〇〇 | 六〇〇〇 | |
| 副股長 | 邵治宏 | 卅一年六月 | 一五〇〇〇 | 四〇〇〇 | |
| 科員 | 杭繼聲 | 卅一年 | 一五〇〇〇 | 三〇〇〇 | |
| 〃 | 羅守信 | 卅一年九月 | 一三〇〇〇 | 二〇〇〇 | |
| 〃 | 廖精科 | 卅一年十月 | 一二〇〇〇 | 二〇〇〇 | |
| 〃 | 李来義 | 卅一年十二月 | 一〇〇〇〇 | 二〇〇〇 | |
| 〃 | 楊達雲 | 卅一年八月 | 九〇〇〇 | 三〇〇〇 | |
| 〃 | 龐烈科 | 卅一年五月 | 四〇〇〇 | 三五〇〇 | |

66-1

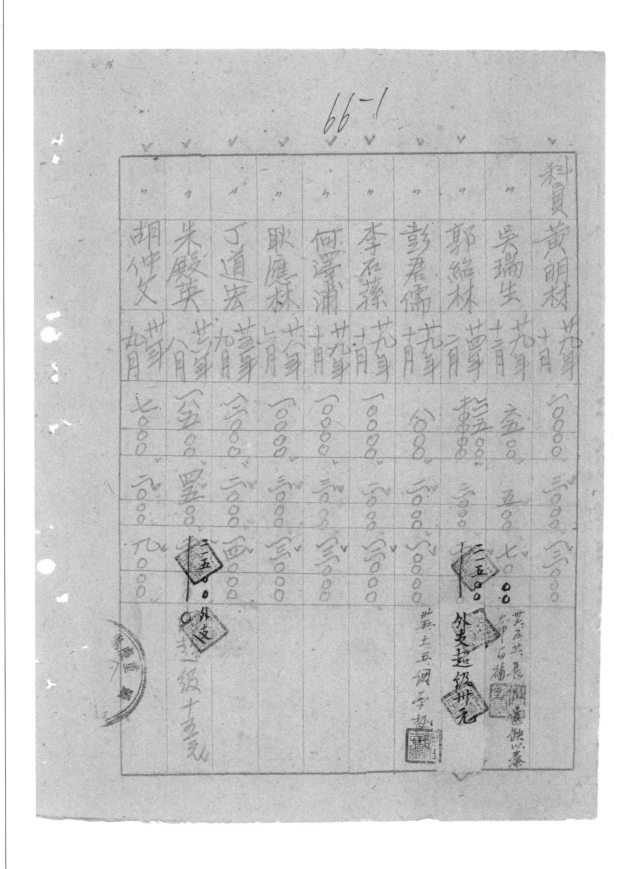

| 科員 | 〃 | 〃 | 〃 | 〃 | 〃 | 〃 | 〃 | 〃 | 〃 |
|---|---|---|---|---|---|---|---|---|---|
| 黃明材 | 吳瑞生 | 郭紹林 | 彭君儒 | 李石蓀 | 何澤浦 | 耿雁林 | 丁道宏 | 朱殷英 | 胡仲文 |

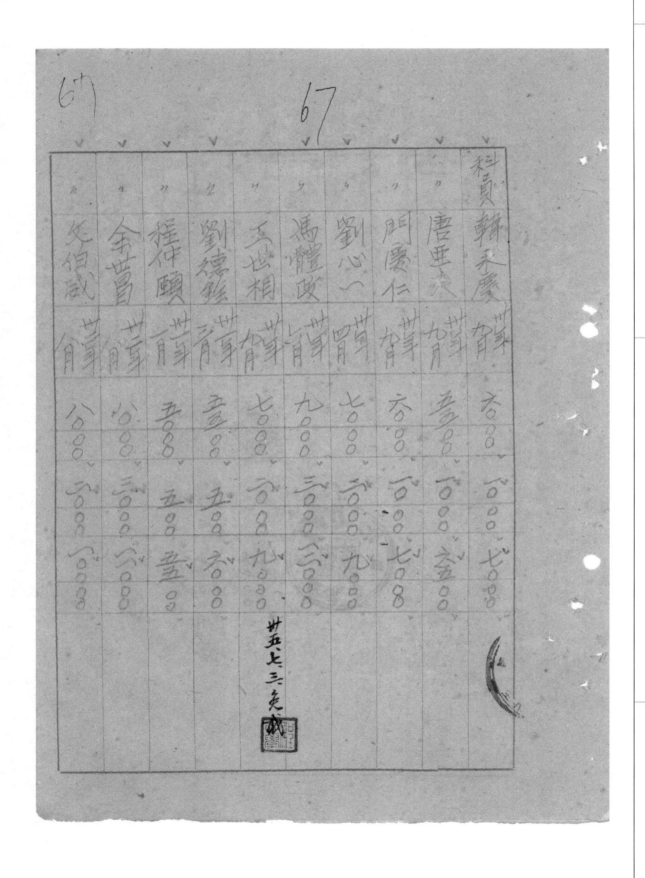

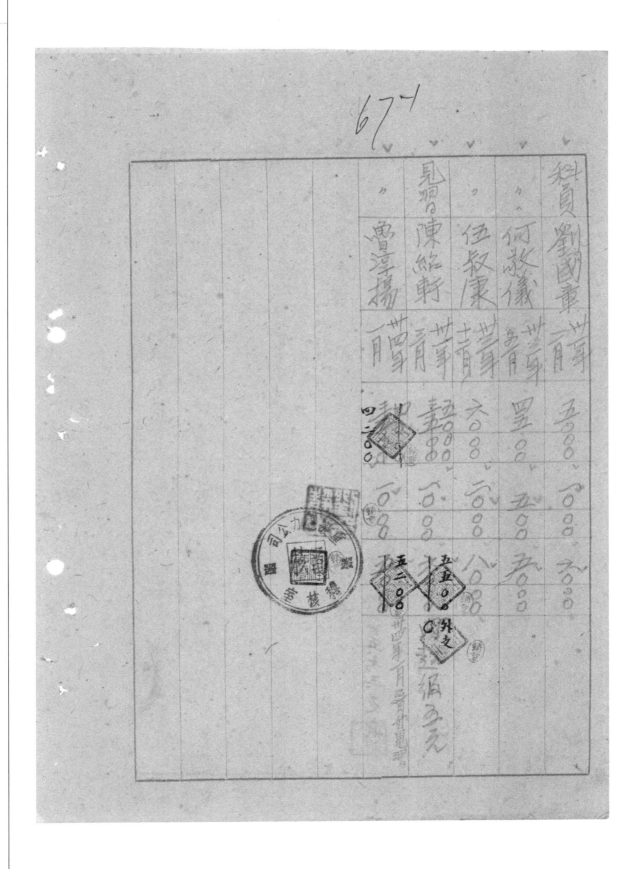

674

科員　劉國章　州一歲
　〃　何敦儀
　〃　伍叔康
見習　陳紹軒
　〃　曾淳揚

## 票據股卅四年度考績清冊

| 職別姓名 | 股長 黃登榮 | 副股長 李文倬 | 科員 李樹輝 | 〃 王澤榮 | 〃 毛君業 | 〃 劉祖芳 | 〃 廖成富 | 〃 余造邦 |
|---|---|---|---|---|---|---|---|---|
| 到職年月 | 卅 年八月 | 卅 年九月 | 卅 年八月 | 卅 年一月 | 卅 年八月 | 卅 年八月 | 卅 年三月 | 卅 年三月 |
| 原支薪 | 一五〇〇〇 | 一四〇〇〇 | 一三〇〇〇 | 一〇〇〇〇 | 一〇〇〇〇 | 九〇〇〇 | 七〇〇〇 | 七〇〇〇 |
| 增加薪 | 二〇〇〇 | 四五〇〇 | 二五〇〇 | 二三〇〇 | 二三〇〇 | 二三〇〇 | 二三〇〇 | 一五〇〇 |
| 陞支薪附註 | 一七〇〇〇 | 一八五〇〇 | 一五〇〇〇 | 一二三〇〇 | 一二三〇〇 | 一一三〇〇 | 九三〇〇 | 八五〇〇 |

葉兆夫調度
業股副股長

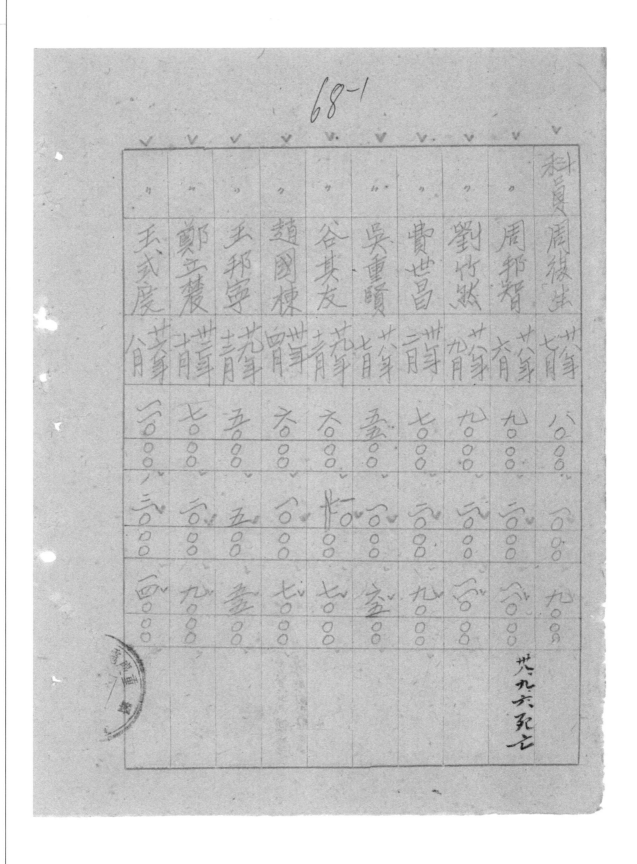

69　　69

| 科員 | 張永達 | 卅二月 | 四五〇〇 | 一五〇〇 | 六〇〇〇 |
| 〃 | 吳敬熹 | 七月 | 九〇〇〇 | 六〇〇〇 | 一五〇〇〇 |
| 見習 | 賀裹中 | 四月 | 三五〇〇 | 五〇〇 | 四〇〇〇 |
| | 謝洪鈞 | 四月 | 完 | 四〇〇 | 四〇〇 |

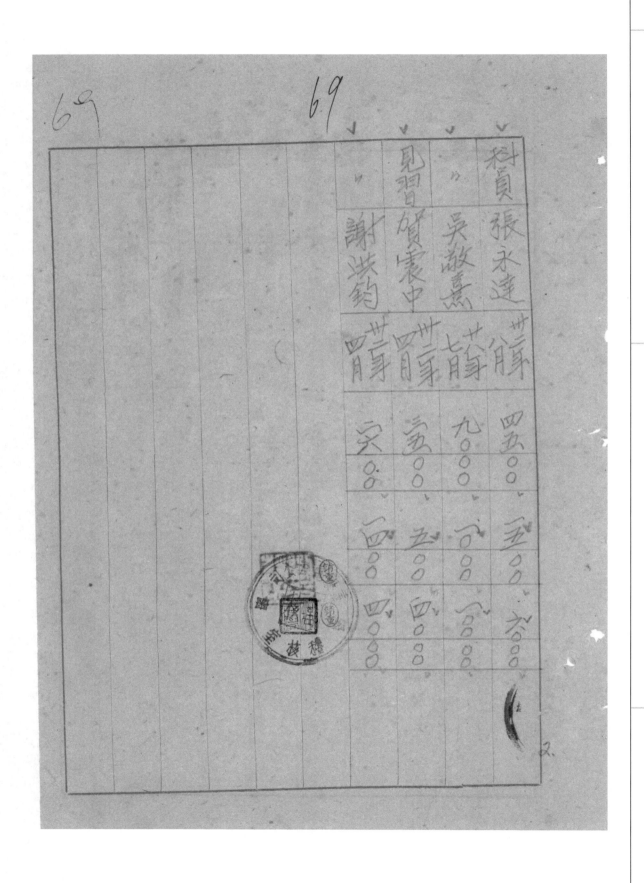

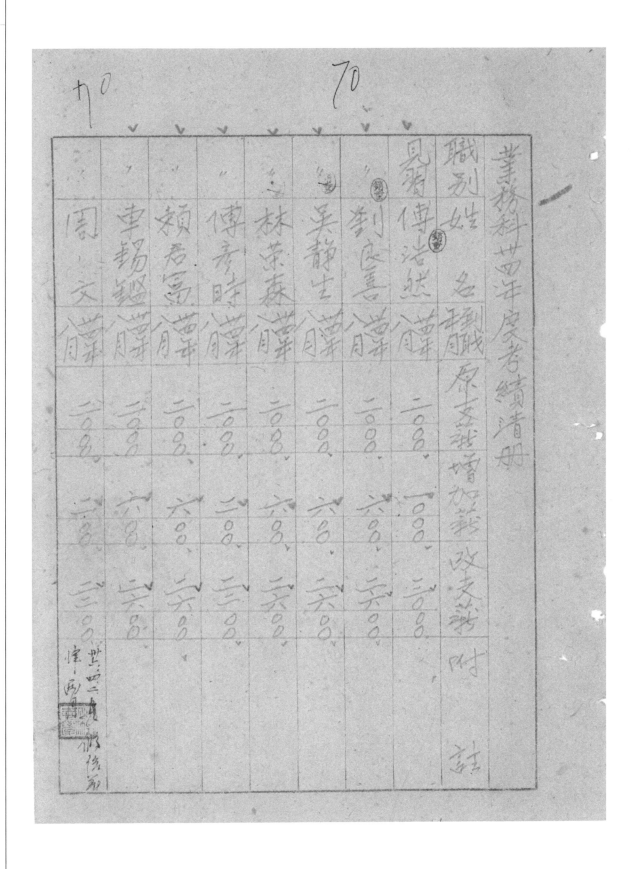

業務科苗圃年度考績清冊

| 職別姓名 | 原支薪 | 新增加薪改支薪 | | 附註 |
|---|---|---|---|---|
| 傳浩然 | 八月 | 二〇〇 | 一〇〇 | 三〇〇 |
| 劉良喜 | 八月 | 二〇〇 | 六〇〇 | 二六〇〇 |
| 吳靜生 | 八月 | 二〇〇 | 六〇〇 | 二六〇〇 |
| 林榮森 | 八月 | 二〇〇 | 六〇〇 | 二二〇〇 |
| 傅彥時 | 八月 | 二〇〇 | 二〇〇 | 二二〇〇 |
| 頼君富 | 八月 | 二〇〇 | 六〇〇 | 二六〇〇 |
| 車錫超 | 八月 | 二〇〇 | 六〇〇 | 二六〇〇 |
| 周文 | 八月 | 二〇〇 | 二〇〇 | 三〇〇 |

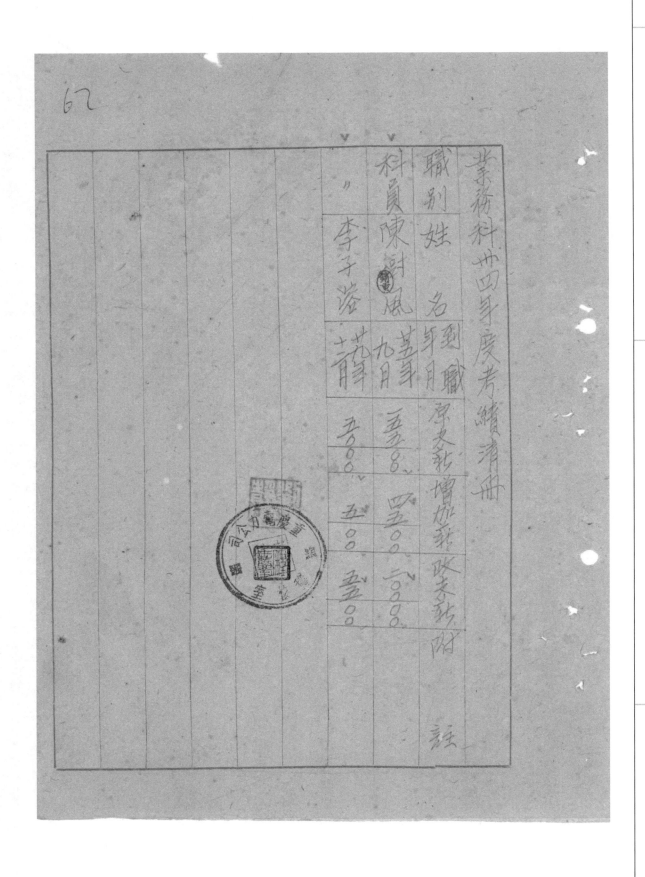

62

業務科半年度考績清冊

| 職別 姓名 | 到職年月 | 原支薪 | 增加薪 | 改支薪 | 附註 |
|---|---|---|---|---|---|
| 科員 陳對風 | 五年九月 | 三五8.00 | 二五00 | 一〇〇〇〇 | |
| ″ 李子溶 蔣 | | 四五〇.〇〇 | 五〇〇 | 五〇〇 | 詫 |

會計科卅四年度考績清冊

| 職別姓名 | 到職年月 | 原薪 | 新增加薪 | 改支薪附 |
|---|---|---|---|---|
| 科員 文明邨 | 卅年四月 | 九〇〇 | 一〇八〇 | 一一〇〇 |

卅五八共 死七

民国时期重庆电力股份有限公司档案汇编

第⑥辑

72　72

| 職別 | 姓名 | 到職年月 | 原支薪 | 增加新 | 改支薪附 | 註 |
|---|---|---|---|---|---|---|
| 副股長 | 馮行之 | 六年 | 一三〇〇 | 五〇〇 | 一二〇〇 | |
| 科員 | 魯秉清 | 〇六年 | 一〇〇〇 | 二〇〇〇 | 三〇〇〇 | |
| 〃 | 顧景森 | 〇五年 | 七〇〇〇 | 一二〇〇 | 九二〇〇 | |
| 〃 | 漆先進 | 〇三年 | 六〇〇〇 | 一〇〇〇 | 七〇〇〇 | |
| 見習 | 秦光璧 | 〇三年 | 三二〇〇 | 一〇〇〇 | 四二〇〇 | |

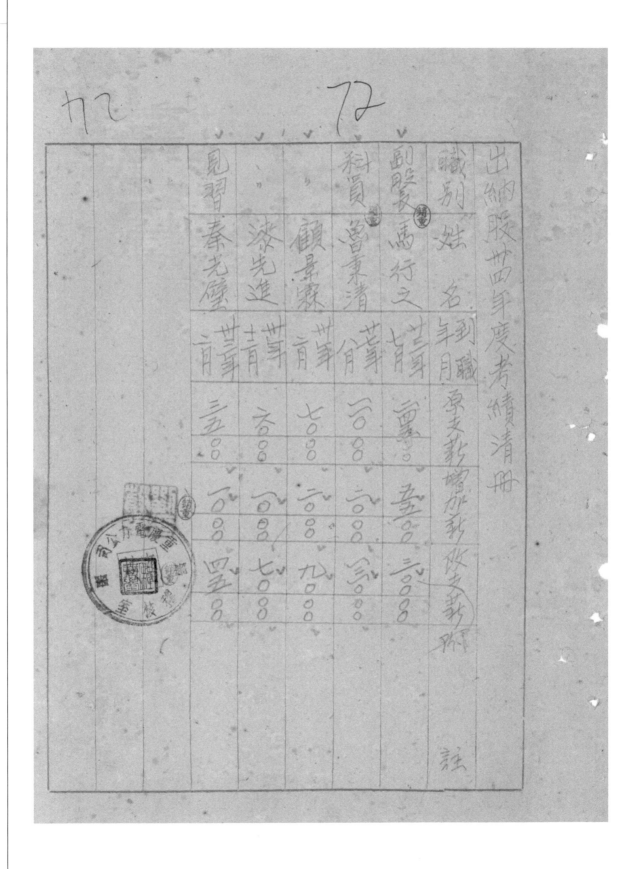

簿記股廿四年度考績清冊

| 職別 姓名 | 到職年月 | 原支 | 新增加薪 | 改支薪 附註 |
|---|---|---|---|---|
| 股長 劉德惠（印） | 年 月 | 一五五〇〇 | 四〇〇〇 | 一六九〇〇 |
| 副股長 何篤睵（印） | 年 月 | 一八〇〇〇 | 二〇〇〇 | 一二〇〇〇 |
| 科員 熊靜澤（印） | 年 月 | 一〇〇〇 | 二〇〇 | 一二〇〇 |
| 〃 周光泳 | 年 月 | 一〇〇〇 | 一〇〇 | 一一〇〇〇 |
| 〃 崔德沐 | 年 月 | 一六〇〇 | 一〇〇〇 | 七〇〇〇 |
| 〃 鄔晗瓘 | 年 月 | 六〇〇〇 | 二〇〇 | 八〇〇〇 |
| 〃 徐脩律 | 年 月 | 五〇〇〇 | 一二〇〇 | 一〇〇〇 |
| 〃 湯大漢 | 年 月 | 九〇〇〇 | 一二〇〇 | 一〇〇〇 |

共七十四 調俟批照

731

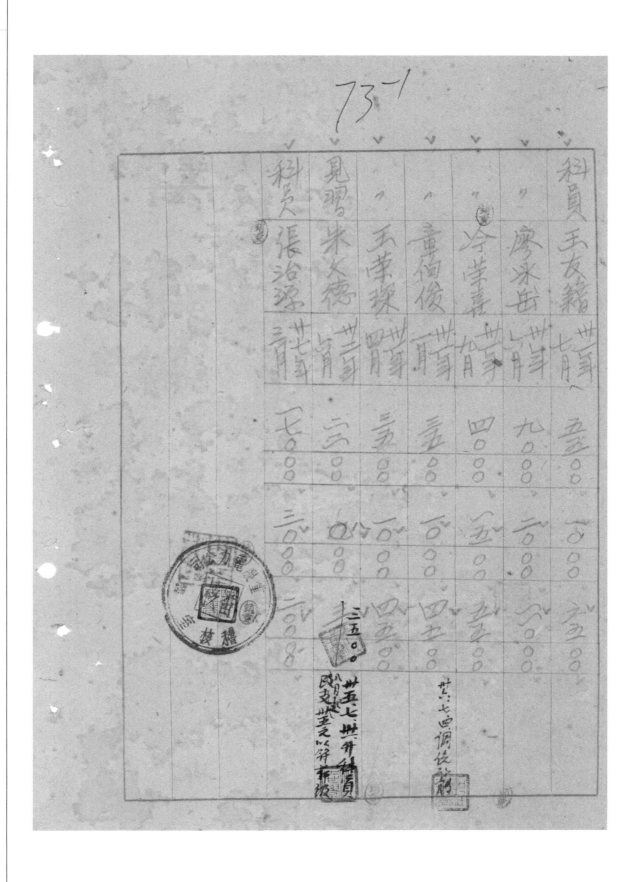

| 科員 王友籍 | 見習 朱文德 | 科員 張治琢 | " 王華琛 | " 童伯俊 | " 冷學喜 | " 廖冰岳 |
|---|---|---|---|---|---|---|

## 簿記股卅四年度考績清冊

| 職別姓名 | 到職年月 | 原職 | 擬支新增加薪 | 改支新附 | 註 |
|---|---|---|---|---|---|
| 見習 何敦平 | 卅年八月 | 一二00 | 柏800 | 柒800 | |
| 鄧祥教 | 卅一年八月 | 一二00 | 六00 | 柒00 | |
| 楊世蕖 | 卅年八月 | 一二00 | 六00 | 柒00 | |
| 武兆莉 | 卅一年 | 一二00 | 六00 | 柒00 | |
| 周自學 | 卅四年 | 一000 | 二000 | 二000 | |

卅五年四月七日 調查員股

75　　　75

| 職別 姓　名 | 到職<br>年月 | 原支薪增加薪晚支新附 | 註 |
|---|---|---|---|
| 科員　駱祥瀝　芫郿 | 六〇八 | 一〇八　七〇〇 | |

稽核科廿年度考績清冊

稽查股卅四年度考績清冊

| 職別 姓名 | 到職年月 | 原支薪 | 增加薪 | 及支薪俸 | 附註 |
|---|---|---|---|---|---|
| 股長 李松懋 | | 一五〇〇 | 五〇〇 | 二〇〇〇 | |
| 副股長 李仙槎 | | 一八〇〇 | 三〇〇 | 二一〇〇 | |
| 孫光宗 | | 五八〇〇 | | 一〇〇 | |
| 科員 金聲遠 | | 一二〇〇 | 八〇〇 | 四〇〇〇 | 長假 卅六五芒佃業多繳 |
| 傅道乾 | | 一〇〇〇 | 二〇〇〇 | 一二五〇 | 半長 卅五芒佃業多繳分 |
| 劉逵鴻 | | 五〇〇 | 三〇〇 | | |
| 陶絕武 | | 合〇〇 | | 一一〇〇 | |
| 榮新武 | | 右〇〇 | 一〇〇 | 右〇〇 | 不加 |

審核股卅四年度考績清冊

| 職別 | 姓名 | 到職年月 | 原支薪 | 增加薪 | 改支薪 | 附註 |
|---|---|---|---|---|---|---|
| 股長 | 吳德超 | 卅一年X月 | 一五○○ | 二三○○ | 二三○○ | 卅五四六調陞科股長 |
| 副股長 | 程志學 | 卅一年七月 | 一五○○ | 四五○○ | 三三○○ | 卅六廿九萬代股長 |
| 科員 | 楊明揆 | 卅一年十月 | 一三○○ | 三三○○ | 三三○○ | 卅七三三發給照章 |
| 〃 | 王樹椿 | 卅一年X月 | 一三○○ | 二五○○ | 九○○○ | 卅七十句面通知假 |
| 〃 | 趙麗生 | 卅一年X月 | 一○○○ | 二五○○ | 二五○○ | 卅五七三調停服長 |
| 〃 | 劉德全 | 卅一年X月 | 一○○○ | 二三○○ | 一三○○ | 合 曲停薪 |
| 〃 | 伍學詩 | 卅一年X月 | 四○○○ | 二五○○ | 二三○○ | 會 卅四芒調原校股 |
| 〃 | 陳先仁 | 卅一年X月 | 四○○○ | 五五○○ | 三三○○ | 全 卅四芒調停服 |

77

科員　陶基賣　十月　五〇〇〇　一〇〇〇　六〇〇〇

78

統計股卅四年度考績清冊

| 職別 姓名 | 到職年月 | 原支薪 | 增加 如 | 新陸 | 考績附註 |
|---|---|---|---|---|---|
| 股長 蒲承爵 | 卅二月 | 七○○ | | 一 | |
| 科員 王如松 | 卅二月 | 一○○○ | | | |
| 〃 屠瑜 | 卅二月 | 九○○ | 壹○○ | 壹○○○ | |
| 〃 余連如 | 卅三月 | 六○○ | 壹○○ | 五○○○ | |

（印章：重慶電力股份有限公司核章）

諸假
諸股

第一發電廠卅年度考績清冊

| 職別 姓名 | 現職月薪 原支薪 | 增加薪 | 改支薪 | 附註 |
|---|---|---|---|---|
| 工程師 陳之顏 | 廿四 二〇〇〇 | 四〇〇〇 | 二六〇〇〇 | |
| 陳珮 | 廿三 一五〇〇 | | | |
| 楊頤生 | 廿三 一二八〇 | 六〇〇〇 | | 停職 |
| 副總師 楊坤 | 廿四 一三〇〇 | 五〇〇〇 | 四〇〇〇 | |
| 花本榮 | 廿三 一〇〇〇 | 五〇〇〇 | 一二〇〇 | |
| 科員 楊富章 | 廿三 一〇〇〇 | 三〇〇 | | |

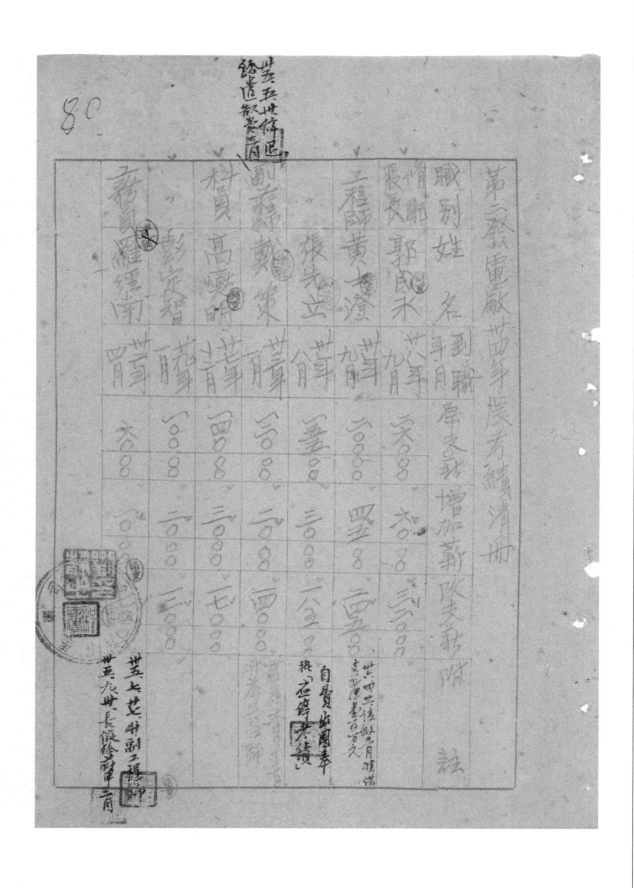

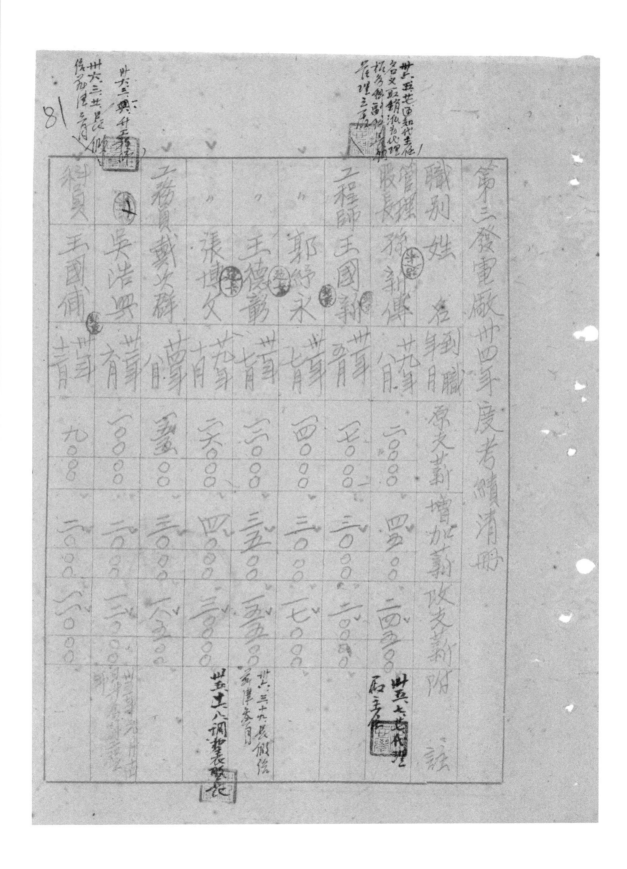

第三發電廠卅五年度考績清冊

| 職別 姓名 | 到職年月 | 原支薪 | 增加薪 | 改支薪 | 附註 |
|---|---|---|---|---|---|
| 廠長 孫新傳 | 八年 | 一〇〇〇 | 四〇〇 | 一四〇〇 | |
| 工程師 王國新 | 七年 | 五〇〇 | 二〇〇 | 七〇〇 | |
| 郭行永 | 五年 | 四〇〇 | 一五〇 | 五五〇 | |
| 王德彰 | 四年 | 四〇〇 | 一〇〇 | 五〇〇 | |
| 張博文 | 三年 | 二五〇 | 一〇〇 | 三五〇 | |
| 工務員 戴火群 | 二年 | 二〇〇 | 一〇〇 | 三〇〇 | |
| 吳浩興 | 一年 | 一〇〇 | 一〇〇 | 二〇〇 | |
| 科員 王國備 | 一年 | 一〇〇 | 一〇〇 | 二〇〇 | |

82

| 職別 | 姓名 | 到職年月 | 原支薪 | 增加新 | 改支薪 | 附註 |
|---|---|---|---|---|---|---|
| 處長 | 冉模 | 卅年 九月 | 一五〇,〇〇 | 三五,〇〇 | 一八五,〇〇 | |
| 服長 | 吳李鶴 | 卅年 月 | 一〇〇,〇〇 | 三五,〇〇 | 一三五,〇〇 | |
| 科員 | 周山偏 | 卅年 月 | 一〇〇,〇〇 | 二五,〇〇 | 一二五,〇〇 | |
| " | 李仲康 | 卅年 月 | 六〇,〇〇 | 一五,〇〇 | 七五,〇〇 | |
| " | 陳遠清 | 卅年 月 | 九〇,〇〇 | 二〇,〇〇 | 一一〇,〇〇 | |
| " | 過雲程 | 卅年 月 | 一〇〇,〇〇 | 二五,〇〇 | 一二五,〇〇 | |

江北辦事處卅年度卅度考績清冊

83

南岸辦事處卅四年度考績清冊

| 職別 姓名 | 到職年月 | 原支薪 | 增加薪 | 改支薪 | 附註 |
|---|---|---|---|---|---|
| 營業股長 謝天澤 | 卅八年　月 | 二五〇〇 | 四五〇〇 | 二六〇〇 | |
| 工程股長 萬鳳瑞 | 卅　年　月 | 三三〇〇 | 三二〇〇 | 一五〇〇 | |
| 工務員 程函鼋 | 卅七年　月 | 五〇〇〇 | 三二〇〇 | 一六〇〇 | |
| 〃 施慎安 | 卅七年　月 | 三〇〇〇 | 二五〇〇 | 一五〇〇 | |
| 〃 鍾思聽 | 卅七年　月 | 六〇〇 | 一五〇〇 | 七〇〇 | |
| 科員 歐陽成 | 卅八年　月 | 六〇〇 | 一六〇〇 | 一〇〇〇 | |
| 〃 杜紉佩 | 卅八年　月 | 五〇〇〇 | 一六〇〇 | 一百〇〇 | |
| 〃 何靜波 | 卅八年　月 | 四〇〇〇 | 一〇〇〇 | 三〇〇〇 | |

世英五英佗科通知館沖
只克後載請長假二種

84

沙坪壩辦事處卅年度考績清冊

| 職別 | 姓名 | 到職年月 | 承充新增加新改支薪附註 | | |
|---|---|---|---|---|---|
| 工程 | 范□鵟 | 八月 | 三0000 | 六00 | 三六000 |
| 股長 | 劉祖蔭 | 八月 | 四0000 | 四五00 | 四五000 |
| 管業 | 陳釻桂 | 九月 | 八000 | 二六00 | 二二000 |
| 副程師 | 唐政海 | 八月 | 二000 | 二二00 | 二二000 |
| 助理 | 楊慶□ | 八月 | 二0000 | 二五00 | 二五000 |
| 科員 | 何中聖 | 九月 | 九000 | 一二000 外支 | 二五000 |

85

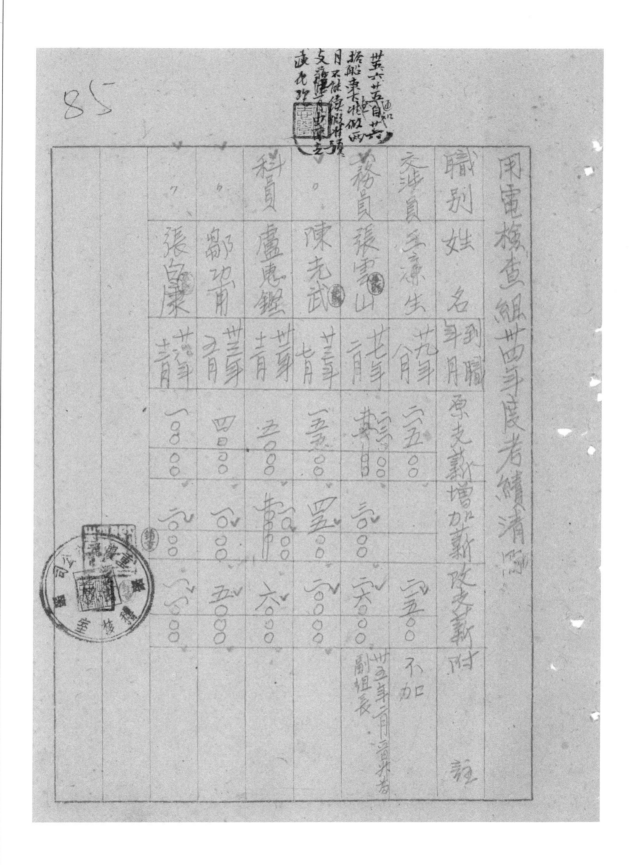

用電檢查組廿五年度考績清冊

| 職別 姓名 | 到職年月 | 原支薪 | 增加 | 改支薪 | 附註 |
|---|---|---|---|---|---|
| 交涉員 毛寒生 | 廿五年六月 | 一六五〇〇 | 三五〇〇 | 二〇〇〇〇 | 不加 |
| 務員 張雲山 | 廿五年六月 | 黃一二〇〇〇 | 三〇〇〇 | 一五〇〇〇 | 廿五年二月晉升為副組長 |
| 科員 陳光武 | 廿五年七月 | 一二五〇〇 | 四二五〇〇 | 一三〇〇〇 | |
| 盧惠鑑 | 廿五年十一月 | 五〇〇〇 | 一〇〇〇 | 六〇〇〇 | |
| 鄒功甫 | 廿五年十月 | 四〇〇〇 | 六〇〇〇 | 五〇〇〇 | |
| 張自康 | 廿五年十月 | 一〇〇〇 | 六〇〇〇 | 八〇〇〇 | |

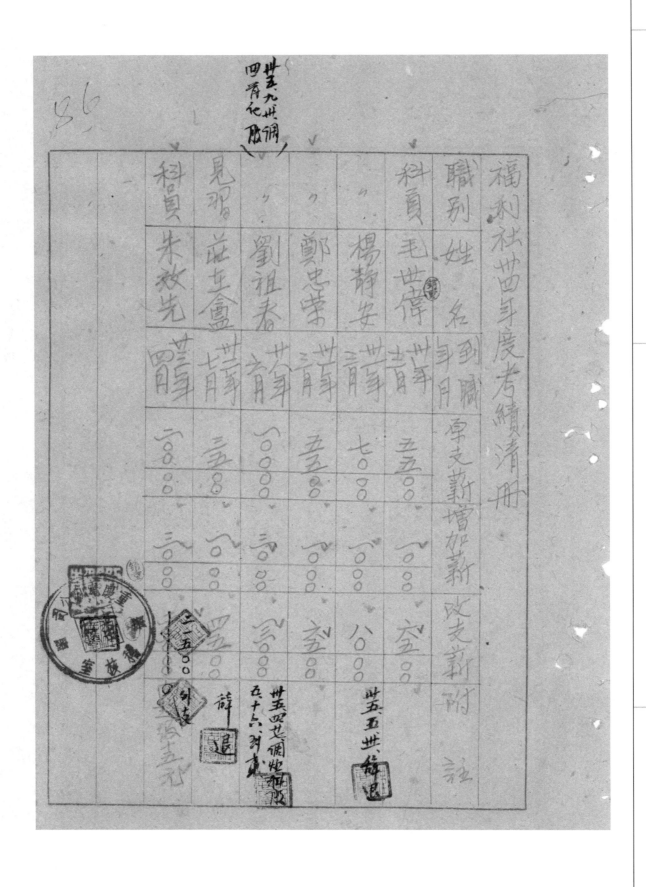

福利社卅二年度考績清冊

| 職別 | 姓名 | 到職年月 | 原支薪 | 增加新 | 改支薪 | 附註 |
|---|---|---|---|---|---|---|
| 科員 | 毛世薛 | 卅一 | 三五〇〇 | 一〇〇〇 | 四五〇〇 | 卅五、卅、辭退 |
| ″ | 楊靜安 | 卅一 | 二六〇〇 | 一〇〇〇 | 三六〇〇 | 卅五、卅、辭退 |
| ″ | 鄭忠榮 | 卅二 | 二五〇〇 | 一〇〇〇 | 三五〇〇 | |
| ″ | 劉祖春 | 卅二 | 二〇〇〇 | 一〇〇〇 | 三〇〇〇 | 卅五、四、卅、調他組調服 |
| 見習 | 莊立盒 | 卅二 | 一二〇〇 | 八〇〇 | 二〇〇〇 | |
| 科員 | 朱效先 | 卅 | 二〇〇〇 | 二〇〇 | 二、一五〇〇 | 辭退 |

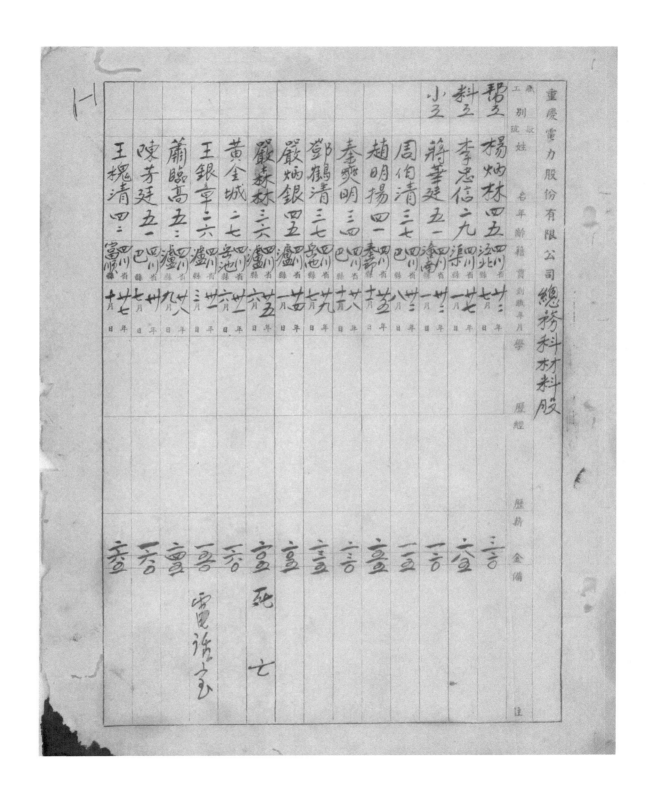

重慶電力股份有限公司 總務科材料股

| 員工別姓名 | 年齡 | 籍貫 | 到職年月 學歷 | 歷經 | 歷薪 金備 註 |
|---|---|---|---|---|---|
| 郡ㄗ 楊炳林 | 四五 | 江北縣省 | 廿二年 七月 日 | | 三二〇 |
| 料ㄗ 李忠信 | 二九 | 四川省 | 廿七年 一月 日 | | 一六〇 金 |
| 小ㄗ 蔣華廷 | 五一 | 渠縣省 | 廿二年 一月 日 | | 一三〇 |
| 周伯清 | 三七 | 四川省 | 廿三年 一月 日 | | 一二〇 |
| 趙明揚 | 四一 | 潼南縣省 | 廿一年 八月 日 | | 一一〇 |
| 秦爽明 | 三四 | 四川省李新 | 廿二年 十月 日 | | 一二〇 |
| 鄧鶴清 | 三七 | 四川省 | 廿三年 七月 日 | | 一一〇 |
| 嚴炳銀 | 四五 | 盧川省 | 一苗年 一月 日 | | 一二〇 |
| 嚴森林 | 三六 | 盧川縣省 | 六苗年 一月 日 | | 一三〇 |
| 黃金城 | 二七 | 安池縣省 | 六苗年 二月 日 | | 一五〇 |
| 王銀章 | 二六 | 盧川縣省 | 三苗年 月 日 | | 一四〇 |
| 蕭臨高 | 五二 | 盧川縣省 | 廿六年 月 日 | | 一二四 |
| 陳芳廷 | 五一 | 四川縣省 | 廿九年 月 日 | | 一三〇 |
| 王梘清 | 四二 | 當順縣省 | 十七年 月 日 | | 一二〇 |